Wege zum Musizieren

AF280814

Ulrich Mahlert

Wege zum Musizieren

Methoden im Instrumental- und Vokalunterricht

SCHOTT

Mainz · London · Berlin · Madrid · New York · Paris · Prague · Tokyo · Toronto

Bibliografische Information der Deutschen Nationalbibliothek
Die Deutsche Nationalbibliothek verzeichnet diese Publikation
in der Deutschen Nationalbibliografie; detaillierte bibliografische Daten
sind im Internet über http://dnb.d-nb.de abrufbar.

Studienbuch Musik

Bestellnummer ED 8750
ISBN 978-3-7957-8750-9

© 2011 Schott Music GmbH & Co. KG, Mainz

www.schott-music.com
www.schott-buch.de

Lektorat: Nathalie Contrael
Cover: © Klavier-Festival Ruhr / Kompositionsunterricht im Rahmen
des Education-Projekts »Spiele – Játékok« / Foto: Ursula Kaufmann
Satz: Wolf Typostudio | Druckpartner GmbH, Mainz
Herstellung: BoD – Books on Demand, Norderstedt

Printed in Germany · BSS 54201

Inhaltsverzeichnis

Einleitung   7

I. Probleme, Möglichkeiten und Grundzüge einer Methodenlehre
   für den Instrumental- und Vokalunterricht 11

   1. Zur Bildungsqualität des Musizierens und des Unterrichts 14

   2. Methodisches Handeln im didaktischen Fadenkreuz 20
      Wer lernt? – *Was* wird gelernt – *Wann* wird gelernt? –
      Mit wem wird gelernt? – *Wo* wird gelernt? – *Wie* wird gelernt? –
      Womit wird gelernt? – *Warum* wird gelernt? – *Wozu* wird gelernt?

   3. Zum Verständnis des Begriffs »Methode« 35
      Instruktivistisches und konstruktivistisches Methodenverständnis –
      Methoden des Forschens, Methoden der pädagogischen Vermittlung –
      Interdependenzen pädagogischer Faktoren

   4. Erscheinungsformen des Begriffs »Methode«
      in der Instrumental- und Vokaldidaktik 44
      Instrumentenübergreifende Gesamtkonzepte von Methoden –
      Instrumenten- bzw. gesangsspezifische Lehrwerke –
      Instrumenten- bzw. gesangsspezifische Lehrstrategien –
      Lernbereichsspezifische Methoden – Schülerspezifische Lehrmethoden –
      Kulturspezifisch bedingte Lehrmethoden – Aktionsformen –
      Lehrmethoden in Abhängigkeit von Unterrichtsformen

   5. Drei Modellvorstellungen von Methoden 57
      »Der Schüler ist die Methode« – »Die Musik ist die Methode« –
      »Der Lehrer ist die Methode«

   6. Prinzipien des musikalischen Lernens als Orientierungen
      für methodisches Handeln im Unterricht 74
      Die partielle Analogie des Lernens von Musik zum Sprechenlernen –
      Hörvorstellung *vor* Notenlesen – Die Entwicklung musikalischer Fähigkeiten
      im Zusammenhang mit Bewegungs-, Raum-, Gewicht- und Energie-
      empfindungen – Die Bildung der Feinmotorik aus der Grobmotorik –
      Lernen im Spiel

   7. Methodische Kompetenzen lernen und lehren 81
      Leitziel methodische Kompetenz – Wie wird methodische Kompetenz
      in der Ausbildung gelernt? – Berufspraxis

   8. Worin besteht methodische Kompetenz? Ein Katalog prinzipieller
      Fähigkeiten 96

II. Methodische Kompetenzen in ausgewählten Handlungsfeldern:
Überlegungen, Prinzipien, Möglichkeiten 99

   1. Einführung 100

   2. Unterrichtsplanung und -vorbereitung 105

   3. Unterrichtsaufbau und -dramaturgie 114

   4. Üben 125

   5. Motivieren 134

   6. Elternarbeit 144

   7. Interpretieren I: Verklanglichen 153

   8. Interpretieren II: Transformieren 166

   9. Rhythmus 175

  10. Spielen 184

  11. Notenschrift 195

  12. Kommunikation 205

  13. Improvisation 219

  14. Technik 231

  15. Unterrichtsformen 243

III. Glücksfähigkeit als Zielperspektive 255

   1. Glück und Bildung 258

   2. Glücksverheißung des Musizierens 259

   3. Glückserfahrungen durch Musik und Musizieren 261

   4. Was ist Glück? 268

   5. Methodische Impulse zur Ermöglichung von Glück 271

Literaturverzeichnis 283

Einleitung

»Ich will, daß die Menschen, alle Menschen, ihren eigenen Weg finden.« (Feyerabend 1995, S. 62) Dieses Bekenntnis des Philosophen Paul Feyerabend kann als Devise des vorliegenden Buchs gelten. Jeder gute Unterricht ist darauf angelegt, die individuellen Potenziale von Lernenden zu fördern. Lehrende im Instrumental- und Vokalunterricht streben danach, ihren Schülern die Musik als eine Quelle persönlichen Glücks und das Musizieren als ein persönliches Erfahrungs- und Ausdrucksmedium zu erschließen.

Kinder und Erwachsene sind Individuen. Kein Mensch ist wie der andere. Typologische oder altersspezifische Normierungen müssen als fragwürdig gelten. So stehen in guter pädagogischer Absicht formulierte Rezepte für einen »kindgemäßen« Unterricht, womöglich differenziert nach einzelnen Lebensjahren, stets in Gefahr, die individuellen Eigenheiten verschiedener Kinder zu verfehlen. Gleiches gilt für den Versuch, methodische Regeln für den Unterricht mit »Erwachsenen« zu formulieren. Das biologische Alter reicht nicht aus zur Fundierung generell adäquater Vorgehensweisen im Unterricht mit verschiedenen Menschen. Die Vorstellung, es könne Rezepte geben, die unabhängig von den jeweiligen Schülern und Lehrern sowie der betreffenden Unterrichtssituation mit Sicherheit »funktionieren«, ist lern- wie lehrpsychologisch irrig. Jedes menschliche Lernen verläuft auf eigenen Wegen. Weder verhalten sich Schüler wie Lehrer »automatisch«, noch sind Unterrichtsinhalte tote »Stoffe«. Wo gilt Letzteres mehr als in der Musik? Sobald Musik imaginiert und ausgeführt wird, ist sie lebendig als Teil der Person, die mit ihr umgeht.

Wenn Lernwege individuell sind, dann müssen es auch die Wege des Lehrens sein. Instrumental- und Vokalpädagogen benötigen dann eine Methodenlehre, die ihnen keine starren Anweisungen vorgibt, sondern ihnen ein breites Repertoire methodischer Möglichkeiten vermittelt, ihre methodische Beobachtungs- und Reflexionsfähigkeit entwickelt und vor allem ihre methodische Fantasie weckt. Und was für das Unterrichten gilt, trifft auch für die Vermittlung solcher Fähigkeiten zu. Eine gute Methodenlehre ist bestrebt, dass Lehrende ihre eigenen methodischen Wege finden. Auch darauf zielt mein Bemühen.

Methoden bilden einen Hauptbereich der Didaktik. Daher enthalten Bücher über Didaktik des Instrumental- und Vokalunterrichts selbstverständlich auch Ausführungen über methodisches Handeln. Ein speziell als Methodenlehre konzipiertes Buch jedoch fehlt bislang. Gründe dafür liegen vermutlich in mancherlei Schwierigkeiten, mit denen ein solches Projekt zu tun hat. Wie soll es möglich sein – instrumentenübergreifend und auch das Singen einbeziehend –, für alle Spielarten des Musizierens also, methodische Fragen zu klären? Ein Klavierspieler hat es mit anderen Anforderungen zu tun als eine Gitarristin; eine Gesangslehrerin arbeitet anders als ein Schlagzeuglehrer; eine Stunde im klassischen Einzelunterricht verläuft anders als eine von einem

Lehrer betreute Probe einer Jazzformation; Gruppenunterricht verlangt andere Vorgehensweisen als Klassenunterricht.

Nach einer enormen Vermehrung von Konzepten und Materialien in den letzten Jahrzehnten ist das Feld des Instrumental- und Vokalunterrichts mittlerweile kaum mehr überschaubar. Verschiedene Musikkulturen, Stilistiken, Unterrichtsformen, Gruppengrößen, Könnensstufen und Anspruchsniveaus, Lebensalter der Lernenden (vom Vorschulkind bis zum hochbetagten »Senior«) – diese und weitere Faktoren bedingen eine enorme Fülle von Erscheinungsformen musizierpraktischen Lernens und Lehrens. Sie macht es problematisch, überhaupt noch generalisierend von *dem* Vokal- und Instrumentalunterricht zu sprechen.

Jede Musikkultur und jede musikalische Teilkultur, jedes Instrument, jedes Lernfeld im Unterricht, jede Unterrichtsform – all diese verschiedenen Faktoren stellen eigene methodische Anforderungen. Das kann nicht anders sein: Methoden sind nicht loslösbar von Zielen, Inhalten und Unterrichtsformen, sondern bilden einen funktionellen Zusammenhang mit ihnen. Dementsprechend finden sich in Lehrwerken für diverse Instrumente, Zielgruppen, Stilistiken etc. wie auch in der ihnen gewidmeten Fachliteratur eine Fülle von methodischen Hinweisen zum jeweiligen Lernen und Lehren. Daraus eine Summe zu ziehen, fällt nicht leicht. Die Vielfalt des vorhandenen Materials sperrt sich gegen einen solchen Zugriff. Auch droht die Gefahr der Verwässerung, wenn Heterogenes in den Zusammenhang eines didaktischen Konzepts gebracht wird. Überdies erscheint der Wunsch, für all die vielen Möglichkeiten des Unterrichts im Musizieren eine Sammlung von allseits praktikablen Methoden zu erhalten, kaum erfüllbar.

Andererseits hat eine Allgemeine Instrumental- und Vokaldidaktik nicht zuletzt auch eine synthetische Aufgabe: Sie soll die in einzelnen Fachdidaktiken entwickelten Ideen mit instrumentenübergreifendem Modellcharakter zusammenbringen. Dieser Aufgabe stellt sich das vorliegende Buch. Dabei erhalten Leserinnen und Leser viele Verweisungen und weiterführende Literaturhinweise. Sie orientieren über das große Gebiet der Methoden im Instrumental- und Vokalunterricht und geben Hinweise für eine weitergehende Beschäftigung mit Fragen, deren vertiefende Behandlung im vorliegenden Rahmen nicht möglich ist.

Damit Lehrende ihre methodischen Kompetenzen entwickeln können, will das Buch hauptsächlich

- den Begriff »Methode« in einer für Instrumental- und Vokalunterricht förderlichen Weise reflektieren;
- das Bewusstsein für die Vielfalt methodischen Handelns in diesem Unterricht fördern;
- anregen, über die Faktoren nachzudenken, die methodisches Handeln beeinflussen bzw. aus denen methodisches Handeln erwachsen kann;

- Methoden nicht nur als Handeln des Lehrers, sondern vor allem auch als Handeln des Schülers begreifen lehren, d.h. nicht nur nach der Methodik des Lehrens, sondern nicht minder auch nach der des Lernens fragen;
- das methodische Repertoire erweitern;
- und vor allem die methodische Fantasie anregen (gemäß Albert Einsteins Diktum: »Fantasie ist wichtiger als Wissen, denn Wissen ist begrenzt«).

Aus gutem Grund erscheint die Plural-Formulierung »Methodische Kompetenzen« angemessen. Dies entspricht der Auffassung, dass eine generelle, alle möglichen Lernfelder abdeckende und allen möglichen Unterrichtssituationen gerecht werdende »methodische Kompetenz« eine Schimäre ist. Das Streben nach Verbesserung methodischer Fähigkeiten bleibt eine Baustelle. Unterricht wiederholt sich nicht, sondern stellt immer wieder neue Anforderungen.

Ein breites Methodenrepertoire nützt nur dann, wenn es nicht mechanistisch gehandhabt wird (»dies lehrt man so«), sondern wenn Lehrende verstehen, flexibel und variabel mit ihm umzugehen, noch besser: wenn sie Methoden nicht als starre Fertigteile benutzen, sondern sie im Unterricht individuell anzupassen, zu modifizieren und sie mit dem Gefühl für Stimmigkeit einzusetzen wissen. Unterricht wird dann zum Ereignis, wenn kompetentes methodisches Handeln aus der jeweiligen Situation erwächst. Jede methodische Möglichkeit hat ihren »Kairos« – nur zum richtigen Zeitpunkt »zündet« sie.

Methoden als Fähigkeiten praktischen Handelns sollten nicht gegen theoretische Reflexion ausgespielt werden. Es bedarf vieler – möglichst praktischer – Erfahrungen, bis die Einsicht reift, dass praktische Handreichungen ohne theoretische Fundierung im Unterricht leicht zu einem blinden, unaufgeklärten, unsensiblen und unmündigen Werkeln führen. Theorie und Praxis gehören in der Ausbildung und ebenso in der Fortbildung von Pädagogen zusammen, und zwar auf den Gebieten der Pädagogik wie der Fachmethodik. Für das Fach Musikpädagogik wäre es unredlich und unfruchtbar, praktische Fragen zum methodischen Handeln im Instrumental- und Vokalunterricht nach dem Prinzip der Arbeitsteilung an die einzelnen Fachmethodiken zu delegieren. Pädagogik ist Wissenschaft *und* Praxis (verstanden als Erfahrungswissen und als Lehrkunst) in einem, und diese Erscheinungsformen des Fachs Pädagogik bedürfen in der Lehre einer ständigen Vermittlung.

Das Buch besteht aus drei Teilen: Der theoretische I. Teil fragt nach Verständnismöglichkeiten des Begriffs »Methode«, klärt seine Verwendungsweisen im Bereich der Instrumental- und Vokalpädagogik und sucht zu umkreisen, was »methodische Kompetenz« in diesem Bereich bedeuten kann. Der praxisbezogene II. Teil geht einer Reihe von konkreten Fragen zu sinnvollem methodischem Handeln im Instrumental- und Vokalunterricht nach. Dabei bieten die im I. Teil entwickelten Gedanken Orientierung. Der III. Teil beschäftigt sich mit dem Phänomen »Glück«. Er fragt nach den

Möglichkeiten von Glück als Zielperspektive methodischen Handelns im Instrumental- und Vokalunterricht. Diese Fragestellung mag zunächst befremden; tatsächlich jedoch richtete sich das Wort »Methode« in der antiken griechischen Philosophie auf ein glückliches Leben als Ziel menschlichen Handelns.

Dem Gedanken folgend, dass auch die menschliche Stimme ein »Instrument«, d. h. ein Mittel der Darstellung von Musik ist, schließt in diesem Buch der an vielen Stellen allein verwendete Begriff »Instrumentalunterricht« durchweg den Vokalunterricht mit ein.

Zu hoffen und zu wünschen bleibt, dass das angestrebte Ineinandergreifen von theoretischer Klärung und dem Entwerfen praktischer Möglichkeiten methodischen Handelns vielen Leserinnen und Lesern Nutzen für ihre pädagogische Tätigkeit bringt.

Zahlreichen Menschen danke ich für Anregungen zu diesem Buch. Viele Studentinnen und Studenten, Kolleginnen und Kollegen, Teilnehmerinnen und Teilnehmer an Fortbildungen haben mir durch ihre Fragen, Gedanken und Erfahrungen immer wieder Impulse gegeben, methodischen Problemen nachzugehen. Sehr dankbar bin ich dafür, dass ich nunmehr 27 Jahre als Schriftleiter bzw. Herausgeber der Zeitschrift *Üben & Musizieren* an der Weiterentwicklung der Instrumental- und Vokalpädagogik im deutschsprachigen Raum mitwirken durfte. Viele in *Üben & Musizieren* erschienene Texte haben dieses Buch bereichert. Für umsichtige Lektorierung, hilfreiche Hinweise und wohltuenden Zuspruch danke ich Nathalie Contrael. Vor allem danke ich meiner Frau Friederike Mahlert für vielfache Ermutigung und anhaltende Unterstützung beim Schreiben.

Berlin, im Juni 2011   Ulrich Mahlert

I. Probleme, Möglichkeiten und Grundzüge einer Methodenlehre für den Instrumental- und Vokalunterricht

Eine Erörterung von pädagogischen Methoden setzt ein Nachdenken über Ziele, Inhalte und Funktionen des zugrunde liegenden Unterrichts voraus. Was Instrumental- und Vokalunterricht beabsichtigt, ist vordergründig klar: Menschen zum Musizieren zu befähigen. Die Teilfähigkeiten und -kenntnisse, die dazu gehören, sind vielfältig – und so auch die Unterrichtsinhalte. Nur einige wenige seien genannt: Musik innerlich vorstellen, Vorgestelltes auf dem Instrument oder mit der Stimme realisieren, Realisiertes differenziert wahrnehmen und mit dem Vorgestellten vergleichen können, effizient üben, Notentexte lesen und klanglich verwirklichen, instrumentenspezifische Techniken beherrschen, Musik strukturell verstehen, ihre Stilistik erfassen und realisieren usw. All diese und viele weitere Teilfähigkeiten und -kenntnisse lassen sich ihrerseits weiter ausdifferenzieren; sie beinhalten eine Fülle von zu erwerbenden Feinkompetenzen, die bei jedem Musizieren individuell gefordert sind. So wird jeder Bereich des Instrumental- und Vokalunterrichts zu einem schier unüberschaubar reichen Handlungsfeld. Das hat Konsequenzen für die im Unterricht verwendeten Methoden. Auch sie müssen von großer Vielfalt sein, wenn sie sich auf die hohe Differenziertheit der Lehrinhalte einlassen und wenn sie den Individualitäten der Lernenden – ihren Bedürfnissen, Interessen, Lernweisen und -potenzialen – gerecht werden sollen. Welche Funktionen und Bedeutungen die im Unterricht vermittelten Umgangsweisen mit Musik im Leben von Menschen gewinnen, lässt sich nicht voraussehen. Dass aber methodischer Reichtum des Lehrens und Lernens ein vielseitiges musikalisches Handeln fördert, ist anzunehmen. Methodische Vielfalt dürfte die Chance erhöhen, dass Menschen Wege zu einer ihnen gemäßen, ihr Leben bereichernden Musikausübung finden.

Denkbar wäre, ohne weitere Umstände mit der Aufarbeitung der zahlreichen methodischen Anforderungen und Möglichkeiten im Instrumental- und Vokalunterricht zu beginnen. Bei diesem Vorgehen blieben allerdings die Grundlagen von Methoden im Dunklen. Gewiss: Methodisches Handeln von Lehrenden erwächst aus der Kenntnis der zu vermittelnden Sachen sowie dem Gespür für die individuellen Lernwünsche und -möglichkeiten der Lernenden. Darüber hinaus aber gibt es noch andere Wirkungskräfte, die das Handeln von Lehrern stark beeinflussen, ja steuern: ihre mehr oder minder bewussten Grundeinstellungen zu den Bildungsfunktionen des Musizierens und des Musikunterrichts.

In der alltäglichen Unterrichtspraxis stehen Fragen des methodischen Handelns im Vordergrund. Dort ist es nicht möglich, fortwährend auf einer Metaebene die bildungsspezifische Dimension des konkreten Unterrichts mitzudenken. Ohne Klärung von Bildungsintentionen allerdings wird das Unterrichten leicht beliebig und zufällig. Ein reiches methodisches Handlungsrepertoire mag vor Monotonie bewahren; gleichzeitig aber vergrößert es die Gefahr von Richtungslosigkeit. Vielfalt des methodischen Handelns ist letztlich kein Selbstzweck, sondern eine funktionale Größe, um Menschen und Sachen gerecht zu werden.

»Musikalische Bildung findet statt, wenn Menschen in musikalischer Praxis ästhetische Erfahrungen machen. Pädagogisches Handeln, dem an musikalisch-ästhetischer Bildung gelegen ist, muß vielfältige Räume für musikalisches Handeln eröffnen, in denen ästhetische Erfahrungen möglich sind, angeregt und unterstützt werden.« (Rolle 1999, S. 5, zit. nach Kraemer 2004, S. 87) Diese programmatischen Sätze von Christian Rolle weisen besonders dem Instrumental- und Vokalunterricht eine hohe Bildungsqualität zu. Es ist ja geradezu die Bestimmung dieses Unterrichts, dass »Menschen in musikalischer Praxis ästhetische Erfahrungen machen«. Gleichzeitig spricht Rolle die methodische Ebene an. Seine Formulierung drückt aus, was Absicht des vorliegenden Buchs ist: Es möchte »vielfältige Räume für musikalisches Handeln eröffnen, in denen ästhetische Erfahrungen möglich sind«. Methodisches Handeln soll danach streben, »im Unterricht eine Kultur der Bildung zu entwickeln und Unterricht als eine Kultur der Bildung zu realisieren« (Schatt 2007, S. 65). Als Ziel und Maßstab für methodisches Handeln kann daher gelten, musikalische Bildung als Vielfalt ästhetischer Erfahrungen im Unterricht und außerhalb des Unterrichts zu ermöglichen. »Ermöglichen« bedeutet nicht »herbeiführen«: Bei jeder Konzeption methodischen Handelns im Unterricht ist zu bedenken, dass ästhetische Erfahrungen vom Lernenden selbst vollzogen werden. Erfahrungen im Umgang mit Kunst stellen keine pädagogische Verfügungsmasse dar und lassen sich nicht einfach methodisch »machen.«

Im Folgenden sollen zunächst einige Bildungsvorstellungen zur Sprache kommen, die mit den späteren theoretischen und praktischen Ausführungen über Methoden verbunden sind. Beabsichtigt ist weder, neuere Diskussionen über musikalische Bildung (z. B. Rolle 1999, Schatt 2008, Dartsch 2010) fortzuführen, noch den Begriff »musikalische Bildung« weiter gehend instrumentaldidaktisch auszudifferenzieren (dazu z. B. Mahlert 1992, Röbke 2000). Es genügt an dieser Stelle, den Begriff »musikalische Bildung« mit einigen wenigen ihm zugeschriebenen Bedeutungen perspektivisch als ein Leitziel methodischen Handelns ins Spiel zu bringen. Ich möchte Lehrkräfte dazu bewegen, gelegentlich und immer wieder die bildungsspezifischen Grundintentionen der eigenen Tätigkeit neu zu bedenken – nicht als feiertägliche Entrückung von den oft genug beschwerlichen Niederungen der pädagogischen Alltagswirklichkeit, sondern um Orientierung zu gewinnen für deren Herausforderungen. Eine solche Orientierung ermöglicht Ermutigung, Fantasie (nicht zuletzt methodische Fantasie) und Kraft für weiteres Wirken. Ebenso ist sie eine Voraussetzung, um ein deutliches Bewusstsein für den Wert der eigenen pädagogischen Arbeit zu entwickeln.

1. Zur Bildungsqualität des Musizierens und des Unterrichts

Die Überzeugung, dass instrumentales und vokales Musizieren ein unersetzbares Medium menschlicher Bildung darstellt, ist heute in aller Munde. Bekundungen von Bildungsforschern, Politikern, Kulturfunktionären, Pädagogen, Vertretern des Musiklebens stimmen in dieser Ansicht überein.

Mittlerweile werden Bildungswirkungen des Musizierens weniger als noch vor einigen Jahren mit Transfereffekten von Musikausübung begründet. Im Common Sense über die Werte von Kunst und Kultur muss das Musikmachen seinen Wert nicht mehr vor allem durch die angeblichen positiven Auswirkungen auf gesellschaftlich wünschenswerte Persönlichkeitsqualitäten (Konzentrationsfähigkeit, Intelligenz, soziale Kompetenz u. a.) erweisen. Durchgesetzt hat sich die Auffassung, dass Musizieren eine in sich sinnvolle, sinnstiftende, Menschen stärkende und beglückende Tätigkeit ist: eine Tätigkeit, die wie kaum eine andere Aktivität vielfältige Potenziale von Körper, Geist und Seele verbindet und verdichtet (s. dazu sowie zu weiteren Bildungspotenzialen des Musizierens Mahlert 2003). Überdies verschafft diese Tätigkeit intensive kommunikative Erfahrungen und stiftet vielerlei soziale Verbindungen.

Für den Erziehungswissenschaftler Jürgen Oelkers ist der schwer zu ermessende Bildungswert von Musikausübung an die Auffassung gekoppelt: »Musik ist Selbstzweck.« (Oelkers 2007, S. 12) Er sieht die Bildungsfunktionen des Musizierens in folgenden Gegebenheiten:
- »Wer ein Instrument beherrscht, hat einen lebenslangen Begleiter;
- das musikalische Können ist eine biographische Schlüsselkompetenz, die alle Sichtweisen beeinflusst;
- wer im eigenen Spiel Musikstücke nachvollzieht und je neu interpretiert, verfügt über eine Fähigkeit, die durch nichts ersetzt werden kann;
- und wer in musikalischen Anschauungen leben und denken kann, bewegt sich in einer einzigartigen Symbolwelt, die präzise verfährt, gerade weil sie in ihrer Tiefe schwer fasslich ist.« (A. a. O., S. 11 f.)

Aus diesen Gründen hält Oelkers die besonders durch aktives Musizieren sich entfaltende musikalische Bildung für »unverzichtbar«. (A. a. O., S. 11)

Zu erweitern sind Oelkers' Ausführungen zum Bildungswert des Musizierens durch den Hinweis, dass gerade die Musikausübung in besonderem Maße ein wesentliches Moment von Bildung realisiert. Eindrucksvoll zeigt sich im Musizieren, dass Bildung immer Selbstbildung ist. Dies lässt sich gut verdeutlichen an der Tätigkeit des Übens, die ja unabdingbar zum Musikmachen gehört und einen großen Teil der Zeit in Anspruch nimmt, die Musizierende aufbringen müssen. Zum einen enthält das »Üben von etwas« immer auch ein »Sich-Üben«. »Wer übt, beschäftigt sich im Erschließen der Musik [...] auch immer mit sich selbst: Der Übende lernt ja, die Musik als seine *eigene* Äußerung zu verklanglichen. [...] ›objektives‹ und ›subjektives‹ Üben sind nicht voneinander trennbar.« (Mahlert 2006, S. 28) Zum anderen lässt sich das

Üben »als ein modellhafter Vorgang von Bildung betrachten und kann als ein Schlüsselbegriff zum Verständnis musikalischer Bildung gelten. Denn im Prozess eines idealen Übens wird eine Musik in vielfältigster Weise, sozusagen von allen musikalischen und persönlichen Seiten, wahrgenommen, durchgearbeitet, ›durchgefühlt‹, angeeignet. Das Üben eines Musikstücks ist ebenso unendlich, wie Bildung selbst ein unabschließbarer Prozess ist: nicht nur, weil Üben niemals an ein definitives Ziel von Perfektion gelangt, sondern auch deshalb, weil im wiederholenden Üben immer neue Verknüpfungen von Wahrnehmungsinhalten erfolgen können. Die Anzahl der strukturellen, kinästhetischen und emotionalen Momente nur einer einzigen musikalischen Phrase ist ebenso wenig begrenzbar wie die Möglichkeiten ihrer im Üben stattfindenden Kombinationen.« (Ebd.)

Bis heute gibt es »keine eindeutig definierte und universell geteilte Vorstellung von musikalischer Bildung« (Kaiser 2001, S. 9, zit. nach Kraemer 2004, S. 87). Eine den aktiven Umgang mit Musik akzentuierende Auffassung von musikalischer Bildung vertritt Wilfried Gruhn. Er bestimmt musikalische Bildung als »das Vermögen, Musik musikalisch zu erfahren, erleben, darstellen und verstehen zu können« (ebd., zit. nach Kraemer 2004, S. 87). Für den Musikunterricht bedeutet dies, dass Musik als ein sprachanaloges Ausdrucksmedium zu vermitteln ist. Weder ein mechanistisches Reproduzieren noch ein auf kognitive Sachverhalte reduziertes Musiklernen sind musikalisch bildend.

Fragt man weiter, welche menschlichen Qualitäten eine im Musizieren sich entwickelnde musikalische Bildung beinhaltet, so erweisen sich die Ausführungen von Georg Picht als wertvoll. Picht hat 1963 die Bedeutsamkeit musikalischer Bildung insgesamt für die menschliche Bildung behutsam und sorgfältig zu formulieren versucht. Seine Bestimmung lotet noch tiefer als die zitierten Gedanken von Oelkers und Gruhn: »In einer musikalischen Bildung, die diesen Namen verdient, entwickelt sich jene wache Sensibilität, jene subtile Beweglichkeit der Empfindung und jener Sinn für geistige Ordnung, für weitgespannte Analogien und für die unermeßliche Fernwirkung der leisesten Erschütterungen, an denen man den geistigen, den gebildeten Menschen erkennt. Wenn dies gewonnen ist, braucht man sich um das Verständnis für die übrigen Bildungsgehalte nicht mehr zu sorgen.« (Picht 1963/1965, S. 168) Picht gelangt zu der These: »Die Musik bringt den Raum menschlicher Bildung überhaupt zur Darstellung und ist das Medium, in dem sich alle anderen geistigen Tätigkeiten, mit denen es Bildung zu tun hat, erst entfalten können.« (A. a. O., S. 169)

Mit dieser Aussage wird der Musik im Bereich der Bildung ein besonderer Rang zugesprochen. Nach Picht gilt: Musik, die abstrakte, immaterielle Zeitkunst, entwickelt und differenziert mit ihren dichten Strukturgefügen die Sinne und das Denken. Sie fordert, vermittelt, kultiviert, ja »bildet« deren Vermögen *vor* aller Beschäftigung mit inhaltlich spezifizierten Fachgebieten. Diese musikalische Bildung geschieht wohl am intensivsten im Musizieren. Hier, in dieser hohen »Schule der Vernetzung« von körperlichem, emotionalem und kognitivem Handeln, ereignet sich Bildung als ein körperlich zu vollziehendes, Denken und Fühlen integrierendes klangliches Gestalten von künstlerisch strukturierter, erlebnisintensiv erfüllter Zeit.

Pichts Ausführungen über musikalische Bildung sind zunächst vor allem formale Bestimmungen von Bildung; sie beinhalten keine Konkretisierung von materialen Inhalten der durch Musik vermittelten Bildung. Pichts formale Bestimmungen schließen jedoch keineswegs eine starke Wirksamkeit auch von materialen Bildungsinhalten aus. Denn schließlich gilt, dass »formale Bildung ohne Halt im materialen Kern der Erfahrung überhaupt nicht möglich ist.« (Schatt 2008, S. 213) Selbstverständlich ist es im Blick auf Bildungsprozesse nicht gleichgültig, welche Musik gespielt oder gehört wird. Gleichwohl gibt es formale Gemeinsamkeiten der durch den Vollzug von Musik auch unterschiedlicher Provenienz beförderten Bildung. Überdies können die scheinbar ganz auf der Seite formaler Bildung abzubuchenden Bestimmungen von Picht durchaus auch als Verweise auf die Ebene materialer Bildung verstanden werden: Die Formulierung »jene wache Sensibilität, jene subtile Beweglichkeit der Empfindung und jener Sinn für geistige Ordnung, für weitgespannte Analogien« schließt wohl den Gedanken ein, dass Musik in Beziehung steht zu anderen Künsten, Wissenschaften und menschlichen Erfahrungsmöglichkeiten. Das bedeutet: Durch ihre Verwobenheit mit anderen Disziplinen und durch ihre vielfältige Beziehbarkeit (durch »weitgespannte Analogien«) auf »Außermusikalisches« eignet sie sich dazu, auch dieses zu erhellen und zum Nachdenken in der Tat »über Gott und die Welt« anzuregen. Das Potenzial musikalischer Bildung führt demnach über die Musik hinaus.

Indem Pichts Gedanken der Musik einen enormen Bildungswert zuweisen, stellen sie höchste Ansprüche an einen Unterricht in Musik, dem es ernst ist mit den Bildungsqualitäten der Musikausübung. Folgen sollte er auf jeden Fall der Leitidee, dass zur Bildung im Instrumental- und Vokalunterricht »die ›Ganzheit‹ von ›Herz, Geist und Hand‹« (vgl. Mahlert 1992, S. 14 ff.) gehört. Das bedeutet vor allem: eine Vermeidung von motorischem Drill; eine Bemühung um ein vielfältiges Verstehen der Musik – ihrer stilistischen, geschichtlichen, musiksprachlichen Eigenarten, ihrer Beziehungen zu anderen Künsten, Wissenschaften und Erfahrungsbereichen; eine Befähigung zu ausdrucksvoller Darstellung dieser Musik, in der die durch die Musik geweckte Emotionalität des Ausführenden sich mit einer philologisch fundierten interpretatorischen Kompetenz verbinden darf und soll.

Das intensive Hin und Her zwischen den Ansprüchen und Forderungen der jeweiligen Musik und der Subjektivität des Spielers ist ein Movens musikalischer Bildung. Durchaus lässt sich dieses Hin und Her verstehen als eine Konkretisierung jener von Wilhelm von Humboldt als Bestimmung von Bildung formulierten »Verknüpfung unseres Ichs mit der Welt zu der allgemeinsten, regesten und freiesten Wechselwirkung« (Humboldt 1957, S. 57). Mag der von Humboldt gebrauchte Begriff »Welt« als mythisch kritisiert werden, da er »etwas ebenso Umfassendes wie letztlich Unbestimmtes« (Schatt 2008, S. 41 f.) anspreche; in einem Musikstück entfaltet sich »Welt« zwar begriffslos, aber doch konkret, als einmaliges Werk in geschichtlicher

Geprägtheit, als Zeugnis der Kultur einer bestimmten Zeit und eines in ihr agierenden Individuums. Abstrakte Konkretheit verbindet sich mit konkreter Abstraktheit: Konkret bietet ein Musikstück der Wahrnehmung eine unabsehbare Beziehungsfülle syntaktischer und semantischer Elemente an, und die Aufgabe ihrer Darstellung bewegt den Ausführenden zu einer intensiven Identifikation mit den musikalischen Gestalten, wodurch diese durch ihre begriffslose Abstraktheit schier unbegrenzt mit Imaginationen und Symbolen seiner eigenen inneren Welt aufgeladen und »konkretisiert« werden können.

Sind solche dem Begriff »musikalische Bildung« zugewiesenen Ansprüche in Zeiten von »Jedem Kind ein Instrument« noch einzulösen? Sind sie nicht hoffnungslos unrealistisch für Lehrkräfte, die mit großen Schulklassen unter schwierigen äußeren Bedingungen Klassenmusizieren betreiben? Sind sie nicht gebunden an das Repertoire der großen Werke abendländischer Kunstmusik, einer Musik also, die in der musikpädagogischen Praxis der letzten Jahrzehnte einen immer schwereren Stand hatte und die heute keineswegs mehr wie noch für Georg Picht allseits als *die* große oder gar eigentliche Musik unserer Kultur gelten kann? Treffen Pichts Aussagen über Musik und musikalische Bildung auch auf eine Rockband oder eine Popgruppe zu? Oder ist für die bildende Wirkung des Musikmachens vielleicht die stilistische Beschaffenheit der jeweiligen Musik weniger entscheidend als die Qualität ihrer Ausführung?

Solche Fragen stellen sich, wenn gegenwärtig wie so oft von »musikalischer Bildung« und von »Bildung durch Musizieren« die Rede ist. Sie sollen hier offen bleiben, denn sie sind kaum apodiktisch und generalisierend zu beantworten. Picht selbst hätte zwar auf dem Qualitätsunterschied zwischen einem Beethoven-Satz und einem Popsong als Kriterium für die Möglichkeit von musikalischer Bildung beharrt. Gleichwohl kann auch der Unterricht mit »U-Musik« Qualität haben; auch er vermag »jene wache Sensibilität« und »jene subtile Beweglichkeit der Empfindung« als Momente musikalischer Bildung im Schüler anzuregen. Und warum soll nicht auch in einem solchen Unterricht »jener Sinn für geistige Ordnung, für weitgespannte Analogien« am Werk sein? Ob freilich Popmusik geeignet ist, den Sinn zu bilden »für die unermeßliche Fernwirkung der leisesten Erschütterungen, an denen man den geistigen, den gebildeten Menschen erkennt«? Diese Frage mag offen bleiben. Dennoch darf man mit Hermann-Josef Kaiser darauf bestehen, »daß aus dem Gebrauch von Musik in seinen unterschiedlichen Formen [...] musikalische Bildung erwachsen kann. Nur ist letztere [...] nicht planbar im Sinne eines Verfügens über sequentiell geordnete Schritte, die letztendlich dann zu musikalischer Bildung führen.« (Kaiser 1995, S. 25)

Eine Bestimmung musikalischer Bildung wie die von Georg Picht ist zwar schwerlich pädagogisch operationalisierbar. Gleichwohl gibt sie trotz ihrer Abstraktion dem heute so oft ausgehöhlten Begriff eine reiche gedankliche Substanz. Dadurch eignet sich die Bestimmung als musikpädagogische Leitidee durchaus auch für die Praxis. Der Versuch, Instrumental- und Vokalunterricht auf die genannten Qualitäten als Leitvorstellungen auszurichten, ist keine leere Fiktion, sondern vielmehr eine jeweils methodisch vielfältig konkretisierbare Aufgabe. Sie hält Lehrende dazu an, sich intensiv ebenso in die Besonderheit der jeweiligen Musik zu vertiefen, wie sich in die Persönlichkeit des Schülers zu versetzen und Vermittlungen zu schaffen. Sehr wohl vermögen die von Picht formulierten Kriterien musikalischer Bildung die methodische Fantasie zu beflügeln.

Anders als die zitierten Ausführungen von Oelkers, Gruhn und Picht kranken viele der im heutigen Musikleben fortwährend zu hörenden Verlautbarungen der gesellschaftlichen Wichtigkeit von musikalischer Bildung an zwei Schwächen.
1. »Musikalische Bildung« bleibt ein vielfach unbestimmter, inflationär gebrauchter Begriff, ein billiges Versatzstück in Bildungsdiskussionen, eine abgegriffene Spielmarke der Bildungspolitik. Hier hilft die Besinnung auf eine tief lotende, der Musik eine basale Bildungsfunktion zumessende Auffassung von musikalischer Bildung, wie sie bei Georg Picht zu finden ist. Die in dieser Auffassung artikulierte prinzipielle Bedeutung von musikalischer Bildung sollte nicht durch gedankenarmen Begriffsgebrauch verwässert werden bzw. in Vergessenheit geraten.
2. In vielen derzeit zu hörenden Bekundungen zur Wichtigkeit musikalischer Bildung scheint es oft so, als ob Musikunterricht und Musikmachen per se bedeutsame Bildungswirkungen hätten. Ob Musikunterricht solche Wirkungen hervorbringt, hängt jedoch in hohem Maße von der Qualität des Unterrichts ab. Selbst bei hoher Qualität allerdings ist Bildung welcher Art auch immer nicht direkt durch Unterricht »machbar«. Sie ist keine Zielgröße, über deren Erreichen Pädagogen verfügen. Hartmut von Hentig hat im Blick auf die Frage nach dem Bildungswert von »Fächern« ausgeführt: »Kein Fach garantiert irgendeinen ›Bildungswert‹ (oder zeitgemäßer gesprochen: einen ›Bildungseffekt‹). Jahrzehntelang haben wir für die Durchsetzung dieser bewiesenen Tatsache gekämpft: daß Mathematik als solche nicht das ›logische Denken‹ ausbildet, Latein als solches nicht human oder auch nur humanistisch macht, Geschichte als solche kein Geschichtsbewußtsein erzeugt, sondern dies tun allein die Verfahren, Formen, Lagen, Absichten, in denen sie vermittelt werden.« (Hentig 1985, S. 370) Entsprechendes gilt für Unterricht in Musik. Demgemäß liest man bei von Hentig an anderer Stelle über ästhetische Bildung: »Die gemeinte Wirkung [der »Befreiung durch Kunst«, die ein »konjunktivisches Verhalten zur Welt« ermöglicht, U. M.] läßt sich nicht verfügen, veranstalten, verbürgen. Pädagogen können sie allenfalls ermöglichen – dafür sorgen, daß junge Menschen nach ihr Ausschau halten und sich auf sie einlassen. Die Chance, daß den Pädagogen wenigstens dies gelingt, nimmt zu mit dem Bewußtsein, wie bescheiden ihre Rolle dabei ist.« (A. a. O., S. 30) Die Rolle von Pädagogen bei der Ermöglichung ästhetischer Erfahrungen mag bescheiden sein. Umso wichtiger bleibt im Blick auf die Ermöglichung von Bildung der Aspekt der Qualität von Unterricht. Jürgen Oelkers bemerkt: »Entscheidend für den Prozess der musikalischen Bildung sind die Pflege der Interessen, die beständige Herausforderung von Lernen und Verstehen sowie die Nutzung von Vielfalt.« (Oelkers 2007,

S. 11) Musikunterricht kann auch eine stumpfe Paukerei, ein lustloses oder sogar vom Lernenden als widerwärtig erlebtes Eintrichtern von Musikstücken, ein fantasiearmes Hantieren mit musikalischem Material, ein gedankenloses Werkeln sein. Vielen Menschen sind durch einen solchen Unterricht Wege zu einem Bildung entfaltenden Musizieren verbaut worden. Auch wenn Instrumentalunterricht nicht immer so massiv zur Tortur gerät wie in berüchtigten belletristischen Szenen (z. B. in Jelinek 1983, Rehmann 1987, Süskind 1994) – viele Kinder erlebten und erleben einen mit regelmäßigem, unlustvollem Übenmüssen verbundenen Instrumentalunterricht, der ihnen von wohlmeinenden Erwachsenen zur »Bildung« ihrer Erlebnis- und Ausdrucksfähigkeit auferlegt wurde, als missliebige Fron.

Gleichzeitig ist zu fragen, ob eine heute auch im Instrumentalunterricht grassierende Spaß-Pädagogik (vgl. dazu Genari 2010, Steffen-Wittek 2010) ein differenziertes Musizieren ermöglichen kann. Lassen sich all die vielfältigen erforderlichen Leistungen beim Erlernen eines Instruments spielerisch, leichthin mit Spaß und ohne Mobilisierung von Anstrengung erwerben? Viele Unterrichtslehrwerke suggerieren dies. Ob aber hier nicht die in der Tat mit einem intensiven Musizieren verbundene Lust und Freude verwechselt wird mit allenfalls kurzfristig stimulierenden Vergnüglichkeiten, oft geweckt durch außermusikalische Reize (Aufmachung, Animation durch Comics und entsprechende Figuren, Lernspiele u. a.)? Solche Bespaßungselemente musikalisieren nicht, sie lenken ab von der Musik. Dennoch muss der Begriff »Spaß« in der Instrumentalpädagogik nicht unbedingt geopfert werden. Auf die Frage, was »Spaß« bedeuten könnte in Bezug auf ein Musizieren, das diesen Namen verdient, gibt Leonard Bernstein eine eindrucksvolle Antwort: »If we add up ›sense of rightness‹, ›tranquility‹, ›balance‹, ›catharsis‹, ›expressivity‹, we begin to approach the meaning of ›fun‹. Add to these ›participation‹, ›creativity‹, ›order‹, ›sublimation‹ and ›energy release‹, and you almost have it.« (Zit. nach Jenne 2005, S. 8) Mit dieser Aufzählung liefert Bernstein weitere Faktoren einer durch Musizieren möglichen musikalischen Bildung. Auch hier handelt es sich wie bei Picht um Kriterien einer formalen Bildung. Und auch hier ist selbstverständlich eine materiale Bestimmung des Bildungswerts der jeweiligen Musik nicht infrage gestellt, sondern im Gegenteil mitgedacht.

2. Methodisches Handeln im didaktischen Fadenkreuz

Ein Leitziel von Instrumental- und Vokalunterricht ist die Vermittlung von Musizierfähigkeiten als Verwirklichung von musikalischer Bildung. Ein solcher Unterricht erfordert ein breites Methodenrepertoire und ein hohes Maß an methodischer Sensibilität, die den Lernbedürfnissen und -möglichkeiten von Schülern gerecht werden.

Ein Bewusstsein für die Ausmaße der methodischen Anforderungen im Instrumentalunterricht ergibt sich, wenn man die Grundfragen von Didaktik in Augenschein nimmt und sie im Blick auf Instrumentalunterricht bedenkt. Nach Werner Jank und Hilbert Meyer kümmert sich die Didaktik um die Fragen, »– wer / – was / – wann / – mit wem / – wo / – wie / – womit / – warum / – und wozu / lernen soll.« (Jank / Meyer 1991/1994, S. 16) Ich versuche nachfolgend, die genannten Fragen mit einer Reihe von instrumentaldidaktischen Möglichkeiten zu beantworten. Dabei nehme ich eine kleine, aber für didaktisches Denken bedeutsame Änderung an der Formulierung der Frage vor. Die Frage lautet jeweils nicht, wer / was … *lernen soll*, sondern wer / was … *lernt*.

Didaktik bezieht sich zwar im allgemein üblichen Verständnis auf das im Unterricht stattfindende und von der Lehrerperson gesteuerte Lernen. Dieses »formelle« Lernen ist jedoch nur ein Teil der Lernwelt, in der Schüler leben. Auch außerhalb des Unterrichts wird Musik gelernt, und zwar zu einem oft beträchtlichen Teil unabhängig von den Direktiven des Lehrers. Dieses »informelle« Lernen (s. dazu Röbke / Ardila-Mantilla 2009) spielt erfahrungsgemäß in vielen musikalischen Lernbiografien eine wichtige Rolle. Lehrer sollten sich die Tatsache des fortwährenden informellen Lernens bewusst machen und sich ihrerseits für die unterrichtsunabhängig bestehenden Musikinteressen ihrer Schüler interessieren. Zwar gibt es durchaus ein Lernen in Parallelwelten, und manche Schüler wollen einen ihnen wichtigen Musikbereich lieber unpädagogisiert ausleben dürfen, als ihn nach lehrerbestimmten Reglements zum Unterrichtsgegenstand machen zu lassen. In jedem Fall ist es eine wichtige didaktische Frage und eine Entscheidung von beträchtlicher Tragweite, ob und in welchem Ausmaß Lehrende Offenheit zur Musikwelt ihrer Schüler erstreben. Daher erscheint die Frage nach dem im und außerhalb des Unterrichts tatsächlich stattfindenden Lernen fundamentaler als die Frage nach dem »Lernensollen«.

Die Beschäftigung mit den genannten »W«-Fragen ermöglicht, den Blick auf die Bedingungen, Wirkungsfaktoren und Begleitumstände des Unterrichts zu schärfen. Sie regt dazu an, menschlich und pädagogisch über das unmittelbare Geschehen im Unterricht hinauszudenken. Ein entwickeltes Bewusstsein und eine geschärfte Wahrnehmungsfähigkeit für all das, was im Unterricht beiläufig »mit im Spiel ist«, bewahrt vor Betriebsblindheit bzw. verengten Wahrnehmungsmustern, die sich in der Routine des pädagogischen Alltags allzu leicht einstellen. Mit einem geweiteten Blick ist bereits viel gewonnen. Er stimuliert methodische Fantasie.

Wer lernt?

Methodische Fragen im Unterricht beziehen sich nicht nur auf Schüler, sondern auch auf die Art eines lernfördernden Umgangs mit anderen Personen wie den Eltern und nicht zuletzt mit sich selbst.

Unmittelbar lernen im Unterricht alle möglichen Schüler: Kinder, Jugendliche, Erwachsene – Menschen in fast allen Lebensaltern, unterrichtet als Laien, in der Studienvorbereitung oder in der Berufsausbildung. Auch Eltern von Kindern und Jugendlichen haben zu lernen, damit sie ihre Kinder beim Lernen unterstützen können. Mittelbar lernen beim Erleben musizierender Schüler möglicherweise auch Menschen im weiteren familiären und weiteren sozialen Umfeld: Geschwister, Angehörige, Freunde, bei erwachsenen Schülern Partner und andere wichtige Menschen – letztlich alle Menschen, die anwesend sind beim Üben und Spielen von Musizierenden. Von jeder musikalischen Darbietungssituation gehen viele Anregungen zum Beobachten, Reflektieren und Lernen aus. So gesehen reicht jedes durch Musikunterricht veranlasste Lernen des Schülers weit über dessen Lerngewinne hinaus und wirkt in die Gesellschaft hinein. Wie jeder Unterricht entfaltet auch Instrumental- und Vokalunterricht schier unabsehbare, weitverzweigte Wirkungen auf zahlreiche Menschen. Das Wissen, dass die pädagogische Arbeit nicht bei den im Unterricht Lernenden endet, sondern über diese als Vermittler von Musik weitergeführt, vermag das Ethos von Lehrenden und das Wertgefühl für die eigene Tätigkeit zu steigern. Zudem regt es dazu an, didaktisch und auch methodisch das Hineinwirken des im Unterricht geschehenden Musizierenlernens in die Lebenswirklichkeit der Lernenden mit den an ihm beteiligten Personen zu bedenken und zu gestalten.

Natürlich lernen im Unterricht auch die Lehrenden: Unterrichten stellt immer wieder neue Anforderungen, sodass eine stetige Lernbereitschaft, ein beständiges Reflektieren und Erproben neuer Möglichkeiten unverzichtbar erscheinen. Jede Unterrichtsstunde ist ein einmaliges Bedingungsgefüge; trotz aller scheinbar fortwährend wiederkehrenden Aufgaben und Probleme ist keine Unterrichtssituation mit einer anderen identisch. Jede lässt sich als eine neue Herausforderung, als individuell zu bearbeitende Aufgabe betrachten. Der Anspruch, mit voller Präsenz, ohne gleichmacherische Routine im Bewusstsein der Einmaligkeit jeder Stunde und jeder Situation zu unterrichten, animiert zu einem fortwährenden Lernen.

Was wird gelernt?

Instrumentalunterricht soll in erster Linie musikpraktische Fähigkeiten vermitteln: das Spielen von Werken bzw. Musikarten verschiedener Epochen, Stilbereiche und Musikkulturen. Lehrende und Lernende müssen sich auf eine Auswahl aus dem schier uferlosen Reichtum der hier vorhandenen Möglichkeiten verständigen. Für die »materiale« Bildung gibt es im Instrumentalunterricht in der Berufs- wie in der

Laienausbildung kaum verbindliche Vorgaben durch Lehrpläne wie an allgemeinbildenden Schulen. Um so mehr und intensiver sollten Lehrende über die inhaltliche Gestaltung von Unterricht nachdenken und zu begründbaren Auffassungen kommen, in denen ihre eigenen Ansprüche austariert sind mit den Vorstellungen ihrer Schüler und gegebenenfalls deren Eltern. Zum Musizieren gehören diverse Praktiken: Spielen nach dem Gehör, Interpretieren von Notentexten, Improvisieren, Blattspiel, Ensemblespiel u. a. Sodann erfordert ein kompetentes Musizieren Kenntnisse in Musiklehre, in Musikgeschichte und anderen musikalischen Nachbardisziplinen. Über diese unmittelbar musikalischen Inhalte hinaus sind viele Gebiete der Musik und des Musizierens mit diversen natur- und geisteswissenschaftlichen Materien verbunden. Monika Twelsiek demonstriert in einer Grafik den Beziehungsreichtum der Instrumentalpädagogik zu verwandten Wissenschaften und Künsten (Twelsiek 2000, S. 33):

Kenntnisse in verschiedenen naturwissenschaftlichen Disziplinen helfen, bestimmte Sachverhalte und Abläufe beim Musizieren zu verstehen (z. B. akustische oder physiologische Vorgänge); geisteswissenschaftliche Fakten und Zusammenhänge sind erhellend für das Verstehen bzw. sogar erforderlich für eine werkgerechte Wiedergabe der studierten Musik (z. B. die Tradition der Rhetorik in der Musik Bachs und späterer Komponisten oder die zeitgeschichtliche Prägung des Expressionismus und dessen Parallelen in Kunst und Musik). Querverbindungen zu anderen Künsten vertiefen das musikalische Lernen, erweitern die Wahrnehmungsfähigkeiten und entwickeln den Sinn für die Einbindung von Musik in kulturelle Zusammenhänge. Auf diese Weise kann Instrumentalunterricht Qualitäten eines übergreifenden Kunstunterrichts gewinnen.

Methodisches Handeln in einem bildungsfördernden Unterricht ist prinzipiell integrativ ausgerichtet. Wie weitgehend zur Klärung musikalischer Phänomene andere Wissenschaften und Künste einbezogen werden, hängt ab vom Interesse des jeweiligen Schülers und natürlich auch vom didaktischen Selbstverständnis des betreffenden Lehrers. In jedem Fall eröffnet Instrumentalunterricht vielfältige Möglichkeiten, das musikalische Lernen in zahlreiche Erfahrungs- und Wissensgebiete hinein auszuweiten.

Gerade die Ungegenständlichkeit von Musik, ihre in der Regel nichts Außermusikalisches bezeichnende Erscheinungsform regt fortwährend an zum Bilden von Analogien und zum Einbringen von Phänomenen aus verschiedenen Lebensbereichen. Das Fehlen von denotativer Bedeutung animiert zu konnotativem Deuten. Das Beziehen auf Außermusikalisches – etwa im analogisierenden bzw. metaphorischen Verbalisieren von Musik – kann hilfreich sein, um musikalische Gehalte intensiviert zu erleben und plastisch darstellen zu lernen. Durch Einbeziehung in Musik wird Außermusikalisches musikalisiert. Musik ist ein Medium, in dem sich »Welt« reflektieren und verarbeiten lässt. Robert Schumann schreibt im April 1838 an seine Geliebte Clara Wieck: »[…] es afficirt mich Alles, was in der Welt vorgeht, Politik, Literatur, Menschen – über alles denke ich nach meiner Weise nach, was sich dann durch die Musik Luft machen, einen Ausweg suchen will.« (Schumann 1984, S. 146) Wie »Welt« in die Musik hineingekommen ist, so kann sie im Erleben von Musik erfahren und reflektiert werden. Geschieht dies beim Hören und Darstellen von Musik, dann weitet sich der Umgang mit Musik zu einer in der Tat umfassenden Tätigkeit.

Viele Antworten zur Frage nach dem »Was« des Lernens lassen sich ebenso wie im Blick auf die Bildungsgegenstände auch im Bereich der formalen Bildung geben: Sie reichen von großen Leitzielen (wie musikalische Genuss- und Ausdrucksfähigkeit, musikkulturelle Offenheit, Mitgestaltung des Musiklebens, Verstehen von Musik als Teil der jeweiligen Kultur und Gesellschaft) bis hin zu ständig in Arbeit befindlichen Feinzielen (z. B. melodische Gestaltungsfähigkeit oder rhythmische Präzision). Die Bewusstheit über die jeweiligen Ziele fördert die methodische Fantasie.

Wann wird gelernt?

Natürlich zunächst im Unterricht selbst. Jede Stunde ist möglichst lernfördernd zu gestalten (z. B. durch individuell angemessenes Tempo des pädagogischen Handelns, konzentrationsfördernde Strukturierung in verschiedene Phasen, klare und motivierende Aufgaben, hilfreiche Rückmeldungen etc.). Nicht selten geschieht Lernen blitzartig: Durch »Aha«-Erlebnisse des Schülers (die sich freilich oft mehr beiläufig und weniger als Resultate methodischer Planung einstellen) gewinnen bestimmte Momente in Unterrichtsstunden Leuchtkraft, die mitunter langfristig weiterwirken. Manche Lernprozesse finden geradezu zeitversetzt statt. Erst in späteren Jahren geht eine Saat auf, die bis dahin nicht oder kaum bemerkt wurde. Ein schönes Beispiel für solches Lernen gibt der Dirigent Kent Nagano in einem Bericht über einen seiner ersten Lehrer: »Und da war ein ungewöhnlicher Lehrer an der Musikschule, die er selbst aufgebaut hatte – ein ganz außerordentlicher Mensch. [...] Er war jemand, der Musik *lebte*, aber nicht so sehr in und mit ihren spielerischen und technischen Ansprüchen, sondern vielmehr aus ihren geistigen und spirituellen Dimensionen heraus. Er verstand es, in mir Entdeckungen auszulösen und Fragen zu stellen, aber ich kann nicht sagen, dass das in meinen Plänen für die Zukunft einen direkten Niederschlag gefunden und sich daraus sofort so etwas wie eine Lebensbestimmung ergeben hätte. Meine Interessen waren damals vielseitig und mein Aktionsfeld groß.« (Nagano 2010, S. 232) Erst in späteren Jahren wurde das Gelernte wichtig: »Mein ehemaliger georgischer Lehrer nahm in den Vorstellungen des Erinnerns Gestalt an, und vieles von dem, was er gesagt hatte, gewann eine Bedeutung, die ich jetzt verstand.« (A. a. O., S 235) Nagano knüpft daran folgende Betrachtung zum Lernen: »[...] wer in frühen Jahren große und eindrückliche Erlebnisse hatte, den werden diese auch begleiten; sie werden immer wieder im sich erweiternden Horizont der Lebenserfahrungen auftauchen und eines Tages zum wichtigen Stimulans für eine lebendig bleibende Praxis der Lebensgestaltung werden.« (A. a. O., S. 236)

Die zeitlich bei Weitem umfangreichste Lernarbeit findet außerhalb des Unterrichts, im häuslichen Üben, statt. Hier ist der Lernende auf sich selbst gestellt. Nicht nur Kinder, sondern auch noch Musikstudierende mit beträchtlichen Kompetenzen auf ihrem Instrument haben Schwierigkeiten, zeitlich sinnvoll und effizient allein zu üben. Damit dies geschehen kann, muss methodisches Handeln Verbindungen schaffen zwischen Unterricht und häuslichem Üben: Übephasen im Unterricht mit konstruktivem Feedback des Lehrers, Gespräche über Schwierigkeiten und positive Erfahrungen beim häuslichen Üben, gemeinsame Erarbeitung von verbesserten Strategien, deren Erproben zu Hause, erneutes gemeinsames Besprechen und Weiterentwickeln der gemachten Erfahrungen u.a. So können nach und nach individuell passende, sinnvolle und praktikable Übeweisen gefunden werden. Das außerhalb des Unterrichts stattfindende Üben sollte vom Lehrer immer wieder methodisch bedacht werden und auch ständiges Thema im Unterricht sein – nicht als »Verhör« des Schülers durch den Lehrer, sondern indem dieser sich als Coach versteht, der nicht das Lernen seines Schülers »bewirken«, sondern es allenfalls stimulieren und je nach Bedarf konstruktiv begleiten kann.

Mit wem wird gelernt?

Je jünger Schüler sind, desto mehr Bedeutung haben ihre Eltern und engen Bezugspersonen für ihr Musizierenlernen. Beim häuslichen Üben kommt es darauf an, dass diese ihre Kinder angemessen unterstützen. »Angemessen« bedeutet: mit einem Gespür für das individuelle Bedürfnis des Kindes im Spannungsfeld von Nähe und Hilfe einerseits sowie von Selbstständigkeit und Autonomie andererseits. Kinder entwickeln und verändern sich rasch: Was heute ein hilfreiches Begleiten ihres Musiklernens ist, kann alsbald hemmend und beengend sein. Damit Eltern ihre Kinder gut fördern können, müssen Lehrer Elternarbeit leisten: Eltern benötigen Informationen darüber, wie und was im Instrumentalunterricht gelernt wird. Ebenso sollten sie Gelegenheit haben, im Gespräch mit Lehrern ihre Fragen und Schwierigkeiten zu besprechen und mit anderen Eltern ihre Erfahrungen auszutauschen. Mit dem Bereich der Elternarbeit tut sich ein wichtiges und weites methodisches Feld auf.

Viele weitere Personen kommen als Partner und Anreger beim Musizierenlernen in Betracht: Geschwister, Verwandte, Mitschüler, Freunde, Bekannte, bewunderte Stars, Musiker und Musikliebhaber mit Vorbildfunktion, Kommilitonen, andere Lehrer. Musikalische Entwicklungen vollziehen sich in oft komplexen »Soziotopen«, in denen diverse Personen und oft auch unterschiedliche Musikarten eine Rolle spielen. Lehrer haben in diesen Lernwelten in der Regel zwar maßgeblichen Einfluss, aber sie agieren dort – anders als sie oft denken – nicht absolut, sondern als ein Teil des gesamten Wirkungsgefüges. Wie Lehrer von ihren Schülern erlebt werden und welche Geltung sie haben, hängt nicht nur von ihrem Verhalten, sondern auch davon ab, wie sie ihren Schülern aus der Perspektive ihres persönlichen musikalischen Ambientes erscheinen.

Wo wird gelernt?

Die Vorstellung, dass das »eigentliche«, hauptsächliche Lernen im Unterrichtszimmer stattfinde, wurde bereits korrigiert. Die musikalischen Umgebungen und die möglichen musikpraktischen Aktionsräume sind sehr vielfältig: Zu ihnen gehören der Musikunterricht in der Schule (möglicherweise anregend, nicht selten auch negativ erlebt als Gegensatz zum eigenen, selbstbestimmten Musizieren, dieses um so mehr stimulierend), das Musikhören allein und mit Freunden, die Musikproduktion am Computer, ferner Proben, Fernsehsendungen, Vorspiele (eigene Auftritte und das Erleben der Darbietungen von Mitschülern), Konzertbesuche u.a. Hinzukommen Institutionen, in die der Instrumental- und Vokalunterricht eingebunden ist: Musikschulen, Akademien, Hochschulen, Universitäten. Besonders prägend für Kinder, Jugendliche, mehr und mehr auch für Erwachsene ist die Musikschule als Ort des Musiklernens – die Musikschule, die mehr ist als eine Ansammlung von bezugslosen Unterrichtsräumen: ein Ort nämlich, an dem sich idealerweise formelles Lehren mit vielen Arten informellen Lernens verbindet. Hier haben Lernende aller Lebensalter und Lehrende Gelegenheiten, sich kennenzulernen, miteinander zu reden und zu musizieren, sich zuzuhören, auszutauschen, anzuregen, in diversen Formationen zu proben, zu experimentieren, Musik zu präsentieren und mit Musik zu feiern – kurz: musikalisch zu leben. In einer solchen idealen Musikschule kooperieren Lehrer, Schüler und Eltern und wirken neben dem Unterricht in Projekten zusammen, in denen die Musikschule zusammen mit ihren Bildungsaufgaben eine wichtige gesellschaftliche Funktion als musikkulturelles Zentrum vor Ort erfüllt. Zu den methodischen Kompetenzen eines guten Instrumentalpädagogen sollten demnach auch Fähigkeiten des Kooperierens mit anderen Bildungseinrichtungen, mit Kolleginnen und Kollegen im eigenen Wirkungskreis gehören.

Musizieren eröffnet die Spannweite vom Bei-sich-Sein im allein vollzogenen konzentrierten Üben zu einem vom wachen Ensemblegeist getragenen Musikmachen mit anderen Menschen. Musik ist ebenso eine individuelle wie soziale Äußerungsform. Dies bleibt bei Antworten auf die Frage nach dem »Wo« des musikalischen Lernens zu bedenken.

Wie wird gelernt?

Thematisiert die Frage nach dem »Wozu« Ziele, nach dem »Was« Inhalte, so richtet sich die »Wie«-Frage auf Methoden im Unterricht. In erster Linie verstehen Pädagogen unter Methoden Verfahrensweisen des *Lehrens*. Die Frage, wie *gelernt* wird, droht dabei leicht aus dem Blickfeld zu geraten. Eine Methodenlehre allerdings, die das Handeln des Lehrers von der Frage nach dem »Wie« des Lernens löst, erscheint bedenklich. Das gilt auch für die Didaktik insgesamt: »Eine didaktische Theorie, die lediglich Aussagen über das Lehren macht und das Lernen außer acht läßt, ist keinen Pfifferling wert.« (Jank / Meyer 1991/1994, S. 29) Hartmut von Hentig hat daher die platonische Idee einer »Mathetik«, d. h. einer Kunst des Lernens, aktualisiert. Er wollte damit der Gefahr begegnen, dass die Schule eine solche Kunst des Lernens ganz »dem Prinzip der Didaktik (das ist die Kunst des Lehrens) opfert« (von Hentig 2009, S. 979, s. auch S. 537; näher entwickelt von Hentig den Begriff der »Mathetik« in von Hentig 1985b).

In der Musikpädagogik ist die beschriebene Gefahr der Separierung von Lehren und Lernen vielleicht weniger ausgeprägt als in manchen anderen Bereichen. Jedenfalls hat der Begriff des »Musiklernens« seit Sigrid Abel-Struth den Rang eines Terminus (Abel-Struth 1995, dort besonders die Kapitel II: »Bedingungen des Musik-Lernens«, III: »Musikbezogene Lernvorgänge« und IV: »Ergebnisse des Musik-Lernens«). Vielerlei Konzepte des Musiklernens liegen vor, und viele von ihnen erörtern die gefundenen Prinzipien weiter in Richtung auf ein ihnen entsprechendes Lehren. (Einen guten Überblick über Konzepte des Musiklernens gibt Kraemer 2004, S. 232–297.) Zwar fehlt bis heute »eine allgemein akzeptierte, ausgebaute Theorie des

*Musik*lernens« (a. a. O., S. 235), aber trotzdem gelten derzeit hinsichtlich der Frage, wie Musik gelernt wird, insbesondere mit Blick auf frühkindliches Musiklernen, mindestens fünf Prinzipien als weithin konsensfähig:

- Menschen lernen Musik analog zum Sprechenlernen: durch Hören, Imitieren, Produzieren von musikalischen Sinnzusammenhängen – nicht »theoretisch« also, sondern durch musikalische Betätigung.
- Die Fähigkeit, Musik hörend aufzufassen, sie innerlich vorzustellen und singend oder spielend wiederzugeben, geht der Fähigkeit des Notenlesens voran.
- Musikalisches Lernen entwickelt sich im Zusammenhang mit dem Wahrnehmen und Empfinden von Bewegung, Raum, Gewicht und Energie, wozu auch Gestik, Mimik und alles Körpersprachliche gehören. Die Analogien etwa von Schwer-Leicht-Verhältnissen in haptischer und akustischer Wahrnehmung, von musikalischen Verläufen und Körperbewegungen oder die Ähnlichkeit einer mimischen Äußerung mit dem Ausdruck einer musikalischen Phrase sind Erscheinungsformen dieses Prinzips, die der Methodik des Lehrens viele Anregungen bieten.
- Musizieren bedeutet immer auch Sich-Bewegen. Das Bewegungsvermögen differenziert sich nach und nach, und zwar von der Grobmotorik hin zur Feinmotorik. Die Beherrschung ausgreifender Bewegungen etwa der Arme geht also der Ausführung der Minimalbewegungen von Fingern voran.
- Musizieren ist eine Form des Spielens, und so werden viele Musizierfähigkeiten im Spiel erworben. Mitsingen, auf einfache Weise mitspielen (etwa durch Beschränkung auf rhythmische Elemente, ausgeführt in Bodypercussion oder im Spiel von Perkussionsinstrumenten) sind Aktionen, in denen eine Aneignung von Musik und Musizierfähigkeiten »spielend« erfolgt. Die praktische Ausübung lässt sich nicht durch begriffliche Vermittlung ersetzen.

Auch für die zentrale Kompetenz des Übens gilt Ähnliches. Eckart Altenmüller formuliert pointiert: »Üben wird durch Üben erlernt.« (Altenmüller 2006, S. 63) Gewiss können Empfehlungen und Regeln zum Üben für einen Lernenden hilfreich sein. Gleichwohl muss er den entscheidenden Schritt selbst leisten: Nur er selbst kann deklaratives, verbal gefasstes Wissen in prozedurales, in der Ausübung sich erweisendes Können umwandeln. – Nicht zuletzt spielen beim »Wie« des Lernens auch individuelle Unterschiede eine wichtige Rolle. Möglicherweise ist eine strikte Einteilung von Menschen in visuelle, motorische, auditive, kognitive »Lerntypen«, die in der Instrumentaldidaktik des Öfteren begegnet, eine zu einfache, zu stark generalisierende, wenn nicht gar irrige Unterscheidung. Immerhin vermag sie in der Praxis zu sensibilisieren für die Spezifik der Aneignung musikalischer Fähigkeiten bei verschiedenen Schülern.

Das individuelle »Wie« des Lernens von Schülern zu bedenken, ermöglicht, dem methodischen Handeln Orientierung zu geben. Es bewahrt aber auch vor einer Selbstüberschätzung des Lehrers als »Lenker« des Lernens und relativiert die Gültigkeit bestimmter von ihm prinzipiell für besonders effizient gehaltener Lehr- und Lernmethoden.

Womit wird gelernt?

Mit dieser Frage gelangen die im Instrumental- und Vokalunterricht verwendbaren Medien ins Blickfeld. Ihnen hat die Didaktik dieses Unterrichts bislang wenig Aufmerksamkeit gewidmet. In dem derzeit am meisten verbreiteten Didaktik-Lehrbuch zum Instrumentalunterricht von Anselm Ernst findet man umfangreiche Kapitel zu Zielen, Inhalten und Methoden des Unterrichts, nicht jedoch zu den unterrichtsrelevanten Medien. (Ernst 1991; in einem Folgewerk zu diesem Buch behandelt Ernst immerhin Lernmaterialien zum Erwerb musikalischer Lesekompetenz: Ernst 2007, S. 79 ff.) Allgemein scheint folgende Auffassung verbreitet: Im Instrumental- und Vokalunterricht geht es primär um die Fähigkeit, Musik klanglich hervorzubringen. Die Aufmerksamkeit von Schülern und Lehrern richtet sich also in erster Linie auf die Immaterialität des am Instrument bzw. mit der Stimme produzierten Klanges. Der Umgang mit medialen Gegenständen – abgesehen vom Hauptinstrument – führt demgegenüber auf Nebenschauplätze.

Diese Sichtweise ist fragwürdig. Medien dienen als Hilfsmittel zum Musizierenlernen. Als solche können sie Musik auf vielerlei Weise begreifbar machen, musikalische Erfahrungen intensivieren, Vorgänge des Musizierens veranschaulichen und so das musikalische Lehren und Lernen in vielen Lerngebieten bereichern und intensivieren. Daher verdient neben den primären musikalischen Medien der Stimme und des Körpers auch der sekundäre Bereich der Medien und Materialien Beachtung. Es wäre an der Zeit, eine methodisch differenzierte Medienlehre für den Instrumental- und Vokalunterricht zu entwickeln. Eine gründliche, umfassende Aufarbeitung der für Unterrichtszwecke entwickelten bzw. verwendeten Medien und Materialien fehlt bislang. »Die im 18. Jahrhundert aufgekommenen Würfelspiele zum Bilden von Melodien oder die Pendel zur Messung von Tempi gehören dazu, das im 19. Jahrhundert erfundene Metronom, aber auch die Gegenstände und Apparaturen zur spieltechnischen Disziplinierung und zum Drill von Übenden: auf dem Handrücken liegende Münzen, unter die Arme geklemmte Bücher, Handleiter, Sehnenspanner, Geradhalter, Bogenführer [...].« (Mahlert 2010, S. 1) Im praktischen Teil dieser Arbeit wird die Verwendung bestimmter Medien im Zusammenhang mit einzelnen methodischen Fragen zur Sprache kommen. Hier beschränke ich mich darauf, einige für den Instrumentalunterricht wichtige Medien zusammenzustellen. Die Übersicht ließe sich für bestimmte Instrumente spezifizieren und erweitern.

• Instrumentarium: neben den »Hauptinstrumenten« von Schülern und Lehrern bei Melodieinstrumenten möglichst ein Klavier zum Begleiten, ferner Perkussionsinstrumente für Rhythmusübungen etc.
• Schriftliche Materialien: Notentexte, Ausgaben von Werken, Instrumentalschulen, Bücher (Fachbücher, musikverwandte Belletristik, Gedichte als Improvisationsanregungen u. a.), Materialien zum Erlernen der Notenschrift (Arbeitsblätter, Me-

mory- und Domino-Kärtchen mit Tonhöhen-, Rhythmus- und anderen musikalischen Zeichen …), Abbildungen zur Erklärung physiologischer Vorgänge u. a.

- Schreibmaterialien: Notenhefte, Aufgabenhefte, Tafel (für Gruppen- und Klassenunterricht kaum entbehrlich), Farbstifte, Malpapier, Kreiden
- Bildmaterial: Gemälde und andere Werke der Bildenden Kunst, die sich in Beziehung setzen lassen zu Eigenheiten interpretierter Musik oder die als Vorlagen zu Improvisationen fungieren können; Abbildungen von Musikszenen bestimmter Epochen, die etwas von der Atmosphäre des historischen Ambientes einer Musik widerspiegeln
- Mobiliar: Notenständer, außerdem Tische und Stühle (besonders im Gruppenunterricht mit verteilten Aufgaben unverzichtbar für Unterrichtsphasen, in denen Aktivitäten wie inneres Hören, Notieren, Studieren, Üben ohne Instrument u. a. im Vordergrund stehen)
- Akustische Medien: Metronome (mit immer mehr Funktionen und Klangelementen), Stimmgeräte, CDs, Playalongs, Aufnahme- und Abspielgeräte
- Materialien für Körperübungen: Matten, Medizinbälle, Therabänder u. a.
- Materialien, die vor allem in der Elementaren Musikpädagogik zur Vermittlung musikalischer Grunderfahrungen genutzt werden: »[…] mit Tüchern lassen sich fließende Tonbewegungen nachahmen und gestalten, ausgelegte Fäden und Seile dienen dem Verstehen von tonräumlichen Strukturen, Puppen repräsentieren musikalische Charaktere und können zum musikimitierenden Interagieren verwendet werden, rollende Bälle versinnlichen das Aushalten von Tönen, Aktionen mit Sandsäckchen und kleinen Steinen machen die musikalischen Prinzipien von Gewicht und Bewegung erfahrbar … Vieles davon kann auch den Instrumentalunterricht methodisch bereichern.« (Ebd.)
- Der große und immer wichtiger werdende Bereich der digitalen Medien: MIDI-Flügel, Computer mit Programmen für medienbasiertes Audio-Feedback, Audio-Sequenzer zum Improvisieren und Komponieren, Internet-Lehrangebote wie Video-Masterclasses, Online-Tutorials und E-Learning-Plattformen u. a. (Dazu näher: Doerne 2009. Als Fazit schreibt der Autor: »Der Einsatz digitaler Medien im Instrumentalunterricht macht nicht eine bereits existierende und bewährte Unterrichtsmethode obsolet. Er kann aber dazu beitragen, den Unterricht um drei wesentliche Felder zu erweitern: Man kann mit Hilfe digitaler Medien allgemeine musikalische Bildung anregen. Man kann Selbstlernprozesse initiieren, die ohne mediale Unterstützung schneller Gefahr laufen würden, im Sande nachlassender Motivation zu verlaufen. Und man kann das Element des Gemeinschaftlichen beim Üben und Lernen durch einen intelligenten Einsatz internetbasierter virtueller Sozialräume stärken. Darüber hinaus besteht ein großes Potential hinsichtlich kreativer Umgangsweisen mit Musik, das von Seiten der Instrumentalpädagogik bisher so gut wie nicht genutzt wurde.« Doerne 2009, S. 29)

- Nicht zuletzt ist der Raum ein Medium: *In* ihm wird unterrichtet, aber auch *mit* ihm. Nicht nur das erwähnte Mobiliar, sondern auch seine Größe, sein Licht, seine Belüftung sind didaktisch relevante Faktoren. Nur ein hinreichend großer Raum ermöglicht ein Changieren zwischen dem Laboratorium der gemeinsamen Arbeit am Instrument und der angedeuteten Trennung von Bühne und Auditorium, in das der Lehrer sich bisweilen »zurückziehen« sollte; nur bei einer entsprechenden Raumgröße lässt sich Musik explorativ in Bewegung umsetzen, sind Phasenwechsel von Musizieren und musikbezogenen Arbeiten an einem Tisch durchführbar. Klar ist, dass Gruppen- und Klassenunterricht räumliche Ansprüche stellen. Sind mehrere Räume vorhanden, können Schüler sich leichter mit Arbeitsaufträgen für eine Weile zurückziehen, während der Lehrer mit anderen arbeitet. Schließlich ist der Raum ein Träger von Atmosphäre. Und die von räumlichen Faktoren mitgeprägte Atmosphäre des Unterrichts hat eine starke Wirkung beim Lernen.

Medien und Materialien sind keine vernachlässigbaren Zusatzfaktoren im Unterricht. Sie eröffnen wichtige Möglichkeiten methodischen Handels. Musik ist eine ungegenständliche, gleichzeitig aber viele Assoziationen und Fantasien weckende Kunst. Dies ermöglicht, vielerlei Beziehungen zwischen musikalischen Phänomenen und Gegenständlichem zu knüpfen. Die methodische Kunst besteht darin, sinnvolle, musikalisches Lernen fördernde und das Erleben von Musik erhellende Bezüge zu finden. Ohne diese Kunst freilich gerät die Verwendung von Medien und Materialien im Instrumentalunterricht leicht zu einer aktionistischen Materialschlacht. Die Fülle möglicher Medien und Materialien bildet dann nur mehr eine infantilisierende Spielwiese.

Warum wird gelernt?

Die letzten beiden Fragen nach dem »Warum« und dem »Wozu« des Lernens hängen eng zusammen, bezeichnen aber doch unterschiedliche Richtungen. Die Frage »Warum« ist kausal gemeint. Sie fragt nach den Anstößen zum Erlernen von etwas, nach den ursächlichen Beweggründen, richtet sich also in die Vergangenheit des Lernenden. Die Frage »Wozu« dagegen ist teleologisch. Sie weist in die Zukunft und meint die Zielperspektiven, die Leitideen, Hoffnungen, mehr oder minder bewussten Sehnsüchte, die mit dem Lernen einer Sache oder Tätigkeit verbunden sind.

Warum jemand zum Instrumentalunterricht geht, kann autonom oder heteronom bestimmt sein. Die Faszination einer bestimmten Musik, die Wirkung von live oder medial erlebten Vorbildern, der Wunsch, in einer Ensembleformation mitzuspielen, können das eigene Verlangen auslösen, Musikunterricht zu erhalten. Solche autonomen Lernimpulse sind sicher pädagogisch leichter aufzugreifen als fremdbestimmte. Es gibt musikalische Urerlebnisse, die nachhaltig motivieren. »So etwas möchte ich auch können« – wenn dieses Gefühl stark ist, wirkt es als ein Motor, der den Lernwilligen in Bewegung hält. Die methodische Kunst beginnt dann vor allem damit, »dahinterzukommen«, was die autonomen Beweggründe sind. Sie setzt sich fort in dem Versuch, diese subjektiven Impulse aufzugreifen und dem Schüler außerdem neue musikalische Erfahrungsräume zu eröffnen.

Erwachsene, die mit dem Musizieren beginnen oder an früher abgebrochene Lernphasen anknüpfen wollen, entscheiden sich autonom, Unterricht zu nehmen. Kinder dagegen werden nicht selten von ihren Eltern oder Erziehern zum Unterricht »geschickt«. Eltern, die überzeugt sind, es besonders gut mit ihren Kindern zu meinen, bürden ihnen tatsächlich nicht selten schwere Hypotheken von »Delegationen« auf: Lernwünsche und -erwartungen, die den Neigungen und Möglichkeiten ihrer Kinder nicht gerecht werden. Solche »Delegationen« beinhalten eher ein Fordern als ein Fördern (s. dazu Mahlert 1997a, S. 113, sowie die dort genannten Schriften von Helm Stierlin und Horst-Eberhard Richter). Damit kommen Lehrende in Schwierigkeiten. Ihr pädagogisches Selbstverständnis steht zur Disposition. Fungieren sie als Erfüllungsgehilfe heteronomer Lernwünsche, d.h. als Anwalt der Eltern? Das führt leicht zu einem Unterricht, der »das Kind unablässig ›motiviert‹, was doch nichts anderes heißt, als ›machen‹, dass es dies (oder das) will« (Hentig 2009, S. 722 f.) – etwas, das es von sich aus eben nicht will. Oder sehen sie sich als Anwalt des Kindes, das es im Zweifelsfall zu schützen gilt vor der Gängelung durch die Eltern bzw. einen Elternteil? In diesem Fall ist viel Empathie und kommunikative Sensibilität erforderlich. Durch sie kann auch dann, wenn ein Kind zunächst nicht freiwillig zum Unterricht kommt, nach und nach ein Vertrauensverhältnis entstehen. Das methodische Handeln des Lehrers weitet sich dann über den musikalischen Bereich hinaus aus in einen psychologischen. Der Unterricht (besonders der Einzelunterricht) gewinnt so möglicherweise die Funktion eines Frei- oder gar Schutzraums und der Lehrer die eines persönlichen Vertrauensperson, eines »Entwicklungshelfers«, eines Mentors. Unterschwellige oder offene Konflikte mit den Eltern sind bei einer solchen Entwicklung durchaus möglich. Vielleicht gelingt es, durch methodisches Geschick, die Delegation der Eltern in eine autonome Freude des Kindes am Musizieren umzuwandeln. Dann wäre das Trio von Schüler, Lehrer und Eltern im Einklang. Es gibt eben nicht nur ein Aufgreifen von autonomen Lernwünschen *oder* ein heteronomes »Andrehen« von Lerninhalten, sondern auch ein Wecken von Interesse, ein Begeistern für etwas noch nicht Gekanntes, ein Verursachen von Bedürfnissen, Neues zu lernen.

Im Übrigen wirken heteronome und autonome Impulse oft ineinander. Bei »Jedem Kind ein Instrument« lernen viele Kinder in der Schule ein Instrument, weil sie es »sollen«. Wenn ein Kind dann nach einiger Zeit »sein« Instrument autonom wählen kann, steigen die Chancen, dass Freude und Lust beim Musizieren aufkommen bzw. zunehmen.

Die zum Instrumentalunterricht bewegenden Kräfte sind vielfältig und markieren verschiedene Grade einer Skala zwischen Heteronomie und Autonomie: Heteronomes Müssen ist das negative Extrem, in der Mitte stehen in einer Steigerung Sollen –

Dürfen – Wollen, und diese Reihe gipfelt am Ende im positiven Extrem eines nunmehr autonomen, von persönlichen Bedürfnissen geleiteten Müssens.

Wozu wird gelernt?

Die Frage nach dem »Wozu« des Musizierenlernens ist wohl die schwierigste der gestellten didaktischen Grundfragen. Der »Endzweck« des Musiklernens auf einem Instrument oder mit der Stimme lässt sich kaum bündig formulieren. Zu vielfältig und komplex sind die Funktionen, die das Musikmachen erfüllen kann. Gewiss vermögen manche Menschen auf die Frage, wozu sie musizieren, ohne Umschweife relativ klare Antworten zu geben: um bestimmte geliebte Stücke zu spielen, um zusammen mit anderen zu musizieren, um die Freizeit aktiv zu gestalten … Andere Menschen, die lange über die Frage nachgedacht haben, können zwar viele Wirkungen benennen, die das Musizieren für sie erfüllt; letztlich aber haben sie das Gefühl, mit diesen Komponenten nur Teilaspekte anzusprechen, deren Summe noch nicht das Faszinosum des Musizierens als Ganzes erklärt.

In meinen Seminaren mit Instrumental- und Vokalpädagogik-Studierenden und auch in Fortbildungen von Lehrkräften geht es immer wieder auch um die Frage, was das Musizieren jedem Einzelnen an persönlichen Erfahrungen und Entwicklungen ermöglicht. Natürlich ist es zunächst das Erleben der jeweiligen musikalischen Gehalte im leibhaftigen Ausagieren am Instrument oder mit der Stimme. Darüber hinaus aber hat das Musizieren noch weitere »bildende« Attraktionen. Jedem Musikausübenden sind bestimmte Funktionen seines Musizierens besonders wichtig. Es soll nicht behauptet werden, dass diese Attraktionen mit dem »Wozu« des Musizierens gleichzusetzen seien. Dass sie aber einer (in bündiger Form kaum möglichen) Antwort auf die Frage nach dem »Endzweck« einer prinzipiell zweckfreien Tätigkeit immerhin nahe stehen, darf angenommen werden. Nachfolgend eine kleine Auswahl von Antworten, die Studierende auf die Frage gaben, was ihnen fehlen würde, wenn sie nicht musizieren könnten. Die Antworten sind nach übergreifenden Kriterien gruppiert.[*]

- Selbstausdruck / emotionaler Ausdruck (»Musik ist mein Ausdrucksmittel, so wie andere schreiben, dichten, malen etc.« – »Weiterführung der Sprache: Musik als Ausdrucksmittel des nicht Aussprechbaren« – »Gefühlspotenziale ausleben« – »extreme Gefühle durchleben dürfen«)
- Selbsterfahrung (»sich selbst erleben in der Identifikation mit Musik« – »Selbsterfahrung im Spiel, in der Gestaltung energetischer Prozesse« – »intensive sinnliche Erfahrungen« – »Spaß am eigenen Funktionieren haben«)

---

[*] Die Benennung der Gruppen entspricht teilweise den fünf Feldern von Funktionen, in die Hans Günther Bastian die Antworten auf eine Befragung hochbegabter Jugendlicher nach der Bedeutung des Musizierens für sie eingeteilt hat. Bastian 1989, S. 181–191.

- Fähigkeitssteigerung, Selbstoptimierung (»seine Grenzen ausloten und ausweiten« – »sich selbst herausfordern« – »Entwicklung von Werten wie Selbstdisziplin, Durchhaltevermögen etc.« – »es tut gut, sich Ziele zu stecken und sie zu erreichen« – »das Gefühl, sinnvoll gearbeitet zu haben« – »intensive Beschäftigung mit einer Sache«)
- Ausgleich, Kompensation, Abreaktion etc. (»Abbau von Alltagsstress, Förderung von Ausgeglichenheit« – »Gefühle rauslassen« – »negative Erlebnisse des Tages hinter sich lassen« – »alles um sich herum vergessen«)
- Abgrenzung (»Abgrenzung zur Konsumgesellschaft«)
- ästhetische Funktionen (»einfach mal was ganz Schönes spielen« – »zweckfreies Spiel« – »Selbstgenuss« – »Musik als Hobby«)
- Entwicklung von Bildung (»viele meiner Interessengebiete kreisen um Musik, z. B. Geschichte, Psychologie, Sprache, Ernährung, Pädagogik etc.« – »sich durch Musik in verschiedene Epochen / Stile hineinversetzen« – »Geschichte zum ›Anfassen‹« – »Einsichten in historisch-politisch-künstlerische Zusammenhänge« – »Mittel zur Welterschließung« – »das Gedächtnis trainieren und fit halten« – »lebenslanges Lernen«)
- soziale / kommunikative Funktionen (»andere Menschen ›treffen‹: musikalisch, sozial, seelisch« – »gemeinsames Musizieren verbindet durch gemeinsames Erleben, Empfinden« – »anderen Menschen eine Freude bereiten« – »am Gesamtklang teilhaben« – »soziale Kompetenz«)
- Glückserfahrung (»Flow« – »Freude« – »in verschiedenste Welten eintauchen« – »das beglückende Gefühl des Musikhörens, im Idealfall meiner eigenen Musik«)
- tiefenpsychologische Funktionen I: Zugang zu tiefen Persönlichkeitsschichten (»seelische Tröstung« – »Geborgenheitserlebnisse / Rückzug« – »ganz bei sich sein« – »sich ›reich‹ vorkommen« – »Musik ist Liebe und Leidenschaft« – »Das Gefühl von Wahrhaftigkeit beim Versenken in ein Stück«)
- tiefenpsychologische Funktionen II: »geliebt werden« (»Bewunderung erhalten« – »gerne auf der Bühne stehen« – »verstärkte Zuneigung von Menschen«)
- Transzendenzerfahrungen (»Zugang zur Religion« – »Aufgehobensein in einer höheren Welt«)
- missionarische Funktion (»der Musik dienen« – »weil ich's für die Musik tue«)

In dieser Auflistung liegt in der Tat eine beachtliche, erfahrungsgesättigte Summe von Bildungsqualitäten des Musizierens. (»Bildend« ist die musikalische Betätigung ja keineswegs nur dort, wo dieses Wort in der Liste der Aspekte ausdrücklich erscheint.) Die Punkte konkretisieren und erweitern, was oben über den Bildungscharakter des Musikmachens ausgeführt wurde – und sie deuten voraus auf Überlegungen im Schlusskapitel über Glücksfähigkeit als eine Zielperspektive methodischen Handelns.

An dieser Stelle brauchen mögliche Funktionen des Musizierens nicht näher erörtert zu werden. Worauf es hier ankommt, ist lediglich, den Gedanken an Perspektiven auf das »Wozu« des Musizierenlernens für methodisches Handeln im Unterricht offenzuhalten. Den möglichen Funktionen nachzuspüren, die das Musikmachen für den einzelnen Schüler tatsächlich hat bzw. die es haben oder gewinnen könnte, sollte eine beständige mentale Übung für Lehrer sein. Das konkrete methodische Handeln wird nicht unberührt davon bleiben. Ich behaupte sogar: Das Gespür für die jeweils vorhandenen oder möglichen Funktionen des Musizierens ist eine unverzichtbare Basis methodischer Kompetenzen.

3. Zum Verständnis des Begriffs »Methode«

Zur Annäherung an ein für den Instrumentalunterricht geeignetes Verständnis von Methoden soll nun der Begriff »Methode« bedacht werden.[*] Der griechische Begriff »méthodos« (von »hódos« = der Weg und »méta« = hinter, zwischen, nach) bedeutet in wörtlicher Übersetzung so viel wie »der Weg zu einem Ziel«. Auch und gerade im pädagogischen Zusammenhang erscheint es geboten, sich die philosophische Dimension zu vergegenwärtigen, in der der Begriff in der griechischen Antike von Plato, Hesiod, Heraklit, Parmenides u. a. gebraucht wurde. Beim Nachdenken über »Methode« ging es ursprünglich um die Frage nach einem gelingenden, vernunftgeleiteten, tugendhaften und glücklichen Leben. So lag die ursprüngliche Bedeutung des Wortbestandteils »Weg« »in der doppelten Bestimmung der Ausrichtung des Lebens auf das Wahre und Rechte und des diese Ausrichtung tragenden fragenden Forschens und vernünftigen Begreifens« (Ritter 1980, Sp. 1304). Demgegenüber hat sich das übliche Verständnis von »Methode« in der Pädagogik stark verengt. Die Ziele der »Wege«, die im methodischen Handeln angestrebt werden, sind meist begrenzt auf die Vermittlung von fachlichen Kompetenzen im jeweiligen Lerngebiet. Wäre nicht gerade auch für das Musizieren ein Methodenverständnis angebracht, das die Frage nach den Möglichkeiten eines glücklichen Lebens (in einem aktuell verstandenen Sinn der antiken Ideale) einbezieht? So gedacht, verweist der Begriff »Methode« auf eine zentrale Idee von Bildung: auf die Frage, wie Menschen sich im Umgang mit Musik zu individuellem und sozialem Glück hin bilden können, und was Unterricht tun kann, damit dies möglich wird.

Wege lassen sich in doppelter Abhängigkeit denken: abhängig zum einem vom angestrebten Ziel und zum anderen vom Ausgangspunkt des Wegsuchenden. Somit beinhaltet das Denkmodell, dass in der Landschaft des Lernens und Lehrens die Erreichung jedes Ziels eigene Wege erfordert – und ebenso, dass alle Zielsuchenden ein und dasselbe Ziel nur auf individuellen Wegen erreichen können, da ja jeder Zielsuchende von einem eigenen Ausgangspunkt ausgeht. Nach diesem Begriffsverständnis sind Methoden also keineswegs immer genormte, eingespurte Wege, auf denen jeder in gleicher Weise zuverlässig die entsprechenden Ziele erreicht. Vielmehr legt die besagte Auffassung nahe, Methoden als ein verschlungenes Wegegeflecht durch einen Dschungel von Lern- und Lehrmöglichkeiten zu sehen. Um weiter im Bild zu bleiben: Landkarten, d. h. Konzepte von Methoden, helfen zwar, doch garantiert ihre noch so genaue Kenntnis keineswegs, dass beim leibhaftigen Unterwegssein nicht doch vieles anders aussieht, als am Kartentisch vorgestellt. Manche Wege sind bereits vorhanden – sie haben sich für viele Reisende gut bewährt, für andere dagegen weni-

---

[*] Bei den nachfolgenden Ausführungen habe ich zurückgegriffen auf meinen Aufsatz *Die Frage nach dem Wie. Einige übergreifende Überlegungen zu Methoden im Instrumental- und Vokalunterricht*, in: Üben & Musizieren 5/2009, S. 6–11.

ger: z. B. waren sie einigen zu langweilig, anderen zu beschwerlich. Manchmal müssen aber auch für individuelle Bedürfnisse oder Probleme in der Fortbewegung des Lernens spezielle Wege entdeckt oder gar in wilder Landschaft erst noch gebahnt werden. Das kann mühsam sein, es erfordert Fantasie und Initiative; mit noch so viel Erfahrung und bequemer Routine ist es dann nicht getan. Vielmehr benötigen Lehrende in solchen Situationen Experimentiergeist, Lust am Noch-nicht-Dagewesenen.

Obwohl also Zielvorstellungen den Richtungssinn leiten, ist Lernen und Lehren immer eine Reise ins Offene, Unbekannte. Kaum je verläuft solches Reisen geradlinig, da Lernlandschaften komplizierte Bodenstrukturen mit üppigen Vegetationen aufweisen und stets mit überraschenden, schwer voraussehbaren klimatischen, geologischen und anderen Bedingungen zu rechnen ist. Wer geeignete Wege finden will, muss aufmerksam sein und improvisieren können. Ein Schema F reicht nicht aus. Im Übrigen ist gelegentlich das ungeplant Auftauchende, dasjenige, was zufällig am Wegesrand gefunden wird, für den Lernenden interessanter und ergiebiger als das vom Lehrenden für ihn Erstrebte. Verschiedene Lernende machen unterschiedliche Erfahrungen auf den gleichen Wegen. Lehrende können immer nur begrenzt wissen, was die von ihnen auf einen Lernweg geführten Lernenden dort tatsächlich lernen. Insofern sind »zielführende« Methoden eine durchaus unsichere Kategorie.

Lehrende können für das Finden geeigneter Lernwege ihrer Schüler durchaus unterschiedliche Funktionen haben: In manchen Phasen müssen sie mit Autorität auftretende Wegführer oder gar Antreiber sein, in anderen behutsame Berater oder unaufdringliche Wegbegleiter, die die Wegwahl nicht vorschreiben, sondern den Lernenden ihr Recht gewähren, allein zu gehen, sie möglicherweise sogar herumirren, suchen und hoffentlich finden lassen … Auch Letzteres kann wichtig sein: Lehrer meinen zwar meist, die besten, kürzesten und sicher zum Ziel führenden Wege zu kennen, aber manche scheinbar verworrenen Lernwege, zu denen auch Holzwege gehören können, sind nicht abkürzbar. Insofern gilt: »der Lehrer ist […] Reisebegleiter, nicht Hotelier am Ankunftsort« (Neuweg 1998/2004, S. 115).

Instruktivistisches und konstruktivistisches Methodenverständnis

Anders als in der hier zugrunde gelegten Modellvorstellung, nach der Methoden als Möglichkeiten zu zielorientiertem, aber in Wirkung und Ergebnis nicht vorab klar fixierbarem Explorieren gedacht werden, sind Methoden in musikpädagogischer Literatur oft als stringente Verfahren definiert. So schreibt Wilfried Gruhn: »Unterrichtsmethoden bezeichnen mögliche Lehr- und Lernwege, die bewußt eingeschlagen werden, um einen Lernprozeß zu einem bestimmten Ziel zu führen.« (Gruhn / Wittenbruch 1983, S. 157) Bei Anselm Ernst heißt es ähnlich: »Unter Methoden versteht man Vorgehensweisen, Verfahrensweisen, bewährte Praktiken, optimal zu einem Ziel führende Wege.« (Ernst 1991, S. 82) In diesen Bestimmungen erscheinen Ausgangspunkte (d.h. die Wissens- bzw. Könnensstände der Lernenden) und Ziele von Lernwegen als eindeutige Größen, und ebenso scheint klar zu sein, dass es im Vorhinein bestimmbare »optimal zu einem Ziel führende Wege« gibt. Diese Sichtweise ist eine instruktivistische: Sie betrachtet das Lernen des Schülers als »machbar« durch optimale Lehrerinstruktionen. Das Können des Lehrers besteht demnach darin, vorab den Ausgangspunkt und das zu erreichende Ziel präzise zu bestimmen, sodann mit dem Schüler den optimalen, »zielführenden« Weg dorthin einzuschlagen und konsequent zu verfolgen, bis das Ziel auf diesem Weg erreicht ist. Demgegenüber folge ich einer konstruktivistischen Auffassung von Lernen und Lehren, nach der nicht die Lehrenden das Lernen ihrer Schüler hervorbringen, sondern die Lernenden selbst die Urheber und Akteure ihres Lernens sind. Die Wegnutzung, ja selbst letztlich die Wegwahl, der Gehstil und die Trittmuster, mit denen das Lernen tatsächlich gelingt, sind individuelle Faktoren des Lernenden, die sich einer exakten Plan- und Steuerbarkeit durch den Lehrenden entziehen. Lehrende haben keine Verfügungsgewalt über das Lernen ihrer Schüler. Lernende lernen oft anders als auf die von Lehrenden intendierte Weise – und oft zu anderen Zeiten und an anderen Orten, als es die Lehrenden planen und meinen. Dass dies so ist, erfahren Lehrende oft in Gesprächen, die sie mit ehemaligen Schülern führen. Da berichten Schüler über Schlüsselmomente ihres Lernens im Unterricht, etwa über eine beiläufige Bemerkung des Lehrenden, die – von diesem völlig unbemerkt – eine erhellende, langfristige Wirkung entfaltet haben (vgl. die auf S. 24 zitierten Ausführungen von Kent Nagano). Lehrende sind oft überrascht über solche Äußerungen und können sich vielmals überhaupt nicht mehr an die betreffenden Begebenheiten erinnern, da ihre Aufmerksamkeit auf ganz andere Absichten und Verfahrensweisen gerichtet war.

Methodisches Handeln hätte demnach nicht nach dem Modell einer »Erzeugungsdidaktik«, sondern dem einer »Ermöglichungsdidaktik« zu erfolgen (Balgo 2008, S. 28) – einer Didaktik also, die das Lernen als einen von den Potenzialen, Interessen und Lernstrategien der Schüler abhängigen Prozess sieht. Bei diesem Prozess können und sollen Lehrende ihren Schülern Orientierung sowie vielfältige Anregungen, Angebote und Anreize als Ermöglichungen des Lernens geben. Ermöglichungen jedoch sind keine Erzeugungen und können nicht als »zwingend zielführendes« methodisches Handeln gelten.

Zur Orientierung über die beiden angesprochenen heterogenen Grundvorstellungen von Didaktik sei hier die von Rolf Balgo in Anlehnung an Rolf Arnold (1996) erstellte stichwortartige Übersicht über deren Hauptmerkmale im Vergleich aufgeführt (a. a. O., s. Tabelle auf der folgenden Seite).

Natürlich werden mit der Orientierung am Lernen des Schülers Lehrmethoden nicht irrelevant. Auch das Ermöglichen des Lernens erfordert methodisches Handeln. Auch hier benötigen Lehrende ein differenziertes Repertoire von methodischen Fertigkeiten. Entscheidend ist das Bewusstsein des Lehrenden, ein »Ermöglicher« und kein »Erzeuger« zu sein. Es bewahrt ihn vor der Dogmatisierung von Methoden und ihrer vermeintlichen Wirksamkeit. Es erlaubt ihm, seinen Schülern Freiräume zu ge-

Traditionelle »Erzeugungsdidaktik«	Systemisch-konstruktivistische »Ermöglichungsdidaktik«
»Erzeugungsdidaktik« = stellvertretende Erschließung von Bildungsgehalten über Lehrmethoden	»Ermöglichungsdidaktik« = Selbsterschließung von Bildungsgehalten über eigene Lernmethoden
Planungsdenken: Unterricht = Realisierung von geplanten Lehrschritten	Operatives Denken: Unterricht = Realisierung von eigenen Lernprojekten
Didaktik, die von der Sicht des Lernenden als Objekt und von den Lehr-Interventionen des Lehrenden her entwickelt wird	subjektorientierte Didaktik, die von den Lern- bzw. Aneignungsleistungen des Subjekts her entwickelt wird
der Lehrende als »Besser-Wisser«: Lernende werden als defizitäre Individuen betrachtet, die direkt nach vorgegebenem Wissen, Werten und Zielen geformt werden	der Lehrende als »Anders-Wissender«: im Vordergrund steht die Orientierung an den vorhandenen Fähigkeiten, Interessen, Erfahrungen, Selbstkompetenzen des Einzelnen und von Gruppen, die geweckt und gefördert werden, wobei die Lernenden nicht-direktiv in ihrer Verantwortung für sich belassen und ihre eigenen Werte, Überzeugungen und Bedürfnisse nicht zurückgestellt werden
lehrorientierte Didaktik, mit den zentralen Begriffen »Lehren«, »Vermitteln«, »Führen«	lernorientierte Didaktik, mit den zentralen Begriffen »autonomes Lernen«, »Aneignung«, »Selbsttätigkeit«
Lernen wird als ein von äußeren Anregungen her abhängiger Prozeß der Wissens- und Fähigkeitserweiterung aufgefaßt	Lernen wird als ein von den subjektiven Erfahrungen, Lernstrategien und Interessen entscheidend abhängiger Prozeß der Wissensaneignung [sowie der Aneignung von Fähig- und Fertigkeiten, U. M.] betrachtet
materiales Bildungsdenken, lehrplan- und inhaltsfixiertes Denken (Lernen = Wissens-mast, in der Lernende mit Wissen »angefüllt« werden)	neben der Fachkompetenz gilt es, sog. »Schlüsselqualifikationen« zu entwickeln, bspw. Methoden- und Sozialkompetenzen (wie Wissensverarbeitungsstrategien, Zusammenhangswissen, ständige Lern- u. Weiterbildungsfähigkeit: »Lernen zu lernen«, Denkflexibilität, kommunikative Kompeten-zen, Beziehungskompetenzen, bspw. Team- u. Konfliktfähigkeit, gemeinsames Entwickeln und Unterstützen etc.)
normative Didaktik, die zu erziehen, belehren, aufzuklären und somit die Vielfalt der Wirklichkeitskonstruktionen zu normieren versucht	reflexive Didaktik, die die Individua-lisierungs- und Pluralisierungsprozesse bestätigt, aber dennoch die Gültigkeit unserer Wirklichkeitskonstruktionen reflektiert und problematisiert

währen. Gleichzeitig intensiviert es sein Interesse an der Individualität seiner Schüler mit ihren spezifischen Lernwegen (und »Lerntempi«). Es bewahrt ihn vor falschen Rückschlüssen über mangelnde »Begabung« und animiert ihn, sein Handeln flexibel zu halten und mit methodischem Experimentiergeist zu unterrichten. Vor allem verhilft es ihm dazu, dem Lernenden das Recht zuzubilligen, nicht als Objekt des Lehrerhandelns zu fungieren, sondern eigene Wege im Lernen zu gehen (wozu die weiten Felder des »informellen«, außerhalb des Unterrichts stattfindenden Musiklernens wie auch Lernverweigerungen gegenüber Unterrichtszielen des Lehrers gehören).

Methoden im Sinne einer Ermöglichungsdidaktik sind etwas anderes als »bewährte Praktiken, optimal zu einem Ziel führende Wege« (s. o., Ernst 1991, S. 82). Eine »Ermöglichungsdidaktik« kann nicht ausgehen von vorab klar vom Lehrer definierten Zielen, nach denen dieser dann die entsprechenden »zielführenden« Methoden wählt. Im Rahmen einer Ermöglichungsdidaktik fungieren Methoden vielmehr als variable, experimentell zu handhabende Verfahren, als ein Repertoire vielfältiger Umgangsweisen mit Sachen, durch deren Gebrauch Lernende und Lehrende die Möglichkeit gewinnen, unterschiedliche individuelle und interaktive Erfahrungen mit Musik zu machen. Methoden sind Angebote und Anregungen zum Lernen. Sie ermöglichen dem Lernenden, ihm gemäße Lernweisen zu finden und dadurch intensive Beziehungen zu den Sachen aufzubauen. Dem Lehrenden helfen sie, zu beobachten, auf welche Lehrweisen Lernende wie reagieren und welche Lernwege dementsprechend jeweils günstig bzw. erforderlich sind. Nicht also ein »So und nicht anders« ist die Devise der Praxis von Methoden im Rahmen einer Ermöglichungsdidaktik, sondern eher eine Haltung wie: »Versuchen wir es auf verschiedene Weisen und beobachten wir, was sich dabei alles zeigt, wie was funktioniert, wo es am meisten ›zündet‹.«

Methoden des Lehrens in einer Ermöglichungsdidaktik sind zunächst lern- und erst dann lehrorientiert. Daher wäre es angemessener, von »Methoden im Unterricht« als von »Unterrichtsmethoden« (= Methoden des Unterrichtens) zu sprechen. Methoden im Unterricht fragen vor allem danach, auf welchen Wegen der jeweilige Lernende am günstigsten das lernen kann, was er lernen will. So ergibt sich ein sehr offenes Verständnis von Methoden als Handlungsweisen im Unterricht. Offen ist es auch insofern, als es selbstreflexive Fragen der Lehrenden nach den jeweiligen Möglichkeiten, Schüler optimal zu fördern, einschließt. Wie sehe ich meine Schüler (z. B. als pädagogische Verfügungsmasse, als zu Belehrende, von denen ich als Lehrer weiß, was für sie gut ist – oder als Lernende mit eigener Persönlichkeit, eigenen Lernwünschen, -potenzialen und -wegen)? Was schätze ich an meinen Schülern? Wie gestalte ich förderliche Beziehungen zu meinen Schülern? Auch dies sind methodische Fragen einer Ermöglichungsdidaktik – und zwar hoch relevante.

Eine von den Prinzipien einer Ermöglichungsdidaktik geleitete Methodendefinition könnte lauten: »Methoden« sind Handlungs- und Verhaltensweisen von Lehrkräften im Unterricht und in Zusammenhang mit Unterricht, die darauf gerichtet sind, das musikalische Lernen von Schülern in vielfältiger Hinsicht zu ermöglichen und zu fördern. Sie wollen Gelegenheiten schaffen zu vielerlei ästhetischen Erfahrungen als Voraussetzungen zu musikalischer Bildung. Sie zielen darauf, Schüler zu autodidaktischem Lernen zu befähigen.

Wenn Unterricht darauf ausgerichtet ist, musikalische Bildung zu ermöglichen, so hat das Konsequenzen für das Verständnis von Unterrichtsmethoden. Bildung ist nicht strikt planbar und als fest umrissenes Ziel anzusteuern. Nicht der Lehrende bildet seinen Schüler, sondern dieser bildet sich bzw. – noch deutlicher – »es« bildet sich etwas in ihm (– ein Gedankenmodell, in dem Bildung noch mehr von der irrigen Vorstellung befreit ist, sie sei ein verfügbares Produkt). Methoden sollten also nicht als Instrumente gelten, mit denen beim Schüler quasi mechanistisch bestimmte überprüfbare Resultate hervorgebracht werden, sondern als Wege, die mit Richtung auf ein Ziel vielfältige Erfahrungen des Wahrnehmens, Fühlens, Denkens und Handelns ermöglichen.

Am besten wohl bewahren sich Lehrer vor der wenig förderlichen, arroganten, egozentrischen und pseudoprofessionellen Scheinsicherheit, immer schon vorab genau zu wissen, »wo es lang geht«, indem sie auch sich selbst möglichst in jeder Stunde als Suchende sehen. Mit den berühmten Worten von Arnold Schönberg: »[…] der Lehrer muß den Mut haben, sich zu blamieren. Er muß sich nicht als der Unfehlbare zeigen, der alles weiß und nie irrt, sondern als der Unermüdliche, der immer sucht und vielleicht manchmal findet. […] Der Lehrer, der sich nicht echauffiert, weil er nur sagt ›was er weiß‹, strengt auch seine Schüler zu wenig an.« (Schönberg 1922, S. V f.)

Einen solchen Lehrertypus porträtierte Peter Gülke. Über den Geigenlehrer Fritz Ehlers, den er während seiner Ausbildung an der Musikhochschule Weimar erlebte, schrieb er: Ehlers »übte […] im Unterricht sokratische Hebammenkünste, kein Methodiker oder strenger Zuchtmeister, sondern ein erweckender, ermutigender Improvisator, der die Studenten lieber auf schwierigen Umwegen sich finden ließ, anhand ihrer Individualität die Geigerei gewissermaßen jeweils neu erfand, lieber mit Risiken und Phantasie unterrichtete als nach Plan – so etwa die Grundsätze einer Schule, deren Adepten sehr unterschiedlich spielten, alle aber sehr körperlich, mit eingewachsenem Instrument und sicher im Kommando über Konzentration und Entspannung, alle so, daß Musizieren als elementare Lebensäußerung erschien, als Ausdruck von Freude. Das schöne Risiko, daß stets der ganze Mensch dabeisein, mitatmen, mitklingen müsse, trug Ehlers in einer schwer beschreibbaren Lauterkeit. […] Zu dieser Lauterkeit gehörte auch, daß er die pure Hervorbringung von Tönen nicht verstand, nicht verstehen wollte, daß man bei ihm etwas meinen, etwas mitteilen, im Auge haben, jemanden adressieren mußte, daß ihm die Elementarfreude jedes Musikers am spieltechnischen Funktionieren nie überging in Duldung von Mechanischem, daß Spontaneität und interpretatorische Phantasie kaum je ermüdeten; wenn doch, so hörte er schnell auf.« (Gülke 1994, S. 30 f.) Dieses Lehrerporträt kann ein Modell für ein suchendes Lehren gelten, das sich auf jede Stunde als besonderen Fall einlässt und jede bequeme Routine vermeidet.

Methoden des Forschens, Methoden der pädagogischen Vermittlung

»Methodiken, die in Erziehung und Unterricht zur Erreichung bestimmter Ziele zur Verfügung stehen«, werden üblicherweise prinzipiell abgehoben von einer »Lehre von den wissenschaftlichen Methoden als Forschungsmethoden« (Böhm 2000, S. 366 f.). In der Vorgehensweise eines im Sinne Schönbergs suchenden Lehrers relativiert sich die Differenz zwischen Methoden des Forschens und der pädagogischen Vermittlung. Gewiss ›forscht‹ ein Lehrer, wie der von Gülke beschriebene, in seinem Unterricht nicht im streng wissenschaftlichen Sinn. Und doch ist die Haltung des Forschens auch hier vorhanden: die Bereitschaft, ja Leidenschaft, sich ganz und gar einzulassen auf ein Problem, seiner Besonderheit nachzugehen und eine ihm adäquate, individuelle Lösung zu finden. Forschen heißt ja ursprünglich nichts anderes als »fragen nach« (Kluge 1967, S. 213). Forschen ist eine Bewegung ins Offene, deren Verlauf noch nicht vorab feststeht. Im Gegensatz dazu werden Methoden als pädagogische Verfahren in instruktivistischen Konzepten so definiert, dass nicht nur die jeweiligen Ziele, sondern auch die Wege zu ihnen im Vorhinein vorhanden sind (vgl. die auf S. 36 zitierte Methodendefinition von Anselm Ernst; weitere ähnliche Definitionen von Methoden in musikdidaktischen Zusammenhängen s. Kraemer 2004, S. 186 f.). Nach diesem Gedankenmodell werden methodische Wege nicht im Unterrichtsprozess gesucht und gefunden, sondern vorab als feststehende Verlaufsform gewählt.

In einem forschenden Unterricht verhält es sich anders. Idealerweise überträgt sich hier die Haltung des Forschergeists vom Lehrenden auf den Lernenden. Der »forschenden« Verfahrensweise des Lehrers entspricht ein »forschendes Lernen« des Schülers. Das drückt die zitierte Äußerung Schönbergs aus. Der Schüler lernt also nicht nur materialen »Stoff«, sondern er erfährt und lernt eine Verfahrensweise des Explorierens, des Suchens und Findens. Ein solcher Unterricht bewirkt anderes als eine Vermittlung von zielgenau erstrebten, vorab vom Lehrer, vom Schüler oder auch von beiden definierten Fähigkeiten und Fertigkeiten. Er wird zu einem Abenteuer mit offenem Ausgang: »Abenteuer heißt ja wohl, dass man fremdes Gelände aufsucht, ohne Weg und Ziel genau zu kennen.« (Greiner 2009, S. 26)

Das hier angedeutete Verständnis von Unterricht mag gemessen an üblichen didaktischen Vorstellungen in der Tat »abenteuerlich« erscheinen. Gibt es nicht objektive, klar beschreibbare Fakten und Abläufe beim Musikmachen? Sollte methodisches Handeln des Lehrers nicht dementsprechend auf ein effizientes, möglichst umwegloses Vermitteln zumindest handfester musikalischer und instrumentaltechnischer Grundlagen angelegt sein? Sofern es gelingen kann, ja. Allerdings bleibt die Frage, wie weit dies der Fall ist. Erfordert nicht gerade das Erlernen einer so komplexen Tätigkeit wie die des Musizierens unverzichtbar, dass ein Lernender »Forschergeist« entwickelt, und zwar möglichst frühzeitig? Bilden sich die für das Musizieren entscheidenden Fähigkeiten des Vorstellens und des Wahrnehmens (von innerlich gehörter Musik und ihrer klanglichen Darstellung, von kinästhetischen

Empfindungen bei der Ausführung, von der eigenen Medialität beim Musizieren) nicht vor allem durch explorative Betätigung? Und vor allem: Entwickeln sich viele Ziele im Unterricht nicht erst allmählich in dessen Verlauf, und zwar individuell für jeden Lernenden? Wenn dies gilt, gewinnt Unterricht durchaus die Offenheit eines Abenteuers.

Am Beispiel des Übens zeigt sich die Relevanz eines forschenden Lernens besonders deutlich. Üben ist *die* für das Musizierenlernen konstitutive Tätigkeit. Zum allergrößten Teil geschieht es außerhalb des Unterrichts. Produktives Üben verlangt Selbstständigkeit: Im Üben tritt sich der Übende als sein eigener Lehrer gegenüber. Produktives Üben lässt sich beschreiben als ein selbstbestimmtes exploratives Erforschen. In der Tat muss, wer erfolgreich übt, »diverse ›Forschungstätigkeiten‹ betreiben:

- die Strukturen einer Musik erfassen;
- die musikalischen als auch technisch-körperlichen Möglichkeiten ihrer Darstellung explorieren;
- Beobachtungskriterien entwickeln;
- Fragen stellen (z. B. Wo ist der Spannungshöhepunkt der Phrase, des Abschnitts? Ist dieser Fingersatz geeignet für das beabsichtigte Ergebnis?);
- Sachverhalte und Aktionen genau beobachten;
- Hypothesen bilden, sie erproben, eventuell verwerfen oder verändern;
- mögliche Lösungen finden;
- Alternativen entwickeln;
- Lösungsmöglichkeiten miteinander vergleichen und bewerten;
- ein handlungsorientiertes Fazit ziehen.« (Mahlert 2006, S. 38 f.)

Wenn Instrumentalunterricht nicht zuletzt auf die Kernkompetenz des als forschendes Lernen beschreibbaren Übens zielt, dann geschieht dies wohl am besten, indem im Unterricht selbst ein explorativer Geist praktiziert wird. Im Blick auf die Relevanz des Übens für die Ausübung von Musik sollte methodisches Handeln des Lehrers darauf angelegt sein, den Schüler zum selbstständig »forschenden« Autodidakten zu machen.

Interdependenzen pädagogischer Faktoren

Wie bereits im vorigen Abschnitt gezeigt wurde, bilden Methoden im Unterricht ein unlösbares Gefüge mit anderen didaktischen Faktoren. Vor allem hängen sie ab von Zielen, Inhalten, Unterrichtsformen wie auch von verwendeten Medien. Wenn es etwa um das kognitive Verstehen der Besonderheit einer Stelle aus einem Werk geht, wird ein mimetisches Lehren und Lernen weniger effizient sein als ein deutliches Erklären; die »Skills« eines differenzierten Zusammenspiels lassen sich im Einzelunterricht auch mit diversen Arten von Lehrer-Schüler-Interaktionen nur begrenzt erlernen.

Umgekehrt hat die Verwendung bestimmter Methoden unweigerlich Einfluss auf die genannten Faktoren. Bildliches Sprechen, diskursives Erklären, mimetisches Demonstrieren, gemeinsames Vergleichen verschiedener Spielweisen lösen beim Schüler unterschiedliche mentale Repräsentationen einer bestimmten Musik aus.

Wie bei einem Mobile bewegen sich im Gefüge didaktischer Faktoren die Positionen aller Elemente, wenn eines von ihnen berührt wird: Die Verwendung unterschiedlicher Methoden verändert tendenziell auch Ziele und Inhalte. Didaktische Komponenten sind stets interdependent.

Hinzu kommt, dass je nach Betrachtungsweise und Konzeption des Unterrichts ein und dieselbe Sache entweder als Ziel, als Inhalt oder als Methode fungieren kann. Blattspiel etwa lässt sich ebenso als ein Ziel des Unterrichts, als eigenes »Lernfeld« wie als Methode zum Erwerb breiter Literaturkenntnis verstehen. Das Verbalisieren von musikalischen Aspekten durch den Schüler kann ebenso als ein Ziel wie als Methode aufgefasst werden.

Im Übrigen ist die Kategorie »Methode« auf alle didaktischen Faktoren beziehbar: auf Ziele (Methoden als Wege, Ziele zu erreichen), auf Inhalte (Methoden als Wege des Erschließens von Inhalten), des Weiteren auf Unterrichtsformen, Medien, ja sogar auf Methoden selbst: auch die stets zu konkretisierende Arbeit mit bestimmten methodischen Verfahren ist ihrerseits methodisch zu reflektieren.

Was Lehrende brauchen, ist ein ständiges Nachdenken darüber, warum sie was wie mit wem tun – ein Beweglichhalten des didaktischen Denkens im Hinblick auf das Gefüge von Zielen, Inhalten, Methoden etc. und vor allem auf den beteiligten Menschen.

4. Erscheinungsformen des Begriffs »Methode« in der Instrumental- und Vokaldidaktik

Das Bedeutungsspektrum des Begriffs »Methode« ist in der Instrumental- und Vokaldidaktik beträchtlich. Der Spielraum reicht von großen didaktischen Gesamtkonzeptionen bis hin zu kleinschrittigen Verfahrensweisen. Gesamtkonzeptionen können ihrerseits methodisch in bestimmten für wichtig erachteten Lernbereichen »kleingearbeitet« sein. Umgekehrt dürfte hinter primär kleinschrittig aufgefassten Methoden mehr oder minder bewusst eine Idee von zu erreichenden Zielen auch auf einer höheren Ebene stehen.

Nachfolgend sollen acht häufig begegnende Bedeutungen bzw. Ausrichtungen von Methoden im Instrumental- und Vokalunterricht knapp dargestellt und mit einigen Beispielen verdeutlicht werden: instrumentenübergreifende Gesamtkonzepte von Methoden, instrumenten- bzw. gesangsspezifische Lehrwerke, instrumenten- bzw. gesangsspezifische Lehrstrategien, lernbereichsspezifische Methoden, schülerspezifische Lehrmethoden, kulturspezifisch bedingte Lehrmethoden, Aktionsformen und Lehrtechniken in Abhängigkeit von Unterrichtsformen. Die Verwendungsweisen schließen einander nicht aus, sondern überlagern sich zum Teil. Sie geben Bedeutungsrichtungen an. Wenn also von einer Methode in einer der genannten Begriffsverwendungen die Rede ist, lässt diese sich zumeist auch nach Maßgabe anderer Verständnisweisen von »Methode« erörtern. Beispielsweise kann das Konzept der Suzuki-Methode etwa hinsichtlich der Lehrtechniken auf dem Gebiet der Interpretation, der Aktionsformen oder der spezifischen Techniken des Gruppenunterrichts analysiert werden. Bei den Bedeutungsmöglichkeiten handelt es sich also um jeweilige Sichtweisen von Wegen aus einem bestimmten Blickwinkel.

Instrumentenübergreifende Gesamtkonzepte von Methoden

Instrumentenübergreifende Gesamtkonzepte von Methoden sind z. B. die Suzuki-Methode, die Kodály-Methode und die Methode von Edgar Willems. Hierbei handelt es sich um Versuche, auf der Basis dezidierter musikpädagogischer und -didaktischer Anschauungen Konzepte für den Erwerb und die Vermittlung bestimmter grundlegender Musizierfähigkeiten zu schaffen. Die Ziele reichen oft weit über musikalisches Können hinaus; meist hängen sie zusammen mit Idealen von menschlicher Entwicklung und von wünschenswerten gesellschaftlichen Verhältnissen. So zielt Suzuki explizit darauf, »Kinder zu edlen Menschen zu erziehen« (Suzuki 1975, S. 28). Aus gutem Grund trägt seine Schrift *Erziehung ist Liebe* den Untertitel *Eine neue Erziehungsmethode*: »Ich möchte nur gute Bürger formen. Wenn ein Kind vom Tag seiner Geburt an gute Musik hört und auch selbst spielen lernt, entwickelt es Empfindsamkeit, Disziplin und Ausdauer. Es erwirbt damit ein gutes Herz.« (A. a. O., S. 128) »Mein tiefster Wunsch ist es, daß alle Kinder dieser Welt gute menschliche Wesen werden, glückliche Menschen mit hervorragenden Fähigkeiten, und ich setze all meine Tatkraft ein, dies zu erreichen.« (A. a. O., S. 107) Auch Kodálys Pädagogik ist darauf ausgerichtet, durch Musikerziehung gesellschaftliche Verhältnisse zu verbessern. Die individuelle musikalische Förderung von Menschen zielt auf ein demokratisches Gesellschaftsideal. Die Möglichkeit dazu sieht Kodály darin, dass »aktive Musikausübung auch die Entwicklung anderer Fähigkeiten des Kindes fördere, körperliche und geistige Eigenschaften gleichermaßen vorteilhaft beeinflusse« (Szönyí 1973, S. 9). Die Methode von Edgar Willems versteht sich zwar stärker musikimmanent, hat jedoch ebenfalls ein Persönlichkeitsideal vor Augen, in dem Musik als ein harmonisierendes Lebensphänomen betrachtet wird. Gefördert werden soll »die Liebe zu allem, was Musik von Natur aus beinhaltet: Rhythmusgefühl, Gehör, musikalische Emotionen, Harmonie der Klänge, der Klang selbst, das klangliche Material und die harmonische Einheit aller unterschiedlichen Elemente in der musikalischen Praxis.« (Jacob 1990, S. 339)

Instrumentenübergreifenden Gesamtkonzepten von Methoden wie die genannten folgen einem umfassenden, auf die Lebensperspektive von Lernenden ausgerichteten Verständnis von Methode. Hier scheint etwas auf von der ursprünglichen Bedeutung des Begriffs »Methode« als Weg zu »einem gelingenden, vernunftgeleiteten, tugendhaften und glücklichen Leben« (Ritter 1980, Sp. 1304, s. o. S. 35).

Musikpraktisch sind Gesamtkonzepte von Methoden nicht auf das Spiel bestimmter Instrumente ausgerichtet. Auf der methodischen Basis des Konzepts lassen sich alle möglichen Instrumente erlernen. Das Spezifische der jeweiligen Methode liegt in den als entscheidend betrachteten Prinzipien des Lernens von Musik. Bei Suzuki ist es vor allem das als Realisierung einer muttersprachlichen Aneignungsweise aufgefasste imitatorische Lernen. Im Muttersprachenlernen fand er das Grundmodell für seine Methode: »Schließlich fiel mir die Muttersprache ein und ich begriff, daß sie alles Nötige enthielt.« (Suzuki, S. 15) Freilich reduziert Suzuki das Muttersprachenprinzip drastisch auf Vor- und Nachmachen; musikalische Sprachkompetenz als Fähigkeit zum Bilden eigener Sätze ist nicht vorgesehen (dazu Mahlert 1988, S. 17 ff.). Kodály sieht das volksliedgebundene Singen und die relative Solmisation als Basis eines Musik erschließenden Lernens: »Mit Hilfe des für jeden am leichtesten zugänglichen Musikinstruments, der menschlichen Stimme, dem Gesang, müssen, von der Volksmusik ausgehend, allmählich die Meisterwerke der Musik erschlossen werden. Über diesen Weg können nicht nur einzelne Auserwählte, sondern Massen zur Musik hingeleitet werden.« (Szönyí 1973, S. 13) In der Willems-Methode schließlich spielt die Improvisation eine zentrale Rolle als Lernprinzip: »In jedem Stadium der Ausbildung, vor allem schon in den Anfängen, sollen die Schüler in *allen* Bereichen (Rhythmus, Bewegung, Instrument) improvisieren.« (Jacob 1990, S. 340)

Instrumenten- bzw. gesangsspezifische Lehrwerke

Méthode de Piano du Conservatoire nannte Louis Adam seine 1805 erschienene einflussreiche Klavierschule. Louis Spohr schrieb in der Vorrede zu seiner *Violinschule*: »Es kann daher, nach dieser Methode, dem Schüler gleich in den ersten Unterrichtsstunden die Violine in die Hand gegeben werden.« (Spohr 1831, S. 1) Das *Geigenschulwerk* von Erich und Elma Doflein (Doflein 1932 ff.) heißt im Englischen *The Doflein Method*. Mehr im Englischen und Französischen als im Deutschen wird »Methode« als Bezeichnung für »Lehrwerke« verwendet; das entsprechende deutsche Wort ist das Kompositum »-schule«: Klavier-, Violin-, Flötenschule. Es handelt sich um Lehrwerke, die nach einem bestimmten Konzept planmäßig und schrittweise die technischen und musikalischen Fähigkeiten des Spiels auf einem Instrument aufbauen. Meist beinhalten sie Übungen, Musizierstücke, Informationen (Texte, Bilder) und Anweisungen, seit den 1980er-Jahren auch vermehrt Medien mit Musikaufnahmen zum Kennenlernen von Stücken und zum Mitspielen zu Begleitungen bzw. weiteren Stimmen.

»Methoden« im Sinne von Lehrwerken reichen – wie die zuvor genannte Kategorie der instrumentenübegreifenden Gesamtkonzeption von Methoden – inhaltlich über das »Wie« des Musiklernens hinaus. Instrumentalschulen beinhalten zumeist auch Ausführungen über die jeweiligen Ziele der von ihnen vorgegebenen Lernwege. Vor allem geben sie durch die Literaturauswahl, aber auch durch Schwerpunktbildungen in bestimmten Lernfeldern (Literaturspiel, Instrumentaltechnik, Musiklehre, Improvisation etc.) deutliche inhaltliche Vorgaben. Durch ihr Repertoire definieren sie, was sie inhaltlich für besonders wichtig halten.

Die methodischen Konzepte von Lehrwerken lassen sich nur sinnvoll analysieren im Zusammenhang mit den jeweils anderen didaktischen Faktoren. Zu berücksichtigen wären vor allem folgende Fragen:

- Welches Repertoire (Lieder, Spielstücke, Übungen) enthält das Lehrwerk? Ist es methodisch geeignet, in die Musik unterschiedlicher Epochen, Stile und Satztechniken etc. einzuführen und in dieser Hinsicht musikalisch zu bilden?
- Welche Lernfelder beinhaltet das Lehrwerk? Wie sind Lehren und Lernen im jeweiligen Bereich methodisch angelegt?
- Wie erfolgt der Aufbau der Spieltechnik?
- Wie ist das Verhältnis von musikalischem und instrumentaltechnischem Lerngewinn?
- Wie erfolgt der Aufbau von Musiklehre-Kenntnissen?
- Wie ist das quantitative Verhältnis von Musik- und Worttexten? (Je größer der Anteil der Worttexte, desto mehr suchen die Autoren des Lehrwerks in der Regel den Unterricht didaktisch zu lenken.)
- Wer wird in den Worttexten wie angesprochen (Schüler, Lehrer, Eltern)? Wie verhalten sich die an verschiedene Adressaten gerichteten Ausführungen zueinander? (Vgl. zu dieser Frage Mahlert 2008)

- Gibt es separierte Lehrerinformationen oder sogar einen Lehrerband? (Wenn ja, übernimmt die Schule neben der Instruktion von Schülern auch die von Lehrkräften; sie gibt ihnen vor, wie mit dem Lehrwerk zu verfahren ist, d. h., sie führt didaktisch Regie.)
- Wie ist die grafische Gestaltung (Aufmachung, Schriftgröße etc.) im Hinblick auf die Adressatengruppe zu bewerten?
- Sind Abbildungen vorhanden? Welche Funktion erfüllen Sie (z. B. Stimmungsbilder zu Musikstücken, »kindgemäß« intendierte Animationen, Veranschaulichungen von musikalischen Elementen, musikhistorische Illustrationen, Fotos)? (S. dazu Busch 2003, Mahlert 2004, S. 110–114)
- Sind Freiräume für Eigenproduktionen und für Notizen der Adressaten vorhanden?

Nach Maßgabe solcher und weiterer möglicher Fragen lassen sich die didaktische und insbesondere die methodische Konzeption von Lehrwerken analysieren und beurteilen. Hier besteht ein großes Forschungsdefizit: Eine differenzierte Kritik von Instrumentalschulen und eine eingehende Reflexion ihrer Methodik wurde in der Instrumentaldidaktik bislang noch kaum betrieben.

Instrumenten- bzw. gesangsspezifische Lehrstrategien

Bei der Verwendung des Worts »Methode« im Sinne einer instrumenten- bzw. vokalspezifischen Lernstrategie liegt der Akzent mehr auf der mündlichen als auf der schriftlichen Vermittlung. Folgendes Beispiel zeigt ein im betreffenden Fall motivationsweckendes methodisches Verfahren im Anfangsunterricht: Die Geigerin Cecylia Arzewski begann bei einem Lehrer, der ihre anfängliche Unlust am Geigespielen aufzulösen verstand. »Eugen Kawalla, erinnerte sie sich später, wußte, daß sie nicht Geige spielen wollte, war aber auf den Unterricht mit solchen Kindern spezialisiert und gestaltete ihn bald zu einer ›Märchenstunde‹ um. Die E-Saite, so Cecylia, bekam den Namen Ellen, und wenn sie verstimmt war, sagte Herr Kawalla: ›Ellen weiß sich heute wieder mal nicht zu benehmen.‹ Er erfand Geschichten zu jedem Stück, das sie spielte, und zu jeder Vorschrift des Notentextes – ein *sforzando* in einem Marsch von Prokofjew wurde zu einem Baum, der im Wald umstürzte, nachdem die Elfen vorbeigezogen waren. Cecylia wartete zweimal wöchentlich auf seine Ankunft und stürzte sich ihm in die Arme, wenn er zur Tür hereinkam.« (Epstein 1988, S. 257) »Methode« meint hier vor allem die individuelle, konkret praktizierte Lehrweise eines Pädagogen. Auch dann, wenn eine Lehrkraft seinem Unterricht ein Lehrwerk zugrunde legt, ist die methodische Prägekraft der mündlichen Lehre in der Regel beträchtlich. Gerade in einem künstlerischen Unterricht hat sie eine besondere Bedeutung. Künstlerische Vermögen wie Empfindungs-, Ausdrucks- und Gestaltungsfähigkeit lassen sich nur begrenzt schriftlich vermitteln. Deren Ermöglichung kann kaum verzichten auf situativ zu praktizierende pädagogische Qualitäten wie Einfühlungsgabe, kommunikative Sensibilität, Intuition. Wenn Lehrkräfte in ihrem Unterricht ein Lehrwerk benutzen, dürfte in der Regel die Wirksamkeit der mündlichen Lehre den Einfluss der schriftlichen Vorgabe übersteigen. So heißt es in der Klavierschule von Ludwig Lebert und Sigmund Stark zu Recht: »[…] ein trefflicher Lehrer wird mit mittelmäßigem Unterrichtsmaterial Bedeutsameres leisten, als ein mittelmäßiger Lehrer mit dem vortrefflichsten.« (Lebert / Stark 1858/1904, S. XIII, zit. nach Welte 2008, S. 180)

Besonders die persönlichen »Methoden« renommierter Künstler werden nicht selten in der Vorstellung mit Wunderkräften ausgestattet und tendenziell als »Arcanum«, d. h. als Geheimlehre, mystifiziert – von den Bewunderern der betreffenden Künstler oder von diesen selbst. Dies erhöht die Attraktion der Lehre und steigert ihren »Marktwert«. Immer wieder sind Musiker und Musikliebhaber bereit, exorbitante Preise für Einzelstunden bei renommierten Künstlern zu bezahlen, von deren Hinweisen sie sich rasche Fortschritte für ihr Spiel erhoffen. Auch dann, wenn die Substanz der so erhaltenen Lehre eher dünn ist, wird sie mitunter als »Offenbarung« aufgenommen.

Individuelle Methoden können zu dogmatischer Starre tendieren. Eine daraus resultierende Einengung der Fantasie des Schülers hatte Robert Schumann wohl vor Augen, als er 1834 im Hinblick auf eine verschulte Klavierdidaktik in der Nachfolge von Johann Bernhard Logier schrieb: »Methode, Schulmanier bringen wohl rascher vorwärts, aber einseitig, kleinlich. Ach! wie versündigt Ihr Euch, Lehrer! Mit eurem Logierwesen zieht Ihr die Knospen gewaltsam aus der Scheide! Wie Falkeniere rupft Ihr Euren Schülern die Federn aus, damit sie nicht zu hoch fliegen – Wegweiser solltet Ihr sein, die Ihr die Straße wohl anzeigt, aber nicht überall selbst mitlaufen sollt!« (Schumann 1854, Bd. 1, S. 15) Die Gefahr dogmatischer Starre hat auch Hildegund Lohmann-Becker im Sinn, wenn sie im Hinblick auf den Gesangsunterricht schreibt: »Methode ist die festgelegte, planmäßige Vorgehensweise, die einseitig und deshalb für die Arbeit mit einer Stimme problematisch ist. Man sollte keine Methode anwenden, sondern immer aus der Notwendigkeit der individuellen Stimmanlage eines Sängers heraus mit ihm üben.« (Lohmann-Becker 2008, S. 215) In ihrer Kritik an apodiktisch praktizierten Methoden schüttet Lohmann-Becker freilich das Kind mit dem Bade aus. Ein Unterricht ohne Methoden würde sich selbst abschaffen, denn Unterricht ist ja geradezu durch das Moment des reflektierten und somit geplanten Vorgehens definiert.

Im Idealfall verdichten sich in der Praxis einer »Methode« Einsicht, Erfahrungswissen und Intuition. Auf diese Weise kann sie den spezifischen Bedürfnissen von Lernenden gerecht werden.

Lernbereichsspezifische Methoden

Mit lernbereichsspezifischen Methoden sind Konzepte zum Erlernen bestimmter instrumentenübergreifender Teilfähigkeiten gemeint. Besonders für die Spieltechnik von Instrumenten bzw. die Gesangstechnik liegen vielerlei »Methoden« vor. Prominente Beispiele sind etwa *Die Kunst des Violinspiels* von Carl Flesch (1923) oder die *Principes Rationels de la Technique Pianistique* von Alfred Cortot (1928). Auch zu anderen Gebieten des Instrumentalunterrichts wurden lernbereichsspezifische Methoden entwickelt. Die »Methode Leimer-Gieseking« (Leimer 1931) etwa beinhaltet das Konzept eines hauptsächlich mental praktizierten Lernens. Weitere differenzierte methodische Konzepte ebenfalls zum Mentalen Training stammen von Tatjana Orloff-Tschekorsky (Orloff-Tschekorsky 1996) und von Christian A. Pohl (Pohl 2006). Besonders vielfältig sind die »Methoden« für das Gebiet der Improvisation in verschiedenen Stilarten. Beispielhaft genannt seien die Veröffentlichungen von Peter Heilbut (u. a. Heilbut 1976), Herbert Wiedemann (u. a. Wiedemann 1988, 1991, 1992) und Matthias Maute (2005). Als lernbereichsspezifische Methode auf dem Gebiet der Hörbildung wäre etwa die Relative Solmisation anzusprechen (z. B. Heygster / Grunenberg 1998). Das Fach »Rhythmik« arbeitet mit dem Verhältnis von Musik und Bewegung und hat entsprechende methodische Konzepte für diesen Bereich entwickelt (vgl. Leiser-Maruhn 1998). Dass solche und andere auf bestimmte Lernbereiche konzentrierten Methoden teilweise auf ein sehr umfassendes Ideal von Musikverständnis und Musikausübung zielen und somit in ihren Absichten über das intensiv bearbeitete methodische Feld hinausreichen, wurde bereits erwähnt. Etliche lernbereichsspezifische Methoden kommen im II. Teil dieses Buchs zur Sprache.

Schülerspezifische Lehrmethoden

Schülerspezifische Lehrmethoden sind auf verschiedene Adressaten von Unterricht, auf ihre Vorkenntnisse und ihr Alter ausgerichtet. Im Frühinstrumentalunterricht mit Vorschulkindern wird methodisch anders zu verfahren sein als mit Kindern, die lesen und schreiben können, mit Jugendlichen, die eigene Musikpräferenzen mitbringen oder mit erwachsenen Wiedereinsteigern, die klare Wünsche haben. Prinzipielle entwicklungspsychologische Gegebenheiten sind zu berücksichtigen. Kinder lernen hauptsächlich durch imitatorisches und explorierendes Handeln, kaum dagegen durch Umsetzung von Erklärungen. Sorgfältig praktiziertes Vor- und Nachmachen und diverse Spielformen (s. Teil II, Kapitel 10: »Spielen«) sollten einen breiten Raum im Unterricht einnehmen. Vorgänge müssen anschaulich, plastisch und emotional fesselnd vermittelt werden. Da die Aufmerksamkeitsspanne von Kindern begrenzt ist, empfiehlt sich eine Gliederung des Unterrichts in kürzere, abwechslungsreiche Phasen. Ferner ist die Einbeziehung der Eltern in den Unterricht wichtig, weshalb etwa Elternmitmachstunden wie überhaupt die Elternarbeit zu den unverzichtbaren methodischen Aufgaben des Frühinstrumentalunterrichts bzw. des Anfangsunterrichts mit Kindern gehört.

Neben entwicklungspsychologischen Bedingungen müssen schülerspezifische Methoden auch den individuell ausgeprägten Fähigkeiten, Bedürfnissen, Lernweisen, Lerngeschwindigkeiten etc. der Lernenden Rechnung tragen – »Ausgangszuständen des Lernens« also (Seel 2003, S. 20). Dabei kann unter Umständen auch eine kompensatorische Strategie verfolgt werden. Exemplarisch für diese Intention bemerkte Aurèle Nicolet über sein Unterrichten: »Mir kommt es darauf an, immer sehr individuell vorzugehen, je nach dem musikalischen Charakter des Schülers. Ist er ein sehr rationaler, zum Zergliedern neigender Mensch, werde ich versuchen, sein sinnliches Potential zu wecken. Habe ich einen sehr instinktiv musizierenden Schüler vor mir, dann zwinge ich ihn, sich Gedanken zu machen, seine Spielweise und die Musik zu analysieren.« (Nicolet / Mahlert 1983, S. 21)

Kulturspezifisch bedingte Lehrmethoden

Nicht zu unterschätzen sind die Unterschiede der durch kulturelle und nationale Traditionen bedingten methodischen Vorgehensweisen. Zwar spricht man im Hinblick auf Unterricht weniger von nationalen Schulen als in Bezug auf musikalische Interpretation, wo Begriffe wie »russische Schule« und »französische« oder »deutsche« Tradition gebräuchlich sind. Und ähnlich wie sich in der musikalischen Interpretation nationale Schulbildungen durch Internationalisierung der Ausbildung und Globalisierung des Musikmarkts weitgehend aufgelöst haben, so sind auch wohl ehemals mehr oder minder autochthone Lehrstile inzwischen vielfach »transkulturell« verschliffen worden – jedenfalls dort, wo es um die Vermittlung artifizieller Musik oder auch von weltweit gehörter U-Musik geht. Trotzdem lassen sich typische Unterschiede des methodischen Vorgehens beobachten, die mit den kulturellen Hintergründen von Lehrenden und Schülern sowie mit nationalen Ausprägungen des Erziehungs- und Bildungswesens zusammenhängen. Ein auf starke Auswahl von Begabungen ausgerichtetes Musikschulsystem, wie es durchweg in osteuropäischen Ländern zu finden ist, bedingt andere Methoden als eine etwa in Deutschland vorhandene Musikschulkultur, die neben der Begabungsfindung und -förderung vor allem musikalische Breitenarbeit betreibt. Wenn Musiker aus verschiedenen Ländern sich für Stellen an Musikschulen und Musikhochschulen bewerben, lassen sich bei ihren Lehrproben oft sehr wohl methodische Tendenzen beobachten, die etwas vom Stil der Ausbildung im Herkunftsland reproduzieren. Das Gleiche gilt für Studierende pädagogischer Studiengänge an Musikhochschulen. Nach meinen Beobachtungen neigen Musiker aus osteuropäischen, romanischen wie auch aus fernöstlichen Ländern im Unterricht stärker zu direktiven Vorgaben, die auf ein bestimmtes, vom Lehrer strikt vorgegebenes, nach seinen Maßstäben zweifelsfrei »richtiges« Ergebnis zielen. Das gilt für den Aufbau der Spieltechnik wie für die Interpretation von Werken. Übrigens sind dies häufig die einzigen Lernbereiche im Unterricht, wogegen Aktivitäten wie Improvisieren, Komponieren, Umsetzung von Musik in Bewegung sowie spielerische Vermittlungsweisen sehr viel seltener praktiziert werden als im Unterricht an deutschen Musikschulen. Der Grund hierfür lässt sich leicht angeben: Wo Schüler im Hinblick auf ihre reproduktiven Fähigkeiten miteinander verglichen werden müssen, um die Besten für eine weitere Förderung auszuwählen, dort wird der Unterricht auf die dafür relevanten Lernfelder beschränkt bleiben. Und da viele begabte und motivierte Schüler um wenige Unterrichtsplätze konkurrieren, benötigen Lehrer in einem auf Auswahl ausgerichteten Ausbildungssystem nicht die Animations- und Motivationspotenziale, die hierzulande im Unterricht mit (nicht selten musikalisch nur mäßig interessierten) Laien mobilisiert werden. In diesem Unterricht können dafür die Ziele der Beschäftigung mit Musik, die mit ihnen verbundenen Angebote an Lerninhalten und die entsprechenden methodischen Verfahrensweisen erheblich breiter gestreut sein. Nicht zuletzt dient diese Vielfalt dazu, die spezifischen musikalischen Neigungen und Möglichkeiten von Schülern aufzugreifen und zu entwickeln, d.h. zu individualisieren und nicht zu normieren.

Leider fehlt bislang eine Aufarbeitung von kulturell bzw. national geprägten Lehrweisen in der Instrumentaldidaktik. Zwei Beispiele sollen zeigen, dass dies ein interessantes Projekt wäre. Es könnte Lehrenden und Lernenden aus verschiedenen Unterrichtstraditionen helfen, die Spezifik der eigenen musikalischen Genese im Verhältnis zu den Bedingungen und Eigenarten anderer Lehr- und Lernkulturen besser zu verstehen. Das erste Beispiel schildert Grete Wehmeyers Erfahrungen mit japanischem Klavierunterricht an einer privaten Musikakademie in Tokyo, im zweiten Beispiel berichtet der Flötist Aurèle Nicolet von seinem Unterricht in der französischen Lehrtradition und deren Differenz zu seinen Erfahrungen als Lehrer in Deutschland.

1. »Der Unterricht besteht oft nur darin, daß der Lehrer das Geübte abhört, falsche Töne oder Taktfehler verbessert, die nächste Seite ohne erklärende Vorbesprechung aufgibt und zum ›fleißigen‹, das heißt immer mehrstündigen Üben ermahnt. Wenn die Kinder zu Hause nicht weiterwissen und auch die oft sehr ehrgeizigen Mütter nicht helfen können, bietet die Schallplattenindustrie eine verblüffende Hilfe an: es gibt alle Stücke, die man für eine Klavierstunde üben muß, vom leichtesten bis zum schwersten, von international anerkannten Pianisten gespielt als Sammlung zusammengestellt und zu kaufen auf Schallplatten. So hört man's schnell einmal an und spielt nach, ›kopiert‹.« (Wehmeyer 1985, S. 250) »In Japan, vermutlich in ganz Asien, geht die Pädagogik nicht über das Einsehen, Wissen und Selbermachen, sondern über die Nachahmung.« (A. a. O., S. 256)

2. »Ich komme ja aus der französischen Schule, habe bei Marcel Moyse am Pariser Conservatoire und bei André Jaunet in Zürich studiert. Es war üblich, daß sie im Unterricht sehr suggestiv vorspielten, wie eine Stelle klingen soll und zu phrasieren ist – ohne lange Erklärungen. Man lernte intuitiv. Ich hörte ein paar Takte und verstand sofort, was sie meinten, konnte es sofort umsetzen: die technische Korrektur,

den Klang, die Gestik der Musik. Als ich mit 16 Jahren begann, selbst zu unterrichten, kopierte ich ihre Art zu lehren und vorzuspielen, wie ein Papagei. Das gehört doch zum Beruf! Ich hatte auch Erfolg damit – bis ich nach Deutschland kam. Hier funktionierte diese Unterrichtsweise plötzlich nicht mehr. Die deutschen Studenten fanden zwar alles sehr schön, was ich ihnen vormachte, aber sie konnten kaum etwas damit anfangen. Es klappte nicht mit dem intuitiven Lernen. Sie wollten alles ganz genau erklärt haben: Wo und wie atmen Sie? Warum hier? Wie machen Sie dieses Vibrato? usw. Ich war zunächst hilflos, wie verdattert. Damals fing ich erst an, genau zu reflektieren: Was mache ich mit meinem Körper, wie produziere ich diesen Klang, warum soll diese Phrase so und nicht anders klingen? Auf diese Weise habe ich sehr viel gelernt.« (Nicolet / Mahlert 1983, S. 21)

Wehmeyer und Nicolet beschreiben in ihren Beispielen aus kulturell weit entfernt liegenden Unterrichtswelten die Dominanz des Imitationslernens sowie das Fehlen von Erklärungen, durch die die jeweilige Lehre verstehbar würde. In diesen Eigenschaften sehen sie die Differenz zu der früher oder – im Falle Nicolets – später erfahrenen »deutschen« Lehre. Ein extremes Gegenbeispiel zu der von Nicolet geschilderten Lehrweise war der Unterricht des in Berlin und Detmold lehrenden, hochgebildeten Flötisten Hans-Peter Schmitz, der unter Wilhelm Furtwängler als Soloflötist der Berliner Philharmoniker wirkte. Schmitz verzichtete zeitweise konsequent auf jedes Vormachen im Unterricht. Er wollte unbedingt vermeiden, dass seine Schüler seine Spielweise imitierten oder gar kopierten; sie sollten ihren eigenen Klang und ihre eigene Art des Flötespielens entwickeln. – Die wahrgenommene Einseitigkeit des Imitationslernens in den zitierten Beispielen kann leicht zu einer pauschalen Abwertung dieser Lehr- und Lernform veranlassen. Sie wäre allerdings ebenso fragwürdig wie die Favorisierung eines erklärenden Unterrichts als das erstrebenswerteste methodische Verfahren. Oft geht eine solche Abwertung einher mit einem eurozentrischen bzw. deutsch-zentrierten Blick, der die hohe Wertschätzung des Nachahmens in anderen Lebenswelten – besonders in Asien – und so auch in der Erziehungs- und Unterrichtspraxis verkennt. Außerdem verfehlt eine vordergründige Kritik am Nachahmungslehren und -lernen die Komplexität dieser Lernform. Sie wird der Vielfalt des imitatorisch Lernbaren und der Vielfalt der hierbei praktizierbaren methodischen Möglichkeiten nicht gerecht. (Zum didaktischen Wert des Nachahmungslernens und zur Methodik des Lehrens durch Vormachen s. Mahlert 1999b.)

Aktionsformen

Anselm Ernst unterscheidet in seinem Buch *Lehren und Lernen im Instrumentalunterricht* als Methoden sechs »Aktionsformen« oder auch »Handlungsmuster« in der Arbeit von Lehrenden mit ihren Schülern: das »erarbeitende Verfahren«, die »Modell-Methode«, das »Darstellende Verfahren«, das »Aufgebende Verfahren«, das »Entdeckenlassende Verfahren« und die »Dialog-Methode« (Ernst 1991, S. 82–92). Er konkretisiert jede dieser sechs Vorgehensweisen in sechs didaktischen Aspekten: »dominierende Verhaltensweisen des Lehrers«, »Verhalten des Schülers«, »methodische Prinzipien«, »Zweck der Methode«, »Funktion des Lehrers«, »methodisches Bedürfnis des

Methode	VL	VS	MP	Z	FL	MBS
Erarbeitendes Verfahren	fragen, auffordern kurze Erläuterungen und Hinweise geben, bewerten, korrigieren	ausführen / antworten / aufnehmen	Lenkung / Elementenhaftigkeit / Arbeit / Sprache / Direktheit	sichere Anleitung des Schülers; rasches und zielstrebiges Vorwärtsgehen	Helfer: Arrangeur von Lernprozessen	sicher und schrittweise geführt werden
Modell-Methode	vormachen, das Demonstrierte erläutern, Schülerverhalten bewerten und korrigieren	beobachten / nachmachen	Körpersprache / Anschaulichkeit / Ganzheitlichkeit	komplexes Imitationslernen initiieren; waches und aufnahmebereites Zusehen und Zuhören entfalten helfen	Vorbild	anschaulich und konkret etwas sehen und hören, um es imitierend zu lernen
Darstellendes Verfahren	weitläufig und zusammenhängend informieren und erklären, komplexe Sachverhalte darstellen, Verständnis überprüfen	aufnehmen / nachfragen	Sprache / Arbeit / Lenkung	komplexe Sachverhalte zusammenhängend und strukturiert darstellen; Überblick und vielschichtiges Gesamtverständnis vermitteln	Fachmann: professioneller Musiker und Fachdidaktiker	Interesse am fachlich hohen Niveau; zusammenhängende Sachverhalte begrifflich verstehen wollen
Aufgebendes Verfahren	Aufgaben stellen, erläutern, bewerten, korrigieren, beobachten	ausführen / sich selbst kontrollieren	Sprache / Selbsttätigkeit	Selbständigkeit und Sicherheit des Schülers bei der Ausführung umfangreicher Aufgabenstellungen herausfordern und überprüfen	Arrangeur von angemessenen Lernaufgaben; Beobachter, Beurteiler	unter Betreuung selbständig arbeiten; Kontrolle erhalten, um sich selbst kontrollieren zu lernen
Entdeckenlassendes Verfahren	auffordern, ermuntern, anregen, fragen, ›minimale Lernhilfen‹ geben	erfinden / ausprobieren / entdecken / prüfen	Selbsttätigkeit / Selbstbestimmung / Spiel / Indirektheit	selbständiges Lernen fördern; Kreativität herausfordern; Motivation und Lernintensität aufbauen	Anreger / Berater	selber herausfinden und in Ruhe ausprobieren; sich kreativ betätigen; Spaß am Spiel der Phantasie
Dialog-Methode	zuhören, vorschlagen, anregen, ermuntern, problematisieren, Stellung nehmen	zuhören / erläutern / erklären / Stellung nehmen / problematisieren	Selbsttätigkeit / Selbstbestimmung / Sprache	Partnerschaftlichkeit im gemeinsamen Arbeiten lernen	Lern-Partner / Berater	selbständig partnerschaftliche Beziehung lernen; freie, gleichberechtigte Kommunikation; Mitbestimmung über das Geschehen im Unterricht

Abkürzungen: VL = »Dominierende Verhaltensweisen des Lehrers«, VS = »Verhalten des Schülers«, MP = »Methodische Prinzipien«, Z = »Zweck der Methode«, FL = »Funktion des Lehrers«, MBS = »Methodisches Bedürfnis des Schülers«

Schülers«. Die Übersicht auf S. 53 fasst die von Ernst in zwei separaten Schaubildern dargestellten Methoden mitsamt ihren Konkretisierungen in einer Übersicht zusammen (Ernst 1991, S. 83 und 92, zusammengefasst in Mahlert 1997b, Sp. 1513 f.).

Der Wert der als Aktionsformen aufgefassten Methoden, wie Ernst sie beschreibt, liegt vor allem darin, dass die Beschäftigung mit ihnen das Bewusstsein für die prinzipiellen didaktischen Verhaltensweisen von Lehrenden und Lernenden im Unterricht schärft. Der Methodenkatalog und die Ausführungen zu jeder Methode (im Buch von Ernst mit Unterrichtsbeispielen versehen) regen dazu an, je nach Maßgabe des Unterrichtsinhalts, der Bedürfnisse des Schülers und der Fähigkeiten des Lehrers die gemäße Aktionsform zu wählen und sie variabel einzusetzen, sodass in der Unterrichtsarbeit möglichst keine Monotonie aufkommt.

Entsprechend der lerntheoretischen Didaktik der Berliner Schule, der das Konzept von Anselm Ernst folgt, verhält sich die als Sammlung von Aktionsformen angelegte Methodenlehre allerdings neutral gegenüber den Inhalten von Unterricht. Sie fragt nicht danach, *was* jeweils gelehrt und gelernt wird, sie entwickelt die methodischen Verfahrensweisen nirgends aus dem jeweiligen Bildungsinhalt. Ebendies begrenzt den Nutzen für die Unterrichtspraxis. Die Didaktik der Berliner Schule ist bekanntlich aus der Analyse, weniger aus der Planung von Unterricht entstanden. Als Analyseinstrument lässt sich die auf Aktionsformen gerichtete Methodenlehre leicht und mit Gewinn handhaben. Sie macht Unterricht anhand weniger knapp gefasster Kriterien bündig beschreibbar. Als Planungsinstrument dagegen führt sie leicht zu Frustrationen. Sie hilft dem Planenden nicht dabei, sich und den zu Unterrichtenden die Sache zu erschließen, die vermittelt werden soll. Sie trennt die Verfahrensweisen von der inhaltlich ausgerichteten didaktischen Analyse des Unterrichtsgegenstands. Sie lehrt nicht, Unterrichtsschritte sachlogisch stimmig aufzubauen. Und sie beantwortet nicht die vielen auf konkrete Unterrichtsinhalte gerichteten methodischen Fragen.

Vermutlich wegen ihrer Griffigkeit sind die von Ernst dargestellten Methoden in der Ausbildung von Instrumentalpädagogen verbreitet. Andere Konzeptionen von Methoden werden selten gelehrt. Für den Instrumentalunterricht scheinen Aktionsformen besonders geeignet, da sich ihnen die hier üblichen Vorgehensweisen durchweg gut zuordnen lassen. Die Erfahrungen von Studierenden bei der methodischen Planung und Durchführung von Unterricht mithilfe der Aktionsformen bestätigen allerdings das angesprochene Defizit. Oft empfinden Studierende die ihnen etwa in Unterrichtsentwürfen abverlangte Zuordnung von Aktionsformen zu zuvor aus der Analyse der Sache entwickelten Unterrichtsschritten als äußerlich und unbefriedigend. Im Unterrichtsverlauf lenkt die methodische Ausrichtung auf Aktionsformen leicht von der Musik und vom Lernenden ab. Sie gängelt das Vorgehen.

Vermittlungsformen bilden eine andere methodische Kategorie als Methoden, die aus der Sache selbst abgeleitet sind. Instrumentalunterricht kann nicht auf »musikgenerierte« bzw. der Musik und spezifischen musikalischen Tätigkeiten adäquate

Methoden verzichten. Eine didaktisch fundierte Ausbildung von Instrumentalpädagogen muss daher hinausgehen über die von Ernst konzipierte Methodenlehre.

Lehrmethoden in Abhängigkeit von Unterrichtsformen

Einen großen Komplex von Methoden im Instrumentalunterricht bilden schließlich die mit bestimmten Unterrichtsformen zusammenhängenden methodischen Verfahren.

Das Wort »Instrumentalunterricht« löst zwar immer noch bei vielen Menschen zunächst die Vorstellung von individualisiertem Einzelunterricht aus. Das Spektrum der Unterrichtsformen hat sich jedoch in den letzten Jahrzehnten enorm erweitert. Ursächlich dafür sind vor allem:

- unterschiedliche Zielgruppen mit sehr verschiedenen Leistungsmöglichkeiten – Kinder ab dem frühen Vorschulalter, Jugendliche, Erwachsene, Senioren;
- vielerlei Zielsetzungen – hier sind zusammen mit dem Ideal von »Musikunterricht am Instrument« Aufgaben zu nennen wie Aufbau musikalischer Grundkompetenzen im Klassenverband, Freizeitgestaltung mit kompensatorischen oder gar therapeutischen Funktionen, professionelle Ausbildung von Musikern und Musikpädagogen;
- Einbindungen von Instrumentalunterricht über die Musikschulen und Musikhochschulen hinaus in verschiedene Bildungseinrichtungen (vor allem allgemeinbildende Schulen, aber auch Volkshochschulen, Seniorenheime u. a.).

Die Ausweitung des Aufgabengebiets stellt die Instrumentaldidaktik vor große Herausforderungen, die nicht zuletzt die methodische Kompetenz der Lehrenden betrifft. Wer Gruppenunterricht oder Klassenunterricht gibt, benötigt dafür spezielle »Skills« (s. Teil II, Kapitel 15: »Unterrichtsformen«). Da an Ausbildungsinstituten nach wie vor der Einzelunterricht im Mittelpunkt steht, wird von Musikschulen, Akademien und Verbänden der dringliche Bedarf an Erweiterungen methodischer Kompetenzen von Hochschulabsolventen betont. Mittlerweile sind viele Weiterbildungsangebote vorhanden. Sie entlasten die Ausbilder allerdings nicht von der Aufgabe, das Thema »Unterrichtsformen« breiter als bisher zu vermitteln. Gewiss können nicht alle derzeit begegnenden Unterrichtsformen im Studium mit der gleichen Intensität gelehrt werden. Dies würde zu einer Aufblähung und Zerfransung der Ausbildung führen. Wohl aber sollten Studienpläne vorsehen, dass Studierende beobachtend, praktizierend und reflektierend Erfahrungen mit verschiedenen Unterrichtsformen machen. Die didaktische Basis kann weiterhin der Einzelunterricht sein – nicht nur, weil die meisten Studierenden in dieser Unterrichtsform musikalisch »groß geworden« sind und somit über einen großen – im Studium aufzuarbeitenden – Erfahrungsfundus verfügen, sondern vor allem auch, weil Einzelunterricht als kleinste, quasi mikrokosmische Konstellation sich modellhaft eignet, pädagogisches Handeln zu planen und zu beobachten. Die im Zusammenhang mit Einzelunterricht erworbenen didaktischen Kompetenzen bilden eine solide und unverzichtbare Basis für die Aneignung von Fähigkeiten auf dem Gebiet anderer Unterrichtsformen (freilich nicht in dem Sinn, dass Unterricht mit mehreren Schülern als addierter Einzelunterricht zu verstehen sei). Zudem wird vermutlich der Einzelunterricht weiterhin die von vielen Musiklernenden am meisten begehrte Unterrichtsform bleiben. Es wäre also irrig, ihn als obsolet zu behandeln und zugunsten anderer Formen zu vernachlässigen.

5. Drei Modellvorstellungen von Methoden

Methoden im Instrumental- und Vokalunterricht lassen sich nach Maßgabe verschiedener Instanzen bedenken. Hier sollen drei zur Sprache kommen: Schüler, Musik und Lehrer. Damit ergeben sich die Fragen: Was bedeutet es, methodisches Handeln auf den Schüler, auf die Musik oder auf den Lehrer zu beziehen? Wie kann jede dieser Instanzen methodisches Handeln prägen?

Natürlich sind die drei Ausrichtungen keine einander ausschließenden Alternativen. Auch ein Lehrer, der sich intensiv auf die Individualität eines Schülers einstellt, muss sich Gedanken darüber machen, wie er ihm die betreffende Musik vermitteln kann, d.h. er muss sich sehr genau mit dieser Musik beschäftigen. Ebenso werden vermutlich die meisten Lehrenden sich mit ihrem methodischen Handeln auch bei besonderer Bemühung um die Individualität eines Schülers oder der zu erarbeitenden Musik vor allem im Rahmen ihrer persönlichen Kompetenzen bewegen. Unterricht dürfte umso besser gelingen, je mehr die drei Instanzen im Bewusstsein des Lehrers präsent sind und in ein Balanceverhältnis kommen.

Trotz der Verbundenheit der genannten Instanzen lohnt es sich, sie einzeln zu betrachten. Jede von ihnen generiert bestimmte methodische Strategien, die je nach Unterrichtssituation mehr oder minder förderlich sind. Jede der Ausrichtungen auf eine dieser Instanzen ist verbunden mit typischen Verhaltensweisen, einer charakteristischen Haltung und einem entsprechenden Selbstverständnis der betreffenden Lehrperson. Jede von ihnen liefert gleichsam einen Leitfaden für Planungen methodischen Handelns, für methodische Selbstreflexion und für die Analyse von Unterricht. Methodische Kompetenz bestünde demnach darin, die drei Fäden in jeder Stunde bewusst zu handhaben und zu einem engmaschigen, tragfähigen Netz zu verknüpfen.

»Der Schüler ist die Methode«

Dieser Peter Heilbut zugeschriebene Satz vermag vor einer sachlogischen Verabsolutierung von Methoden zu bewahren: vor dem Irrtum, es gebe im Unterricht personenübergreifend gültige, verschiedene Menschen mit Sicherheit zu klar fixierten Zielen führende Methoden. Der Satz animiert Lehrende dazu, sich intensiv für ihre Schüler zu interessieren und sich im Unterricht vom Interesse an ihrer Individualität leiten zu lassen. Er ermutigt somit zu Flexibilität und Offenhaltung eigener Planungen, zur Bereitschaft, sich davon überraschen zu lassen, was wann wie »funktioniert« – und was nicht. Die Leitformel »Der Schüler ist die Methode« fördert den Respekt vor den spezifischen Lernbedürfnissen und -möglichkeiten jedes Schülers. Peter Heilbut formulierte demgemäß: »Die Methode ist dem Schüler anzupassen, und nicht umgekehrt.« (Heilbut 1993, S. 130) Wie ein Vorbild für diese Anpassung erscheint der Unterricht von Johann Sebastian Bach in der Beschreibung des Musiktheoretikers Friedrich Wilhelm Marpurg: »Ich glaube, daß dieser große Mann sich mehr als einer einzigen Methode bey seinem Unterricht bedienet, und solche allezeit nach der Sphäre eines jeden Kopfs, nachdem er solchen mit mehrern oder wenigern Naturgaben ausgerüstet, geschmeidiger oder steifer, voller Seele oder hölzern fand, eingerichtet hat.« (Marpurg, 1776, S. 239)

Besonders pädagogischen Novizen passiert es, dass sie in sorgfältig geplanten, sachlogisch perfekt aufgebauten methodischen Schritten an Schülern vorbeiunterrichten. Die Anstrengung, den Schüler auf einen für richtig und stimmig gehaltenen Lernweg zu zwingen, führt meist nicht zu dem erhofften Erfolg. Das bemüht Vermittelte »zündet« nicht, weil es vom Lehrer dem Schüler »angedreht«, aber von diesem nicht auf einem ihm entsprechenden Lernweg angeeignet wurde. Hartmut von Hentig schreibt über eine Erfahrung in seiner Referendariatszeit: »Der Erfolg eines Unterrichts hing zwar auch davon ab, ob einer didaktische Prinzipien hatte und das Geschehen danach regelte, ausschlaggebend für das Gelingen der Stunde war jedoch, wie er es mit Unvorhergesehenem hielt, in welchem Maß er seine Schülerinnen und Schüler wahrnahm und wie deutlich er sein Ziel auch dann im Auge behielt, wenn er vom Wege abgekommen war. In anderen Worten, es kam darauf an, dass er die Methode und die Mittel nicht wichtiger werden ließ als das Erlebnis, das sich im Unterricht um die Sache herum ergab.« (Hentig 2009, S. 474) Studierende, die Lehrproben nach vorbereiteten Unterrichtsentwürfen halten müssen, stehen in der Gefahr, ihren Plan »durchzuziehen«, statt ihn als eine in der realen Situation veränderungsfähige und -bedürftige Strategie zu handhaben. Ausbilder, die auf einer konsequenten Umsetzung des (möglicherweise mit ihrer Hilfe) Geplanten bestehen, verkennen, dass es keine Vorabgarantie für den Erfolg methodischer Planung gibt – ebenso wenig gibt es eine Garantie dafür, dass ein in einer Stunde geglücktes methodisches Handeln seine Praxistauglichkeit erwiesen hat und also auch in zukünftigen Stunden erfolgreich sein wird. Zur Relativität von Methoden im Unterricht führt Kersten Reich aus: »Es gibt keine Methoden für alle Fälle. Es besteht noch nicht einmal eine eindeutige Theorie darüber, welche Methode für wen in welcher Situation immer passen könnte. Methoden sind sehr offene Verfahren des Lehrens und Lernens, die mehr oder minder passen, aber nie im gleichen Maße für alle passend sein können. Daher ist es besonders wichtig, dialogisch mit den Lernern über die möglichen, die sinnvollen, aber auch die nicht hinreichenden Passungen zu sprechen und eine Vielfalt von Wegen zuzulassen.« (Reich 2008, S. 295)

Die Leitformel »Der Schüler ist die Methode« entspricht der Sichtweise der konstruktivistischen Didaktik, indem sie das Lernen als einen vom Lernenden selbst zu leistenden, individuellen Prozess der Aneignung von Wissen und Fähigkeiten auffasst. Wie bereits Wahrnehmen kein passives Empfangen, sondern ein konstruktiver Akt der Sinngebung durch den Wahrnehmenden ist, so erfolgt auch Lernen als aktiver Akt der erschließenden Konstruktion von Inhalten durch den Lernenden – und nicht als passive Übernahme von Instruktionen des Lehrers. Eine Tonfolge als melodische

Gestalt (und nicht als Reihung bezugsloser Einzeltöne) auffassen und wiedergeben, eine Melodie im Gedächtnis behalten, den Spannungshöhepunkt einer Linie empfinden, die Ausdrucksintensität einer Harmonie erspüren, ein Gefühl für die Leichtigkeit in der Ausführung einer Bewegung wahrnehmen – all diese und unzählige weitere alltägliche Lernaufgaben im Unterricht können nicht direkt vom Lehrer »beigebracht« werden, sondern sie müssen vom Lernenden selbst vollzogen und geleistet werden. Ihr Gelingen mag durch Instruktion in Gang kommen; der entscheidende Schritt aber ist die »Konstruktion« des Lernenden. In vielen Situationen erfahren Lehrende schmerzlich, oft auch ärgerlich und fassungslos, dass ein Schüler eine (durch Vormachen, Erklären oder durch eine Verbindung aus beiden) gegebene Anleitung einfach nicht umzusetzen vermag. Manchmal wird sogar die Blockade umso stärker, je intensiver, möglicherweise auch mit wachsender innerer Spannung und Ungeduld, der Lehrer sich um Klarheit der Instruktion bemüht. Das negative Resultat bleibt ihm oftmals unbegreiflich. Die Einsicht, keine instruktivistische Verfügungsgewalt über das Lernen von Schülern zu haben, fällt vielen Lehrern schwer. »Lernende lassen sich nicht einfach instruieren, sondern müssen eigenständig eine Bereitschaft entwickeln, lernen zu wollen, und hierbei eigene Interessen mit einer Auseinandersetzung über Problemstellungen und Lösungsmöglichkeiten verbinden.« (A. a. O., S. 267) Lehrer können demnach keine Hersteller, sondern bestenfalls Ermöglicher von Lernvorgängen sein. Um hierbei das Richtige zu tun, ist der Satz »Der Schüler ist die Methode« immerhin ein Richtungsweiser: Er betont die Abhängigkeit methodischen Handelns von der Individualität des Schülers und er verweist auf die Wichtigkeit von pädagogischen Qualitäten wie Aufmerksamkeit, Beobachtungsfähigkeit und auch Intuition für dieses Handeln.

Die konstruktivistische Didaktik geht noch einen Schritt weiter, nämlich von der Methodik zur Didaktik. Sie betrachtet nicht nur den Lehrenden, sondern auch den Lernenden selbst als Didaktiker: »War früher die Rolle des Didaktikers den Lehrenden vorbehalten, so muss sie heute auch den Lernern zugesprochen werden. Je mehr die Lernerrolle auf Selbsttätigkeit, Selbstbestimmungsanteile, Steigerung der Selbstverantwortung und des Selbstvertrauens, Zunahme des Selbstwerts hin angelegt ist, desto mehr didaktisiert der Lerner sein eigenes Lernen.« (A. a. O., S. 29)

Auch die Praxis des Instrumentalunterrichts kann aus diesem Gedanken Gewinn ziehen. Trotz der dort prinzipiell gegebenen Ausrichtung auf die »Selbsttätigkeit« des Lernenden versteht es sich in der Tradition dieses Unterrichts nicht von selbst, Schüler zu konstruktiven Gestaltern ihres eigenen Lernens zu machen. Einflussreich ist nach wie vor das Modell der instruktiven Meisterlehre (s. dazu auch den Abschnitt »Der Lehrer ist die Methode«). Durch die hochschulische Kontinuität wirkt dieses Modell bis heute über die Ausbildung weiter auch auf den »basalen« Unterricht mit Kindern und musikinteressierten Laien. Im Meisterunterricht sind es weitgehend die Lehrer, die didaktisch bestimmen, d. h. Ziele, Inhalte und Methoden steuern oder gar vorgeben – Letzteres besonders im Unterricht mit Kindern, die angeblich oder tatsächlich noch keine ausgeprägten musikalischen Lernwünsche haben. Diesem Modell steht eine schülerzentrierte Instrumentaldidaktik gegenüber, die bestrebt ist, tatsächlich von den Lernwünschen und den zunächst bestehenden musikalischen Präferenzen der Schüler auszugehen. Eine solche Instrumentaldidaktik dürfte derzeit in der Laien- wie in der Berufsausbildung eher die Ausnahme sein. In ihr würden Lehrer selbst vermehrt lernen müssen – etwa indem sie sich auf ihnen unbekannte Musikstücke einlassen müssten und Wege zu finden hätten, auf denen Schüler lernen, etwas von dieser Musik mit ihren begrenzten Mitteln zu verwirklichen (s. dazu Doerne 2005). Die Lehrerfunktion würde sich so vom vorgebenden Instruktor hin zum begleitenden »Konstruktionshelfer« des lernenden Schülers wandeln.

Ob ein solcher Unterricht gelingt, hängt neben der Offenheit und der Lernbereitschaft des Lehrers vor allem von der Qualität der Beziehung der am Unterricht Beteiligten ab. Auch dies betont die konstruktivistische Didaktik. Sie postuliert daher den Vorrang der Beziehungs- vor der Inhaltsdidaktik (vgl. Reich 2008, S. 82) und konstatiert: »Je kongruenter und dialogischer Beziehungen gestaltet werden, je mehr kommunikative Kompetenzen aktiv entwickelt und geleistet werden, desto wahrscheinlicher ist auch eine gelungene Inhaltsvermittlung.« (A. a. O., S. 104) Die Modellvorstellung »Der Schüler ist die Methode« müsste nach diesem Primat zumindest ergänzt werden durch den Satz »Die Beziehung ist die Methode«. Denn in der Tat: Eine lebendige, vertrauensvolle, durch Echtheit des Verhaltens und wechselseitige Offenheit geprägte Beziehung fördert die Lerninteressen von Schülern intensiv. Für den Aufbau solcher Lehrer-Schüler-Beziehungen bietet Instrumental- und Vokalunterricht erheblich günstigere Voraussetzungen als Unterricht an allgemeinbildenden Schulen. Nicht nur im traditionellen Einzelunterricht, sondern auch im Partner- und Kleingruppenunterricht gelingt ein dialogischer, individuell und persönlich geprägter Kontakt zwischen Lehrenden und Lernenden leichter als in großen Klassenverbänden.

Hier liegen die großen Chancen des Unterrichts für ein inhaltlich breit angelegtes Lernen, das die persönliche Entwicklung fördert. Aber auch Gefahren sind vorhanden: Gerade durch den engen persönlichen Kontakt im Unterricht, durch körperliche Nähe, die Arbeit an körperlichen Erfordernissen und emotionalem Ausdruck des Musizierens können Verwerfungen entstehen. Psychischer Druck durch Missbrauch persönlicher Autorität, demütigende Kritik, unangenehme Nähe bis hin zu erotischen Annäherungen kommen in Unterrichtsbiografien immer wieder vor. Gleichwohl ist Lernen zum großen Teil das Ergebnis lernfördernder Beziehungen. So wie eine auf Stimmigkeit der Beziehung gerichtete Aufmerksamkeit Lehrende dazu anregt, ihr methodisches Handeln aus dem Lernen des Schülers erwachsen zu lassen, so fördert umgekehrt individuell ausgerichtetes methodisches Agieren die Beziehung zwischen Lehrenden und Lernenden.

»Die Musik ist die Methode«

Ein Erlebnis aus einer Berufungskommission für eine Hochschuldozentur in Klaviermethodik: Fünf Bewerberinnen und Bewerber arbeiten in einem Teil ihrer Vorstellung mit dem gleichen Studierenden am gleichen Stück. Interessant ist zu beobachten, wie jede der fünf Personen einen bestimmten Weg zu einer noch überzeugenderen musikalischen Darstellung sucht. Eine Bewerberin formuliert bündig ihren Gesamteindruck und gibt eine Zielrichtung für eine Weiterentwicklung vor: »Vieles hat mir gut gefallen. Sie verstehen den Ausdrucksgehalt des Stücks. Aber Sie können viel mehr wagen, mehr aus sich herausgehen.« – Eine andere Lehrerin beginnt mit einer Beobachtung zur äußeren Erscheinungsform: »Nicht schlecht. Sie haben vieles sehr gut gemacht. Bevor wir ins Detail gehen, möchte ich zunächst über etwas Grundlegendes sprechen. Ist Ihnen schon mal gesagt worden, wie Sie an Ihrem Instrument sitzen?« Der Student lächelt verlegen und weiß nicht so recht, was er sagen soll. »Wissen Sie, worauf es ankommt beim Sitzen? Was macht einen guten Sitz am Klavier aus?« Sodann arbeitet die Lehrerin mit dem Studierenden an einer guten, physiologisch günstigen Sitzhaltung. Nach einer ganzen Weile kommt die Musik ins Spiel. Der Schüler soll nun den Beginn des Stücks probieren und darauf achten, wie sich die veränderte Sitzhaltung auf die musikalische Darstellung auswirkt. – Eine dritter Lehrer geht nach dem Anhören des Stücks beherzt »in medias res«: »Wir wollen die begrenzte Zeit gut nutzen. Daher beginne ich gleich mit einem zentralen Punkt: Sie müssen unbedingt an der Geschmeidigkeit ihres Handgelenks arbeiten. Ihre Handgelenke sind zu fest. Deshalb können Sie klanglich nicht realisieren, was Ihnen vorschwebt.« – Die vierte Kandidatin lenkt die Aufmerksamkeit des Spielers auf die Vorspielsituation: »Machen Sie sich frei von dieser Atmosphäre mit einer Kommission im Rücken. Stellen Sie sich vor, Sie spielen in einem schönen, festlich hergerichteten Saal, bewundert von einem großen Publikum, das Sie mit der wunderbaren Musik, die Sie lieben und spielen, beschenken wollen.«

Alle vier »Ansätze« mündeten in eine gemeinsame Arbeit an dem Musikstück. In keinem Fall wurden allerdings weder der Student noch die Beobachter des Unterrichts recht froh. So berechtigt und plausibel die thematisierten Aspekte erschienen, so sehr verstärkte sich im Verlauf der jeweiligen Lehrprobe das Gefühl der Musikferne. Der Student hatte seine Aufmerksamkeit auf alles Mögliche zu richten – am wenigsten aber auf das differenzierte Innenleben der gespielten Musik. Es drängte sich der Eindruck auf, dass das Pferd viermal vom Schwanz her aufgezäumt wurde. Die Arbeit blieb äußerlich, sie drang nicht vor zur musikalischen Substanz.

Schließlich erlebte man doch noch eine überzeugende, gleichzeitig methodisch durchaus unspektakuläre Alternative. Ein Bewerber ließ sich die Zeit, nach dem Vorspiel der gehörten Musik eine Weile nachzusinnen. Sodann stellte er dem Spieler naheliegende Fragen: nach dem Aufbau des Stücks, seiner Verlaufsform, den Besonderheiten der Themen, den Möglichkeiten, deren Eigenarten profiliert zu realisieren, dem

Verhältnis der Stimmen zueinander usw. Er ließ einzelne Stellen spielen, Varianten vergleichen, lenkte die Wahrnehmung auf Details. Es wurde nicht viel gesprochen, jedoch viel nachgedacht, musikalisch imaginiert und in der Ausführung erprobt. Kaum je machte der Lehrer interpretatorische Vorgaben. Vielmehr entwickelte der Student seine Vorstellungen, wie etwas zu realisieren sei, aus dem sorgfältigen Hineinhören in musikalische Zusammenhänge. Der Lehrer agierte nicht primär instruktiv, sondern ermöglichte ein Lernen als konstruktives Handeln des Schülers. Vor allem arbeitete er unmittelbar auf die Musik bezogen: Aus ihr erwuchs das methodische Handeln, indem das zu spielende Stück gemeinsam erkundet wurde. Am Ende ließ er es noch einmal spielen, ohne weitere Anweisungen zu geben. Der Fortschritt war unverkennbar. Der Spieler bewegte sich mit seiner Wahrnehmung, seinem Denken und Fühlen nun wirklich in der Musik (statt auf einem Nebenschauplatz); die Darstellung hatte an Qualität gewonnen, sie war intensiver und plastischer geworden.

Immer wieder zeigt sich, dass Mängel wie fehlende Intensität des Ausdrucks, Verspannungen, technische Schwächen ihre Hauptursache haben in unzureichender Wahrnehmung der gespielten Musik. Wenn Spieler dies nicht erkennen, setzt leicht ein Teufelskreis ein. Statt sich verstärkt in die Musik zu vertiefen, ihre Strukturen und Ausdrucksmomente immer deutlicher wahrzunehmen und beim Spielen die Aufmerksamkeit auf sie zu wenden, wird versucht, die als unzureichend empfundene Leistung mit anderen Aktivitäten zu verbessern: durch vermehrtes mechanisches Training, durch die Anwendung diverser Körpertechniken und Autosuggestionen beim Spiel. In bester Absicht entfernen sie sich damit noch weiter von der darzustellenden Musik.

Lehrende sollten dafür sorgen, dass solche Teufelskreise nicht entstehen. Die Lösung vieler technischer und darstellerischer Probleme liegt in der Beschäftigung mit der Musik selbst. Wenn diese primäre Beschäftigung gründlich geschieht, treten viele Probleme gar nicht erst auf.

Lehrende müssen Acht geben, dass sie bei aller wünschenswerten Hinwendung zum Schüler und aller Selbstwahrnehmung nicht die inhaltliche Hauptsache des Unterrichts aus Augen und vor allem Ohren verlieren: die Musik. Der Satz »Die Musik ist die Methode« meint: Nimm die Musik selbst als Leitfaden für methodisches Handeln! »Erforsche« sie mit dem Schüler als Lehr-Lern-Tandem in ihren verschiedenen Schichten (etwa durch »Dekomposition«, d. h. Reduktion auf ihren Grundverlauf, sodass auf dieser Basis die auskomponierte Fassung umso plastischer erlebt und verstanden werden kann). Betreibe die gemeinsame Erarbeitung eines Stücks als ein Experimentieren mit seinen Elementen (Phrasenstrukturen, Spannungsverläufe, Sprechweisen, Charakternuancen, agogische, artikulatorische, dynamische Möglichkeiten u. v. a.). Entwickle aus dem musikalischen Material, wo es sinnvoll ist, technische Übungen und improvisatorische Ideen; praktiziere sie zusammen mit deinem Schüler. So wird in einer guten, von den Besonderheiten der Musik geleiteten Arbeit das Unterrichtszimmer zu einem musikalischen Labor, in dem Lehrer und Schüler gemeinsam forschen.

Damit sind bereits einige wichtige Verfahrensweisen eines musikspezifischen Methodenrepertoires angedeutet. Die Auffassung »Die Musik ist die Methode« meint: Musik setzt aus sich selbst heraus viele methodische Schritte frei. Ebenso wie die Schrittfolge vom Einfall über das verfeinernde Imaginieren, Komponieren und Notieren (man könnte auch sagen: über die rhetorische Schrittfolge »inventio – dispositio – elaboratio«) einen musikalischen Inhalt zusehends differenziert und konkretisiert, setzt eine verständige Ausführung eines Werks eine Dekonstruktion seiner Faktur voraus, um es von da aus erneut zu konstruieren, »nachzukomponieren«.

Wer improvisiert, komponiert während des Spielens, oft auf der Basis eines gewissen Fundus von Modellen, Patterns und Techniken. Wer Musik reproduziert, produziert sie neu. Das geschieht, indem er nicht nur eine Oberflächenfaktur wiedergibt, sondern indem er diese Faktur als ausgeführte Erscheinungsform basaler Strukturen (z. B. syntaktische Modelle wie Vordersatz-Nachsatz, melodische Anreicherung einfacher Wendungen) begreift und realisiert. Reproduktion ist also kein mechanisches Umsetzen von Notenzeichen, sondern ein Nachvollziehen der im Stück ausgeführten kompositorischen Arbeit.

Sachorientierter Unterricht ist nicht zwangsläufig unpersönlich. Die Sache in den Mittelpunkt zu stellen und andere wesentliche Aspekte des Unterrichtsgeschehens auszublenden, mag als Abwehrmittel von Lehrerpersönlichkeiten fungieren, die zu einem »sich distanzierenden Stil« (vgl. Schulz v. Thun 1989, S. 191 ff.) neigen. Ebenso ist es aber auch möglich, dass die Vertiefung in die Musik gerade das Verhältnis zwischen Lehrer und Schüler belebt und intensiviert. Die gemeinsame Bemühung um die Musik ebnet tendenziell das Gefälle des Rollenverhältnisses ein: Vor der Musik sind Lehrender und Lernender gewissermaßen gleich. Begeisterung strahlt ab: Lehrer, die sich als musikalisch Suchende und von Musik Begeisterte zeigen, ziehen auch ihre Schüler in diese Begeisterung.

Am schönsten verwirklicht sich die Partnerschaft von Lehrer und Schüler gegenüber der Musik im gemeinsamen Musizieren. Aus Lehrer und Schüler werden prinzipiell, d. h. bezogen auf die Musik, gleichberechtigte Spieler im Ensemble, die aufeinander hören und musikalisch miteinander kommunizieren. Indem der Lehrer »mitmacht«, verlegt er das Lehren in die musikalische Aktivität selbst hinein.

Musizierenlernen durch ein Mitmachen der Schüler von Anfang an war eine übliche Praxis im musikalischen Zunftwesen früherer Jahrhunderte. In ähnlicher Weise lernen Kinder und Jugendliche bis heute in vielen Musikvereinen. Durch Mitmachen von Beginn an wird auch in großen Ensembles wie den Orchestern der Nucleos in Venezuela gelernt, in denen Schüler schon komplexe Werke mitspielen, indem sie zunächst nur die von ihnen beherrschten Töne und Stellen ausführen. Die Musik selbst wird zur Lehrerin, was bedeutet, dass sich die Redezeit von Lehrenden (»teacher's talking time«), die im Unterricht häufig einen sehr breiten Raum einnimmt und Schüler oft ermüdet, erheblich reduziert.

Mit einem »musikgezeugten« Vorgehen erfolgt vermutlich die beste Anleitung zum Üben. Der Erkenntnis entsprechend, dass »Üben« nur begrenzt durch die Verabreichung von Anweisungen gelehrt werden kann, sondern durch Üben selbst gelernt wird (Altenmüller 2006, S. 63), praktizieren Lehrer und Schüler gemeinsam ein Üben als intelligentes, problembewusstes, in seinen Handlungsformen vielfältiges Erschließen von Musik.

Der Satz »Die Musik ist die Methode« rückt schließlich auch das weite Feld des »informellen« Musiklernens ins Blickfeld (s. dazu Röbke/Ardila-Mantilla 2009). Nicht aufbereitet von Lehrenden, sondern unmittelbar aus der als attraktiv erlebten und zum Explorieren animierenden Sache entwickeln Lernende in Eigenregie ihre Musizierfähigkeiten. Auch hier zeigt sich, dass die Musik selbst viel pädagogischer ist als manche Musikpädagogen in egozentrischer Selbstüberschätzung meinen.

»Der Lehrer ist die Methode«

Auch dieser Satz hat seine Berechtigung; auch er ermöglicht Einsichten in wichtige Momente methodischen Handelns. Natürlich hängt der Einfluss der Lehrerpersönlichkeit unlöslich zusammen mit den beiden genannten Modellauffassungen: Musikalische Begeisterung (»Die Musik ist die Methode«) wie auch Interesse an Lernenden und intensive Zuwendung zu ihnen (»Der Schüler ist die Methode«) sind Energien, durch die Lehrer in Bewegung geraten. Eben dadurch aber ist das »Wie« des Lehrens auch bestimmt von der persönlichen Wirkungskraft des Lehrenden.

»Zwei Menschen können das Gleiche wollen, dazu aber Verschiedenes tun. Zwei Menschen können das Gleiche tun und etwas völlig Verschiedenes damit im Sinn haben.« (Hentig 2007, S. 740) Unterrichtsmethoden sind weder schüler- noch lehrerunabhängige Patentrezepte zum Erreichen von fest abgesteckten Zielen. Jeder erfahrene Lehrende hat eine individuelle methodische »Handschrift«. Methoden lassen sich nicht ohne Weiteres ablösen von der Person, die sie benutzt. Und deshalb gewinnen die (scheinbar) gleichen methodischen Mittel in der Hand verschiedener Lehrender oft unterschiedliche Qualitäten.

Künstlerischer Unterricht bedarf in besonderem Maße der Medialität des Lehrers. Viele Vermittlungen in diesem Unterricht vollziehen sich als »analoge«, über Vorbildhaftigkeit und Imitation verlaufende Übertragungsprozesse, in denen persönliche Eigenschaften des Lehrers, insbesondere seine Begeisterungsfähigkeit, seine Präsenz, seine Körpersprache und sein Charisma, eine beträchtliche Wirkung entfalten. Dadurch bildet sich gerade in einem auf künstlerische Fähigkeiten bezogenen Unterricht leicht ein Kult um die Lehrerpersönlichkeit. Die Aura der Kunst verklärt die Sicht auf den Lehrenden, das künstlerische Idol verschmilzt mit dem pädagogischen. Nicht nur die Ausübung, sondern auch das Unterrichten von Kunst wird als ein künstlerischer Akt erlebt. Und so bewundern viele Schüler ihre Lehrer als Künstlerpädagogen, die im Unterricht vor allem verzaubern, begeistern, mitreißen, mitunter geradezu erleuchten.

Leicht verbindet sich mit einer auratisierenden Sichtweise der Lehrerpersönlichkeit eine Bereitschaft des Schülers, sich unkritisch unterzuordnen unter die Direktiven des Lehrers. In hohem Maße gilt dies bis heute vom Meisterklassenunterricht. Selbst erwachsene Schüler, die ihre Lehrer als Künstlerpersönlichkeiten verehren, regredieren vor der bewunderten Autorität leicht zu unmündigen Empfängern einer Kunstlehre, die zu hinterfragen »sündhaft« wäre: als ein gegen den Geist dieses Lehrer-Schüler-Verhältnisses gerichtetes Vergehen. Nicht zureichend begründete interpretatorische Anweisungen, oft vermittelt mit ausgreifend animierenden Aktionen, als strikte Gesetze formulierte technische Gebote oder auch das Üben betreffende Direktiven, die individuell »nicht passen«, wirken sich durch unkritische Übernahme und manchmal geradezu fanatische Umsetzungsbemühungen nicht selten destruktiv aus. Die Leidenswege mancher Schüler und Studenten beruhen auf solchen Autoritätsstrukturen, die mit der Auratisierung der Lehrerpersönlichkeit zusammenhängen.

Peter Röbke stellt fest: »Frage ich [...] Studierende [...] nach pädagogischen ›Lichtgestalten‹, denen sie im Laufe ihres Schülerlebens begegnet sind, nach jenen wichtigen Pädagogen, die den jungen Musiker auf den Weg zu sich selbst ›geführt‹ haben, dann zielen die Antworten weniger auf konkrete unterrichtliche Kompetenzen als vielmehr auf die gesamte Persönlichkeit des Lehrers.« (Röbke 2004, S. 19) Lehrende, die etwas von sich selbst zeigen, sich in ihrer Subjektivität zu erkennen geben, stimulieren Lernende dazu, ihre eigene Individualität zu finden. »Der Lehrer als Forscher mit eigenen Imaginationen, als Künstler mit eigenen Ambitionen, als Mensch mit ungewohnten Ansichten, das sind Bilder, die Schülerinnen und Schüler anregen.« (Reich 1998, S. 45) Natürlich ist hier nicht jener selbstherrliche Subjektivismus von Lehrenden gemeint, die sich gern von ihren Schülern bewundern und imitieren lassen. Eine solche Lehrerattitüde erschwert es Schülern, mündig zu werden. Hilfreich für dieses erstrebenswerte Ziel erweisen sich Lehrende, die sich selbst als Suchende mit Experimentierfreude und Bereitschaft zur Selbstkorrektur zeigen. Ein differenziertes Methodenrepertoire bleibt blass und unfruchtbar, wenn es nicht getragen ist von den beschriebenen persönlichen Qualitäten eines Lehrers. Ebenso gilt freilich, dass eine starke Lehrerpersönlichkeit allein kein methodisches Handwerkszeug ersetzen kann – auch wenn manche Meisterlehrer, die ihr methodisches Handeln wenig reflektieren, im Blick auf pädagogische Kompetenzen gern die alte Klischeeauffassung vertreten: »Entweder man hat's oder man hat's nicht« (und dabei meist sich selbst denjenigen zuzählen, die *es* haben). Die »Genialität« eines Künstlerlehrers gegen eine sorgfältige und didaktisch reflektierte Handhabung von Unterrichtsmethoden auszuspielen, ist ähnlich fragwürdig wie die Auffassung, pädagogische Kompetenzen seien auf Lehr- und Lernbares beschränkt.

Lehrerpersönlichkeiten bilden ein Wirkungsgefüge mit Schülerpersönlichkeiten. Erna Ronca koppelt daher das Ideal »inspirierende Persönlichkeit« an das Kriterium »Affinität« und erkennt, dass auch »objektiv« zweifelhafte Eigenschaften in bestimmten Konstellationen positiv wirken können: »Unter ›*inspirierende Persönlichkeit*‹ verstehe ich einen Menschen, der eine künstlerische Ausstrahlung hat, erfüllt ist von der

Liebe zur Musik, beseelt von einem *feu sacré*. Vielleicht ist er ein ausgesprochen schräger Vogel, unangepasst – wie schön, wenn Schüler nicht nur normierte Lehrpersonen vorgesetzt bekommen! Vielleicht hat er Marotten, vielleicht durchaus schwierige, ›unmögliche‹ Charakterzüge, er kann immer noch ›ideal‹ für einen Schüler sein, wenn zwischen ihnen eine gewisse *Affinität* besteht: sie müssen einander ›liegen‹«. (Ronca 1995, S. 104) Wo eine gewisse Affinität fehlt, kann Unterricht schwerlich gelingen. Der Anspruch, »mit allen zu können« (a. a. O., S. 105), ist eine unrealistische Überforderung. Ronca empfiehlt Lehrenden: »Setzen Sie sich mit Ihren eigenen Grenzen auseinander! Erweitern Sie sie da, wo es möglich ist.« (A. a. O., S. 106) Trotz vieler möglicher Erweiterungen aber sollte die entlastende Einsicht vorhanden sein: »Niemand muss alles können!« (ebd.) – weder sachlich noch persönlich.

Hartmut von Hentig hat bemerkt: »Die Person des Lehrers ist sein wirksamstes Curriculum.« (Hentig 2009, S. 740) Von Hentig wendet sich mit diesem Satz gegen Curricula, die »die Personalität des Unterrichts zu zerstören geeignet sind. Die Perfektion, mit der sie oft konstruiert sind, erlaubt dem Lehrer immer weniger, *seine* Verarbeitung der Sache, *seine* Fragen, Zweifel, Erkenntnisfreuden einzubringen – und zu dieser Perfektion wiederum werden sie durch die ausgearbeitete Theorie der Lernziele, der Strukturen von Sache und Erkenntnis, der Motivation, der Lernerfolgskontrolle, der Evaluation genötigt.« (Ebd.) Man mag einwenden, die Praxis des Instrumentalunterrichts sei von den durch Schulbürokratien verordneten Zwängen engmaschiger Curricula nicht betroffen. Dies ist richtig, wenn auch in neueren Arbeitsgebieten wie dem Klassenmusizieren und in Projekten wie »Jedem Kind ein Instrument« die Tendenzen zu curricularen Festlegungen und entsprechenden Zwängen nicht zu verkennen sind. Jedoch stellt sich die Frage nach der methodischen Prägekraft der Lehrerpersönlichkeit auch unabhängig vom Ausmaß der Relevanz curricularer Normen.

Gerade im Instrumental- und Vokalunterricht ist die Bedeutung der Lehrperson als methodische Instanz beträchtlich. Mehr als im Schulunterricht ergibt sich hier häufig ein enges persönliches Verhältnis der Unterrichtspartner – besonders im Einzelunterricht, bei dem zwei Menschen sich ganz aufeinander einlassen. Eine enge persönliche Beziehung zwischen Lehrer und Schüler resultiert auch daraus, dass es im Instrumental- und Vokalunterricht um überaus sensible menschliche Potenziale geht: Empfindungs- und Ausdrucksfähigkeit, Erlebnisintensität, differenzierte körperliche Aktivitäten, individuelles technisches Vermögen, das eine musikalisch adäquate und persönlich verbürgte Darstellung von Musik ermöglichen soll. An solchen Potenzialen kann nicht gearbeitet werden, ohne dass Lehrende und Lernende sich vertrauensvoll aufeinander einlassen. Erforderlich ist eine Beziehungsqualität, dies es erlaubt, sich in der musikalischen Arbeit emotional zu öffnen und auch körperlich zu berühren. Musik und Musizieren sind körperliche Phänomene (s. dazu Rüdiger 2007); Unterricht im Musizieren kann ohne körperliche Vermittlung nicht auskommen. Lehrende müssen zuwendungsfähig sein, aber auch über Takt und Distanzbewusstsein verfügen. Nur so können Grenzüberschreitungen vermieden werden (s. dazu Hoffmann 2006).

Persönliche Nähe im Instrumental- und Vokalunterricht kann für die Entwicklung von Schülern höchst förderlich sein. Viele Lehrer bleiben für ihre Schüler lange über die Unterrichtszeit hinaus, mitunter sogar lebenslang, wirksam. Das Gelernte behält seinen Wert im weiteren »lehrerlosen« Musizieren; oft entfaltet es sich erst dort nach und nach. Manche Lehrer leben darüber hinaus in ihren Schülern fort als Idealpersönlichkeiten – künstlerisch, pädagogisch oder in der Einheit beider Qualitäten. Auch das konkrete methodische Handeln von Lehrern färbt nicht selten ab auf ihre Schüler. Das in der Instrumentalausbildung nach wie vor (manifest oder virulent) vorhandene Modell der Meisterlehre ist geradezu auf solche traditionsbildende Kontinuität hin angelegt. Nicht immer sind es nur positive Qualitäten, die sich so »vererben«. In der musikpädagogischen und fachdidaktischen Hochschulausbildung von Instrumentalpädagogen zeigt sich oft, wie mächtig bestimmte im Hauptfachunterricht praktizierte methodische Handlungsmuster sind. In Lehrproben brechen die dort »am eigenen Leib« erlebten Stereotypien oft unvermittelt und unreflektiert hervor und setzen die Möglichkeiten eines in den didaktischen Fächern erlernten differenzierten Handlungsrepertoires außer Kraft.

Persönliche Nähe im Unterricht kann auch Hemmungen und Blockaden auslösen. Immer wieder zeigen sich in der Aufarbeitung von »Unterrichtsbiografien« destruktive oder gar traumatisierende Wirkungen aus früheren Unterrichtszeiten, Störungen des persönlichen Selbstwertgefühls, der Fähigkeit zur konstruktiven Einschätzung eigener Leistungen u. a. Gerade Lehrer, die sich als direktive, Schüler nach eigenen musikalischen und persönlichen Idealen »formende« Autoritäten verstehen, können viel Schaden anrichten – besonders dann, wenn sie sich im Besitz einer von ihnen selbst entwickelten und repräsentierten, vermeintlich objektiv richtigen, allgemeingültigen »Methode« wähnen. Diese kann interpretatorische Vorgaben, die Lehre der Technik, Übepraktiken u. a. betreffen. Im methodischen Handeln jedoch gibt es keine überindividuelle, objektive Richtigkeit. Schüler sind keine Objekte, sondern Menschen, die methodisch auf eine ihnen gemäße Weise gefördert werden sollten.

Viele Musizierende kennen musikalische Urerlebnisse (z. B. Konzertbesuche, die erlebte Faszination des Spiels auf einem Instrument, bestimmte Musikstücke). Auch pädagogische Urerlebnisse können eine wichtige Funktion für das musikalische Lernen haben. Wie bedeutsam gerade der erste Lehrer oder die erste Lehrerin sein kann, hat Hans Günther Bastian in Gesprächen mit Preisträgern des Wettbewerbs *Jugend musiziert* ermittelt (Bastian 1989, S. 125 ff.). Wichtig ist hier vor allem die persönliche Beziehung, in der eine anregende Atmosphäre, Wärme, liebevolle Zuwendung, Begeisterung und Begeisterungsfähigkeit als Grundvoraussetzungen des Lernens entscheidende pädagogische Qualitäten bilden. »Es sind der menschliche Kontakt, die Lehrer als ›Vater (Mutter) in Sachen Musik‹, das sichere Gefühl des Aufgehobenseins und Verstandenwerdens und des inneren Engagements.« (A. a. O., S. 131) Sind diese Qualitäten vorhanden, ergeben sich leicht Wege eines produktiven Lehrens und Lernens im Anfangsunterricht. Oft lernen Kinder geradezu *für* ihre Lehrer, wenn sie sie lieben. Sie »beschenken« sie mit dem, was sie zu Hause geübt haben. Freilich kann es auf diese Weise auch dazu kommen, dass Schüler vom Lob ihrer Lehrer abhängig werden und somit fremdbestimmt musizieren.

Auch in späteren Stadien des Unterrichts gilt der Satz »Der Lehrer ist die Methode« in vielerlei Hinsicht. Einsichtig wird dies an den diversen Funktionen, die Lehrer für ihre Schüler haben können. Bereits bei der Klärung des Begriffs »Methode« wurden im Hinblick auf das methodische Bild des Weges die Funktionen »Wegführer«, »Antreiber«, »Berater«, »Wegbegleiter« genannt. Lehrer können darüber hinaus als Coach, Mentor, Berater, mitunter partiell auch als Therapeut fungieren. Weitere verbreitete Idealbilder von Lehrern bzw. Leitvorstellungen von Lehrerfunktionen nennt Heinz Antholz (1992, S. 131, zit. nach Kraemer 2004, S. 118):
- »der Meister, der etwas von seinem Handwerk versteht
- der Gärtner, der geduldig die Fähigkeiten der Schüler heranwachsen lässt
- der Wissenschaftler, der die richtigen Fragen stellt
- der Geburtshelfer, der die spezifischen Fähigkeiten der Schüler fördert
- der Experte, den man um Rat fragen kann
- der Bildhauer, der die rechten Zöglinge formt
- der Lebenslehrer, der die Lebensweisheit vermittelt u. ä.«

Die Ausübung solcher und der zuvor genannten Funktionen wirkt sich in allen didaktischen Bereichen und so auch im methodischen Handeln aus. So wird ein »Bildhauer«-Typ instruktiver, lehrerzentrierter arbeiten als ein Lehrer, der primär als »Geburtshelfer« agiert.

Viele Lehrerfunktionen schließen einander nicht aus, sondern bilden in der jeweiligen Beziehung bzw. in Phasen dieser Beziehung eine individuelle Konstellation, in der bestimmte Funktionen im Vordergrund stehen. Lehrerfunktionen hängen mit dem Selbstverständnis des Lehrenden zusammen – die Musik wie den Schüler betreffend. Das eigene Selbstverständnis als Pädagoge zu klären, ist unverzichtbar, um mit Überzeugungskraft unterrichten zu können. Eine fundamentale Frage zur pädagogischen Selbstexploration lautet: »Was bedeutet mir Musik?« (Richter 1993, S. 66). Mit ihr hängen viele weitere Fragen zusammen: Welche Vorstellungen habe ich davon, was Musik anderen Menschen und konkret jedem meiner Schüler bedeuten kann? Welche Ziele verfolge ich jeweils mit meinem Unterricht? Welche musikbezogenen Ansprüche stelle ich an meinen Schüler? Wie und als was sehe ich mich in Bezug auf den jeweiligen Schüler? Was primär möchte ich für ihn sein? Was möchte ich dezidiert *nicht* für ihn sein? – Mit solchen Fragen klären sich die intentional ausgeübten Funktionen. Umsichtiges Unterrichten erfordert die Selbstreflexion des Lehrenden im Hinblick auf seine Funktionen für das Lernen und die persönliche Entwicklung des Schülers. Lehrerfunktionen sind jedoch nur begrenzt steuerbar. Sie werden dem Lehrenden auch »zugespielt«; sie erwachsen aus der gemeinsamen Arbeit im Unterricht. Der Lernende als Interaktionspartner ist mitbeteiligt an diesem Wechselspiel von Intentionen, Wünschen und Erwartungen.

Individuelle methodische »Handschriften«, die Lehrende im Unterricht praktizieren, hängen zusammen mit typischen kommunikativen Verhaltensweisen. Solche Grundmuster des Umgangs mit anderen Menschen steuern das methodische Handeln unterschwellig. Sie bestimmen die Art des Umgangs, den »Ton« des Sprechens, aber auch konkret die Arten von Aufgabenstellungen und überhaupt von methodischer Interaktion in der gemeinsamen Arbeit. Kommunikative Grundmuster basieren auf individuellen Beziehungserfahrungen, besonders solchen in der Kindheit. Sie entsprechen dem persönlichen Selbstbild, das sich im Laufe des Lebens entwickelt hat. In kommunikativen Verhaltensweisen artikulieren sich nach außen gewendete psychische Bedürfnisse.

Friedemann Schulz von Thun hat im Rahmen seiner Kommunikationspsychologie eine Typologie von acht Kommunikationsstilen entworfen (Schulz von Thun 1989, Teil III: »Kommunikationsstile zwischen Persönlichkeits- und Beziehungsdynamik«, S. 57–243). Er führt dazu aus: »Mit jedem Stil verbinden sich bestimmte innere Verfassungen [...]: ein Gemisch aus Bedürfnissen, Gefühlen, Stimmungen und Absichten, das uns gleichsam ›durchströmt‹ und durch alle Poren und Ritzen nach außen dringt, dort unsere Kontaktpartner erreicht und sowohl durch Worte wie auch durch die gesamte nonverbale Ausstrahlung beeinflußt.« (A. a. O., S. 57) Eine Beschäftigung mit diesen Stilen ist für jeden Pädagogen überaus lohnend. Sie fördert die für jedes pädagogische Handeln konstitutiven Fähigkeiten der Selbstbeobachtung, der Selbstwahrnehmung, der Selbstreflexion, der Selbsterkenntnis und der Selbstveränderung. Sie ermöglicht, Unterricht als ein Geschehen zu begreifen, das zwar intentional auf den Schüler ausgerichtet ist, das jedoch außerdem immer auch von vielfältigen psychischen Bedürfnissen des Lehrenden gesteuert wird. Unterrichten »dient« dem Lernenden, aber auch dem Lehrenden: Letzterem ermöglicht der Vorsprung an Erfahrung und Können, neben vielen anderen zwischenmenschlichen Erlebnissen, ein gesteigertes Selbstwertgefühl.

Die von Schulz von Thun ausgeführten Kommunikationsstile eingehend darzustellen und pädagogisch zu reflektieren, würde den hier gebotenen Rahmen sprengen. Einige knappe Hinweise müssen genügen. Nachfolgend zunächst eine Aufstellung der acht Stile. Zu jedem Stil finden sich drei von Schulz von Thun formulierte modellhafte Aussagen. Es sind die Grundbotschaften, die der betreffende Stil auf der Ebene der Selbstkundgabe, der Beziehung zum Partner und des an ihn gerichteten Appells »sendet«. Diese Grundbotschaften prägen die mit dem jeweiligen Stil einhergehende Art der Kommunikation.

1. »Der bedürftig-abhängige Stil«: »Ich schaff es nicht alleine mit meinen schwachen Kräften ...« (Selbstkundgabe) – »Du bist stark und kompetent!« (Beziehungsbotschaft) – »Unterstütze und beschütze mich!« (Appell) (A. a. O., S. 66)
2. »Der helfende Stil«: »Ich bin stark und belastbar, brauche niemanden!« (Selbstkundgabe) – »Du Armer, du bist wirklich zu bedauern und brauchst Hilfe!« (Beziehungsbotschaft) – »Sag, wo drückt der Schuh?!« (Appell) (A. a. O., S. 77)

3. »Der selbst-lose Stil«: »Ich bin nichts.« (Selbstkundgabe) – »Maßgeblich bist du!« (Beziehungsbotschaft) – »Sag, wie du mich haben willst!« (Appell) (A. a. O., S. 96)

4. »Der aggressiv-entwertende Stil«: »Ich bin obenauf. Mir kann keiner!« (Selbstkundgabe) – »Du bist schuld! … erbärmlich! … dumm! … krankhaft!« (Beziehungsbotschaft) – »Gib klein bei! Bekenne dich schuldig!« (Appell) (A. a. O., S. 117)

5. »Der sich beweisende Stil«: »Ich bin ohne Fehl und Tadel!« (Selbstkundgabe) – »Du wirst mich beurteilen (Richter) oder mit mir konkurrieren (Rivale)!« (Beziehungsbotschaft) – »Erkenne mich an!« (Appell) (A. a. O., S. 154)

6. »Der bestimmend-kontrollierende Stil«: »Ich weiß, was richtig ist!« (Selbstkundgabe) – »Du bist ein Risikofaktor, man muß dich anleiten!« (Beziehungsbotschaft) – »Das macht *man* so und so! Es gehört sich nicht, daß …« (Appell) (A. a. O., S. 173)

7. »Der sich distanzierende Stil«: »Was in mir vorgeht, tut nichts zur Sache – außerdem geht nichts in mir vor!« (Selbstkundgabe) – »Du bist viel zu anhänglich und zu emotional!« (Beziehungsbotschaft) – »Komm mir nicht zu nahe!« (Appell) (A. a. O., S. 194)

8. »Der mitteilungsfreudig-dramatisierende Stil«: »Hört, hört, so bin ich!« (Selbstkundgabe) – »Du bist mir wichtig – als willkommenes, aber austauschbares Publikum!« (Beziehungsbotschaft) – »Wende dich mir zu und bestätige meine Selbstdarstellung!« (Appell) (A. a. O., S. 231)

Schulz von Thun betont, dass diese idealtypisch konzipierten Stile in der Wirklichkeit zwischenmenschlichen Umgangs kaum je in Reinform, sondern meist in vielfältigen Mischverhältnissen vorkommen. Auch im pädagogischen Handeln verbinden sich ihre Muster als Auswirkungen verschiedener Persönlichkeitsanteile, die in der jeweiligen Situation in unterschiedlichen Graden aktiviert werden. Gleichwohl dominiert wohl bei den meisten Menschen einer der Stile. Hat eine Lehrperson seine Tendenz zu einem bestimmten Stil erkannt, kommt es für sie darauf an, wahrzunehmen, welche Arten des Umgangs mit Schülern dadurch besonders gut funktionieren und welche erschwert werden – allgemein formuliert: was der jeweilige Stil ermöglicht und was er verbaut.

Eine eingehende Beschäftigung mit den verschiedenen Kommunikationsstilen sollte in der Ausbildung von Instrumental- und Vokalpädagogen nicht fehlen. Eine nützliche und erhellende Übung besteht darin, kurze Unterrichtssequenzen nach Maßgabe einzelner Stile zu gestalten. Die Wirkungen sind vielfältig: Die Akteure lernen, kommunikative Muster aus der Perspektive von Lehrer und Schüler wahrzunehmen; sie begreifen dadurch ihre eigenen früheren Erfahrungen als Schüler besser; sie können die Wirkungen, Möglichkeiten und Begrenztheiten der ihnen persönlich am nächsten liegenden Verhaltensmuster beobachten und reflektieren; sie können erste Schritte tun, um andere kommunikative Formen zu erproben, zu prüfen und sich zu erschließen.

Bestimmte Stile liegen der Lehrerrolle im Instrumental- und Vokalunterricht näher, andere stehen ihnen ferner. Der bedürftig-abhängige, der selbstlose und der sich distanzierende Stil dürften seltener vorkommen als etwa der helfende oder auch der sich beweisende Stil. Jedoch enthalten alle acht Stile charakteristische Möglichkeiten des Lehrerverhaltens im Unterricht. Nachfolgend einige instrumentalpädagogisch konkretisierende Bemerkungen zu jedem Stil.

- Der »bedürftig-abhängige Stil« (Nr. 1) bedeutet streng genommen einen Verzicht auf Lehre. Gleichwohl begegnen Tendenzen dieses Stils auch in pädagogischen Zusammenhängen – etwa wenn Lehrer in bestimmten Bereichen die Überlegenheit ihrer Schüler spüren, oder auch beim Umgang mit Eltern.
- Der »helfende Stil« (Nr. 2) zeigt sich z.B. in einer mit ostentativer Sicherheit agierenden Betulichkeit: »So, ganz ruhig. Jetzt tun wir erstmal das, und dann machen wir das … Wir schaffen das schon, keine Bange …«
- Der »selbst-lose Stil« (Nr. 3) begegnet etwa im Erwachsenenunterricht: »Ist es Ihnen recht, wenn …? Was möchten Sie denn gern …?« Das bemühte Rechtmachenwollen führt unter Umständen dazu, dass andere wichtige Inhalte nur mehr mit einem entschuldigenden Gestus eingebracht werden: »Es tut mir leid, dass ich Ihnen hier noch mal was sagen muss …« Der selbst-lose Stil entwickelt sich leicht, wenn Lehrende einer Dienstleistungsmentalität folgen: Die Bemühung, die Wünsche der »Kunden« aufzugreifen, schiebt sich vor das Selbst des Lehrenden.
- Der »aggressiv-entwertende Stil« (Nr. 4) manifestiert sich in harsch kritisierenden oder verächtlichen Reaktionen auf bestimmte Leistungen, abgewandtem Blick, abruptem Unterbrechen mit Unmuts- oder Unzufriedenheitsäußerungen, rüdem Ton. Im Hochschulunterricht ist dieser autoritäre Meistergestus immer noch anzutreffen.
- Der »sich beweisende Stil« (Nr. 5) begegnet in häufigem Hervorkehren der eigenen Fähigkeiten, etwa durch ein methodisch einseitig praktiziertes Vormachen, das vor allem der Demonstration des eigenen Könnens dient, dem Lernenden wenig nützt, ihn jedoch unter Umständen erheblich frustriert. Imponiergehabe (»Das musste ich auch lange üben«) ist eine Erscheinungsform des sich beweisenden Stils.
- Der »bestimmend-kontrollierende Stil« (Nr. 6) geht leicht mit einer »predigenden« Unterrichtsweise einher: »das macht man so und nicht anders …«; »man muss mindestens zwei Stunden am Tag üben, wenn man was erreichen will«; »bei mir im Unterricht wird gründlich Technik gearbeitet«.
- Der »sich distanzierende Stil« (Nr. 7) kann sich in folgenden Eigenheiten zeigen: prinzipielle räumliche Entfernung vom Schüler im Unterrichtszimmer, Dominanz sachlicher Erklärungen, technokratisches Belehren und Dozieren, ausgreifende Darlegungen ohne Abstimmung auf das Sprach- und Fassungsvermögen des Schülers u. a.
- Der »mitteilungsfreudig-dramatisierende Stil« (Nr. 8) realisiert den Unterrichtsraum als Darstellungsbühne des Lehrers. Gern erzählt er von eigenen bedeutsamen

Erfahrungen, Erlebnissen und »Wundertaten«, singt und agiert mit beim Spiel des Schülers und lebt sich aus in ausgreifender Gestik. Mitteilungsfreudig-dramatisierende Lehrer können animierende, begeisternde, mitreißende Entertainer sein, die bei vielen Lernenden gut ankommen.

Die Konzeption der Kommunikationsstile von Friedemann Schulz von Thun ist hervorragend geeignet, den Satz »Der Lehrer ist die Methode« persönlichkeitspsychologisch zu konkretisieren. Wenn Lernen psychoanalytisch als das Ergebnis lernfördernder Beziehungen definiert werden kann, so wird damit klar, dass die Persönlichkeit des Lehrers ein enormes methodisches Potenzial mit sich führt. Es betrifft die »Tiefenschicht« des Unterrichts. Als »Vorbild« wirkt ein Lehrer ja nicht nur dann, wenn er bewusst etwas modellhaft zur Nachahmung vorführt, sondern vor allem durch die vielen großenteils unbewusst praktizierten und unterschwellig wirksamen Faktoren, durch die sich eine lernfördernde oder aber eher lernhemmende Unterrichtsatmosphäre entfaltet. Hier gibt es vielerlei Erscheinungsformen und Abstufungen von polaren Qualitäten wie z. B. Lebendigkeit und Routine, Engagement und Gleichgültigkeit, Enthusiasmus und Abgebrühtheit, Wärme und kühle Distanz, Takt und unverblümte Direktheit, Charme und Glanzlosigkeit, Humor und geistige Enge.

Die Kommunikationspsychologie hat gezeigt, dass die Art des Umgangs eines Menschen mit sich selbst dem »Wie« des Umgangs mit anderen entspricht. Die alte Einsicht, dass Erziehung immer auch Selbsterziehung beinhaltet, ist also gerade auch unter methodischen Gesichtspunkten von höchster Relevanz für den Unterricht.

*

Natürlich erfassen die in diesem Abschnitt besprochenen drei Modellsätze nicht das gesamte methodische Handeln im Instrumental- und Vokalunterricht. Es ließen sich mancherlei weitere Sätze bilden, die für bestimmte Aufgaben und Probleme im Unterricht hilfreiche Leitideen sein können. So etwa der Satz »Das Spiel ist die Methode« für einen interaktiven, anregenden, kindgemäßen Anfangsunterricht. Plausibel ist auch der Satz »Die Unterrichtsform ist die Methode«, denn selbstverständlich erfordern und ermöglichen etwa instrumentaler Gruppenunterricht oder Klassenmusizieren teilweise andere methodische Verfahrensweisen als der traditionelle Einzelunterricht. Immerhin bieten die drei Modellsätze wichtige Einsichten und Anregungen, indem sie sich auf die drei Instanzen des »didaktischen Dreiecks« – Schüler, Unterrichtsinhalt, Lehrer – konzentrieren. Sie schärfen den Blick dafür, methodisches Agieren aus der Perspektive dieser drei Grundinstanzen zu betrachten, zu planen, durchzuführen und zu reflektieren. Die Kunst des Unterrichtens ließe sich bestimmen als die Fähigkeit, im methodischen Handeln stets die Erfordernisse und Möglichkeiten der drei genannten Instanzen wahrzunehmen und sie situationsadäquat als ein stimmiges Gefüge zu gestalten. Alle drei Komponenten brauchen einander. Eine einseitige Orientierung am Schüler verschenkt unter Umständen den Reichtum von musikgenerierten Handlungsmöglichkeiten (von denen vielleicht manche beim Schüler in einer den Lehrenden überraschenden Weise »zünden«) und macht den Lehrer leicht ängstlich besorgt um das Lernvermögen des Schülers (worunter dann die Begeisterung für die Sache und der Mut zu eigenen persönlichen Wirkungsmöglichkeiten leiden können). Die einseitige Ausrichtung methodischen Handelns auf die »Sache Musik« vernachlässigt leicht das individuelle Lernprofil des Schülers und blendet leicht das (immer auch im Spiel befindliche) Wirkungspotenzial der Lehrerpersönlichkeit aus. Die Zentrierung auf Letzteres bringt andererseits die Gefahr mit sich, dass Lehrende egozentrisch und selbstherrlich agieren und dass sie ihre persönlichen Überzeugungen und Möglichkeiten überschätzen. Wünschenswert ist ein Sensorium für die Balance der drei Komponenten. Es bildet die Grundlage eines methodisch befriedigenden Handelns, das den beteiligten Menschen und der zu vermittelnden Sache gerecht wird.

6. Prinzipien des musikalischen Lernens als Orientierungen für methodisches Handeln im Unterricht

Lernende im Instrumental- und Vokalunterricht haben unterschiedliche Lerninteressen und Lernpotenziale. Aus gutem Grund gehört daher die Wahrnehmung der Individualität von Lernenden zu den obersten methodischen Kompetenzen von Lehrenden. Über der Individualität von Lernwegen darf jedoch nicht übersehen werden, dass es *Prinzipien* des Erwerbs musikalischer Fähigkeiten gibt. Jedes dieser Prinzipien mag für den einzelnen Schüler aufgrund seines individuellen Profils mehr oder minder bedeutsam sein; gleichwohl liegen sie dem musikalischen Lernen zugrunde. Folgende Prinzipien sind gemeint: die partielle Analogie des Lernens von Musik zum Sprechenlernen; die zeitliche Priorität des Hörens vor dem Lesen von Musik; die Entwicklung musikalischer Fähigkeiten im Zusammenhang mit Bewegungs-, Raum-, Gewichts- und Energieempfindungen; die Bildung der Feinmotorik aus der Grobmotorik; schließlich das Prinzip des Lernens im Spiel. Diese fünf Lernprinzipien sind methodisch von großer Bedeutung. Ihre Beachtung bewahrt vor schlimmen methodischen Fehlern und eröffnet viele Wege für ein lernförderndes methodisches Handeln.

Die partielle Analogie des Lernens von Musik zum Sprechenlernen

Kinder erlernen ihre Muttersprache, indem sie von ihrer Geburt an mit Sprache aufwachsen: Sie hören Mutter, Vater, Geschwister und andere Personen, die sich ihnen zuwenden, sie reagieren auf ihr Sprechen, das meist mit der »Körpersprache« ausgeprägter Mimik und Gestik verbunden ist; sie interagieren mit den Bezugspersonen, anfangs mit Bewegungen und mit Lallen, später imitierend, indem sie Silben, Wörter, und erste Sätze hervorbringen. In diesen »informellen«, d.h. nicht didaktisch geplanten und angeleiteten Lebenszusammenhängen gewinnen Kinder nach und nach ihre Sprachkompetenz. Das unbewusste Verinnerlichen der Regeln, nach denen das Sprechen ihrer Bezugspersonen funktioniert, ermöglicht ihnen nach einer Phase der Imitation, selbstständig zu formulieren und eigene Sätze zu bilden.

  Musiklernen kann allerdings nur partiell mit dem Lernen der Muttersprache gleichgesetzt werden – vor allem dann, wenn Unterricht im Spiel ist. Muttersprache wird ja gerade nicht »unterrichtet« und durch Unterricht gelernt. Instrumentenübergreifende Gesamtkonzepte von Methoden wie die Suzuki- oder die Kodály-Methode, die für ihre Vorgehensweisen die Analogie zum Muttersprachenlernen in Anspruch nehmen, lassen sich in ihrem theoretischen Grundpostulat leicht kritisieren bzw. relativieren (s. dazu Mahlert 1988). In der Suzuki-Methode ist das Muttersprachenprinzip weitgehend beschränkt auf das imitative Lernen. Das Bilden eigener musikalischer »Sätze« durch das Kind hingegen, also das gesamte Lernfeld der Improvisation, bleibt unberücksichtigt. Die Kodály-Methode andererseits meint mit dem von ihr vertretenen Lernen nach dem Muttersprachenmodell vor allem die Ausrichtung auf ein Volksliedrepertoire im Grundstufenunterricht und das Singen von national-sprachlich geprägten Liedern. Obwohl in beiden Fällen die Übereinstimmungen zwischen Musiklernen und Muttersprachenerwerb begrenzt bleiben, können beide Methodenkonzepte in ihrem Streben nach einer breiten Musikalisierung von Menschen als durchaus erfolgreich gelten.

Jeder Instrumental- und Vokalunterricht tut gut daran, die Vergleichbarkeiten zwischen dem Sprechenlernen und dem Erwerb musikalischer Fähigkeiten nach Möglichkeit auszuschöpfen. Dazu vier Gedanken:

1. Kinder und Erwachsene sind keine musikalisch »unbeschriebenen Blätter«, wenn sie mit dem Unterricht beginnen. Sie haben bereits viel Musik gehört, sie haben in der Regel musikalische Präferenzen entwickelt und können sich ihre Lieblingsmusiken innerlich vorstellen. Unterricht sollte nicht vorbeigehen an diesen musikalischen Vorerfahrungen, sondern an sie anknüpfen und sie einbeziehen. »Informelles« und formal gelenktes Musiklernen sollten keine strikt getrennten, bezugslosen Bereiche bleiben.

2. Es gehört mit zu den Aufgaben des Instrumentalunterrichts, dafür Sorge zu tragen, dass Kinder zu Hause eine möglichst anregende musikalische Lernumwelt haben. Auch darauf sollte die Elternarbeit von Lehrenden gerichtet sein. Musizierende Eltern, gemeinsames Singen, Spielen und Musikhören zu Hause sind beste Voraussetzungen zum sprachanalogen Lernen von Musik.

3. Günstig ist, wenn sich Schüler Aufnahmen zu den Stücken, die sie erlernen sollen, anhören und ggf. auch ansehen (das Internet bietet viele Möglichkeiten dazu) und auf diese Weise mit ihnen »leben« können. Musikalisches »Sprechen« einer Musik setzt voraus, dass sie innerlich vorgestellt, »audiiert« wird.

4. Singen und gemeinsames Musikhören, Nachspielen von gehörter Musik bzw. einzelner ihrer Bestandteile (Themen, charakteristische Stellen) sollten im Unterricht vorkommen. Auch das Sprechen über (im Unterricht oder andernorts gehörte) Musik gehört zum musikalischen Lernen: Sprechen(können) *in* Musik ist nicht trennbar vom Sprechen(können) *über* Musik.

Hörvorstellung *vor* Notenlesen

Menschen können das Lesen und Schreiben von Sprache erst dann erlernen, wenn sie sprechen können. Demgemäß ist im Unterricht das Spielen von Musik nach Noten erst dann angebracht, wenn das musikalische »Sprechen« mit Stimme, Körper und Instrument zuvor unmittelbar und intensiv durch Nachahmung von innerlich Gehörtem und durch musikalische Kommunikation erlernt sowie ausgiebig praktiziert wurde. Unterrichtenkönnen ohne Noten gehört daher zu den wichtigsten Grundfähigkeiten von Instrumental- und Vokallehrern. Viele Möglichkeiten bieten sich: gemeinsames Singen, Übungen mit Solmisations- und Rhythmussilben, rhythmische und melodische Patternübungen im Call-and-Response-Verfahren (zentral in der Methodik von Edwin E. Gordon), Bodypercussion, Vocussion (das Nachahmen von

Instrumenten mit der Stimme), Anleiten zum Beschreiben und Erfassen von erklingender Musik durch Höranalyse als Vorstufe zur Wiedergabe aus dem Gedächtnis, vor allem auch die Fähigkeit »vorbildhaft«, d. h. gut auffassbar, schön und anregend Musik auf dem Instrument vorzuspielen, sodass Lernende sie gut aufnehmen und imitieren können. Die Beschäftigung mit Elementen der Notenschrift bzw. mit Möglichkeiten des Notierens von Musik kann parallel zum schriftlosen Musizieren erfolgen. Vermieden werden sollte die Beschränkung des Spielrepertoires auf bereits Lesbares. Schüler, die mit dem Erlernen der Notenschrift beginnen, können aufgrund ihrer musikalischen Erfahrungen innerlich viel mehr Musik hören als die einfachen Tonfolgen, die ihnen notenschriftlich zugänglich sind. Ihr potenzielles Sing- und Spielrepertoire reicht daher weit über notierte Stücke hinaus. Eine (im instrumentalen Anfangsunterricht immer noch anzutreffende) Verengung des Musizierens auf das Spiel nach Noten ist gleichzeitig eine Unter- und eine Überforderung. Es unterfordert Lernende, weil sie bereits viel Musik »im Ohr haben«, und es überfordert sie, weil ein »musikalisches« Spiel nach Noten ein hochkomplexer Vorgang ist. Es beinhaltet den Aufbau von Klangvorstellungen aus Notentexten und deren Realisierung am Instrument. Ein Spiel nach Noten ohne innere Vorstellung des Gehörten aber bedeutet, dass die Notenschrift als bloße Aktionsschrift aufgefasst und dementsprechend die notierte Musik lediglich abstrakt buchstabiert und abgefingert wird.

Die Entwicklung musikalischer Fähigkeiten im Zusammenhang mit Bewegungs-, Raum-, Gewicht- und Energieempfindungen

Musizieren ist ein körperlicher Vorgang. Beim Spielen von Instrumenten und beim Singen finden vielfältige Bewegungen diverser Körperorgane statt: Arme, Hände, Finger, Gesichtsmuskeln, Stimmorgane, aber auch Beine, Füße, Rücken und Wirbelsäule sind ständig in Bewegung. Selbst eine scheinbar ruhige Körperhaltung ist in Wahrheit ein Bewegungsvorgang: Viele beteiligte Muskeln müssen ein beständiges Austarieren und Balancieren von Gewicht und Energie leisten und vollziehen dabei minimale Ausgleichsbewegungen.

Körperliche Bewegungen geschehen im Raum. Die Fähigkeit zu gesteuerter Bewegung setzt voraus, die Wahrnehmungen des Zusammenspiels von Bewegungen, ihrer räumlichen Gestaltung, dem Gewicht der ausführenden Organe und der aufgewendeten Energie koordinieren zu können. Bewegung, Raum, Gewicht und Energie sind ebenso musizierspezifische wie musikalische Grundphänomene. Musik erklingt im Raum; sie bewegt sich im Tonraum (hoch-tief, nah-fern); zwischen Tönen bestehen Gewichtsunterschiede; Klangereignisse und musikalische Phrasen haben einen energetischen Verlauf – kleinere und größere Spannungskurven steigen und fallen, Crescendi und Accelerandi drängen vorwärts und erreichen Höhepunkte, Diminuendi und Ritenuti geben nach. Es ist somit ein ganz und gar »musikalisches«, dem Phänomen »Musik« adäquates Verhalten, wenn Kinder oder Erwachsene sich spontan zu

Musik bewegen, dabei eines oder mehrere der genannten Elemente körperlich mit-vollziehen oder durch Musik stimulierte Bewegungsfantasien ausleben. In solchen Tätigkeiten wird Musik sinnlich erfahren, erschlossen und angeeignet. Daher sollte auch der Instrumentalunterricht vielerlei Bewegungsmöglichkeiten einbeziehen. Durch Bewegung bildet sich der Sinn für Gewicht, Energie und Raum als musikali-sche Eigenschaften. Das Repertoire an Aktionsformen und Kombinationen ist breit: freies Bewegen, Patschen (Knieschlag als die einfachste und in der motorischen Ent-wicklung am frühesten ausgebildete Aktivität), Klatschen, Klopfen, Zuschieben oder Zuwerfen von Bällen auf musikalische Schwerpunkte hin, das »Vollziehen« musika-lischer Spannungs- und Entspannungsverläufe durch Aktionen mit Gummibändern, pendelndes Gewichtsverlagern von einem Bein auf das andere (mit alternierend abhebender Ferse und Bewahrung des Bodenkontakts mit den Ballen), Gehen (in vielerlei Arten), Geschicklichkeits- und Unabhängigkeitsübungen, gestisches Agie-ren, Bewegungsimprovisation mit einzelnen Körperpartien (Händen, Armen) oder dem ganzen Körper, Dirigieren, Tanzen … Viele interaktive Möglichkeiten, die die Bewegungslust steigern und musikalische Phänomene umsetzen, bieten sich im Partner-, Gruppen- und Klassenunterricht.

In letzter Konsequenz sind selbst lautlos, ohne Musik ausgeführte Bewegungsver-läufe in ihrem Gewichts- und Energiespiel musikalisch: eine stille Musik, eine imagi-när tönende Stille, die viele innere Klangvorstellungen auslöst. In Neuer Musik (z. B. von Dieter Schnebel) ist das musikalische Potenzial von Bewegungen vielfältig explo-riert worden.

Im Blick auf die Wichtigkeit von Bewegungs-, Raum-, Gewicht- und Energieemp-findungen für das musikalische Lernen tun Lehrende gut daran, ihrem eigenen Be-wegungsverhalten viel Aufmerksamkeit zu schenken, es fortlaufend zu üben und zu differenzieren. Je nach Unterrichtssituation sind spezifische Fähigkeiten erforder-lich: deutliches, modellhaftes, zur Nachahmung geeignetes Demonstrieren, gestische, simultan zum Spiel des Schülers ausgeführte Animation, behutsame unterstützende Andeutung, die den Schüler in der Eigenwahrnehmung lässt, Zurückhaltung bis hin zum (scheinbar) bewegungslosen, womöglich jedoch gerade in der konzentrierten Ruhe besonders produktiv wirkenden intensiven Zuhören. Auch hier ist die Spann-weite positiven wie negativen Verhaltens groß.

Die Bildung der Feinmotorik aus der Grobmotorik

Dieser Punkt setzt den vorangegangen fort und konkretisiert die Hinweise zur Relevanz von Bewegungen für das Musiklernen und die gezielte Vermittlung von motorischen Fähigkeiten beim Musizieren. Die Befunde der Entwicklungspsychologie sind klar:
- »Die motorische Entwicklung beginnt mit dem Kopfbereich und verläuft in Rich-tung Füße.

- Zentrale, große Muskeln (beispielsweise die Rumpfmuskulatur) können eher differenziert gesteuert werden als kleine, peripher gelegene (wie die der Finger).
- Einwärtsdrehung erfolgt in der Entwicklung früher als die Auswärtsdrehung.« (Lehmann 2007, S. 45)

Das bedeutet beispielsweise: Gehen im Metrum einer Musik ist eine anspruchsvolle Koordinationsleistung, die von Kindern im Vorschul- und frühen Schulalter noch nicht ohne Weiteres ausgeführt werden kann. Rhythmisches Patschen ist für Kinder einfacher als Klatschen oder Schnipsen. Instrumentaltechnisch kommt es darauf an, kleinere, subtile Steuerungsfähigkeiten voraussetzende Spielbewegungen von Händen und Fingern aus großen, schwungvollen Bewegungen aufzubauen. Es widerspricht den genannten Befunden, wenn Kinder (wie auch ältere Lernende) im Geigenunterricht lange Zeit zunächst nur in der ersten Lage spielen dürfen oder die Finger von Klavierschülern zunächst in engen Fünftonräumen »gefangen gehalten« werden. Von solchem früher verbreiteten »Kaltstellen« der größeren Bewegungsorgane ist die Instrumentaldidaktik in den zurückliegenden Jahrzehnten abgerückt. Als vorbildlich zu nennen sind etwa die Streicherpädagogik von Paul Rolland oder die Lehrwerke von Peter Heilbut für den Klavierunterricht.

Lernen im Spiel

Instrumentalunterricht soll zum Instrumental*spiel* befähigen. Natürlich ist das Erlernen eines Instruments selbst keineswegs ein Spiel, sondern phasenweise ein mühevoller Prozess. Unterricht als Instruktion und Üben als Entwicklung von Fähigkeiten schlagen allerdings nicht gleichsam von selbst in die Gelöstheit des Spiels um. Das Element des Spiels bedarf der Entfaltung im Unterricht und im Üben. Vor allem ist es selbst ein wichtiges Prinzip musikalischen Lernens. Darauf zielen die nachfolgenden Überlegungen. Vertieft behandelt wird das Thema in Teil II, Kapitel 10: »Spielen«.

Mit »Lernen im Spiel« kann zweierlei gemeint sein. Häufig wird darunter eine spielerische Vermittlungsweise verstanden – ein »Verpacken« von zu vermittelnden Inhalten in Spielformen (z. B. Geschicklichkeitsspiele, Spiele mit Materialien wie Rhythmuskärtchen, Notenmemorys, Puzzles von Stücken, Quizkarten zu Inhalten der Musiklehre oder Musikgeschichte, Gruppenspiele wie »kalt – warm« und Wettspiele wie »Reise nach Jerusalem« mit diversen Höraufgaben, Spiele mit Rollentausch von Lehrer und Schüler u. v. a.; s. dazu Teil II, Kapitel 10: »Spielen«, Punkt 4). Solche Spiele binden die Aufmerksamkeit; ihre »Aktivierungszirkel« mit fortlaufendem Hin und Her von Spannung und Entspannung erzeugen Wachheit und Handlungslust. Gleichsam beiläufig, »spielerisch« eben, werden Lernende vertraut gemacht mit bestimmten musikalischen Elementen, Wissensgebieten, Teilfähigkeiten. Ob allerdings wirkliche musikalische Erfahrungen im Zentrum solcher Spielaktivitäten stehen, ist zweifelhaft. Rhythmuskärtchen beispielsweise mögen die Fähigkeit befördern, notierte Zeichen zu decodieren, abstrakte Längenverhältnisse mathematisch korrekt aufzufassen und wiederzugeben; mit konkreter Musik, mit der Bedeutung eines Rhythmus im Zusammenhang einer Melodie etwa und mit der daraus resultierenden musikalischen Empfindung, haben sie wenig zu tun. Daher gelingt auch der Transfer des in solchen Übungsspielen erworbenen Lerngewinns in das tatsächliche Musizieren nicht ohne Weiteres. Die »Spielwelt« dieser Spiele ist die von musikalischen Elementen bzw. Hilfsmitteln, aber nicht die der Musik selbst. Indem sie einen Zweck verfolgen, widersprechen sie überdies streng genommen einem konstitutiven Merkmal von Spielen: dem der Zweckfreiheit. Damit sollen musikalische Lernspiele nicht pauschal verworfen werden. Für begrenzte Lernzwecke wie auch als unterrichtsdramaturgisches Mittel können sie durchaus vorteilhaft wirken. Lehrende sollten sich allerdings keinen Illusionen über ihre Funktionen und Möglichkeiten hingeben.

»Lernen im Spiel« kann im Instrumentalunterricht noch mehr bedeuten als die spielerische Verpackung einzelner Lerninhalte. »Im Spiel lernen« lässt sich auch dadurch, dass das Musizieren selbst im Unterricht praktiziert und zum Unterrichtsinhalt wird. Dies geschieht, wenn Schüler im Unterricht vorspielen. Vorgespielt wird meist in der ersten Phase einer Stunde. Der Schüler trägt das zu Hause Erarbeitete vor, und der Lehrende überprüft dabei die Qualität. Danach ist es allerdings oft mit dem Spielen vorbei. In der Regel schließt sich an das Vorspiel eine intensive Arbeitsphase an. In ihr nimmt der Lehrende die gespielte Musik in minutiöse Details »auseinander«. Er gibt genaue Vorschriften zur Ausführung von Einzelheiten und unterbricht häufig den Schüler beim Ausprobieren von Stellen durch erneute verbale oder auch beispielhaft demonstrierende Anweisungen. Durch dieses Vorgehen entsteht schließlich eine Gefahr für die Musik selbst und ihr »Spiel« (im doppelten Sinn das durch die Musik entfaltete freie Wahrnehmungsspiel und ihre Wiedergabe): Sie werden soweit fragmentiert, dass die Zusammensetzung der Instruktions- und Wahrnehmungselemente zu einer den Namen »Spiel« verdienenden Ausführung nur noch schwer oder gar überhaupt nicht mehr gelingt. »Lernen im Spiel« könnte demgegenüber bedeuten: mehr Phasen des vortragenden oder auch des gemeinsam mit dem Lehrer im Ensemble praktizierten Spiels in den Unterricht einbauen; die Redezeit des Lehrenden begrenzen; Zeit lassen zum Erproben und »Anverwandeln« von Instruktionen; den »Motor« des spielenwollenden Schülers nicht fortwährend »abwürgen« (so formulierte es Aurèle Nicolet in einem Gespräch). Vor allem bedeutet es für Lehrende: dem Spielenden ein guter Zuhörer sein (zu Arten und zur Bedeutung des Zuhörens im Unterricht s. Lessing 2006). Ein guter Zuhörer geht innerlich mit, er befördert durch die Intensität seines Zuhörens die Spielfreude, er wird zum inspirierenden Mitspieler. Denn »das Spiel selbst ist das Ganze aus Spielern und Zuschauern« (Gadamer 1990, S. 115), und »Alles Darstellen ist nun seiner Möglichkeit nach ein Darstellen für jemanden.« (A. a. O., S. 114) Vorspiele im Unterricht können daher mehr sein als Leistungsdemonstrationen. Sie müssen nicht in jedem Fall vom Lehrer kommentiert und bewertet werden. Wünschenswert ist, dass Lernende und Lehrende im Unterricht Zeiten finden, in denen das Spielen von Musik im Mittelpunkt steht. Gleichsam rituell praktiziert, gewinnt in solchen Phasen der Aktionsraum des Schülers die Qualität einer imaginären, lustvoll erlebten Bühne und der Sitzplatz des Lehrers die des Zuschauerraums. Das Spielen des Spiels potenziert dann die Spielintensität. Dass gerade in solchen alle Darstellungs- und Wahrnehmungskräfte aktivierenden Spielsituationen intensiv gelernt wird, weiß jeder, der entsprechende Erfahrungen gemacht hat. Schüler lernen gerade auch dann, wenn Lehrende nicht dozieren. Lernen im Spiel kann von Lehrenden betrachtet werden als eine Übung in einer vom Dozieren befreiten Präsenz.

7. Methodische Kompetenzen lernen und lehren

Die Frage, wie methodische Kompetenzen in der instrumental- und vokalpädagogischen Ausbildung gelehrt und gelernt werden können, veranlasst vorab zur Bestimmung dreier Begriffe: Methode, Methodik und Methodologie. »Methoden« wurden als »Wege des Lehrens und Lernens« definiert. »Methodik« kann dann als »Zusammenstellung, didaktische Aufbereitung und Lehre dieser Lehr- und Lernwege« gelten. »Methodologie« lässt sich als »wissenschaftliche Erforschung von Methoden« definieren. Sie beschäftigt sich demnach mit einer Metaebene von Methoden und Methodik.

Leitziel methodische Kompetenz

Die Ausbildung von Instrumental- und Vokalpädagogen soll zu methodischer Kompetenz befähigen. Ist es angemessener, von »methodischer Kompetenz« oder von »methodischen Kompetenzen« zu sprechen? Die Frage mag spitzfindig erscheinen, führt aber zu einer wichtigen Einsicht. Wer unterrichtet, bedarf vielfältiger methodischer Kompetenzen. Die Vielfalt ergibt sich aus dem Reichtum der zu vermittelnden Fähigkeiten (z. B. der Fähigkeiten, Musikstücke zu interpretieren, sich mit der gespielten Musik zu identifizieren, Notentexte zu lesen und zu verstehen, in verschiedenen Spielarten zu improvisieren und vieles mehr). Das Unterrichten jeder dieser Fähigkeiten verlangt spezifische methodische Kompetenzen.

Mit dem im Singular formulierten Leitzielbegriff »methodische Kompetenz« ist jedoch noch etwas anderes gemeint als die Summe der vielfältigen inhaltlich bestimmten Teilkompetenzen. Er soll die Qualität bezeichnen, die gute Lehrer über die vermittelbaren methodischen Einzelkompetenzen hinaus durch Erfahrung gewinnen: die Qualität, durch die methodisches Handeln zu einer Kunst wird, weil sie einhergeht mit einem »siebten Sinn« – mit Intuition, Sensibilität, Fantasie und Flexibilität. In einem Unterricht auf dieser Kompetenzstufe sind Methoden nicht länger mechanistisch zu handhabende didaktische Plastikbausteine, sondern sie werden zu situativ erzeugten Verfahrensweisen, in denen der Inhalt, die Befindlichkeit des Schülers und die Persönlichkeit des Lehrers produktiv zusammenstimmen. Die »richtige« Anwendung methodischer Einzelkompetenzen kann unbefriedigend bleiben. Es gibt Unterrichtsstunden, die nach den Regeln der Unterrichtsplanung und der angemessenen methodischen Verfahrensweisen (z. B. Abwechslung, Schüleraktivierung, Findenlassen von Problemlösungen durch Schüler und vieles mehr) perfekt ablaufen – und trotzdem seltsam steril wirken: Stunden eben, in denen es nicht »zündet«, in denen weder Lehrer noch Schüler Enthusiasmus, inspiriertes Aufgehen in der Bemühung um das Verstehen und rechte Ausführen von Musik empfinden. Und dann erlebt man Stunden, die zwar nach den Regeln methodischer Lehre kritikwürdig oder gar haarsträubend sind, gleichwohl für die daran Beteiligten zum unvergesslichen, erhellenden Ereignis werden. Es geschieht also bisweilen, dass trotz eines Mangels an methodi-

schen Einzelkompetenzen die besagte erfahrungsgewachsene methodische General-
kompetenz den Unterricht beflügelt und erfolgreich macht.

Natürlich »funktionieren« viele methodische Schritte, indem sie das Lernen in eine
richtige Richtung lenken. Nicht selten aber »zünden« sie leider nur in bestimmten
Situationen: dann nämlich, wenn sie tatsächlich »passen« – und das ist meist der Fall,
wenn sie an Ort und Stelle in der Bemühung um Problemlösung gefunden oder erfunden werden. Kein Schüler ist wie der andere, kein Lehrer ist wie der andere, und
selbst viel gespielte Musikstücke ereignen sich stets neu, wenn sie erarbeitet werden
und erklingen. Wie sollten da bestimmte methodische Verfahrensweisen in sich
immer gleich bewährender, Erfolg garantierender Weise »funktionieren?« Es gibt keine
methodischen Patentrezepte, da keine pädagogische Situation wie die andere ist.
Methoden sind nicht als Patentrezepte praktizierbar und sollten auch nicht als solche
gelehrt werden.

Das Leitziel der methodischen Kompetenz stellt ein breites Repertoire an Methoden dar, die durch Expertise entmechanisiert und didaktisch »verflüssigt« sind. Nach
Kersten Reich lautet die Grundfrage der Methodenkompetenz: »Welche Lern-
methode passt für welche Inhalte und Beziehungen?« (Reich 2008, S. 269) In dieser
Bestimmung sind Inhalte, Lernende und Lehrende als System gedacht. Zu ihm gehört
der Zusammenhang des zu Erarbeitenden im Rahmen einer Unterrichtsstunde, die
jeweilige Unterrichtssituation, das in ihr spezifisch Geforderte. Bezieht man diesen
Faktor in gebührender Gewichtung mit ein und fasst man methodisches Handeln als
ein spontanes Geschehen, so lässt sich »methodische Kompetenz« mit Hans Georg
Neuweg definieren als »Fähigkeit, Handeln jeweils situativ angemessen generieren zu
können« (Neuweg 1999/2004, S. 108). Wenn auch Spontaneität keineswegs Planung
und Reflexion ausschließt, so gilt doch: »Der Lernende muss das Risiko annehmen,
das sich ergibt, wenn er sich aus dem Schutz mechanisch befolgter Regeln herausbe-
gibt; die Scheu vor der Verantwortung für eigene Entscheidungen und ihre Folgen
kann zu Stagnationen und Regressionen im Lernprozess führen.« (A. a. O., S. 307, vgl.
Ardila-Mantilla 2009, S. 15) Methoden nicht einfach zu übernehmen als fertige Bausteine, sondern sie in Eigenverantwortung mit wacher methodischer Fantasie an Ort
und Stelle individuell adaptiert zu verwenden, sie zu modifizieren und zu variieren –
das wäre ein Ideal methodischen Handelns. Gute Methoden sind keine ausgetretenen
Trampelpfade, sondern Verläufe eines suchenden Sich-Vorwagens. Oder, mit Franz
Kafka zu sprechen: »Wege entstehen dadurch, dass man sie geht.«

Eine Methodenlehre (schriftlich formuliert oder als interaktiv vermittelter Ausbil-
dungsinhalt) ist nicht dazu da, Unterricht zu normieren und Lehrende zu gängeln. Sie
sollen pädagogische Handlungsmöglichkeiten nicht einengen, sondern ausweiten; sie
soll vor allem methodische Fantasie wecken und schließlich zur Selbstbestimmtheit
methodischen Handels führen.

Methodisches Handeln im Instrumental- und Vokalunterricht bewegt sich stets in
einem komplexen Kräftefeld von Lerngegenständen, Interessen, Auffassungen, Mut-

maßungen, Erwartungen – nicht nur von Lernenden und Lehrenden, sondern auch von Eltern, Lehrerkollegen, Kultur- und Bildungspolitikern u. a. Methodische Kompetenz erfordert somit auch Umsicht, Intuition und Fingerspitzengefühl im Blick auf das besagte Kräftefeld.

Wie wird methodische Kompetenz in der Ausbildung gelernt?

Mehrere Fächer und Veranstaltungen in der Hochschulausbildung von Instrumental- und Vokalpädagogen haben mit dem Erwerb methodischer Fähigkeiten des Unterrichtens zu tun. Im Kern sind es die Fächer Methodik des Hauptfachs und Musikpädagogik (ausgerichtet im Unterschied zum gleichnamigen Fach in der Schulmusik-Ausbildung auf allgemeine Instrumental- und Vokaldidaktik, daher auch oft mit dem Doppelbegriff »Musikpädagogik /Allgemeine Instrumental- und Vokaldidaktik« benannt) sowie die Praktika (meist Orientierungs- und Unterrichtspraktikum). Relevant für den Erwerb methodischer Fähigkeiten sind zweifellos auch der Hauptfachunterricht sowie – falls vorhanden – der Unterricht in Fächern musikalischer Gruppenleitung (Dirigieren, Gruppenimprovisation, Elementare Musikpädagogik, Rhythmik, Experimentelle Musik u. a.).

Die Vielfalt der Fächer und Veranstaltungen ist zwar im Hinblick auf das Leitziel methodische Kompetenz für Studierende oft verwirrend (und die Abstimmung in der Lehre lässt oft sehr zu wünschen übrig), bietet aber auch gute Chancen für ein vielschichtiges Lernen. Selbst Differenzen der Lehre von Kollegen zu ähnlichen Themen können produktive Anstöße vermitteln. Wie diese Erfahrungen verarbeitet und wie sich aus ihnen nach und nach methodische Kompetenzen entwickeln, kann nur begrenzt durch Lehrpläne und Curricula gesteuert werden. Studierende legen erfahrungsgemäß höchst individuelle Lernwege zurück. Unterschiedlich sind die Fächer, die Veranstaltungen und die Zeiten im Studium, in denen sich »zündende« Erfahrungen ergeben. Manche erleben das Problem wünschenswert vielfältiger Methodenkompetenzen bereits zu Beginn des Studiums, etwa im Orientierungspraktikum an einer Musikschule oder auch im musikpädagogischen Einführungsseminar; bei anderen ist es der Methodikunterricht oder auch erst das gegen Ende des Studiums stattfindende mentorierte Unterrichtspraktikum, in dem entscheidende Klärungen und Lerngewinne stattfinden.

Verfolgen wir den typischen Weg, auf dem ein Studierender in seinem Studium methodische Kompetenzen erwerben kann. Dabei lässt sich bedenken, wie die verschiedenen Fächer aufeinander Bezug nehmen und ein aufbauendes Lernen ermöglichen, aber auch, wo Schwachstellen im Ensemble der Fächer bestehen.

Unterricht vor dem Studium

Studierende kommen nicht ohne methodische Erfahrungen ins Studium. Vorausgegangen ist in der Regel ein mehrjähriger Instrumental- oder Vokalunterricht, meist seit dem Kindesalter. Durchweg haben die in den Unterrichtsbiografien erlebten Lehrerpersönlichkeiten prägend gewirkt – oft positiv als Identifikationsfiguren (»das möchte ich auch können«, »so möchte ich das auch können«), mitunter auch negativ als abschreckende Beispiele (»hier habe ich erfahren, was und wie ich es auf keinen Fall machen möchte«). Solchen Prägungen nachzugehen, sie nach bestimmten Kriterien aufzuarbeiten und zu reflektieren (z. B. Unterrichtsatmosphäre, Lehrer-Schüler-Verhältnis, zugrunde liegende Erwartungen von Lernenden und Lehrenden, mögliche Differenzen zwischen ihnen, nicht zuletzt: methodisches Vorgehen), ist eine wichtige Aufgabe in musikpädagogischen oder auch methodischen Veranstaltungen zu Beginn des Studiums. Musikpädagogik beginnt nicht bei der Beschäftigung mit anderen Lernenden, sondern beim Nachdenken über die eigenen Lernwege. Deren Wahrnehmung ist die Voraussetzung, um das weitere Lernen bewusst auszurichten. Erst die Klärung der eigenen Lernbiografie schärft den Blick dafür, die Spezifik der Lernbedürfnisse anderer Menschen, ihrer Lernweisen und der ihnen adäquaten Unterrichtsmethoden zu erkennen.

Oft habe ich Studienanfängern in musikpädagogischen Einführungsseminaren folgende Aufgabe gestellt:

> **Berichten Sie über Ihren bisherigen Instrumental- bzw. Vokalunterricht:**
> - Welchen Unterricht haben Sie bisher erhalten (von wem, wo)?
> - Worin lagen die pädagogisch wirksamen Eigenarten Ihrer Lehrer/innen?
> - Beschreiben Sie Unterrichtsstil und -methodik Ihrer wichtigsten Lehrer/innen.
> - Welche Erfahrungen blieben Ihnen besonders positiv in Erinnerung, welche besonders negativ? Warum?

Bisweilen gerieten die erbetenen schriftlichen Notizen (als Grundlage der mündlichen Darstellungen in den Seminarsitzungen) zu umfangreichen Erfahrungsberichten. Zum Vorschein trat dabei ein breites Spektrum an Lehrerpersönlichkeiten, Unterrichtsstilen und ein großes methodisches Repertoire. Viele Eigenschaften in vielfältigen Mischungen zeigten sich: liebevolle Zuwendung, Behütung, Betulichkeit, Begeisterung und Begeisterungsfähigkeit, Präsenz, Intuition, Bildung, Humor, Leistungsanspruch, Strenge, Kühle, Abgebrühtheit, Routine, Ironie, Pedanterie, Laisser-faire, Leistungsdruck, Ungeduld, Schroffheit; sodann speziell in Bezug auf methodisches Handeln: Anschaulichkeit, Klarheit, Raffinesse, Konsequenz, Hilflosigkeit, Sprunghaftigkeit, Inkonsequenz, Manipulation, Chaos … Studierenden wurde bewusst, dass sie in verschiedenen Phasen ihrer musikalischen Lernbiografie durchaus unterschiedlich auf bestimmte Eigenschaften und Methoden ihrer Lehrer reagiert hatten. Was in diesen Stadien förderlich oder hemmend gewesen war, differierte bisweilen erheblich. Ebenso wuchs im Gespräch über die verschiedenen Lernwege der Studierenden die Einsicht, wie viele unterschiedliche Lernbedürfnisse und Erwartungen an gute Lehrkräfte bestanden und bestehen. Es waren durchaus nicht immer nur die scheinbaren pädagogischen und methodischen »Bilderbucheigenschaften«, die anregend gewirkt hatten. Vielmehr zeigte sich, dass nicht selten aus vermeintlich objektiven pädagogischen Schwächen positive Entwicklungen resultierten. Klar wurde: Es gibt nicht *die* ideale Lehrerpersönlichkeit und ebenso wenig *das* ideale methodische Handeln. Von dieser Erkenntnis aus gelangten die Studierenden alsbald zu der Einsicht, dass bestimmte Fragen, wie sie typisch sind für Novizen des Lehrenlernens, sich – leider bzw. zum Glück – nicht umstandslos mit griffigen Patentrezepten beantworten lassen. Solche Fragen sind etwa: Wie kann ich jemanden für das Instrument begeistern? Wie motiviere ich meine Schüler? Wie kann ich dem Schüler helfen, seine Persönlichkeit zu entfalten und persönliche Erlebnisse bzw. Empfindungen durch Musik wiederzugeben? Natürlich können und sollen auf solche Fragen viele Antworten gegeben werden. Entscheidend für eine erfolgreiche Anwendung wird jedoch sein, dass geübt wird, die besonderen Anforderungen und Möglichkeiten der jeweiligen Unterrichtssituation wahrzunehmen (sie zu beschreiben und zu reflektieren) und ihr gerecht zu werden.

Orientierungspraktikum

Wichtige Impulse zur Unterrichtsmethodik erhalten Studierende in einem Orientierungspraktikum an einer Musikschule, das viele musikpädagogische Studiengänge zu Beginn des Studiums durchführen. Manche Studierende waren noch kurze Zeit vorher selbst Schüler an einer Musikschule und erfahren nun den Unterricht auf ganz neue Weise aus der Perspektive des Beobachters. Einblicke in die Unterrichtspraxis verschiedener Instrumente mit den für sie typischen Stilrichtungen, in die Elementare Musikerziehung, in die Arbeit mit Ensembles u. a. erweitern den musikpädagogischen Horizont. Die Verschiedenheit der Lehrerpersönlichkeiten und ihrer methodischen »Handschriften« sowie das breite Spektrum der Schüler mit ihren unterschiedlichen Leistungsständen, Motivationen und Bedürfnissen lassen die Vielfalt der methodischen Anforderungen und Möglichkeiten in der musikschulischen Unterrichtspraxis deutlich werden. Gelegentlich kommt es zu »Praxisschocks«: Die idealisierten Vorstellungen der eigenen späteren Berufspraxis prallen auf die Wahrnehmung völlig anderer pädagogischer Aufgaben, die Lehrende in ihrem Berufsalltag bewältigen müssen. Positiv- wie Negativerlebnisse können einen hohen Lerneffekt haben. Durch Nachgespräche mit den Lehrkräften der hospitierten Stunden entstehen mitunter Kontakte, die über die Zeit des Praktikums hinausreichen. Lehrende ihrerseits bezeugen oft, dass sie die Anwesenheit der hospitierenden »Gäste« und die Besprechungen mit ihnen als anregend empfinden. Dies zeigt die Bedeutsamkeit von Hospitationen und Gesprächen über Unterrichtserfahrungen unter Kollegen für die Weiterentwicklung methodischer Fähigkeiten.

Durch das Orientierungspraktikum können Studierende im weiteren Verlauf des Studiums ihre Hochschulausbildung bewusster erleben und im Blick auf die erkannten Anforderungen der Berufspraxis nutzen. Gelegentlich kommt es zu der Auffassung, dass die Ausbildung den betreffenden Anforderungen nur begrenzt gerecht wird. Der Sinn des Orientierungspraktikums liegt nicht zuletzt darin, Studierende problembewusst, anspruchsvoll und kritisch werden zu lassen gegenüber der Hochschullehre und ihrem Verhältnis zu den beruflich relevanten methodischen »Skills«.

Die Fächer Methodik und Musikpädagogik /Allgemeine Instrumental- und Vokaldidaktik

Zentral für das Lehr- und Lerngebiet methodische Kompetenz sind die beiden didaktischen Kernfächer Methodik des Hauptfachs und Musikpädagogik /Allgemeine Instrumentaldidaktik. Das Fach Musikpädagogik sucht instrumentenübergreifende und auch den Gesangsunterricht einbeziehende Zugänge zu methodischen Fragen. Wie weit die dem Fach obliegende Vermittlung der theoretischen Basis einer Methodenlehre und eines Überblicks über prinzipielle Formen methodischen Handelns durch praktische Übungen verlebendigt, exemplifiziert und vertieft wird, hängt davon ab, wie Dozenten ihre Lehrveranstaltungen konzipieren. Die Bandbreite reicht von deduktiv angelegten Vorlesungen bis zu Seminaren, in denen eine induktive, von praktischen Beispielen und Erprobungen ausgehende Arbeit dominiert.

Im Fach Methodik steht das methodische Handeln in der Unterrichtspraxis des jeweiligen Instruments im Mittelpunkt. Die Inhalte der einzelnen Methodiken sind allerdings nicht begrenzbar auf Fragen des »Wie«. Ein zukünftiger Klavierlehrer muss nicht nur wissen, wie sich die Spieltechnik an seinem Instrument aufbauen lässt, sondern muss auch das »Wozu« des Unterrichts reflektieren und vor allem das »Was« kennen: wichtige Werke für das Instrument, Unterrichtsliteratur, Arbeiten zu physiologischen, psychologischen und ästhetischen Fragen des Spielens auf dem Instrument, Quellenwerke zur Interpretation usw. (Zur Bestimmung der Inhalte des Fachs Methodik s. Twelsiek / Rüdiger 2004, S. 44.) Somit gehören neben praktischen Materialien auch vielerlei Erträge aus verschiedenen Wissenschaften zu den Inhalten des Fachs. Daher ist inzwischen an etlichen Ausbildungsinstituten die unangemessen begrenzende Bezeichnung »Methodik« durch »Fachdidaktik« ersetzt worden. (Zur Verwendungsweise und »wissenschaftstheoretischen Einordnung« des Fachs Methodik in der Instrumentalausbildung am Beispiel der Klaviermethodik s. Menrath 2003, S. 25–29.) Gleichwohl gilt dieses Fach offiziell (festzustellen an der Besetzung und Deputatsberechnung entsprechender Stellen) zumindest primär als künstlerisch-praktisches und nicht als wissenschaftliches Fach, wie es die Begriffe »Methodik« und »Didaktik« nahe legen. Die »Metaebene« der Methodiken bzw. Fachdidaktiken ist, wie erwähnt, eher dem Fach Musikpädagogik /Allgemeine Instrumental- und Vokaldidaktik zugedacht. Primär zu dessen Aufgabengebieten gehört der Bereich »Methodologie«, d. h. eine Vermittlung wissenschaftlichen Nachdenkens über Methoden und methodisches Handeln.

In der Regel ist das Fach Methodik bzw. Didaktik des Hauptfachs verbunden mit dem Gebiet Lehrpraxis – entweder als eigenständigem Fach oder als integriertem Bestandteil des Methodikunterrichts. Hier finden kontinuierlich Lehrproben von

Studierenden mit Schülern verschiedener Altersstufen und unterschiedlicher Könnensstände statt. Zu den Lehrproben sind in der Regel Unterrichtsentwürfe vorzulegen (s. dazu Teil II, Kapitel 2: »Unterrichtsplanung und -vorbereitung«). Nach den Lehrproben erfolgt eine vom Dozenten geleitete Besprechung und Auswertung von Beobachtungen. Im Mittelpunkt stehen die Ziele, Inhalte und das methodische Vorgehen. Wichtige Fragen sind:

- Waren die hauptsächlichen didaktischen Faktoren (Ziele, Inhalte, Methoden, Medien) gut gewählt, standen sie in einem stimmigen Verhältnis zueinander?
- War das methodische Vorgehen dem Lehrenden, der Musik und dem Lernenden angemessen?
- Gelang es dem Lehrenden, in produktiver, situationsadäquater Freiheit mit dem Geplanten umzugehen?
- Wo lagen die besonderen methodischen Stärken, wo die Schwachpunkte?
- Wurde »Nachhaltigkeit« erreicht, d. h., wurde der Schüler zu sinnvollem Weiterüben ohne Lehrer angeleitet?

Diverse weitere Faktoren können besprochen werden:

- die Unterrichtsatmosphäre (»Der erste Gegenstand der Wahrnehmung ist Atmosphäre oder das Atmosphärische.« Böhme 2001, S. 45);
- die persönliche Ausstrahlung des Lehrenden;
- das Lehrer-Schüler-Verhältnis und die Art der Interaktion zwischen Lehrer und Schüler;
- das Sprachverhalten;
- die Körpersprache und das räumliche Verhalten.

Für die Praxis der Unterrichtsbeobachtung empfiehlt es sich, den Verlauf einer Lehrprobe stichwortartig zu protokollieren. Eine geteilte Seite bietet eine gute Strukturierungsmöglichkeit: In der linken Spalte wird die Abfolge der Unterrichtsschritte protokolliert, in der rechten kommentierende Bemerkungen notiert. Beobachten und Bewerten sollten möglichst getrennt bleiben. Frühzeitiges Bewerten bewirkt leicht eine Gängelung des Beobachtens (»Ich sehe nur das, was meiner bereits bestehenden Auffassung bzw. Beurteilung entspricht.«). Erstrebenswert ist das Ideal der aus der Psychotherapie bekannten »gleichschwebenden Aufmerksamkeit«, die ein möglichst unzensiertes Wahrnehmen anvisiert. (Näheres zum Thema Unterrichtsbeobachtung s. im Kapitel »Beobachten – Bewerten – Trainieren« in Ernst 1991, S. 209–229, und Ernst 2007, S. 166 ff.)

Sorgfalt verdient das Vorgehen beim Feedback-Geben an Studierende, die Lehrproben gehalten haben. Gefordert sind Klarheit und Relevanz der angesprochen Aspekte, Deutlichkeit und Nachvollziehbarkeit der Aussagen bei strikter Vermeidung von Entwertungen oder Verletzungen. »Allen Beteiligten muss klar sein, dass es um subjektive Urteile, nicht um objektive Aussagen geht.« (Meyer 2004, S. 73) Geber wie Nehmer von Feedback sollten einige Grundregeln beachten, damit Rückmeldungen zu möglichst hohem Lerngewinn führen. Für das Geben von Feedback empfehlen Gerd Macke, Ulrike Hanke und Pauline Viehmann (2008, S. 71) u.a.:

- »Ich-Botschaften senden [...] (›ich habe dich und dein Handeln so wahrgenommen und dein Handeln hat auf mich so gewirkt‹);
- ausführlich und konkret beschreiben, was man beobachtet oder empfunden hat;
- zunächst Stärken ansprechen und positive Beobachtungen nennen (›mir gefällt / ich schätze an dir und deinem Handeln ...‹);
- erst dann Schwächen ansprechen und negative Beobachtungen nennen (›mir hat nicht gefallen / mich stört an dir und deinem Handeln ...‹);
- alle Aussagen auf benennbare und für alle Beteiligten nachvollziehbare konkrete Situationen und Beobachtungen beziehen;
- Wahrnehmungen als Wahrnehmungen, Vermutungen als Vermutungen, Gefühle als Gefühle, Wünsche als Wünsche und Meinungen als Meinungen formulieren;
- unbedingt sachlich bleiben;
- Handlungsalternativen in der Form von Ich-Botschaften anbieten (›ich hätte das so gemacht‹, ›für mich wäre es hilfreich gewesen, wenn ...‹).«

Für das Entgegennehmen von Feedback empfiehlt das gleiche Autorenteam (Macke / Hanke / Viehmann 2008, S. 72):

- »aufmerksam zuhören;
- den Geber ausreden lassen;
- Rückmeldung zur Kenntnis nehmen, zu verstehen versuchen und zunächst annehmen;
- nachfragen, wenn man etwas nicht verstanden hat;
- sich vergewissern, ob man die gegebene Rückmeldung richtig verstanden hat;
- Rückmeldung wirken lassen, verarbeiten und bewerten;
- entscheiden und dem Geber mitteilen, wie man mit der Rückmeldung umgehen will (Schlüsse ziehen).«

Die Einhaltung dieser Regeln ermöglicht Fairness und Takt im Rückmelden ohne Einbuße der Substanz von produktiver Kritik. Feedback-Geben soll nicht zu einem Weichspülen von Defiziten geraten, sondern dem Nehmer klare Hinweise für Möglichkeiten einer von ihm gewünschten persönlichen Weiterentwicklung geben.

Wer vor anderen unterrichtet, ist den Beobachtungen der Anwesenden schutzlos ausgeliefert. Ein »Probelehrer« benötigt daher nach der Lehrprobe den Schutz klarer Reglements. Dazu zählt neben den genannten Feedback-Regeln auch die Vereinbarung, dass zunächst er selbst das erste Wort hat. Die vom Ausbilder an den Probelehrenden gestellte, schlichte und inhaltlich offene Frage »Wie war's?« bzw. »Wie war's für Sie?« ermöglicht diesem eine Entlastung von seinen momentanen Gefühlen und Gedanken. So kann sich die innere Aufregung legen. Vermieden wird so, dass der Probelehrende vor dem Feedback der anderen in eine Opferrolle gerät.

Wenn der Probelehrende es wünscht, kann er beim anschließenden Feedback die Regie behalten. Er selbst formuliert dann vorab die Aspekte seiner Lehrprobe, auf die er Rückmeldung erhalten möchte. Die Grundidee hierbei ist, dass Feedback vor allem den spezifischen Bedürfnissen des Feedback-Nehmers gerecht werden soll. Eine gewisse Einschränkung kann die freie Auswahl dadurch erfahren, dass der Probelehrer aus einer vorgegebenen, etwa auf einzelnen Kärtchen notierten Beobachtungskriterien (z. B. Sprachverhalten, Körpersprache, Lehrer-Schüler-Interaktion) diejenigen Kriterien auswählt, auf die er im Rückblick auf die Lehrprobe gezielt Feedback erhalten möchte. Es hängt von den Verhältnissen in der Gruppe ab, ob Probelehrer bei diesem Verfahren vor allem unproblematische oder aber gerade die besonders kritischen Punkte der Lehrprobe thematisieren möchten. Ein konstruktiver Geist in der Gruppe hilft dem Feedback-Nehmer, seine Problemzonen zu bearbeiten.

Feedback-Geber können vorab bestimmt werden – vom Probelehrer selbst, vom Ausbilder oder durch die Gruppe der Beobachtenden. Kleine Feedback-Gruppen sind bei großem Teilnehmerkreis hilfreich, da Feedback-Prozesse leicht zerfließen, wenn von Anfang an jeder zu Wort kommen kann. Möglich ist, dass zunächst die mit dem Probelehrer in einem engeren Kreis sitzende Kleingruppe Feedback gibt und danach weitere Stimmen aus der großen Runde zugelassen werden. Von weiteren Techniken des Feedback-Gebens sind die folgenden vier erfahrungsgemäß besonders fruchtbar:

- Plus-Minus-Runden: Die Teilnehmer der Feedback-Gruppe formulieren der Reihe nach zunächst positive Wahrnehmungen (jeder Teilnehmer immer nur einen Punkt). Dies geschieht so lange, bis alle von den Gruppenmitgliedern wahrgenommenen Positiva ausgesprochen sind. Danach erfolgt in gleicher Weise eine Runde, in der kritische Beobachtungen, möglichst gekoppelt mit konstruktiven Alternativvorschlägen, geäußert werden. Der Feedback-Nehmer hört zu und macht sich Notizen. Nach den beiden Durchläufen kann er Rückfragen stellen. Am Ende sagt er, was er aus dem Feedback an besonders wichtigen Einsichten mitnimmt und welche Konsequenzen er daraus zieht.
- »Reflektierendes Team«: Zwei oder mehrere Teilnehmer der Feedback-Gruppe werden vorab dazu bestimmt, sich anschließend in einem vom Feedback-Nehmer und den übrigen Gruppenmitgliedern mitgehörten Gespräch über ihre Wahrnehmungen auszutauschen und zu reflektieren. Die Partner sprechen untereinander, nicht aber zum Feedback-Nehmer. Der Gedankenaustausch soll frei bleiben von dem Bestreben, den Feedback-Nehmer zu beeinflussen. Ebenso soll dieser dem Reflexionsprozess frei folgen können. Der Austausch wird nicht weiter besprochen. Der Verzicht darauf erleichtert den Teampartnern, ihre Beobachtungen zu äußern; das »Mithören« besonders durch den Feedback-Nehmer veranlasst sie zu Sensibilität und Behutsamkeit in ihren Äußerungen. Der Feedback-Nehmer kann nach dem Gespräch die gewonnenen Einsichten und Anregungen mitteilen. (Zum Konzept des »Reflektierenden Teams« s. Andersen 1990)
- Positive Botschaften als »Geschenk«: Jedes Mitglied der Feedback-Runde notiert nach der Lehrprobe auf einem Zettel – anonym oder auch namentlich gezeichnet – eine an den Probelehrer gerichtete positive Botschaft: einen Tipp, eine Er-

mutigung, eine konstruktive Idee etc. Die Zettel werden eingesammelt und dem Feedback-Nehmer als »Geschenk« überreicht. Die »Geschenkinhalte« bleiben sein Eigentum.

• Tandem: Je zwei Teilnehmer tun sich zu einem Tandem zusammen, hospitieren wechselseitig den Unterricht des anderen und geben einander gezielt Feedback. Tandems bilden sich in Vorbereitungssitzungen, in denen es um Grundlagen der Unterrichtsbeobachtung und des Feedback-Gebens geht. Die Arbeit der Tandems, die erreichten Ergebnisse und Lernfortschritte werden in den Gruppensitzungen kontinuierlich besprochen.

Das Fachgebiet Methodik / Didaktik des Hauptfachs begegnet in der Hochschulausbildung in verschiedenen Formen. Nicht nur unter den Ausbildungsinstituten, sondern auch zwischen den Fachmethodiken der einzelnen Hauptfächer eines Instituts zeigen sich beträchtliche Differenzen. An manchen Hochschulen wird Methodik in Vorlesungsform gelehrt, andernorts ist es ein interaktives Fach mit Seminar- oder Übungscharakter. Für eine sinnvolle Konzipierung des Fachgebiets wäre zu beherzigen, was Monika Twelsiek und Wolfgang Rüdiger als »Grundsatz einer jeden lebendigen, differenzierten Fachmethodik« formuliert haben: »Didaktik / Methodik-Unterricht muss genauso inhaltlich variabel, methodisch abwechslungsreich und thematisch stimmig sein wie der Instrumentalunterricht, für den er ausbildet.« (Twelsiek / Rüdiger 2004, S. 45, orig. kursiv) Zur methodischen Differenziertheit eines guten Methodikunterrichts gehören

• ein beständiger Wechsel von theoretischem Verständnis und praktischer Erprobung bestimmter Unterrichtsprinzipien (z.B. verschiedener Möglichkeiten der Verbalisierung, der körpersprachlichen Darstellung von Musik);

• das Üben bestimmter Fähigkeiten (z.B. plastisches Demonstrieren als Element eines ertragreichen Imitationslernens, klares Formulieren von Anleitungen zum differenzierten Wahrnehmen musikalischer und spieltechnischer Details, lernfördernder Wechsel von Sprechen und Musikmachen, Call-and-Response-Verfahren mit rhythmischen und melodischen Patterns);

• eine Lehrprobenpraxis mit verschiedenen Beobachtungs-, Auswertungs- und Feedback-Techniken (z.B. genaues Beschreiben des Ablaufs, Vergleich von Geplantem und Realisiertem, Analyse einzelner Unterrichtsschritte anhand von Videoaufnahmen, gezieltes Feedback nach Maßgabe der Bedürfnisse des Unterrichtenden).

Mitunter finden einzelne Ausbildungsinhalte in Instrumentengruppen statt. An der Berliner Universität der Künste etwa arbeiten die Studierenden aller Holzblasinstrumentenklassen in einer gemeinsamen Lehrpraxisveranstaltung unter wechselnder Leitung von Lehrenden der verschiedenen Instrumentenklassen zusammen. Zudem können hier Instrumentalpädagogik-Studierende, für deren Instrument erfahrungsgemäß keine spezielle viersemestrige Methodikausbildung zusätzlich zur zweisemestrigen Lehrpraxis erforderlich ist, eine der im Studienplan vorgesehenen Methodikveranstaltung in einem anderen Hauptfach absolvieren. Immer wieder berichten die betreffenden Studierenden, dass sie durch diese über das eigene Instrument hinausreichenden Erfahrungen im Fachgebiet Methodik wertvolle Einsichten und Anregungen gewinnen. Bei Studienreformen wäre anzustreben, die Angebote in den Methodiken der verschiedenen Hauptfächer noch mehr aufeinander abzustimmen und durchlässiger zu gestalten.

Unterrichtspraktikum

Eine wichtige Veranstaltung für die Beschäftigung mit methodischen Möglichkeiten des Unterrichtens und den Erwerb methodischer Kompetenzen ist das Unterrichtspraktikum, das die meisten instrumental- und vokalpädagogischen Studiengänge für das Hauptstudium vorsehen. In diesem Praktikum sollen die Studierenden in einem musikpädagogischen Tätigkeitsfeld außerhalb der Ausbildungsinstitution, in der Regel an einer öffentlichen Musikschule, Unterricht im jeweiligen Hauptfach »besuchen, beobachten, protokollieren, reflektieren, sodann unter Anleitung planen und gestalten« (Formulierung aus der Studienordnung des Studiengangs Pädagogische Ausbildung an der Universität der Künste Berlin). Jeder Studierende soll eine möglichst große Spannweite von Unterricht kennenlernen: in verschiedenen Leistungsstufen (Frühinstrumental-, Anfänger-, Fortgeschrittenenunterricht, studienvorbereitende Ausbildung), in unterschiedlichen Altersgruppen inklusive Erwachsenenunterricht sowie in verschiedenen Unterrichtsformen (Einzel-, Partner-, Gruppen-, Kammermusik-, Ensembleunterricht). Das Spezifische des Unterrichtspraktikums liegt in der Betreuung des Studierenden durch einen selbst gewählten Mentor. Die Zusammenarbeit mit ihm führt über Hospitationen von dessen Unterricht, Beobachtungen unter bestimmten pädagogischen bzw. didaktisch-methodischen Aspekten, Nachgespräche, Übernahmen von Teilen einzelner Stunden unter Anleitung des Mentors, Besprechungen dieser Unterrichtssequenzen bis hin zur Planung, Durchführung und Nachbereitung von Unterrichtsstunden unter der Betreuung des Mentors. Das Unterrichtspraktikum bedeutet für viele Studierende eine besonders intensive Phase ihrer Ausbildung im Bereich der methodischen Kompetenzen. Das Erleben und Lernen vor Ort in echten (und nicht wie in hochschulischen Veranstaltungen meist simulierten) Unterrichtssituationen, das enge persönliche Betreuungsverhältnis zwischen Student und Mentor und das Hin und Her zwischen Reflexion und konkretem Handeln bieten ein enormes Lernpotenzial. Da in den vorangegangenen Ausbildungsteilen fundierte methodische Kenntnisse und Fähigkeiten erworben wurden, können sich Student und Mentor als Partner fühlen, die sich wechselseitig anregen und voneinander lernen. So summiert, verdichtet und entwickelt das Unterrichtspraktikum die im bisherigen Studium erworbenen methodischen Kompetenzen.

Musikalische Gruppenleitung

Wertvoll für die pädagogische Praxis sind auch die Erfahrungen, die Studierende in Fächern des Bereichs Musikalische Gruppenleitung machen. Arbeitsweisen der Elementaren Musikpädagogik mit Kindern erproben, ein Ensemble dirigieren, eine Improvisationsgruppe anleiten, die Umsetzung von Musik in Bewegung erarbeiten, Techniken in Bodypercussion vermitteln, ein Stück experimentelle Musik einstudieren – all dies sind Tätigkeiten, die die methodischen Fähigkeiten von Instrumental- und Vokalpädagogen bereichern. Wer Gruppen- und Klassenunterricht erteilen und Ensembles betreuen wird, gewinnt durch Veranstaltungen in Musikalischer Gruppenleitung ein vielseitig verwendbares methodisches Repertoire. Aber auch im »klassischen« Einzelunterricht lassen sich viele der dort erworbenen Fähigkeiten verwenden. Auch in diesem Unterricht kann und soll gesungen, dirigiert, Musik in Bewegung umgesetzt, getanzt, experimentiert und mit den Klangmöglichkeiten des Körpers geübt werden.

Hauptfachunterricht

»Last, but not least« bleibt der Hauptfachunterricht als Ort methodischen Lernens zu bedenken. Wie der Unterricht vor dem Studium hat auch der hochschulische Hauptfachunterricht eine (positive oder negative) Modellqualität für das methodische Handeln. Zwar verfolgt er ein primär künstlerisches Ziel – die Studierenden sollen ihre musikalischen Darstellungsfähigkeiten entwickeln –, aber dennoch wirkt sich der Hauptfachunterricht auch stark auf das pädagogische und methodische Lernen aus. Künstlerisch zu unterrichten ist eine pädagogische Tätigkeit. Studierende lernen von ihren künstlerischen Lehrern nicht nur die Resultate von Vermittlung, sondern ebenso deren Verfahrensweisen. Dieses Handeln wird in der Regel nicht thematisiert und näher erörtert, sondern schlichtweg praktiziert. Zwar ist es gebunden an die Persönlichkeit der jeweiligen Lehrkraft und begrenzt auf seine spezifische »Handschrift«. Seine Vorbildfunktion und die mimetische Übernahme durch den Schüler allerdings bewirken in der Regel ein intensives Lernen – oft wohl ein intensiveres als das durch mündliche und schriftliche Instruktion in den Fächern Methodik und Musikpädagogik ausgelöste Lernen. Bianka Wüstehube berichtet über ihre Erfahrungen als Hochschullehrerin im Fach Violindidaktik und die dort stattfindenden studentischen Lehrproben: »Es wird mit hoher Motivation unterrichtet, aber meistens stellt sich in der Nachbesprechung heraus, dass von den neu erworbenen Methoden wenig bis gar nichts umgesetzt wurde. Die Studentinnen unterrichten eher so, wie sie es von ihrem eigenen Instrumentalunterricht her kennen. Wenn sie eine Videoaufnahme ihres Lehrversuchs betrachten, sind sie oft überrascht, wie sehr ihr Lehrverhalten dem ihrer jetzigen oder auch dem früherer Lehrerinnen gleicht.« (Wüstehube 2002, S. 53) Sofern die persönliche Beziehung und die fachliche Qualität des Unterrichts gut sind, werden Studierende ihre Lehrer bewundern und sich mit ihnen identifizieren (»so möchte ich auch sein«, »das möchte ich auch können«). Im eigenen Unterrichten können Studierende ausleben, »so zu sein« wie der bewunderte Lehrer. Hier können sie die im Hochschulunterricht erlebten methodischen Verfahrensweisen praktizieren und versuchen, sie an das begrenztere Leistungsvermögen ihrer Schüler zu adaptieren. Die Qualität der übernommenen Methoden bleibt oft unhinterfragt, sind sie doch durch Autorität und Erfolg des Hochschullehrers verbürgt. Allerdings »funktionieren« die im eigenen Hauptfachunterricht produktiv erlebten Vorgehensweisen unter den anderen Bedingungen eines Unterrichts mit Kindern bzw. Laien nicht ohne Weiteres. Dies erfahren die meisten Studierenden im weiteren Verlauf ihrer Unterrichtstätigkeit. Solche irritierenden und frustrierenden Erfahrungen bewirken oft eine allmähliche Lösung von dem bis dahin unkritisch übernommenen methodischen Modell des eigenen Hauptfachunterrichts. Vor allem den Fächern Musikpädagogik und Methodik des Hauptfachs kommt die Aufgabe zu, die pädagogische Emanzipierung vom Hauptfachunterricht zu unterstützen und eine Neuorientierung des pädagogischen Handelns zu ermöglichen.

Schwächen und Verbesserungsmöglichkeiten der Hochschulausbildung

Der Erörterung der verschiedenen Fächer führt zu der Frage nach Schwächen und Verbesserungsmöglichkeiten der Hochschulausbildung im Hinblick auf den Erwerb methodischer Kompetenzen.

Zunächst mangelt es häufig an Abstimmungen zwischen den Lehrenden bestimmter Fächer im Hinblick auf deren Inhalte. Studierende monieren öfters Überschneidungen und Verdopplungen in den Fächern Musikpädagogik und Didaktik / Methodik des Hauptfachs. Eine klare Grenzziehung zwischen Allgemeiner Instrumental- und Vokaldidaktik und dem Besonderen der einzelnen Fachdidaktiken bleibt allerdings schwierig. Ist sie überhaupt wünschenswert? Die Mehrfachbehandlung von methodischen Themen hat ja durchaus auch ihr Gutes: Das Verständnis für bestimmte Probleme wächst in wiederkehrender Auseinandersetzung mit ihnen, und ein nachhaltig wirksames Lernen stellt sich oft erst durch die erneute Reflexion bestimmter Fragen und Probleme aus einer anderen Perspektive ein. Gleichwohl bedarf es differenzierter Abstimmungen und Arbeitsbündnisse zwischen den Fächern Musikpädagogik und Didaktik / Methodik des Hauptfachs. Nur in enger Kooperation des Fachs Musikpädagogik und der Fachmethodiken kann eine substanzielle Weiterentwicklung einer übergreifenden Allgemeinen Instrumental- und Vokaldidaktik erfolgen. »Der Musikpädagogik kommt dabei eine federführende Rolle zu: Sie hat die Aufgabe, Beiträge der Fachmethodiken aufzugreifen, in Verbindung zu bringen und theoretisch zu reflektieren. Sie selbst wird um so substanzreicher, je mehr sie sich auf fachmethodische Gegebenheiten einläßt. Von gemeinsam durchgeführten Veranstaltungen profitieren beide Fachkomplexe sowie alle daran Beteiligten: Die Musikpädagogik kann sich als produktives theoretisches Fach bewähren und den Vorwurf der ›Abgehobenheit‹ widerlegen, indem sie sich der instrumentaldidaktischen Praxis stellt und sie anregt; die Fachmethodiken können ihren auf das betreffende Instrument begrenzten Blickwinkel ausweiten; und nicht zuletzt erleben die Studierenden die praktizierte Fortbildung der Lehrenden als ein vorbildhaftes Beispiel interdisziplinärer Teamarbeit, das der Vereinzelung der Ausbildungsfächer entgegenwirkt.« (Mahlert 1999, S. 41)

Des Weiteren ließe sich die Hochschulausbildung im Hinblick auf den Erwerb methodischer Kompetenzen verbessern, indem die Durchlässigkeit der Lehre in den künstlerischen Hauptfächern und auch unter den Fachmethodiken ausgeweitet würde. Nach wie vor erhält jeder Studierende in der Tradition der Meisterlehre fast ausschließlich von *einem* Hauptfachlehrer Unterricht. Hier, unter der Obhut des Meisters und im Schutzraum des Einzelunterrichts (der allenfalls hin und wieder durch Klassenunterricht ergänzt wird), sollen die künstlerischen Potenziale des Studierenden langsam wachsen. Wie sehr würde sich das Spektrum sowohl künstlerischer wie methodischer Erfahrungen ausweiten, wenn mehr Hospitationen, Kooperationen, instrumentenübergreifende Projekte unter Beteiligung mehrerer Lehrkräfte zu den festen Bestandteilen einer künstlerisch-pädagogischen Hochschulausbildung gehörten. Ähnliches gilt für die Methodikausbildung. Auch hier sind die Möglichkeiten von anregenden Grenzüberschreitungen trotz der erwähnten vorhandenen Formen des Zusammenwirkens bei Weitem noch nicht ausgeschöpft. Eine Kultur der Ausbildung kann sich nicht zufriedengeben mit einem bloßen Nebeneinander von parzellierten Lehrgebieten. Die Lernpotenziale gerade auch in methodischer Hinsicht wachsen mit der Durchlässigkeit von Ausbildungsklassen und Studienangeboten.

Berufspraxis

Das im Studium Gelernte bildet die Basis für ein fortwährendes Reflektieren und Weiterentwickeln der methodischen Kompetenzen in der Berufspraxis des Unterrichtens. Methodische Kompetenz als ein Ziel der Ausbildung besteht nicht in einem klar bestimmbaren Kompendium von »Skills«, die am Ende als »Fertigbauteile« des Unterrichtens zur Verfügung stehen, sondern in der Fähigkeit, den nicht voraussehbaren Anforderungen der Praxis mit eigenen methodischen Lösungen gerecht zu werden. Die Einsicht in die Notwendigkeit eines »lebenslangen Lernens« wäre ein hoch zu schätzendes Ausbildungsergebnis. Erforderlich zu diesem Lernen sind neben der fortwährenden Beobachtung, Reflexion und Planung der eigenen Unterrichtspraxis die kontinuierliche Beschäftigung mit Fachliteratur und neuen Lehrwerken. Vielerlei Möglichkeiten bieten darüber hinaus Fort- und Weiterbildungsangebote von Musikschulen, Musikakademien und Hochschulen. Fortbildungsveranstaltungen haben in der Regel einen geringen zeitlichen Umfang und zielen auf Vertiefungen der vorhandenen Fähigkeiten oder Bekanntmachung mit neuen Ansätzen. Weiterbildungen sind längerfristig angelegt und vermitteln die didaktisch-methodischen Kompetenzen für neue Tätigkeitsfelder (z. B. Bereiche der Elementaren Musikpädagogik, Klassenmusizieren, Musikunterricht mit Behinderten, Arbeit mit verschiedenen Unterrichtsfor-

men). Erfahrungsgemäß werden solche Angebote vor allem von besonders aufge-
schlossenen, innovationsfreudigen Lehrkräften genutzt – wohingegen viele Lehrer,
deren Unterrichtspraxis erheblich dringender neuer Anregungen bedarf, in ihrer nach
eigener Sicht erprobten und bewährten, tatsächlich aber von Routine und Erstarrung
bedrohten Praxis verharren. Das viel beschworene »lebenslange Lernen« ist keine
Selbstverständlichkeit.

8. Worin besteht methodische Kompetenz?
Ein Katalog prinzipieller Fähigkeiten

Zum Schluss des I., theoretisch orientierten Teils dieses Buchs und als Ausblick auf den II., auf methodische Praxis ausgerichteten Teils ist eine Zwischensumme angebracht. In den vorangegangen Ausführungen sind vielerlei grundlegende methodische Kompetenzen zur Sprache gekommen. Ich fasse sie hier zusammen und erweitere sie um zusätzliche Komponenten. Damit möchte ich den (durchaus subjektiven) Versuch machen, einen Idealkatalog methodischer Grundqualitäten zu entwerfen, der tendenziell von basalen zu spezielleren »Skills« führt. Er beinhaltet vor allem folgende Qualitäten:

- sich interessieren für die Persönlichkeiten von Lernenden, sie in ihren Individualitäten und Potenzialen wahrnehmen und schätzen;
- über grundlegende kommunikative und beziehungsfördernde Fähigkeiten verfügen: eine angstfreie, angenehme, offene, anregende, von Wohlwollen und Humor getragene Atmosphäre schaffen können, sich in andere Menschen und ihre jeweiligen Befindlichkeiten versetzen können, zuhören können, sich zurücknehmen können, Anteil nehmen, eine Sprache sprechen, die verstanden wird und die einlädt zum Gespräch;
- Interesse haben an den Lernwünschen, -möglichkeiten und -bedingungen von Schülern und sie berücksichtigen bei der Gestaltung des Unterrichts;
- sich vor Überschätzung methodischer »Machbarkeit« bewahren; inne sein der Tatsache, dass nicht nur Erziehung, sondern auch Unterricht »in den wichtigsten Bereichen eine Kunst des Geschehenlassens, nicht eine Kunst der Formung« ist (Picht 1950/1965, S. 28, orig. kursiv);
- über differenzierte sprachliche und körpersprachliche Ausdrucksmöglichkeiten verfügen (Handhabung verschiedener Sprachstile, die schüler-, situations- und musikbezogen einzusetzen sind, gleichwohl aber authentisch mit der Person des Lehrenden verbunden bleiben); die Fähigkeit, die eigene Redezeit zu begrenzen, ggf. äußerst knapp und klar zu formulieren; die Fähigkeit, kurze Pausen zwischen musikalischen Aktionen und sprachlichen Mitteilungen einzuschalten (d.h. lernfördernde Pausen des Innehaltens zur Vergegenwärtigung des Gehörten, getragen vom Respekt vor der Musik und dem Lernenden);
- ein Bewusstsein haben für den Zusammenhang methodischen Handelns (als Ausrichtung auf das »Wie« des Unterrichts) mit den anderen didaktischen Grundfaktoren (»*wer* lernt *was – wann – mit wem – wo – wie – womit – warum – wozu?*«); sich methodisch inspirieren lassen von den Möglichkeiten, die die Variabilität auch der anderen Faktoren bietet;
- sich methodisch leiten lassen sowohl vom jeweiligen Schüler (d.h. ein Gespür dafür haben, was ein Schüler jeweils »braucht«) als auch von der jeweiligen Musik und den jeweiligen Möglichkeiten der eigenen Person; eine Balance zwischen diesen Leitinstanzen finden;

- methodisches Handeln als kreatives Tätigsein betreiben; Schematismus, bequeme Routine und »Patentrezepte« in der methodischen Gestaltung vermeiden;
- die Besonderheit der jeweiligen Unterrichtssituation erfassen und aufgrund einer breiten Methodenkenntnis an Ort und Stelle ein sinnvolles methodisches Handeln generieren und praktizieren können;
- fähig sein, methodisch kleinschrittig und weiträumig zu unterrichten, was dreierlei bedeutet: 1. Aufgaben so weit elementarisieren können, bis sie dem Schüler begreiflich werden; 2. einzelne Stunden als einen inhaltlich und lerntechnisch sinnvollen Zusammenhang gestalten; 3. größere kohärente Unterrichtseinheiten konzipieren und durchführen;
- vertraut sein mit vielerlei methodischen Verfahren in verschiedenen Arbeitsgebieten, Lernfeldern und Formen des Instrumental- und Vokalunterrichts; differenzierte musikalische Kompetenzen besitzen; fähig sein, zum Verstehen der zu spielenden Musik anzuleiten; mit dem Lernenden die jeweilige Musik nach Maßgabe ihrer Eigenart erschließen können, d. h. die Anleitung zum Ausführen mit der Anleitung zu einem (kognitiv und performativ verstandenen) »Begreifen« der musikalischen Strukturen verbinden; den Lernenden befähigen, ein Musikstück übend »nachzukomponieren«;
- fähig sein, Musik als eine zu Kunst lehren, die mit vielen anderen Phänomenen und Gebieten (körperlichen Gegebenheiten wie Atem, Gesten, Mienenspiel, Haltungen usw., anderen Künsten, Geschichte, Philosophie usw.) verbunden ist; durch Verknüpfungen von inner- und außermusikalischen Realitäten Musik als eine Weise des Erschließens von Welt vermitteln und auch so die Möglichkeiten musikalischer Bildung fördern.

Vermutlich werden viele methodisch reflektierende Lehrkräfte in diesem Idealkatalog bestimmte, ihnen jeweils besonders wichtige Kompetenzen vermissen. Es wäre ein Leichtes, den Katalog zu erweitern. An seinem Ende ist also unbedingt ein »und so weiter …« zu ergänzen. Keineswegs soll der Katalog entmutigen. Kaum jemand wird die Fülle der genannten und möglichen weiteren Postulate vollständig einlösen können. Seinen Zweck erfüllt der Katalog vor allem darin, dass er zur Klärung eigener methodischer Prioritäten und zur Selbstbeobachtung anregt. Möglich und sinnvoll wäre es, sich für einige Tage oder Wochen der eigenen Unterrichttätigkeit bestimmte Elemente des Katalogs gleichsam als Scheinwerfer auszuwählen und sie regelrecht zu üben, d. h. sie in den vielfältigen Situationen mit diversen Schülern möglichst gut und immer besser zu realisieren. So ließe sich das eigene methodische Handeln weiterentwickeln. Dabei wird wohl nie ein »optimales« Vorgehen zu erreichen sein. Persönliche Qualitäten und »handwerkliche« Fähigkeiten sind immer weiter verbesserbar. Vor allem gibt es in der methodischen Praxis kein Optimum, weil *sich Relevanz immer erst im Nachhinein bestimmen lässt. […] Ob unser Tun ›relevant‹ ist, wissen wir immer erst im Nachhinein, und selbst dann dauert es oft lange, bis sich die Wirkungen zeigen.«* (Feyerabend 1995, S. 209)

97

II. Methodische Kompetenzen in ausgewählten Handlungsfeldern: Überlegungen, Prinzipien, Möglichkeiten

1. Einführung

Bereits im I. Teil sind viele methodische Kompetenzen zur Sprache gekommen. Dies geschah im Zusammenhang mit systematischen Kriterien, die für den Instrumental- und Vokalunterricht von Belang sind: Bildungsqualitäten des Musizierens und des Musikunterrichts (1. Kapitel), Bedingungsfaktoren des Lernens (2. Kapitel), Grundauffassungen methodischen Handelns (3. Kapitel), Erscheinungsformen des Begriffs »Methode« in der Instrumental- und Vokaldidaktik (4. Kapitel), Modellvorstellungen von Methoden (5. Kapitel), Prinzipien musikalischen Lernens (6. Kapitel) sowie dem Lernen und Lehren methodischer Kompetenzen (7. Kapitel). Abgeschlossen wurde der I. Teil mit einem Katalog prinzipieller methodischer Fähigkeiten (8. Kapitel). Er summiert die Kompetenzen, die sich in den vorangegangenen Ausführungen ergaben.

Der II. Teil dieser Arbeit thematisiert methodisches Handeln im Instrumental- und Vokalunterricht unmittelbarer und konkreter. Es geht nun um methodische Prinzipien und Möglichkeiten in wichtigen Handlungsfeldern. In der Hauptsache möchte dieser Teil ein breites bereichsspezifisches Methodenrepertoire vermitteln.

In der Arbeit mit Studierenden, bei Fortbildungen von Lehrkräften wie auch beim Nachdenken über die eigene pädagogische Tätigkeit artikulieren sich Fragen zur Praxis methodischen Handelns im Unterricht vielfach in Ich-Form. Ausbilder sind ständig mit solchen Fragen konfrontiert: »Wie kann ich meinen Schüler davon überzeugen, dass der Unterricht mehr Spaß macht, wenn er regelmäßig übt?« – »Wie kann ich meinen Schüler zum Üben anleiten?« – »Wie kann ich den Unterricht interessant gestalten, wenn der Schüler nicht geübt hat?« – »Wie kann ich technische und musikalische Arbeit verbinden, sodass die technische Arbeit nicht stumpfsinnig wird?« – »Wie bringe ich Notenlesen bei?« – »Wie kann ich meinem Schüler Rhythmusgefühl beibringen?« – »Wie kann ich ein neues Stück einführen?« – »Wie kann ich meinem Schüler helfen, seine Persönlichkeit zu entfalten und sein persönliches Empfinden in sein Musizieren einzubringen?« – »Wie kann ich meinem Schüler ein gutes Selbstbewusstsein vermitteln?« – »Wie schaffe ich eine gute Unterrichtsatmosphäre?« – »Wie erlange ich das Vertrauen eines Schülers?« – »Wie kann ich jemanden für das Instrument begeistern?« – »Wie unterrichte ich Anfänger?« – »Wie kann ich die Eltern meiner Schüler in meinen Unterricht einbinden?« usw. – Dies ist nur eine kleine Auswahl aus einer immensen Fülle von Fragen.

Fragen der besagten Art (»Wie tue ich dies«-Fragen) haben zwei Vorzüge: Zum einen formulieren sie deutlich bestimmte in der Praxis erfahrene Probleme des Lehrens. Zum anderen zeigen sie in der Ich-Diktion den Wunsch, dass das jeweilige Handeln ein möglichst authentisches, dem jeweils Lehrenden gemäßes sein soll. Dies entspricht der im I. Teil dargelegten Einsicht, dass kompetentes methodisches Agieren stets gebunden bleibt an die jeweils lehrende Persönlichkeit, also abhängig ist von ihrem Stil, ihrer Haltung, ihrem pädagogischen Profil. Wer »Wie tue ich dies«-Fragen stellt, möchte zwar gern griffige Rezepte erhalten, die reibungslos funktionieren und zu sicherem Erfolg führen. Gleichzeitig aber steckt in der Formulierung der Frage bereits die Einsicht in die Irrigkeit dieser Erwartung. Antworten auf »Wie tue ich dies«-Fragen können und müssen je nach Lehrerpersönlichkeit sowie nach den besonderen Bedingungen des Unterrichts mit den jeweils Lernenden vielfältig und unterschiedlich sein.

Methodische Fragen sind unbegrenzt. Alle möglichen Situationen, Probleme, Vorfälle, Aufgaben, Gegenstände, Gegebenheiten usw. können zum Anlass methodischen Fragens werden. Sogar Methoden selbst können methodisch befragt werden: Wann, unter welchen Umständen sind sie sinnvoll, welchen Gestaltungsspielraum bieten sie, worauf ist im jeweiligen Fall zu achten …? Die Beschäftigung mit jeder Frage führt zu neuen Fragen. Jede Unterrichtsstunde ist ein einzigartiges Geschehen, jede Situation im Unterricht ein einmaliges Ereignis. Demgemäß stellen sich jedem Lehrenden fortwährend neue und andere methodische Fragen. Ein »vollständiger« Katalog ist nicht möglich.

Methodische Fragen können in übergreifende Komplexe gebündelt werden. Das geschieht mit den als »Handlungsfelder« bezeichneten Themen, die in den nachfolgenden Kapiteln unter methodischen Gesichtspunkten erörtert werden. Bei einigen von ihnen handelt es sich um eine Auswahl von Lernfeldern, die Anselm Ernst als Konkretisierung der inhaltlichen Dimension von Instrumentalunterricht dargestellt hat (Ernst 1991, S. 41–69). Das gilt für die Kapitel »Üben«, »Interpretieren«, »Improvisation«, »Technik«. Andere Handlungsfelder betreffen weitere wichtige Inhalte von Instrumental- und Vokalunterricht: »Rhythmus«, »Spielen«, »Notenschrift«. Eine weitere Gruppe beschäftigt sich mit wichtigen Tätigkeiten und Aufgabenbereichen: »Unterrichtsplanung und -vorbereitung«, »Unterrichtsaufbau und -dramaturgie«, »Motivieren«, »Elternarbeit«, »Kommunikation«. Schließlich werden noch »Unterrichtsformen« im Hinblick auf prinzipielle methodische Fragen und Möglichkeiten bedacht.

Mit den thematisierten Handlungsfeldern rückt ein relativ breites Spektrum wichtiger methodischer Kompetenzen und eine große Vielfalt von »Wie tue ich dies«-Fragen ins Blickfeld. Gewählt wurden solche Bereiche, die sich in der Arbeit mit Studierenden und in Fortbildungen als besonders dringlich und ergiebig zeigten. Vermutlich betreffen sie Probleme, die bei den meisten Lehrkräften im Instrumental- und Vokalunterricht immer wieder als besondere Herausforderungen auftauchen und daher eine dauerhafte Beschäftigung erfordern.

Viele »Wie tue ich dies«-Fragen überlappen sich, und so gibt es auch bei den in den nachfolgenden Kapiteln thematisierten Handlungsfeldern mancherlei Überschneidungen. Ein Beispiel: Die methodische Qualität des Übenlehrens hängt nicht nur davon ab, ob der Lernende Klarheit über bestimmte Möglichkeiten und Gesetzmäßigkeiten des Übens (»Überegeln«) gewinnt; ebenfalls wichtig ist, ob die Vermittlung zur rechten Zeit geschieht (ob also der Lehrende unterrichtsdramaturgisch den »Kairos« für seine Lehre findet), und ob die Art der Kommunikation motivierend ist; ferner hängt sie ab von den jeweiligen Gegenständen des Übens (Literaturspiel,

Improvisieren, »technisches« Üben), von Ausrichtungen auf bestimmte Aspekte (Erschließung von Notentexten, musikalischen Parametern wie Rhythmus, Klang, Agogik), von einer sinnvollen Handhabung und Mischung diverser Aktivitätsformen wie Spielen, Erklären, Vormachen usw. Alle »Wie tue ich dies«-Fragen und alle methodischen Vorgehensweisen in einem bestimmten Handlungsfeld lassen sich unter verschiedenen Gesichtspunkten betrachten. Von jedem Handlungsfeld aus können Schweinwerfer auf jedes andere gerichtet werden. So finden sich in jedem Kapitel Antworten auch auf solche »Wie tue ich dies«-Fragen, die primär einem anderen Handlungsfeld angehören bzw. anzugehören scheinen. Dadurch kommt es gelegentlich zu Wiederholungen: Bestimmte methodische Hinweise sind in verschiedenen Zusammenhängen relevant. Jedes methodische Handeln, jeder methodische Schritt vollzieht sich in einem dichten Bedingungsgefüge von diversen Einflussgrößen. So beinhaltet jedes methodische Handeln nicht anders als jede kommunikative Aktion stets neben dem Sachaspekt auch eine Selbstkundgabe, eine Beziehungsebene und eine Appellfunktion. Nicht nur die sachliche Adäquatheit, sondern auch die mehr oder minder gelingende Stimmigkeit in diesen vier Bereichen entscheidet über das Gelingen jeder methodischen Vorgehensweise. Die Zuordnung zu bestimmten Handlungsfeldern ist nötig, um methodisches Handeln sachlich zu systematisieren und lehrbar zu machen. Letztlich jedoch verkürzen alle Zuordnungen die multifaktoriellen Zusammenhänge, in dem jedes methodische Handeln steht. Die Einsicht in diesen Vorgang bewahrt vor dem Irrglauben an umstandslose Machbarkeit von Unterrichtserfolgen allein durch sachlogisch richtige Methodenwahl. Oft liegen die Ursachen von Vermittlungsproblemen im Unterricht außerhalb des bewusst gesteuerten methodischen Handelns von Lehrenden.

Nirgends verstehen sich die Ausführungen zu den verschiedenen Handlungsfeldern als Anweisungen, sondern stets als Möglichkeiten und als Anregungen. Jede Leserin und jeder Leser soll eigenes aus ihnen hervorbringen. Patentrezepte kann es nicht geben, wohl aber Material, durch das sich Lehrende zum Nachdenken über die eigene pädagogische Praxis inspiriert, zum Erproben verschiedener Ideen und zum Entwickeln eigener methodischer Fantasie bewogen fühlen sollen. Auch methodische Kompetenzen werden konstruktivistisch, durch reflektierendes Handeln, erlernt – nicht aber durch umstandslose Übernahme einer instruktivistisch vermittelten Lehre.

Alle Kapitel sind im Umfang und in der Diktion knapp und bündig gehalten. Jedes der Handlungsfelder, die in den einzelnen Kapiteln thematisiert werden, ließe sich didaktisch weitläufig erörtern. Die Ausführungen verzichten darauf und sind von der Bemühung getragen, die zugrunde liegenden didaktischen Fragen möglichst komprimiert zu erfassen und sodann ohne Umschweife eine Folge von methodischen Handreichungen zu geben. Jedes Kapitel folgt diesem Aufbauprinzip und besteht somit aus zwei Teilen. Der erste Teil lautet jeweils »Didaktische Vorüberlegungen«, der zweite, umfangreichere »Methodische Prinzipien und Möglichkeiten«. Die didaktischen Vorüberlegungen fragen danach, welche Aufgaben und Bedingungen methodisches Handeln im jeweiligen Bereich zu berücksichtigen hat. Die nachfolgenden methodischen Konkretisierungen erstreben eine »generative« Methodenlehre: Die Leserinnen und Leser sollen angeregt werden, aus den dargelegten Prinzipien eigene Handlungsformen zu entwickeln. Als Beispiele dienen die den »Prinzipien« beigefügten »Möglichkeiten«. Die »Methodischen Prinzipien und Möglichkeiten« bauen durchweg nicht aufeinander auf, sondern bilden eine Reihe von nebeneinander bestehenden Optionen. Welche davon für den jeweiligen Bedarf besonders fruchtbar sind, muss der Leser entscheiden. Um die gegebenen Handreichungen deutlich voneinander abzugrenzen, wurden sie jeweils durchnummeriert.

Die Ausführungen sind von zwei Seiten aus entstanden. Zum einen erwuchsen sie aus dem Bedürfnis, Novizen im Bereich der Instrumental- und Vokaldidaktik bei der didaktischen Klärung ihrer vielen »Wie tue ich dies«-Fragen zu helfen und ihnen jeweils ein Grundrepertoire von »generativen« Handlungsmöglichkeiten zu geben. Zum anderen sind viele in Fortbildungen mit fortgeschrittenen Lehrkräften entstandene Einsichten und Ideen in die Kapitel eingegangen. Daher wollen die Handreichungen beiden Gruppen nutzen: Anfängern im Unterrichten als ein erstes, eigenständig anzueignendes und umzusetzendes methodisches Rüstzeug, erfahrenen Lehrenden als eine Möglichkeit, im Scheinwerferlicht der gegebenen Anregungen die eigene Unterrichtspraxis genauer zu betrachten und das eigene Methodenrepertoire zu bedenken, zu differenzieren und zu erweitern.

Immer wieder führen die dargelegten methodischen Prinzipien und Möglichkeiten hinaus über »handfeste« lernfeldgebundene Lehreraktionen, an die man üblicherweise bei dem Wort »Unterrichtsmethoden« denkt. Sie beziehen sich etwa auf die Gestaltung der Beziehung zum Schüler, auf Umgangsweisen mit sich selbst, auf pädagogische Einstellungen und Haltungen. Sie reichen somit in die Grundlagen des eigenen Selbstverständnisses als Lehrkraft und in die Prinzipien der individuellen Arbeitsweise. Fragen dieser Art sind nicht abschließend beantwortbar, schon gar nicht mit der Nennung einer Folge von konkreten, womöglich noch sukzessiv aufeinander aufbauenden Handlungsschritten. Und dennoch sind auch dies Fragen methodischer Art: Auch in ihnen geht es darum, wie Lehrer und Schüler die Landschaften und Atmosphären des Lehrens und Lernens im Unterricht und darüber hinaus gestalten können.

Durchweg sind die reflektierten Fragen instrumentenübergreifend und auch für den Gesangsunterricht relevant. Jedes Instrument oder zumindest jede Instrumentenfamilie bildet zwar tendenziell ein eigenes musikkulturelles »Biotop«, geprägt von der Literatur des betreffenden Instruments, seiner Spielweise, seiner Geschichte und seiner Verortung im Musikleben. Und doch haben es die Vertreter dieser Biotope immer wieder mit ähnlichen Grundfragen zu tun. Sie gemeinsam zu entwickeln und zu besprechen, nützt allen Beteiligten und kann nicht durch die Fachdidaktik des jeweiligen Instruments bzw. des Gesangs ersetzt werden. In vielen Lehrveranstaltungen und Fortbildungen hat es sich immer wieder als besonders anregend und förderlich erwiesen, wenn Musizierende verschiedener Instrumente und unter Einbeziehung von Sängern miteinander arbeiten. Der Austausch von Angehörigen dieser Biotope bringt wechselseitig neue Wahrnehmungen, Unterrichtserfahrungen und -ideen ins Spiel.

Viele Ideen aus der Praxis der Methodik bestimmter Instrumente und des Gesangs sind in die Kapitel zu den einzelnen Handlungsfeldern eingeflossen. Ein solches Sammeln ist nicht zuletzt eine der wichtigen Aufgaben einer Allgemeinen Instrumental- und Vokaldidaktik: Sie soll nicht nur eine auf Prinzipielles gerichtete Metamethodik der verschiedenen Fachmethodiken sein, sondern auch eine Summe wichtiger auf speziellen Gebieten entwickelter Lernwege.

Am Ende jedes Kapitels stehen einige kommentierte Literaturhinweise. Auch sie folgen dem Prinzip strikter Beschränkung. Lange Literaturlisten entmutigen leicht. Die Absicht der Literaturhinweise ist es, anzuregen zu einer auch bei Zeitknappheit möglichen Vertiefung und einem ersten, über das jeweilige Kapitel hinausführenden Weiterstudium.

2. Unterrichtsplanung und -vorbereitung

Didaktische Vorüberlegungen

Im Unterschied zum Unterricht an allgemeinbildenden Schulen liegen dem Instrumental- und Vokalunterricht keine strikt einzuhaltenden Lehrpläne zugrunde. Die Lehrpläne von Musikschulen haben einen orientierenden, aber keinen reglementierenden Charakter. Die Planung des Unterrichts liegt also weitestgehend in der Kompetenz der Lehrenden. Diese Zuständigkeit eröffnet Chancen, beinhaltet aber auch Probleme.

Chancen bestehen vor allem in der Möglichkeit, die Planung auf die individuellen Lernbedürfnisse, -potenziale und -tempi der Schüler auszurichten. Lehrende können ihre Schüler in die Planung des Unterrichts einbeziehen und sollten dies so weit wie möglich tun. Schüler sind dann nicht länger Objekte didaktischer Planung, sondern sie werden zu Mitbestimmern und -gestaltern ihres Unterrichts. Ein solcher Unterricht kann sich ins Offene entwickeln. Es müssen keine normierten Ziele erreicht werden. Und es spricht nichts dagegen, dass manche Schüler längere Zeit brauchen für das, was anderen alsbald gelingt. Instrumental- und Vokalunterricht bietet Chancen für individualisierte und individualisierende musikalische Bildung.

Probleme der Freiheit von bindenden Lehrplänen liegen darin, dass die Ausrichtung des Unterrichts auf Schülerinteressen leicht zu Unverbindlichkeit und Konzeptlosigkeit in Bezug auf die inhaltliche Planung führen kann. Mit einer radikalen Delegation von Entscheidungen über Inhalte und Ziele des Unterrichts an die Lernenden verlieren Bildungsansprüche von Lehrenden an Maßgeblichkeit. Lehrende werden dann zu Dienstleistern in Bezug auf die Wünsche ihrer »Kunden«. Das aber widerspricht dem Selbstverständnis vieler Lehrender. Sie vertreten »kundenunabhängige« Auffassungen von musikalischer Bildung und sehen ihre Aufgabe nicht zuletzt darin, die vorhandenen Präferenzen ihrer Schüler auszuweiten und ihnen neue musikalische Horizonte zu eröffnen. Somit steht didaktische Planung von Instrumental- und Vokalunterricht im Spannungsfeld von Auffassungen über musikalische Bildung auf Seiten der Lehrenden und den musikalischen Interessen der Lernenden. Unterrichtsplanung als gemeinsame Aufgabe von Lehrenden und Lernenden bedeutet einerseits Offenheit der Lehrenden für die Lernwünsche von Schülern und andererseits die Fähigkeit, Interesse zu wecken auch für noch Unvertrautes und Unbekanntes.

Bei Studierenden und Anfängern in der instrumental- und vokalpädagogischen Arbeit besteht großer Bedarf an Handreichungen für die Planung und Vorbereitung von Unterricht. In der Ausbildung müssen Unterrichtsentwürfe geschrieben werden. Wie sind sie anzulegen? Wie bereitet man sich auf die Vermittlung von Werken vor? Wie plant man größere Unterrichtseinheiten und einzelne Stunden? Wie kann eine Vorbereitung und Planung aussehen, die nicht gängelt und einengt, sondern eine kompetente Offenheit ermöglicht und Spontaneität in der Unterrichtssituation erlaubt?

Instrumental- und Vokallehrer mit viel pädagogischer Erfahrung sind imstande, den Unterricht für bestimmte Schüler gemäß deren Entwicklungsmöglichkeiten und Präferenzen intuitiv längerfristig vorauszuplanen. Auf einzelne Unterrichtsstunden bereiten sie sich kaum mehr so detailliert vor wie Novizen. Sie kennen die Literatur ihres Instruments, sind vertraut mit Instrumentalschulen und anderen Lehrwerken und verfügen über ein in der Praxis erwachsenes reichhaltiges methodisches Handwerkszeug für die Arbeit auf verschiedenen Lernfeldern des Unterrichts. Mit dieser Kompetenz ausgestattet, können sie die Unterrichtsstunden ohne ein vorher ausgearbeitetes didaktisch-methodisches Konzept meistern.

Mit der Erfahrung wächst freilich auch die Gefahr der Routine. Leicht stellt sich ein bewährt erscheinendes »Schema F« im Unterrichtsverlauf ein. Wer dieser Gefahr entgegenwirken will, tut gut daran, neben der längerfristigen Planung immer wieder einzelne Stunden modellhaft vorzubereiten und dabei neue Ideen der Unterrichtsgestaltung und des methodischen Vorgehens zu integrieren. Gute Vorbereitung erleichtert das Betreten neuer Wege, wirkt der Schematisierung von Abläufen entgegen und befördert die methodische Fantasie.

Methodische Prinzipien und Möglichkeiten

1. *Unterrichtsplanung und -vorbereitung sind zu unterscheiden.* Planung ist ausgerichtet auf lang-, mittel- und kurzfristige Zeiträume; Vorbereitung soll in erster Linie die Konzipierung einzelner Stunden oder auch einer Reihe von Stunden ermöglichen. Die Planung von Unterricht erstrebt einen zielorientierten, inhaltlich und methodisch bestimmten didaktischen Zusammenhang. Planung gibt Antworten auf die Frage, was in einem bestimmten Zeitraum wie erreicht werden soll. Unterrichtsvorbereitung ist zunächst offen angelegt: als ausgiebige Beschäftigung mit der zu vermittelnden Sache (Werken, Übungen, musikalischen Aufgaben usw.), aber auch mit den Interessen und Potenzialen der Lernenden und mit methodischen Möglichkeiten. Unterrichtsvorbereitung lotet das Spektrum potenzieller Vermittlungsweisen aus. In der konzeptionellen Erarbeitung einzelner Stunden geht also die Vorbereitung der Planung von Unterricht voran. Aus der Vorbereitung, die noch keine Rücksicht auf die Modalitäten der Durchführung von Unterricht nehmen muss, erwächst die konkrete Planung einzelner Stunden bzw. mehrerer Stunden als zusammenhängender Einheit. Planung bringt eine Auswahl der in der Vorbereitung erarbeiteten Möglichkeiten in einen bestimmten, sachlogisch sinnvollen und auf den Schüler abgestimmten Zusammenhang, der dann als Leitfaden für den Unterricht fungiert. Vor allem pädagogischen Anfängern ist zu raten, bei der Konzipierung von Unterricht der Verlaufsplanung eine ausgiebige Phase der Vorbereitung im beschriebenen Sinn vorangehen zu lassen.

2. *Bei der Planung von Unterricht gehören länger-, mittel- und kurzfristige Zielperspektiven zusammen.* Zwar lassen sich die Entwicklungen insbesondere von Kindern

nur sehr begrenzt voraussehen, und doch brauchen Lehrer eine Vision von dem, wohin sie ihre jeweiligen Schüler in einigen Jahren bringen möchten. Ebenso sind konkrete mittelfristige Ziele (bestimmte Werke, technische Fähigkeiten, Vorspiele etc.) nötig, um ein orientierungsloses Werkeln von Stunde zu Stunde zu vermeiden. Die planerische Kunst des Lehrers zeigt sich darin, die drei Zeitperspektiven wechselseitig in Bezug auf ihre Stimmigkeit zu reflektieren und die Planungen veränderbar zu halten, ohne die Richtung aufzugeben. Methodisch empfiehlt es sich, für jeden Schüler, für jede Gruppe oder Klasse kontinuierlich Notizen zu allen drei Planungsebenen zu machen. Solche Notizen können sich auf Inhalte des Unterrichts beziehen, auf methodische Aspekte (Was ging gut? Was nicht? Worauf muss ich achten?), Persönlichkeit, Lernverhalten, Stärken und Schwächen des Schülers. Günstig dafür sind Ringbücher, weil in ihnen die Aufzeichnungen nach Schülern und nach Planungszeiträumen geordnet werden können: Einem Blatt mit langfristigen Optionen folgen Notizen zu mittelfristigen Zielen und zu einzelnen Stunden. Am besten werden auf längere Zeiträume bezogene Notizen mit farbiger Schrift ausgeführt, damit sie augenfällig Orientierung geben. Dies erleichtert es, die Planung einzelner Stunden immer wieder auf längerfristigere Ziele abzustimmen.

3. *Bei der Planung von Unterricht sind diverse didaktische Aspekte im Zusammenhang zu bedenken.* Einen guten Leitfaden bietet der vom Verband deutscher Musikschulen herausgegebene Lehrplan Klavier (VdM 2009). Die Autorinnen und Autoren empfehlen, bei der Unterrichtsplanung folgende Faktoren zu bedenken:
- »Lernzielbestimmung (Was kann / will mein Schüler / meine Schülerin lernen / leisten?)
- Lehrzielbestimmung (Was will ich im Rahmen meines Gesamtkonzepts aktuell vermitteln?)
- Schülerorientierung (Wie lernt mein Schüler / meine Schülerin? Welche Vorlieben, Stärken, Schwächen hat er / sie?)
- Lernfelder (Welche Schwerpunkte möchte ich im Augenblick setzen?)
- Methoden (Welche Lernwege sind im Moment angemessen, welche für bestimmte Lerninhalte geeignet, welche für meine SchülerInnen besonders geeignet?)« (A. a. O., S. 22)

Diese knapp formulierten, griffigen Punkte sind relativ leicht zu überblicken und zu handhaben. Sie ermöglichen eine bündige und didaktisch kohärente Planung von Unterrichtseinheiten. Auch als Scheinwerfer für eine blitzlichtartige Vorbereitung eignen sie sich gut. Die Faktoren bilden ein interdependentes Gefüge: Jeder Faktor hängt mit jedem zusammen, sodass die Konkretisierung jedes Faktors auch jeweils die anderen Faktoren beeinflusst. Die Beachtung der Faktoren und ihrer Wechselwirkungen beim Planen von Unterricht schärft das didaktische Bewusstsein des Lehrenden.

4. *Für die Planung von Unterricht wie auch für die Erweiterung des persönlichen Methodenrepertoires gilt: »Nach der Stunde ist vor der Stunde.«* Die Nachbereitung von Stunden ist für eine dem Lernenden gerecht werdende Vorbereitung des folgenden Unterrichts unverzichtbar. Dazu reichen in der Regel ein paar am Ende einer Stunde oder nach einem Unterrichtstag rasch hingeworfene Notizen aus. Im Hinblick auf methodisches Vorgehen können sie sich auf gut und auf weniger gut gelungene Arbeitsschritte beziehen. Für Misslungenes empfiehlt sich eine kurze Notiz über alternative methodische Möglichkeiten zur Weiterarbeit in den nächsten Stunden.

Jeder Lehrende kennt das Gefühl, nach einer Stunde »hellsichtig« einen sinnvollen weiteren Verlauf des Unterrichts vorauszusehen. Ohne Anknüpfung an solche intuitiven Voraussichten wird methodisches Potenzial verschenkt. Aber auch zur systematischen Erweiterung des eigenen methodischen Repertoires sind nachbereitende Notizen von großem Wert. Viele methodische Verfahrensweisen, viele erfolgreiche »Kunstgriffe« resultieren nicht aus vorangegangener Planung, sondern ergeben sich unmittelbar in der pädagogischen Praxis. Sie entstehen aus dem produktiven Experimentieren in der jeweils einmaligen Unterrichtssituation und ihren besonderen methodischen Anforderungen. Es lohnt sich, solche produktiven Geschehnisse im Unterricht in einem eigenen pädagogischen Notizbuch zu sammeln und zu reflektieren.

5. *Zu wichtigen Grundlagen für eine schüleradäquate Planung von Unterricht gehören regelmäßige Feedbacks von Lernenden an Lehrende.* Um Unterrichtszeit zu sparen, aber auch, um dem Schüler mehr Freiheit im Wahrnehmen und Formulieren seiner Präferenzen zu lassen, kann dies gut schriftlich geschehen. Möglich ist beispielsweise, ein Blatt mit einigen Fragen an Schüler zu ihrer Wahrnehmung des Unterrichts zu erstellen und ihnen ein solches Blatt einmal im Monat zum Beantworten mit nach Hause zu geben. Für Kinder können solche Fragen sehr einfach und offen sein:

- Was hat dir in den letzten Stunden *besonders* gefallen?
- Was hat dir *weniger* gefallen?
- Was hat dir *gar nicht* gefallen?

Auch junge Schüler können erfahrungsgemäß durchaus aufschlussreiche Antworten auf solche Fragen geben. – Ein von Daniel Markovski in einer musikpädagogischen Hausarbeit entworfener, etwas differenzierterer Fragebogen setzt folgende Scheinwerfer:

- Besonders interessant war für mich:
- Folgende Dinge sind mir klar geworden:
- Unklar geblieben ist mir:
- Nicht gefallen hat mir:
- In der nächsten Zeit will ich versuchen, Folgendes auszuprobieren/zu üben:

Bei Jugendlichen und Erwachsenen interessieren den Lehrenden möglicherweise Antworten auf spezifischere Fragen, da ältere Schüler in der Regel stärker in die Planung des Unterrichts einbezogen und ihre deutlicher ausgeprägten Präferenzen berücksichtigt werden. Aber auch hier können die genannten offenen Fragen durchaus sinnvoll sein. Nicht selten sind die von Schülern formulierten Antworten für Lehrende überraschend und erstaunlich. Sie zeigen ihnen, dass ihre eigenen Wahrnehmungen und Einschätzungen oft erheblich von denen der Lernenden abweichen. Sie lenken ihre Aufmerksamkeit auf Aspekte des Unterrichts, die sie bisher nicht deutlich genug aus der Perspektive ihrer Schüler wahrgenommen haben. Mitunter wird Lehrenden sogar schlagartig bewusst, dass sie ihren Schülern (besonders jüngeren) irrigerweise noch gar kein differenziertes Erleben des Unterrichts zugetraut haben.

Feedback-Ergebnisse ermöglichen eine Planung und eine Vorbereitung des Unterrichts, die verstärkt Rücksicht nimmt auf die Persönlichkeiten der Schüler mit ihren individuellen Bedürfnissen und Erlebnisweisen.

6. *Unterrichtsvorbereitung besteht vor allem in einer differenzierten didaktischen Analyse der zu spielenden Musik.* Folgende Fragen können dabei als Leitfaden dienen:
- Was sind die (musik-)geschichtlichen, -sprachlichen, -ästhetischen Hintergründe des Werks? Was sollte ich über das Stück wissen, um es in seiner Besonderheit verstehen, kompetent darstellen und (möglichst auch sprachlich) charakterisieren zu können?
- Wie ist das Stück strukturiert? Wichtige Stichworte dazu: Aufbau, Thematik / Melodik, Interpunktion (d.h. bei welchen kleineren und größeren Einschnitten sind Kommata, Punkte, ggf. Ausrufe- und Fragezeichen vorhanden?), Energetik (d.h. Spannungsverläufe von kleineren und größeren Einheiten), Verhältnisse von Stimmen, Rhythmik, Harmonik, Funktion von Pausen, Art des Beginnens und Schließens …
- Welche Charaktere, Affekte, Gefühlszustände, Atmosphären usw. drücken sich in dem Stück aus? Was können dementsprechend Spieler beim Musizieren des Werks erfahren und ausleben?
- Mit welchen Vorstellungsbildern, Assoziationen, kunstübergreifenden Vergleichen lassen sich bestimmte Eigenschaften der Musik und ihrer Ausführung vermitteln?
- Worin bestehen die hauptsächlichen musikalischen und technischen Anforderungen?
- Wie kann ich sinnvoll in das Stück einführen? Welche vorbereitenden Übungen sind möglich?
- Welche Lernmöglichkeiten auf den verschiedenen Lernfeldern bietet das Stück an (Analyse, Musiklehre, Musikgeschichte, Improvisation durch Verwendung von musikalischen Elementen des Stücks)?

Bei der Beschäftigung mit solchen Fragen stellen sich meist schon methodische Ideen ein. Diese wiederum geben Anlass, Eigenschaften der betreffenden Musik genauer zu erfassen. Das Zulassen eines Hin- und Herspringens zwischen musikalischen Beobachtungen und methodischen Überlegungen befördert die didaktische Fantasie mehr als eine konsequente Trennung beider Aufgaben. Sofern es um die Vorbereitung von Gruppen- oder Klassenunterricht geht, sind methodische Vorgehensweisen besonders sorgfältig zu bedenken (s. Kapitel 15: »Unterrichtsformen«). Empfehlenswert ist, alle Beobachtungen und Ideen »unzensiert« zu notieren. Sie bilden einen Fundus für eine differenzierte unterrichtspraktische Arbeit.

7. *Auswahl und Zusammenhang.* Für die Planung einer Unterrichtsstunde müssen aus den in der Vorbereitung gesammelten Beobachtungen und Einfällen geeignete Elemente ausgewählt und in einen methodisch sinnvollen Zusammenhang gebracht werden. Hier stellen sich vor allem folgende Fragen:

- Was ist für den jeweiligen Schüler bzw. die Schülergruppe im Rahmen einer Stunde geeignet?
- In welchen Schritten gehe ich bei der Erarbeitung bestimmter Aufgaben vor? Welche Schwierigkeiten können auftreten? Wie begegne ich ihnen methodisch?
- Wie baue ich eine Stunde auf? Wie verbinde ich Abwechslung mit einem roten Faden?
- Welche Phasen sollen unbedingt stattfinden, welche sind eher fakultativ?
- Wie sorge ich für Zusammenhang und Kontinuität im Unterrichtsprozess über die jeweilige Stunde hinaus? Wie knüpfe ich an die letzte Stunde an, wie schaffe ich eine motivationsfördernde Perspektive für die nächste Stunde?

Solche »Wie tue ich dies«-Fragen sind nur im Hinblick auf den jeweiligen Unterricht mit seinen individuellen Faktoren zu beantworten. Methodische Kompetenz liegt darin, sie zu stellen und ihnen nachzugehen.

8. *Flexibilität.* Damit die Planung von Stunden in der Umsetzung nicht zu didaktischer und methodischer Enge führt, empfiehlt es sich, die inhaltliche und methodische Gestaltung mit einer gewissen Flexibilität zu entwerfen. Erfahrene Lehrende berücksichtigen bei ihrer Planung, dass sich in der Interaktion von Lehrenden und Lernenden im Unterricht mancherlei Entwicklungen ergeben, die nicht geplant waren. Ebendies macht den Reiz und die Faszination von gutem Unterricht aus: Jede stimmige Stunde ist ein einmaliges, nicht reproduzierbares und in ihrem Verlauf nur begrenzt voraussehbares Ereignis. Neben Planung erfordert souveränes Unterrichten stets auch die Fähigkeit zu spontanem, situationsadäquatem Handeln. Wenn diese Offenheit fehlt, verliert Unterricht an Lebendigkeit. Lehren wird zu einem »Lehrern«, bei dem Lehrende sich zu Sklaven ihrer eigenen oder fremder Direktiven machen. Eine gute Unterrichtsplanung lässt verschiedene methodische Möglichkeiten zu. Modulartige, in ihrer Abfolge variable Bausteine von Unterrichtssequenzen schaffen Handlungsspielräume und sind günstiger als strikt einzuhaltende sukzessiv-lineare Verläufe. Dies entspricht der Auffassung konstruktivistischer Didaktik, die im Hinblick auf die Planung sehr offen ist. »Sie will nicht wie andere Ansätze die Didaktiker

auf *ein* formales Modell verpflichten, das für jede Unterrichtsplanung möglichst alle Ziele / Intentionen aufschreibt, diesen Methoden und Medien zuordnet, um zu scheinbar vollständiger Planung zu gelangen.« (Reich 2008, S. 248) Nach konstruktivistischer Sicht beinhaltet Lehren vor allem ein genaues Hinsehen auf das Lernenwollen und -können von Schülern und die angemessene Unterstützung dabei. Eine methodisch enge Vorausplanung würde dieser Einstellung widersprechen. Daher sucht konstruktivistische Didaktik »einen möglichst geringen Planungsaufwand bei gleichzeitig hohem Nutzen.« (Ebd.) Treffend formulierte ein Student in einem Praktikumsbericht: Ideal wäre, »den Unterricht nicht so akribisch genau zu planen, dass ich von meiner Vorstellung nicht mehr spontan abweichen kann, aber doch so trennscharf zu umreißen, dass ich in groben Zügen weiß, worauf ich mit meinen Schülern in einer bestimmten Stunde hinaus will.« (Gregor Fuhrmann)

9. *Wie sind Unterrichtsentwürfe anzulegen?* In der Regel müssen Studierende sich in der Ausbildung den jeweiligen Vorstellungen ihrer Lehrenden anpassen, und diese gehen erfahrungsgemäß weit auseinander. Teilweise gelten sehr strikte Vorgaben mit obligatorischer Angabe auch kleinster Teilziele und deren beabsichtigter methodischer Umsetzung, andernorts werden einige knappe Hinweise zum geplanten Verlauf der Stunde als ausreichend erachtet. Ich plädiere für eine Praxis, die den zuvor erwähnten Vorstellungen konstruktivistischer Didaktik entspricht, d.h. dafür, Unterrichtsentwürfe auf die wichtigsten Handlungselemente zu beschränken. Unterrichtsentwürfe sollen dem Lehrenden und dem Ausbilder eine klare Orientierung für die zu haltende Stunde geben, nicht aber den Unterricht zwanghaft vorspuren und womöglich dadurch nicht vorgeplante, jedoch in der konkreten Situation erforderlich werdende Handlungsschritte unterbinden.

Empfehlenswert ist es, vor dem geplanten Verlauf zunächst einige bündige Informationen zu geben, die die Hintergründe der Stunde klären. Dazu gehören Informationen über

- die Beziehung des Lehrenden zum Schüler (Unterrichtsdauer, »Klima« der bisherigen Stunden);
- den Leistungsstand des Schülers, seine Stärken und Schwächen;
- die Position der Stunde im Rahmen der vorangegangenen und der nächsten geplanten Stunden;
- die Begründung der gewählten Inhalte (Stücke, Übungen) und der hauptsächlich geplanten Verfahrensweisen.

Der anschließende Verlaufsplan kann in tabellarischer Form etwa nach folgendem Muster angelegt werden:

Zeit	Unterrichtsphasen	Intentionen	Erarbeitungs-, Vermittlungs-, Übungsformen	Didaktischer Kommentar

Dies ist bereits ein recht differenziertes Raster. Es hält dazu an, die Unterrichtsphasen methodisch »kleinzuarbeiten« bzw. in verschiedenen möglichen Optionen zu konkretisieren und sowohl die Phasen als auch die Verfahrensweisen didaktisch zu reflektieren. Ein einfacheres Raster könnte so aussehen:

Zeit	Unterrichtsinhalte / geplante und mögliche methodische Schritte	Intentionen, didaktische Kommentare

Das vollständige Ausfüllen der Rubriken bei jedem einzelnen Schritt zwingt dazu, die einzelnen Aktionen genau zu bedenken. Solche Vollständigkeit mag anfangs sinnvoll sein; auf Dauer führt sie leicht zu ermüdender Formalisierung und sollte daher nicht starr gefordert werden. In vielen Fällen reicht es aus, lediglich die geplanten und darüber hinaus auch weitere mögliche Unterrichtsschritte knapp zu skizzieren, eine Zeitkalkulation vorzunehmen und hier und da einen klärenden Hinweis in eine der rechten drei Spalten einzutragen. Die Beschreibung der einzelnen Schritte impliziert ja meist schon, was ihre Ziele sind und wie sie vollzogen werden sollen.

10. *Fantasiearbeit.* Die Aufgabe, Unterrichtsentwürfe zu erstellen, verleitet leicht zu einer verkürzten Vorstellung von dem, was zur Vorbereitung einer Stunde zu tun ist. Über dem Planen von Zeiten, Inhalten, Zielen, Methoden, Medien wird leicht ein wichtiger Teil der Vorbereitung vergessen, der in einer den Unterricht ausleuchtenden, auf ein gutes Gelingen des pädagogischen Agierens gerichteten, spezifischen Fantasiearbeit besteht. Kersten Reich schreibt über die Bedeutung dieser Tätigkeit für die Unterrichtsvorbereitung: »Die Vorstellung allein kann schon Antrieb sein, weil wir uns in ihr als erfolgreich, schön, anerkannt usw. sehen. Solche Imaginationen in positiver, motivierender, den Selbstwert erhöhender Weise zu wecken, ist eine wesentliche Bedingung für die antreibende Kraft in didaktischen Prozessen. Ein Erkalten des Imaginären führt schnell zu Langeweile, Unaufmerksamkeit, Ablehnung.« (Reich 2008, S. 249) Unterrichtsvorbereitung besteht nicht zuletzt in einer Fantasiearbeit, die insbesondere den persönlichen Beziehungen der am Unterricht Beteiligten gilt. Dazu gehören

• ein Imaginieren der Beziehung des Lehrenden zu sich selbst: Wie fühle ich mich im Unterricht mit meinem jeweiligen Schüler, bzw. der jeweiligen Schülergruppe?

Wann fühle ich mich wohl, wann unwohl? Warum? Wie kann ich meine innere Haltung so einrichten, dass ich mit als kritisch erlebten Situationen besser umgehen kann? Wie möchte ich mich verhalten und »sein«, damit ich mit mir im Reinen bleibe? Mit welcher Einstellung gehe ich in zu erwartende Konfliktsituationen? Welche Persönlichkeitsanteile meines »Inneren Teams« muss ich dazu aktivieren? (Zum »Inneren Team« s. Schulz von Thun 1998)

- ein Imaginieren des möglichen positiven Selbstgefühls des Lernenden im Zusammenhang mit dem Unterricht: Wie fühlt mein Schüler sich, wenn ich mit ihm arbeite? Mit welchem Gefühl geht er aus dem Unterricht? Was kann ich tun, damit er sich noch wohler fühlt im Unterricht und darüber hinaus?
- ein Imaginieren einer möglichst stimmigen, für beide Seiten erfreulichen Beziehung zwischen Lehrendem und Lernendem. Eine solche Beziehung zeichnet sich aus durch Respekt, Vertrauen, intuitives Verstehen, Angenommenfühlen, wechselseitiges Geben und Empfangen von Anregungen und nicht zuletzt durch Humor. Auch hier ist zu fragen: Was könnte ich tun, damit sich dieses Ideal (oder zumindest einige Elemente davon) verwirklicht?

Literaturhinweise

Anselm Ernst: *Lehren und Lernen im Instrumentalunterricht. Ein pädagogisches Handbuch für die Praxis*, Mainz 1991, Kapitel »Unterrichtsplanung«, S. 97–107

Anselm Ernst klärt den Sinn des Planens und gibt Beispiele für eine sehr detailliert vorplanende Gestaltung von Unterrichtsentwürfen.

Peter Röbke: *Didaktische Professionalität oder: Welcher Instrumentallehrer plant eigentlich seinen Unterricht?*, in: Üben & Musizieren 6/2001, S. 38 f.

Peter Röbke bezweifelt den Wert differenzierter Vorab-Feinplanungen einzelner didaktischer Komponenten des Unterrichts und plädiert für ein integratives Planen, das Ziele, Inhalte, Methoden und Unterrichtsformen in ihren Wechselbezügen reflektiert.

Hilbert Meyer: *Leitfaden zur Unterrichtsvorbereitung*, Berlin 1980

Ein umfassendes Lehrbuch der Unterrichtsvorbereitung für Lehrende an allgemeinbildenden Schulen. Viele didaktische Überlegungen sind auch für Instrumental- und Vokalpädagogen sachlich klärend und nützlich für die Praxis.

3. Unterrichtsaufbau und -dramaturgie

Didaktische Vorüberlegungen

Beim Nachdenken über Unterrichtsaufbau und -dramaturgie geht es um die Frage, wie Unterricht als Interaktion von Lehrenden und Lernenden sinnvoll gestaltet werden kann. Der Ablauf von Unterricht ist zunächst eine Angelegenheit der Planung und Vorbereitung (s. das vorige Kapitel). Im Unterricht aber geschieht vieles »aus dem Moment heraus«. Gerade Lehrende mit langjährigen Erfahrungen können sich beim Unterrichten auf ihre hoch entwickelte Intuition verlassen und ohne ausführliche Vorplanung situationsadäquat handeln. Unterrichtsdramaturgie meint vor allem das »Hier und Jetzt« des Unterrichtens: das zu einem hohen Anteil situationsspezifische, aus der jeweiligen Situation generierte Handeln von Lehrer und Schüler, den »Kairos« der Unterrichtsstunde. Solche Stunden oder auch nur Momente, in denen der »Kairos«, die besonderen Chancen der gegenwärtigen Lernsituation, erspürt und genutzt werden, wirken oft nachhaltig weiter. In ihnen »zündet« das Erfahrene, das Lernen erhellt sich. Der »Kairos« mag planbar sein, aber er ist nicht verfügbar. Immerhin ist mit ihm zu rechnen. Eine gute Unterrichtsdramaturgie tut ebendies und folgt ihm, wenn er sich einstellt.

Klare und wiederkehrende Abläufe in Unterrichtsstunden können für Lernende und Lehrende wohltuend sein. Eine über einen gewissen Zeitraum beibehaltene, wohlerwogene Strukturierung in bestimmte Phasen und ihnen entsprechende Arbeitsweisen ritualisieren den Unterricht; sie schaffen Orientierung, erzeugen Sicherheit und erhöhen die Konzentration auf die Sache. Gleichbleibende Abläufe von Unterricht können aber auch Überdruss erzeugen. Leicht bilden sich in einer lange Zeit ausgeübten pädagogischen Praxis stereotype Abläufe heraus, die in Routine erstarrt sind und doch in eingespurter Bequemlichkeit beibehalten werden.

Schemata von Unterrichtsphasen gibt es seit Langem. Der Autor einer instrumentaldidaktischen Schrift von 1896 beschreibt die »herrschende Lehrform« (Kruse-Weber 2005, S. 146) so: »Spielen des aufgegebenen Stückes, Korrektur, Vorspielen des neuen mit einigen Andeutungen über Vortrag, Einüben, Hausaufgabe.« (Hövker 1896, S. 7, zit. nach Kruse-Weber 2005, ebd.) Ein anderes Muster ist die Abfolge Übung – Etüde – Stück. In einem gedankenlosen, immer gleich praktizierten Abspulen solcher »Schema-F«-Modelle verkümmert der weite Gestaltungsspielraum einer inhaltlich und methodisch vielfältigen Interaktion von Lehrenden und Lernenden.

Wenn Unterrichtsplanung sich als eine Art Komposition verstehen lässt, so die Durchführung von Unterricht als inspirierte Improvisation auf der Basis vorbedachter Strukturen. Eine Vorstrukturierung in bestimmte Phasen ermöglicht Orientierung, vermag jedoch nicht den Reichtum des tatsächlichen Geschehens zu erfassen. »Der wirkliche Ablauf des Unterrichts ist viel, viel komplexer; er kennt Neben- und Hauptbühnen, er kennt Überlappungen, Stauungen, Unterbrechungen, Verschachtelungen,

Schleifen und Neuanfänge, lockere und streng gegliederte Phasen. Die Kunst der guten Unterrichtsführung besteht darin, diesen breiten Strom von Lehrer- und Schüleraktivitäten konstruktiv zu wenden.« (Meyer 1987, S. 108) Durch gute Unterrichtsdramaturgie entsteht jeweils etwas Einmaliges in der Interaktion von Lehrer und Schüler. Mit diesem Ereignischarakter gewinnt eine Unterrichtsstunde eine künstlerische Qualität, mitunter gar etwas von der Erlebnisintensität einer »Séance«.

»Jede Musikstunde soll ein Fest sein für Lehrer und Kinder.« (Loebenstein 1927, zit. nach Rhode-Jüchtern 2008, S. 130) Dieser Satz von Frieda Loebenstein, einer herausragenden Reformpädagogin im Bereich des Klavierunterrichts, kann als Leitidee wünschenswerter Unterrichtsdramaturgie gelten – nicht nur im Umgang mit Kindern, sondern prinzipiell. Im Hinblick auf die realen Bedingungen an vielen Musikschulen mit Stundenplänen in kurzen Zeiteinheiten mag das Postulat als eine fast zynische, wirklichkeitsferne Überforderung erscheinen. Als Ideal und auch als Korrektiv solcher Bedingungen aber sollte Loebensteins Leitidee nicht fallengelassen werden.

Was macht den möglichen Festcharakter von Unterricht aus? Vor allem wohl die folgenden Momente: Die Beteiligten freuen sich auf- und aneinander. Durch diese Freude wird die im Unterricht stattfindende Arbeit als interessant und lustvoll erlebt. So wie ein Fest eine über den Alltag hinausreichende Strahlkraft hat, wirkt eine gute Unterrichtsstunde animierend und beflügelnd weiter in die kommende Woche. Wie bei einem Fest gehen Lehrende und Lernende im Unterricht aufmerksam, respektvoll und sorgsam miteinander um. Ähnlich wie bei einem Fest gibt es auch in einer Unterrichtsstunde bestimmte Rituale. Sie werden lebendig praktiziert, sodass der Ablauf nicht in ihnen erstarrt, keinen Überdruss erzeugt, sondern vielmehr Spannung bewahrt und Vorfreude steigert. Von nicht geringer Bedeutung für das Gelingen eines Fests wie einer Unterrichtsstunde sind auch mancherlei äußere Umstände: räumliche Gegebenheiten (die auch bei karger Ausstattung gepflegt werden können), und gute Materialien (im Unterricht etwa Instrumente, Notenständer, Schreibmaterialien, Stühle, Tisch, Aufnahme- und Abspielgerät usw.).

Wie Unterrichtsplanung und -vorbereitung müssen Unterrichtsaufbau und -dramaturgie Rücksicht nehmen auf die Unterrichtsform, die Anzahl der unterrichteten Schüler, ihr Alter und ihren Leistungsstand sowie die zur Verfügung stehende Zeit. Klassenunterricht verlangt einen anderen, in der Regel stärker festgelegten Ablauf als Gruppenunterricht, Einzelunterricht eine offenere Gestaltung als Partnerunterricht. Je größer die Gruppe, desto mehr muss eine Ausrichtung auf die individuellen Möglichkeiten und Bedürfnisse einzelner Lernender zurückstehen hinter einem alle Beteiligten im Blick haltenden und sie aktivierenden Handeln. Trotzdem geht auch beim Klassenunterricht eine gekonnte Unterrichtsdramaturgie nicht auf im strikten »Durchziehen« eines Planes. Auch hier kommt es darauf an zu erspüren, was die Situation erfordert, auch hier müssen die Lernenden in ihrer gegenwärtigen Verfassung wahrgenommen werden. Wie die individuelle Befindlichkeit ist auch die Dynamik einer Gruppe in jeder Stunde eine spezifische.

Nicht zuletzt das Rollenverständnis des Lehrenden beeinflusst und prägt die Unterrichtsdramaturgie. Wer etwa im Umgang mit Jugendlichen zeitweise die Funktion eines Mentors wahrnimmt oder im Erwachsenenunterricht als eine über das Musizieren hinaus wichtige Bezugsperson für den Schüler fungiert, wird dem gemeinsamen Gespräch mehr Raum geben als ein Lehrer, der primär seine Aufgabe in einem leistungsorientierten Instruieren sieht. Sind Stunden verfehlt, in denen Lehrende und Lernende ihre Zeit in intensivem Gespräch miteinander verbracht haben, ohne konkret an Musik zu arbeiten? Diese Frage können nur die Beteiligten selbst beantworten.

Worin zeigen sich guter Unterrichtsaufbau und gute Unterrichtsdramaturgie? Die folgenden idealtypischen Bestimmungen können eine Orientierung geben: Lernende und Lehrende bleiben angeregt und wach. Der Unterricht verwirklicht eine Balance von Strukturiertheit und Spontaneität, Ritualität und Freiheit. Die Stunde hat Ereignischarakter, sie fesselt und begeistert durch eine neue Erfahrung. In der Stunde Erarbeitetes wird am Ende noch einmal bewusst gemacht. Der Lernende geht aus dem Unterricht mit einer klaren Perspektive und mit Erfolgszuversicht für das häusliche Üben. Neben dem Erarbeiten kommt das Spielen nicht zu kurz.

Drei zentrale unterrichtsdramaturgische Prinzipien benennt Hartmut von Hentig in einem Gespräch mit Reinhard Kahl: »Ich habe da eine ganz einfache Didaktik: Eine Unterrichtseinheit muss ein Erlebnis haben. Es muss etwas aufregend sein. Es muss Neugier wecken und Anteilnahme. Man muss eingreifen wollen. Das zweite ist: nachdenken, wie sich das mit dem, was wir vorher getan haben, vereint, woran das anschließt: also einordnen. Und das dritte ist: einüben, sodass ich auch darüber verfüge. Es ist mir nicht nur zufällig gelungen. Jetzt mache ich es mal dreimal, viermal und jetzt kann ich es. Dann kann ich morgen das nächste Erlebnis haben. Es muss aber bitte sehr jede Einheit dieses alles haben. Aber wie viele Stunden sind bei uns immer nur Einübung oder immer nur Einordnung. Und ebenso falsch sind immer nur Erlebnisse.« (von Hentig in Kahl 2004b, S. 77) Erleben – einordnen – üben: Diese drei für von Hentig unverzichtbaren Grundphasen einer Unterrichtseinheit haben auch für den Instrumental- und Vokalunterricht eine hohe Relevanz. Auch hier sind Phasen sinnvoll, in denen eines der Elemente dominiert. Darüber hinaus aber sollten sie als Prinzipien realisiert werden, die möglichst in *allen* Phasen des Unterrichts ineinanderspielen. Mit anderen Worten: Alles, was erlebt wird, sollte auch verstanden und geübt, alles, was verstanden wird, auch erlebt und geübt, alles, was geübt wird, auch erlebt und verstanden werden.

Methodische Prinzipien und Möglichkeiten

1. *Als unterrichtsdramaturgische »Werkzeuge« benötigen Lehrende ein breites Methodenrepertoire.* Dazu gehören zum einen prinzipielle Arten der Interaktion (insbesondere die von Anselm Ernst dargestellten »Aktionsformen«, s. S. 52 ff., zum anderen

vielfältige Verfahrensweisen in Abhängigkeit von den jeweiligen Tätigkeitsfeldern bzw. Inhalten des Unterrichts, wie sie in den Kapiteln dieses II. Teils ausgeführt sind. Einen *Kernbereich* beider Handlungsprinzipien bilden die nachfolgend genannten Aktivitäten. Sie nehmen in der Regel den weitaus größten Zeitanteil im Instrumental- und Vokalunterricht ein:

*   Übungen mit dem Körper ohne Instrument in den Bereichen Atem, Haltung, Bewegung, Kinästhesie, Dehnung, Koordination (ein Repertoire solcher Übungen findet sich bei Görtz et. al. 2006);
*   Vorspielen – Nachspielen, vokal oder instrumental ausgeführte Patternübungen im Call-and-Response-Verfahren;
*   Schüler spielt / singt vor – Lehrer hört zu (Vorspielsituation);
*   Lehrer spielt / singt vor – Schüler hört zu (Demonstration eines Musikstücks);
*   Musik gemeinsam spielen / singen (gleichzeitig oder alternierend: Phrasen, Takte, Töne ...);
*   Besprechen des Gespielten / Gesungenen (Stärken und Schwächen, Verdeutlichung, worauf es ankommt);
*   Erarbeiten der Ausführung von Stücken oder Übungen in kleineren oder größeren Abschnitten in alternierendem Rhythmus: Schüler spielt, Lehrer kommentiert, demonstriert;
*   Schüler und Lehrer hören gemeinsam Musik und sprechen darüber.

Bereits mit diesem Kernbereich von Handlungsweisen lässt sich ein vielfältiger und abwechslungsreicher Unterricht gestalten. Die in ihnen vorhandenen Grundprinzipien – musikalische Interaktion, Vorspielen, Hören, Verbalisieren von Musik – bilden die unverzichtbare Basis gemeinsamer Arbeit von Lehrenden und Lernenden. Im Gruppenunterricht weitet sich der Spielraum im Umgang mit diesen (und anderen) Handlungsweisen erheblich aus: Was im Einzelunterricht vom Lehrer ausgeführt wurde, kann nun auch an Schüler delegiert werden, mehrere Schüler können verschiedene, möglichst miteinander vernetzte Aufgaben ausführen (z.B. spielen reihum, spielen / mitlesen, spielen / mitlesen / korrigieren, sich phasenweise wechselseitig unterrichten), Schüler können Lehreraktivitäten übernehmen usw. In allen Unterrichtsformen empfiehlt es sich, den genannten Handlungsweisen als Grundaktivitäten des Musiklernens und des Vermittelns von Musik besondere Aufmerksamkeit zu schenken. Eine gute Balance zwischen ihnen hält die Sinne wach und regt das Lernen an.

2. *Im Rahmen der genannten primären Handlungsweisen sind mancherlei Ritualbildungen möglich.* Mit Bewusstheit und nicht als gedankenloser Schlendrian vollzogene Rituale bewirken Ordnung und binden die Aufmerksamkeit. Rituale »schaffen kalkulierbare Verhaltensweisen für Lehrer und Schüler« (Meyer 1987, S. 191) und begünstigen die Sorgfalt der Ausführung.

Fragwürdig ist die verbreitete Auffassung, dass nach der Kontaktaufnahme zu Beginn der Stunde zumindest eine kurze Gesprächsphase stehen müsse. Oft ist es schwieriger, aus einem netten Plaudern in eine konzentrierte Arbeit zu finden, als gleich mit dieser zu beginnen. Ein Unterricht, in dem es »gleich losgeht«, kann eher aktivieren eher als einer, der mit ungerichteter Unterhaltung beginnt und die eigentliche gemeinsame Arbeit aufschiebt. Eine gute Option dürfte das Ritual einer ruhig ausgeführten, allenfalls mit wenigen, leise gesprochenen Worten angeleiteten Körperübung sein. Damit wird Konzentration, Selbstwahrnehmung und Wohlbefinden gefördert. Interaktive Vor- und Nachspielübungen, in zugewandter Position, mit wacher Aufmerksamkeit und ohne unterbrechendes Sprechen ausgeführt, lassen sich als gemeinsame musikalische Performance »zelebrieren«. Die Vorspielphase kann als rituell praktiziertes kleines Konzert inszeniert werden und so Festcharakter in die Stunde bringen. Und der Phase der Erarbeitung lässt sich mit dem Impuls eines die Gelingensbereitschaft weckenden gemeinsamen »Ärmelaufkrempelns« eine positive Ritualität verleihen.

Festcharakter in einer Stunde stellt sich je eher ein, desto besser es gelingt, das gemeinsame Handeln in einem Geist gleichermaßen wacher und gelassener Konzentration zu praktizieren. Gemeint ist die Art des Tätigseins, die Otto Friedrich Bollnow in seinem Buch *Vom Geist des Übens* (Bollnow 1991) näher beschrieben hat. Die pädagogische »Kunst« eines Lehrers besteht wohl zu einem guten Teil darin, ein solch lernförderndes Klima der Konzentration, der Aufmerksamkeit und der unverkrampften, heiteren Zuversicht zu ermöglichen. Nicht nur soll *im* Unterricht aufmerksam geübt werden, sondern Unterricht selbst ist zu praktizieren als eine Übung in Sorgfalt, Geordnetheit, gelassen ausgeführter Ritualität. Die zum Musizierenlernen unverzichtbare prozedurale Fähigkeit des Übens wird vermutlich mehr indirekt durch das beschriebene Klima im Unterricht als durch direkte Anweisungen gefördert.

3. *Methodenwechsel sind kein Selbstzweck*. Methodenwechsel können die Aufmerksamkeit beleben. Sie können aber auch destruktiv wirken: Wenn Lernende für sich oder zusammen mit Lehrenden in eine Aufgabe vertieft sind, spricht wenig für einen möglicherweise geplanten Methodenwechsel. Die in Lehrproben häufig praktizierte Methodenvielfalt kann zu einem unsinnigen Aktionismus führen. »Es gibt kein Prinzip, das Methodenwechsel oder Methodenkontinuität vorschreiben könnte, vielmehr muß in jedem Fall neu entschieden werden, ob ein Methodenwechsel angesichts der Ziele und Inhalte der Stunde sowie der Lernvoraussetzungen der Schüler und der Methodenkompetenzen des Lehrers am Platze ist.« (Meyer 1987, S. 108) Das Gespür für den rechten Zeitpunkt des Beendens einer Handlungsform muss sich durch Erfahrung entwickeln. Methodischer Aktionismus kann ein zu langes »Dranbleiben« an einer Sache nicht kompensieren. Wie beim Üben erreichen Bemühungen um die Verbesserung eines Details im Unterricht nach einigen Wiederholungen ein Lernplateau, das zunächst nicht weiter gesteigert werden kann, sondern erst später weitere Fort-

schritte zulässt. Phasen der Arbeit mit dem Schüler, in denen Lehrende sich fest-
beißen an Details und nicht loslassen wollen, bis ein bestimmtes Niveau erreicht ist,
können quälend sein und sogar zu einer Verschlechterung der Leistung führen. Auch
im Unterricht gehört das »Loslassen« zum rechten Zeitpunkt zu den wichtigen Fähigkeiten zuträglichen und erfolgreichen Arbeitens.

Die Aussage, dass Methodenwechsel kein Selbstzweck sind, soll nicht die Wichtigkeit der Kompetenz eines variablen, vielfältigen methodischen Handelns herunter-
spielen. Gerade bei der in kleinschrittigen Wechseln von wiederholter Ausführung
und verbessernden Hinweisen verlaufenden Arbeit an Einzelheiten gilt wie beim
Üben, dass variierende Ausrichtungen der Wahrnehmung den Gewinn des Lernens
fördern. »Dasselbe immer wieder anders« sollte hier wie dort die Devise sein.

4. *In einer Stunde muss nicht immer alles mit allem zusammenhängen.* Ein anderes,
unterrichtsdramaturgisch oft mehr belebendes Modell als das der möglichst dichten
Verfugung von Unterrichtsinhalten ist das der »Felderwirtschaft«: Einige Lernfelder
des Musizierens (wie Spielen ohne Noten, Technikübungen, Vorspielen, Üben, Literaturspiel u. a.) werden in einer Stunde bewusst unabhängig voneinander bearbeitet,
nicht bezogen auf ein und dasselbe Musikstück, sondern mit wechselnden musikalischen Inhalten. Besonders im Unterricht mit Kindern empfiehlt sich ein solches
Vorgehen. Da ihre Aufmerksamkeitsspanne kurz ist, erzeugen deutliche Wechsel der
Materien und der Aktivitäten neue Energieschübe.

5. *Anregend und produktiv kann es sein, Unterrichtsaufbau und -dramaturgie unter
musikalischen Gesichtspunkten wahrzunehmen und musikalische Mittel als Gestal-
tungsfaktoren zu handhaben.* Wie ein Musikstück können auch eine Stunde oder Teile
einer Stunde eine A-B-A-Form oder auch einen sonatensatzartigen Grundriss von Ex-
position, Durchführung und Reprise haben: Vorspiel, Arbeit am Gespielten, erneutes
Vorspiel auf höherer Stufe. Auch eine Unterrichtsstunde lässt sich gestalten mit Beschleunigungen und Verlangsamungen des Tempos, Kontrasten, Zäsuren, Pausen verschiedener Länge, Legato- und Staccato-Aktionen, lauteren und leiseren, erregten und
verhaltenen Partien, Crescendo- und Diminuendo-Verläufen, Zu- und Abnahmen
von Spannung. Wie es eine »Musik« der Sprache bzw. des Sprechens gibt, so auch eine
der Interaktion zwischen Lehrenden und Lernenden. Die altersabhängigen und individuellen »Lernrhythmen« von Schülern müssen beachtet werden. Nach Stadien
intensiver Erarbeitung ist das Einschalten von regenerativen Phasen, in denen zweck-
frei und lustvoll gespielt wird, ein wichtiger Wechsel im Spannungsverlauf von Stunden insbesondere mit Kindern.

Unterrichtsdramaturgisches »Musikalisieren« soll nicht auf forcierte Weise externe
Kriterien ins Spiel bringen. Aber die Übung, das eine oder andere der genannten
musikalischen Momente im Unterrichtsgeschehen bewusster als üblich wahrzunehmen, verfeinert die Aufmerksamkeit und setzt Möglichkeiten frei, das Agieren als

Lehrer abwechslungsreicher und situationsadäquater zu gestalten. Auch hier beginnt die Ausweitung des Handlungsrepertoires mit der Selbstbeobachtung.

6. *Eine Stunde mit Sorgfalt beginnen und schließen.* Eine Unterrichtsstunde ist eine aus dem sonstigen Leben ausgegrenzte Zeiteinheit. Gerade dann, wenn Lehrende mehrere Schüler hintereinander unterrichten, und Überlappungen entstehen, ist für jede Stunde ein klarer Beginn wünschenswert. Der Schüler soll den Zeitpunkt spüren, von dem an ihm die volle Aufmerksamkeit des Lehrenden gehört. So kann sich jeweils eine individuelle und konzentrierte Atmosphäre bilden – Voraussetzung für das Grundgefühl einer ›Gelingensbereitschaft‹ im Blick auf die bevorstehende gemeinsame Arbeit.

Am Ende der Stunde soll möglichst eine positive Erfahrung stehen: ein Hochgefühl des Schülers, etwas zu können. Oft genug wird er in Erarbeitungsphasen mit eigenen Defiziten zu tun gehabt haben. Umso wichtiger ist am Ende das Erlebnis des eigenen Leistungsvermögens. Ohne dieses Gefühl sollte kein Schüler aus dem Unterricht verabschiedet und in die ›lehrerlose‹ Zeit bis zur nächsten Stunde entlassen werden.

7. *Verschiedene Möglichkeiten praktizieren, in neue Stücke einzuführen.* Der Einstieg in neu zu erlernende Musikstücke ist eine wichtige unterrichtsdramaturgische Weichenstellung. Er lässt sich methodisch vielfältig gestalten und verdient daher besondere Beachtung. Sibylle Cada hat einen ergiebigen Katalog von Einstiegsmöglichkeiten zusammengestellt (Cada 2005). Manche der nachstehend genannten Vorgehensweisen finden sich auch in anderen Zusammenhängen dieses Buchs. Hier ist eine vollständige Nennung mit einigen ausgewählten Vorschlägen angebracht:

»Musik hören
- Kompositionsmerkmale zusammentragen
- Wirkung der Musik erkunden (Charakter, Stimmung, Atmosphäre, Handlung) [...]
- Titel, Vortragsbezeichnungen etc. zuordnen
- eigenen Titel erfinden
- passende Bilder auswählen
- Strukturen (Motive, Phrasen, Formteile, Interpunktion) erkennen [...]

Musik hören und lesen
- Nach einmaligem Hören aus einer Auswahl von Partituren die richtige zuordnen [...]
- ›Fehlerteufel‹: Die Lehrkraft baut beim Spielen bewusst (rhythmische, melodische) Fehler ein, die erkannt werden und markiert werden sollen
- Eine ohne Vortragsbezeichnung vorbereitete Partitur nach Höreindruck bezeichnen

Musik lesen
- Grundsätzliches aus der Musiklehre (Tonart, Taktart etc.) und besondere Auffälligkeiten zusammentragen [...]
- Klangerwartungen anhand des Notenbildes formulieren

Musik lesen und einprägen

[…]

Musik darstellen

• Charakter, Gestus des Stückes szenisch, mimisch, pantomimisch oder tänzerisch umsetzen, dirigieren

Mit Notation umgehen

• Grafische Notation: Höreindrücke (Dynamik, Klangverläufe usw.) zeichnen […]
• Traditionelle Notation: Notation von einzelnen Bestandteilen (Motiv, Rhythmus-Muster) nach Hören notieren […]

Singen

• Vom Blatt singen der Melodie, LehrerIn spielt Begleitung […]

Vom Blatt spielen

[…]

Musik erfinden / improvisieren

[…]

• Klanggeschichten zum Thema / Titel erfinden
• Improvisieren mit ausgewählten Elementen des Stücks […]

Komponieren

• vorgegebenen Melodieanfang fortsetzen
• zu gegebener Melodie Begleitung finden, harmonisieren
• zu Begleitfigur (z. B. Ostinato) Oberstimme erfinden […]

Rhythmus

[…]

Spieltechnik

[…]

• Übungen entwickeln, Übemethoden vereinbaren

›Schwere Stellen‹

• Beginn der Detailarbeit mit einer ›schweren Stelle‹ (nach dem Erarbeiten eines sinnvollen Gesamtüberblicks) […]« (Cada 2005, S. 53 f.)

Welche Optionen jeweils sinnvoll sind, hängt vom betreffenden Stück und von den Potenzialen der Lernenden wie auch der Lehrenden ab. In der Regel ergeben sich Zugänge zu den Eigenarten einer zu erschließenden Musik vor allem über emotionales Erleben, strukturelles Erfassen, eigenes Erfinden und die Beschäftigung mit spieltechnischen Besonderheiten.

8. *Die räumlichen Möglichkeiten und die Funktionsvielfalt des Unterrichtsraums nutzen.* Größe, Ausstattung und Atmosphäre vieler Unterrichtsräume in Schulen und Musikschulen sind wenig erfreulich. Und doch lässt sich auch ein karger Raum mit didaktischer Fantasie beleben oder gar verzaubern. Solche Fantasie meint: den Raum in seinen möglichen Funktionen imaginieren und nutzen. Ein Raum, in dem Instrumental- und Vokalunterricht stattfindet, kann vieles sein: Konzertsaal mit Bühne und

Zuhörerraum, Arbeitswerkstatt, Forschungslabor, Studierzimmer, Tanzsaal, Gymnastikraum, Sprechzimmer … Bereits durch das Umstellen eines Stuhls lässt sich ein Raum symbolisch verwandeln: Was vorher ein Arbeitsstuhl war, ist nun ein Sessel im Konzert. Dementsprechend verändert sich auch die Funktion des Lehrenden: Aus einem Arbeitspartner wird ein Konzerthörer. Besonders bereichernd für das Handlungsrepertoire im Unterricht sind Tisch und Stühle. Sie ermöglichen ein zeitweiliges Studieren ohne Instrument (Beschreiben, Analysieren, Reflektieren, Notieren von Musik u. a.). Solche Phasen schaffen Abwechslung und fördern das musikalische Denken.

9. *Die Nutzung der räumlichen Möglichkeiten geschieht auch durch das Einnehmen unterschiedlicher Positionen des Lehrenden zum Schüler.* Wichtige Alternativen sind hier: stehend oder sitzend, näher oder ferner, zu- oder abgewandt (etwa Rücken an Rücken, um die Konzentration ganz auf klangliche Details zu richten). Mit der räumlichen Positionierung und Haltung des Lehrers dem Schüler gegenüber ändern sich die Modalitäten der musikalischen und der sprachlichen Interaktion. Das Spielen einer Phrase mit Blickkontakt zum Lehrer ist ein anderes Kommunikationsgeschehen als ein Spiel der gleichen Phrase, bei dem der Lehrer mit geschlossenen Augen abseits sitzt und lauscht. Die gemeinsame Ausrichtung auf die Noten bewirkt eine andere Art des Sprechens als eine unmittelbare Zugewandtheit.

Nicht selten entwickelt sich bei Lehrenden durch Gewohnheit eine Dominanz oder gar Ausschließlichkeit einer bestimmten räumlichen Position dem Schüler gegenüber (am häufigsten wohl: unmittelbares Sitzen oder – im Klavierunterricht – Stehen neben dem Schüler). Das bringt neben der unterrichtsdramaturgischen Einförmigkeit die Gefahr mit sich, dass sich die Spielweise des Schülers in der uniformen Raumkonstellation der pädagogischen Partner verfestigt. Der Schüler lernt nicht, in seinem Spiel die Musik auf unterschiedlich positionierte oder zumindest räumlich unterschiedlich imaginierte Zuhörer zu richten und seine Spielweise auf diverse Raum- und Mitteilungsverhältnisse hin abzustimmen. Diese Fähigkeit aber ist unentbehrlich für ein ausdrucksstarkes, kommunikativ berührendes Musizieren.

10. *Dem Schüler Zeit lassen zum Probieren.* Hohe fachliche Kompetenz von Lehrenden führt leicht dazu, dass sie ihren Schülern im Unterrichtsgeschehen zu wenig Zeit zum Ausprobieren von Hinweisen bzw. Anweisungen gewähren. Das Bedürfnis nach vermeintlich effizienter Lenkung, Fehlervermeidung und korrekter Umsetzung führt zu einer kleinschrittigen Arbeitsweise, bei der (häufig nur kurze) Schüleraktionen und umgehende Lehrerkorrekturen einander in dichtem Wechsel ablösen. Wenn auf jede Aktion des Schülers sofort eine Korrektur des Lehrers erfolgt, fehlt dem Lernenden die Zeit für ein explorierendes Wahrnehmen von Spielabläufen. Solche Zeitphasen aber sind unentbehrlich für die Aneignung bzw. Verbesserung von Fähigkeiten. Gerade Lehrer mit hohem Engagement, viel Temperament und lebhaftem

Unterrichtstempo tun gut daran, sich immer wieder im »Zurücknehmen« zu üben und dem Lernenden Freizonen zum eigenständigen Erproben, intensiven kinästhetischen Wahrnehmen und unkommentierten Variieren von Einzelheiten einzuräumen. Dies entspricht einem konstruktivistischen Verständnis von Lernen: Nicht der Lehrer leistet durch sein Lehren das Lernen des Schülers, sondern nur dieser selbst kann sich in selbstbestimmt praktiziertem Tun Neues erschließen. Nur so ist eine wirkliche Aneignung möglich.

11. *Wege aus Frustrationen finden.* Engagiert zu unterrichten ist nicht nur anstrengend, sondern mitunter auch frustrierend. Selbst hocherfahrenen, einfühlsamen und methodisch versierten Lehrenden gelingt nicht immer alles so, wie sie es sich wünschen. Das Gefühl, sich vergeblich anzustrengen, erzeugt Verdruss. Müdigkeit, Lustlosigkeit, Selbstzweifel, Ohnmachtsgefühle, Ratlosigkeit, Missmut – in Gesprächen mit Lehrenden zeigt sich, dass fast alle von ihnen gelegentlich solche und weitere Negativempfindungen beim Unterrichten kennen. Es gehört zur pädagogischen Professionalität, Möglichkeiten des Misslingens von Unterrichtsstunden gelassen zu akzeptieren. Der Anspruch, jeden Schüler jederzeit erfolgreich unterrichten zu können, wäre eine nicht einlösbare Überforderung. Lehrende, die diesen Anspruch vertreten, setzen sich der Gefahr aus, dass Negativerlebnisse ihr eigenes Selbstwertgefühl untergraben. Wenn methodisches Handeln nicht ein routiniertes Beschreiten von ausgetretenen Wegen, sondern ein jeweils besonderer, neugierig und wagemutig ins Offene gerichteter Prozess ist, dann gibt es keine absolute Sicherheit des Gelingens. Diese Einsicht entlastet von persönlichen Überforderungen einer fragwürdig aufgefassten pädagogischen Qualität. Eingeschlagene Wegstrecken können sich als Holzwege erweisen. Sinnlos sind sie deswegen nicht, denn auch Holzwege haben ihren Zweck. Nicht anders als beim explorierenden Üben sind auch beim Unterrichten Fehler geradezu Voraussetzungen einsichtsvollen Lernens. Dies gilt für Lehrer wie für Schüler: Auch und gerade in Situationen, in denen etwas misslingt, wird gelernt.

Nicht anders als Schüler sind auch Lehrende von ihrer Tagesform abhängig. Zuwendungsstärke, Geduld, methodische Fantasie, Lust am Unterrichten können sich nicht immer auf gleicher Höhe bewegen. In kritischen Situationen ist es besser, dem Schüler eine Arbeitsaufgabe zu stellen und für fünf Minuten der Raum zu verlassen, um sich zu regenerieren und zu stabilisieren – statt in einer festgefahrenen Situation gefangen zu bleiben. Einen Ausweg aus gelegentlichen Unlustanwandlungen bietet auch die Möglichkeit, dem Schüler etwas *von sich* zu zeigen, d. h. ihm etwas vorzuspielen, ihn teilhaben zu lassen an der eigenen musikalischen Welt. Ein Modell für diese Strategie findet sich in dem Bericht von Ernst Ludwig Gerber über die Unterrichtspraxis von Johann Sebastian Bach: »[...] mein Vater [Heinrich Nicolaus Gerber] rechnete die unter seine seligsten Stunden, wo sich Bach, unter dem Vorwande, keine Lust zum Informiren zu haben, an eines seiner vortrefflichen Instrumente setzte und so diese Stunden in Minuten verwandelte.« (Gerber 1790, Bd. 1,

S. 950, hier zit. nach Schulze 1975, S. 114) Der zeitweilige Verzicht auf Instruktion und das zweckfreie Vormusizieren des Lehrers taten offenbar beiden pädagogischen Partnern gut.

Literaturhinweise

Anselm Ernst: *Lehren und Lernen im Instrumentalunterricht. Ein pädagogisches Handbuch für die Praxis*, Mainz 1991, Abschnitt »Unterrichtsaufbau«, S. 93 ff.

> Anselm Ernst unterscheidet eine Reihe möglicher »Phasentypen«: Einstieg, Einstimmung, Aufwärmphase / Vorbereitung, Hinführung / Problem- oder Aufgabenstellung / Anleitung / Informationsdarbietung, Erklärung / Demonstrationsphase / Anwendung, Übertragung / Übung, Vertiefung / Probier-, Erprobungs-, Experimentierphase / Wiederholung, Zusammenfassung / Erholung, Entspannung / Hausaufgabenstellung. Als Beurteilungskriterien für den Aufbau von Unterricht gelten ihm: 1. Zeitplanung, 2. Folgerichtigkeit, 3. Unterrichtsdramaturgie, 4. Flexibilität.

Hilbert Meyer: *Unterrichts-Methoden II: Praxisband*, Frankfurt/M. 1987, Abschnitt »Methodischer Gang«, S. 104–108

> Für Meyer erhält Unterricht dann »einen einsichtigen und nachvollziehbaren Aufbau, wenn er dem methodischen Grundrhythmus von Einstieg / Erarbeitung / Ergebnissicherung folgt« (S. 105). Allerdings kommt er letztlich zu dem Ergebnis: »Eine *allgemeingültige* lerntheoretische Begründung des Unterrichtsganges ist unmöglich.« (S. 108)

4. Üben

Didaktische Vorüberlegungen

Musikalische Fähigkeiten und Fertigkeiten, auf die Instrumental- und Vokalunterricht zielt, sind nicht ohne qualitätvolles Üben zu haben. Lernenden zu helfen, Übekompetenzen zu gewinnen, ist daher ein zentraler Arbeitsauftrag von Instrumentalpädagogen. Üben muss ein Dauerthema im Unterricht sein. So wie das Üben das im Unterricht Behandelte vertiefen und festigen soll, so sollte der Unterricht Bezug nehmen auf die jeweilige Art des Übens eines Lernenden – nicht, um diese im Handumdrehen zu verändern und zu »optimieren«, sondern mit dem Ziel, den Lernenden nach und nach zur Beobachtung, Bewertung und Selbststeuerung seines Übens (d. h. zur »Metakognition«) zu befähigen. Viel gewonnen ist, wenn die Beschäftigung mit dem Dauerthema »Üben« im Unterricht von Schülern positiv erlebt wird: als eine gezielte Förderung der individuellen Lernwünsche und -möglichkeiten des Lernenden durch Hinweise zu sinnvoller Arbeit, nicht aber als Katalog von Vorschriften und Anweisungen, die ihn schurigeln und moralischen Druck auf ihn ausüben. Eine gute Übemethodik sollte vermeiden, Ideale aufzustellen, hinter der die Realität des Übens doch immer wieder zurückbleibt. Die dadurch entstehenden Frustrationen und Schuldgefühle belasten den Lernenden.

Was sind typische Mängel beim Üben? Defizite können liegen in Schwächen der Zielvorstellung, der Ausführung, der Wahrnehmung des Ausgeführten, in dessen Vergleich mit dem Vorgestellten (Feedback) und in der Bildung einer dementsprechenden neuen Zielvorstellung für den nächsten Durchlauf einer Übeeinheit (Feedforward). Mit Schwächen in einer oder mehrerer dieser für gewinnbringendes Üben erforderlichen Aktivitäten verbinden sich leicht ein unkonzentriertes, vorstellungs- und wahrnehmungsschwaches, fantasiearmes, mechanisches, lustloses, »pflichtschuldiges« »Abspulen« und ein Wiederholen, das Defizite eher befestigt als aufhebt.

Gutes Üben ist eine selbstbestimmte Tätigkeit. »Im Idealfall wollen SchülerInnen regelmäßig aus eigenem Antrieb üben und organisieren sich die dafür notwendigen Bedingungen.« (Knodt 2009, S. 29) Um dieses Ideal geht es beim Nachdenken über eine förderliche Übemethodik. Das Grundproblem der methodischen Vermittlung von Übefähigkeiten liegt wohl in der Frage: Wie kann ich jemanden anleiten, selbstbestimmt zu handeln?

Wer übt, ist in der Regel mit sich allein. Der Übende muss sein Tun selbst steuern. Er selbst muss wissen, was er im Üben verbessern und erreichen will. Er muss seine Übeaktivitäten und deren Resultate wahrnehmen und bewerten. Und er muss aus den Ergebnissen dieser Bewertungen neue Zielsetzungen entwickeln. Ein fremdbestimmtes, vorgegebene Anweisungen blind bzw. mechanisch umsetzendes Üben ist in der Regel wenig effizient. Allzu leicht richtet sich die Aufmerksamkeit auf ein äußerliches Befolgen der erhaltenen Direktiven (Zeitpensen, Anzahl von Wieder-

holungen, spezielle Verfahren wie Variantenbildungen etc.). Diese können pflicht-
gemäß »erledigt« werden, ohne von eigenen explorativen Interessen motiviert und
gesteuert zu sein.

Sind Kinder bereits zur Selbstbestimmung fähig? Wohl kaum im Sinne eines plan-
mäßigen, ein Lernziel strategisch bewusst in Einzelschritte zerlegenden Vorgehens.
Wohl aber »üben« Kinder von sich aus leidenschaftlich, ausdauernd und erfolgreich
bestimmte Fähigkeiten, die sie erwerben möchten: Balancieren, Schaukeln, Radfahren,
einen Basketball zielsicher in einen Korb werfen … Dabei zeigen sich die grundlegenden Qualitäten produktiven Übens: Motiviertheit, Selbstvertrauen, Konzentrationsfähigkeit, Geduld, Disziplin, Frustrationstoleranz. Meist sind es motorische Aktivitäten,
die schon *ein wenig* gelingen und deren ansatzweise Beherrschung zu einem immer
perfekteren Ausüben reizt. Auch Instrumente können Kinder zu einem solchen Üben
animieren. Berichte von Lernenden über ihre informellen Anfänge am Instrument
zeigen dies immer wieder (s. Mahlert 2006, S. 10–23). Ohne Lehrer erkunden Kinder Spielmöglichkeiten auf einem Instrument, versuchen, etwas Gehörtes nachzu-
spielen, besorgen sich von Freunden weiterführende Informationen und bringen so
mitunter erstaunliche Ergebnisse hervor. Kinder sind also durchaus schon imstande
zu üben. Lehrende arbeiten »kindgemäß«, wenn es ihnen gelingt, auch im Instrumentalunterricht etwas von solchem Geist selbstgesteuerter kindlicher Übepraktiken
aufleben zu lassen. Dies kann eine Leitvorstellung für das Üben mit Kindern im
Unterricht sein. Nicht nur ist es fragwürdig, Kinder allzu sehr mit strikten, von Erwachsenen ersonnenen Übereglements zu gängeln; vielmehr können umgekehrt Erwachsene sich durchaus mit Gewinn an der erfolgreichen Übeweise von Kindern
orientieren. »Gutes Üben sei […] kein furchtbarer Ernst, lieber ein kindliches Spiel,
wie dieses kühn und vertrauend.« (Picht-Axenfeld 1992, S. 5)

Ein enger Zusammenhang besteht zwischen Üben und Motivation (s. das folgende
Kapitel). Motiviertheit und effizientes Üben fördern einander wechselseitig: Wer ein
starkes Bedürfnis hat, eine bestimmte Musik zu spielen bzw. eine bestimmte musikalische Leistung zu erbringen, wird dafür üben. Und wer sein Üben so gestaltet, dass
er Erfolge dabei erlebt, verstärkt seine Motivation. Daher ist die Entwicklung einer
individuellen Übekultur, in der Schüler sich auf eine ihnen gemäße Weise mit »ihrer«
Musik beschäftigen dürfen, in der sie Erfolge haben und diese bewusst erleben, zur
Förderung der Übemotivation unverzichtbar.

Methodische Prinzipien und Möglichkeiten

1. *»Üben wird durch Üben erlernt.«* (Altenmüller 2006, S. 63) Üben ist vor allem eine
prozedurale Kompetenz. Ihre Qualität erweist sich im konkreten Handeln. Natürlich
liegt dieser Kompetenz in der Regel ein »deklaratives« Wissen zugrunde. Dieses
Wissen selbst befähigt jedoch noch nicht ohne Weiteres zu einem sinnvollen Üben.
Übekompetenzen können also nur zum Teil durch Anweisungen, Regeln, Erklärun-

gen vermittelt werden. Instruktionen haben nur einen begrenzten Wert. Um dem Lernenden zu nützen, müssen sie stets mit praktischen Erfahrungen verknüpft sein, besser noch: aus ihnen hervorgehen. Das geschieht vor allem, indem immer wieder im Unterricht selbst geübt wird. »Übefähigkeiten bilden sich vor allem im gemeinsamen, angeleiteten bzw. supervisierten Handeln. Das bedeutet: Nicht nur über das Üben sprechen, sondern *mit* dem Schüler üben!« (Mahlert 2006, S. 41) Dies kann verschieden geschehen:

- in einem vom Lehrenden kleinschrittig gelenkten Übeprozess, bei dem dieser alle wichtigen Instruktionen möglichst knapp ausspricht, gleichsam als externer »Vorsager« von nach und nach zu internalisierenden (Selbst-)Anweisungen;
- in kleinschrittigen Übesequenzen, in denen nunmehr der Lernende selbst Regie führt, bei denen der Lehrende als beobachtender Coach nur nach Bedarf kurz eingreift und die Aufmerksamkeit des Lernenden auf bestimmte Aspekte richtet, »sodass sich seine Vorstellungs-, Wahrnehmungs- und Handlungsfähigkeit verbessert« (a. a. O., S. 42);
- durch ein vom Lehrenden nicht unterbrochenes »Vorüben« des Schülers mit anschließendem Besprechen der Übesequenz;
- durch Aufzeichnen von Übesequenzen. Das gemeinsame Anschauen und -hören ermöglicht ein genaues Analysieren der Vorgehensweise. An bestimmten Stellen kann die Wiedergabe angehalten werden, um wichtige Details möglichst deutlich zu erfassen.

Mit viel Lerngewinn lassen sich solche Verfahren auch im Gruppenunterricht praktizieren, indem jeweils ein Schüler probeweise die Funktion des Übelehrers bzw. des Coachs übernimmt. Durch diese Beobachtung und Steuerung der Übepraxis eines Mitschülers entwickelt sich das Bewusstsein dafür, worauf es beim Üben ankommt.

2. *Die Spiralbewegung von Vorstellung, Ausführung, Feedback und Feedforward als Grundgeschehen des Übens lehren.* Die genannten vier Begriffe beinhalten in ihrer Abfolge ein Modell des Übevorgangs: Etwas zu Spielendes wird möglichst genau vorgestellt (»Wie soll das zu Spielende klingen?«), sodann ausgeführt (»Ist«), darauf (bzw. in der Praxis des Übens vielfach fast zeitgleich) erfolgt ein Feedback (»Wie war es?«, d. h., wie verhielt sich das Realisierte zum Vorgestellten?) und ein Feedforward (»Wie jetzt?«, d. h., was soll im nächsten Durchlauf verbessert werden?). Dieser Kreislauf, der sich beim Üben viele Male und meist sehr schnell vollzieht, führt nach und nach zu einer Optimierung und hat somit die Struktur einer Spiralbewegung. Üben geschieht als »spiralförmiges Lernen«. Schwächen sind in allen vier Schritten möglich: Nicht nur die Ausführung kann misslingen, auch die Vorstellung, das Feedback und das Feedvorward können mangelhaft sein. Diese vier im Üben verbundenen Aktionen immer wieder wahrzunehmen, sodass sie bewusst praktiziert werden, ist eine wesentliche Aufgabe das Übenlehrens.

3. *»Ein guter Lehrer macht seinen Schüler zum Autodidakten.«* (Mantel 2008a, S. 28) Dieser Satz gilt prinzipiell für alles Lehren, in besonderem Maße aber für das Übenlehren. Da gutes Üben selbstbestimmt geschieht, sollten Lehrkräfte beim Übenlehren stets darum bemüht sein, die Individualität des einzelnen Lernenden wahrzunehmen, zu respektieren und die ihr entsprechende Selbstständigkeit seines Übens zu fördern. Dies setzt voraus, dass Lehrende sich für die Persönlichkeit des Schülers, für seine Lernweisen, für die Umgebung und Bedingungen seines Musiklernens, auch für dessen informelle (d.h. außerhalb des Unterrichts liegende) Vorgeschichte und Nebenwege interessieren. Wie jemand übt, ist von vielerlei Faktoren abhängig, die sich immer wieder verändern: musikalische Kenntnisse, Interessen, Lebensumstände, Lernerfahrungen in anderen Gebieten, kognitive Fähigkeiten u.a. Somit entwickelt sich bei den meisten Musiklernenden auch die Art des Übens fortwährend. Übekompetenzen sind nicht umstandslos ein für allemal und für alle gleich gültig lehrbar. Nur wenn Lehrende mit ihren Schülern im vertrauensvollen Dialog bleiben über das häusliche Üben mit seinen spezifischen Möglichkeiten und Problemen, können sie ihren Schülern dabei helfen, eine in der jeweiligen Lebenssituation praktikable Übekultur zu entwickeln. Nach diesem Verständnis von Übenlehren agiert der Lehrende nicht als »Präskriptor«, der Vorschriften formuliert und so weit wie möglich kontrolliert, sondern als Übeberater und Übecoach. Er kann Hilfe bieten bei der Organisation des häuslichen Übens, der Erarbeitung von Zeitplänen, beim Führen eines Übetagebuchs. »Es ist immer wieder erstaunlich, wie wenig Fantasie darauf verwendet wird, aus dem weiten Spektrum zwischen *laisser-faire* und ohne Rücksicht auf die Person geäussertem Üb-Gebot das für den betreffenden Schüler im betreffenden Augenblick richtige Pensum zu finden. Wenn Lehrer und Schüler diese Phantasie gemeinsam entwickeln würden, wäre schon viel gewonnen.« (Ronca 1995, S. 152 f.)

4. *Mit dem Lernenden an der Metakognition seines Lernens arbeiten und selbstbestimmtes Üben fördern.* »Metakognition« wird »als die Fähigkeit begriffen, das eigene Lernen zu beobachten (*monitoring*), zu bewerten und Pläne für das eigene, auf die Lösung eines Problems gerichtete Handeln zu entwerfen« (Seel 2003, S. 226). Das Postulat der Metakognition bedeutet: Werde aufmerksam gegenüber deinem Üben und den mit ihm verbundenen physischen und mentalen Prozessen. Sei dir deiner eigenen Denkprozesse bewusst. Ein »selbstbestimmtes Üben«, in dem der Lernende selbst Entscheidungen über konkrete musikalische Aspekte und Ziele seines Übens trifft und dieses autonom steuert, setzt Metakognition voraus.

Was können Lehrende konkret tun, um Metakognition bei ihren Schülern zu fördern? Die wohl wichtigsten methodischen Impulse sind *Fragen* – allerdings nur dann, wenn der Lehrende sie wohlerwogen stellt und dem Lernenden genügend Zeit lässt, ihnen selbstexplorativ nachzugehen und sie in Ruhe zu beantworten. Solches Fragen meint kein Ausfragen, das unterschwellig oder sogar deutlich mit moralischem Druck verbunden ist, sondern ein gemeinsames Überlegen, ein dem Schüler hilfreiches, klärendes Bedenken seiner Lernwege. Auf diese Weise erwirbt er die Fähigkeiten, das eigene Üben genauer zu beobachten, zu analysieren, zu reflektieren und weiterzuentwickeln. Er lernt nach und nach, das Befragen und Bedenken seines Handelns selbst als Teil des Übens zu praktizieren. Fruchtbar können ganz schlichte, aber ernsthaft, nicht floskelhaft gestellte Fragen sein: »Wie ging's zu Hause mit dem Üben?« – »Wie hast du dich gefühlt?« – »Was hat geklappt?« – »Wo gab es Schwierigkeiten?« Ebenso bezogen auf Übephasen in den Stunden: »Wie war's?« – »Was war gut?« – »Was genau möchtest du verbessern?« – »Woran lag es, dass es geklappt bzw. nicht geklappt hat?«

Starke Impulse zur Förderung eines selbstbestimmten Übens geben zwei lapidare Fragen, mit denen der Lehrende wiederum als Coach wirkt. Zum einen: »Was möchtest du an deinem Üben verbessern?« Zum anderen: »Was hindert dich, es zu tun?« Im Bearbeiten dieser Fragen erfährt der Lernende sich als selbstverantwortlich für sein Üben.

Sinnvoll für eine deutliche Fokussierung des Übens auf bestimmte musikalische Faktoren kann ein Spektrum von vorgegebenen Kriterien sein, von denen der Lernende eines oder mehrere auswählt. Ein nützliches Handwerkszeug hierfür hat Peter Knodt mit seinem Lernspiel *Praktissimo* entwickelt (Knodt 2009). Es besteht aus einem Satz von Kärtchen mit Stichworten zu Kriterien, auf die beim Üben geachtet werden kann (z. B. »Klang« – »Rhythmus« – »Artikulation« – »Phrasierung« – »Intontation« usw.). Zum Üben wählen Schüler bestimmte Kärtchen aus und konzentrieren sich in der anschließenden Übephase auf den gewählten Aspekt bzw. auf mehrere Aspekte. Zusätzliche »Regiekarten« (»Wiederholen« – »Variieren« – »Verändern« – »Abwechslung« – »Pause«) können Strategien für das Bearbeiten des gewählten Aspekts geben.

5. *Kindliches Üben – Musizieren im Unterricht.* Von Kindern nicht zu früh ein »regelrechtes«, planvolles, analytisches Üben im Sinn einer »deliberate practice« (d. h. eines wohlerwogenen, strategisch gesteuerten Handelns) erwarten – stattdessen: Viel Musik machen im Unterricht! Peter Heilbut berichtet über den Anfangsunterricht mit sechsjährigen Schülern: »[…] das Wort ›Üben‹ habe ich mir zumindest im ersten Jahr verboten auszusprechen« (Heilbut 1993, S. 38). Artur Schnabel schrieb: »Wäre ich ein Diktator, würde ich den Ausdruck ›üben‹ aus dem Wortschatz streichen, da er für Kinder zu einem Schreckgespenst, einem Alptraum wird. Ich würde sie fragen: ›Hast du heute schon Musik gemacht? Wenn nicht – geh und mach Musik.‹« (Schnabel 1991, S. 204) Ein lustvolles Musizieren im Unterricht auch mit einfachsten Elementen und bescheidenen Fähigkeiten dürfte Kinder am ehesten anregen, auch zu Hause auf und mit dem Instrument zu spielen und das im Unterricht Praktizierte zu wiederholen.

6. *Lernende selbst formulieren und notieren lassen, was beim Üben zu beachten ist.* Auch dies befördert, dass Lernende ihr Üben selbst »in die Hand nehmen«, sich mit

Aufgaben identifizieren und selbstbestimmt handeln. Martin Gellrich schlägt u. a. vor, Kinder alle Notizen von den Fingersätzen bis zu den Hausaufgaben möglichst selbst machen zu lassen (Gellrich 1991, S. 8 f.). Wenn Kinder noch nicht die Schrift beherrschen, können sie einfache Symbole notieren (z. B. eine Brille für genaues Hinsehen, ein Ohr für intensives Hineinhören). Solche Symbole eignen sich, um besonders zu beachtende Einzelheiten des Notentexts, der Phrasierung, Dynamik u. a. zu markieren. Lehrer sollten dabei möglichst wenig vorgeben. Jedes Bild bzw. Symbol, das ein Kind selbst erfindet, hat eine stärkere Kraft als ein vorgegebenes Zeichen. Ebenso lassen sich mit selbstklebenden Leuchtpunkten (evtl. in verschiedenen Farben für unterschiedliche Probleme) Stellen markieren, an denen besonders aufgepasst werden muss. Das Wegnehmen des Leuchtpunktes nach Überwindung der Schwierigkeit verstärkt das Erfolgserlebnis.

7. Üben sozial einbinden und soziale Komponenten beim Üben ins Spiel bringen – real oder auch imaginativ. Kompetentes einsames Üben ist eine äußerst anspruchsvolle Tätigkeit. Sie ausführen zu können, erfordert meist einen langen Lernweg. Auf ihm lernen Übende, in Distanz zu sich selbst zu treten, die eigenen Hervorbringungen und das eigene Verhalten zum Gegenstand zu beobachten, zu analysieren und zu optimieren. Erst wenn es gelingt, mit sich selbst als Partner umzugehen, »funktioniert« Üben. Die Einsamkeit des Übens vollzieht sich dann insofern als soziales Geschehen, als ein beständiger Diskurs im Geist des Übenden mit sich selbst stattfindet. Solange dies noch nicht gelingt, sind tatsächliche soziale Einbindungen des Übens wichtige Strategien, um Übekompetenzen aufzubauen.

Neben den bereits erwähnten Arten des Übens im Unterricht können Lehrende eine Reihe weiterer Möglichkeiten vermitteln. Die nachfolgende Abfolge vollzieht den Verlauf von der tatsächlichen Anwesenheit anderer Menschen über die Imagination solcher Anwesenheiten hin zum bewussten, mit realem Sprechen verbundenen Umgang mit sich selbst (s. Mahlert 2006, S. 41 ff.; die nachfolgende Übersicht ist weitestgehend aus dieser Veröffentlichung übernommen, eine Umstellung wurde vorgenommen).

- »*Gemeinsames Üben zu Hause.* In frühen Phasen des Unterrichts können auch musikalisch wenig vorgebildete Eltern die Aufgabe übernehmen, nach zuvor gegebener Anleitung des Lehrers das Üben des Kindes zu lenken oder zumindest zu begleiten. Solche Elternhilfe ist z. B. Bestandteil der Suzuki-Methode […].
- ›*Resonanz geben‹.* Auch das bloße Anwesendsein von Eltern im Nachbarzimmer kann förderlich sein, wenn diese entfernte Präsenz dem Kind atmosphärisch Anteilnahme und Freude an seinem Musizierenlernen vermittelt […]. Der musikalische Lernraum ist dann belebt, ein wohlwollendes und motivierendes Publikum vorhanden. Es kann aber durchaus auch sein, dass die Anwesenheit und das ›Mithören‹ von Bezugspersonen gerade als störend und hemmend empfunden wird (›etwas ausprobieren, wenn Mutter nicht mithört‹ formulierte eine Studentin zu

ihrem früheren häuslichen Üben). Die Bedürfnisse nach Resonanz sind individuell sehr unterschiedlich.

- *Üben mit Partner.* Üben mit Partner bedeutet: Der Spieler übt nicht allein, sondern auf eigenen Wunsch in Anwesenheit eines Partners – am besten eines Mitschülers. (Nach einer Übephase können die Rollen getauscht werden.) Die Anwesenheit eines gewünschten Partners motiviert und diszipliniert das Üben. Der Partner ist Begleiter, nicht Dirigent des Übens. Der Verlauf des Übens wird primär vom Übenden bestimmt. Der Partner sollte den Übenden nicht ständig aus dem Fluss des Übens herausreißen. Der Übende kann den Partner als Feedback-Geber benutzen und mit ihm Fragen zu seinem Üben (dessen Ergebnissen, Vorgehen, Schwierigkeiten) besprechen. Der Partner kann dem Übenden Fragen zu dessen Üben stellen. Er kann ihn bitten, genauer zu erklären, was er übend tut, worauf es ihm ankommt bei bestimmten Übeschritten, was ihm schwer fällt, warum das so ist, was ihm gut gelungen scheint usw. [Solche Übepartnerschaften lassen sich gut unter Lernenden im Gruppenunterricht bilden.]
- *Üben mit Aufnahmen, die vom Lehrer eingespielte Stücke und ggf. Kommentare enthalten.* Die Abwesenheit des Lehrers und das Fehlen einer Betreuung beim Üben können ein Stück weit überbrückt werden, wenn Lehrende für ihre Schüler die zu übenden Stücke mustergültig auf Band einspielen und möglicherweise dazu didaktische Hinweise zur Erarbeitung aufsprechen. Zumindest imaginär ist dann die Lehrperson anwesend. Die von ihr hergestellte Aufnahme schafft eine klare Vorstellung des zu Übenden und kann ein effizientes Modelllernen bewirken.
- *Üben mit imaginären Bezugspersonen.* ›Spiele immer, als hörte dir ein Meister zu.‹ (Schumann 1854/1985, S. 295) Dieser Ratschlag, den Robert Schumann in seinen ›Musikalischen Haus- und Lebensregeln‹ gab, beinhaltet das hier gemeinte Prinzip (s. dazu Mahlert 2001b). Man kann in der Phantasie üben ›für‹ jemanden (z. B. die Lehrperson oder eine andere wichtige Bezugsperson), ›vor‹ jemandem (auch vor einem ganzen Publikum) oder sich beim Üben fühlen ›wie‹ eine andere Person (z. B. eine bewunderte Spielerin). So entsteht eine imaginäre Partnerschaft beim Üben, die die reale Einsamkeit durch eine phantasierte soziale Einbindung belebt und motivierende Vorstellungen für das Üben schafft.
- *Beim Üben ›Teilpersönlichkeiten‹ ins Spiel bringen.* Fast jede Musik lässt sich auffassen als ein Ensemblegeschehen (dazu Rüdiger 1997, S. 223): Phrasen, Stimmen, Charaktere interagieren, selbst einzelne Töne bilden Spannungsstrukturen aus und gewinnen so verschiedene ›Gesichter‹. Die Mitglieder des innermusikalischen Ensembles können beim Üben und Spielen subjektiv ›besetzt‹ und als miteinander agierende Persönlichkeitsanteile erlebt werden. […]
- *Aussprechen, was man beim Üben tun will.* […] Der Spieler muss beim einsamen Üben sein eigener Lehrer sein. Das Formulieren und deutliche Aussprechen des jeweils zu leistenden nächsten Übeschritts ist ein Mittel, sich selbstdirektiv zu verhalten und ein ›inneres Team‹ (Schulz von Thun 1998, s. a. Mahlert 2001b) von

Lernendem und Lehrendem zu bilden. Auch auf diese Weise kann in der Einsamkeit des Übezimmers ein sozialer Geist des Handelns entstehen.« Zudem erhöht das Aussprechen der Ziele einzelner Übeschritte den Lerneffekt, indem es die Aufmerksamkeit bei der Ausführung fokussiert. (s. Mantel 2006)

8. *Einerseits: Im Unterricht eine möglichst stabile Vorstellung von dem zu Hause weiter zu Übenden aufbauen.* Dies gilt besonders für den Anfangsunterricht mit Kindern. Einen Notentext selbstständig zu erschließen und eine Klangvorstellung aus ihm zu entwickeln, ist eine anspruchsvolle Aufgabe, die meist erst nach mehreren Unterrichtsjahren sicher gelingt. Lehren, Lernen und sicherndes Üben gehören im Unterricht zunächst zusammen. In der ersten Zeit des Anfängerunterrichts sollten Lehrende vom häuslichen Üben ihrer Schüler nicht mehr verlangen als ein Wiederholen des in der Stunde Gelernten.

9. *Andererseits: Forschendes Üben lehren.* Das bedeutet insbesondere für den Unterricht mit fortgeschritteneren Schülern: Übeaufgaben mit offenen Ergebnissen und nicht mit zu engen Lösungsvorgaben verbinden. Die Formel »Forschendes Üben«, Titel eines grundlegenden Buchs von Renate Wieland und Jürgen Uhde (Wieland / Uhde 2002), kann als Leitformel eines intelligenten und produktiven Übens gelten. Musikalische Strukturen erkennen, Möglichkeiten ihrer sinnvollen Wiedergabe erproben, Fingersätze ausprobieren und Lösungen ermitteln, die der Musik und den eigenen physischen Möglichkeiten angemessen sind – all das und vieles andere beim Üben sind forschende Tätigkeiten. Lehrende, die im Unterricht mit ihren Schülern musikalischen Forschergeist praktizieren (»Die Musik ist die Methode«), indem sie mit ihnen die Musik und ihre Darstellungsmöglichkeiten untersuchen und erproben, vermitteln eine Übemethodik, in der das Üben zum spannenden Abenteuer und nicht zum stumpfsinnigen Drill gerät (s. nähere methodische Hinweise in Kapitel 7 und 8: »Interpretieren I / II«).

10. *Mentales Üben lehren.* Üben ist immer Arbeit an der inneren Vorstellung des zu Übenden – und zwar der Musik selbst wie auch des Spielvorgangs. Mentale Annäherungen an eine Musik erfolgen bereits im Untersuchen und Beschreiben ihrer Strukturen: Wie ist der Aufbau? Wo wiederholt sich etwas? Wo sind Einschnitte? Wie entwickelt sich die melodische Linie? Wo sind Höhepunkte? ... Solches Beschreiben kann sich auf eine unmittelbar hörend aufgenommene Musik (Vorspielen des Lehrers, gemeinsames Anhören einer Aufnahme) wie auch auf einen innerlich hörend vergegenwärtigten Notentext beziehen. Ebenso lassen sich die Abläufe und die intendierte Gestaltung der musikalischen Ausführung beschreiben: Wo und wie atme ich in Entsprechung zum Atem der Musik? Welche Bewegungen führe ich im Großen und im Kleinen aus? Welche spieltechnischen Details muss ich beachten? Wie soll es klingen? Wie realisiere ich diese gestalterischen Absichten? Aufgabe des Lehrenden ist es, den

Lernenden immer wieder zu solchem Befragen, zum Analysieren und Klären der Musik und der ihr angemessenen Ausführung zu animieren.

Weitere methodische Anregungen zum Lehren des mentalen Übens:

* Zum Hören und mentalen Explorieren von Musik das Instrument beiseite legen. Für die gemeinsame Beschäftigung mit Notentexten empfiehlt sich ein »Studiertisch« (Heilbut 1993, S. 150).
* Phasenwechsel zwischen mentalem und instrumentalem Üben: Hin und Her zwischen Tisch und Instrument. Die mental aufgebaute oder vertiefte Vorstellung im unmittelbar anschließenden Spielen erproben.
* Beim Üben am Instrument den Lernenden zu kurzen mentalen Zwischenphasen anhalten (evtl. nur wenige Sekunden), sodass er lernt, zwischen Übeschritten bzw. deren Wiederholungen die innere Vorstellung zu schärfen.
* Einfache Stücke oder Teile daraus mental lernen: beschreiben – singen (gemeinsam, einzeln) – Spielvorgang vorstellen – dann die so aufgebaute Vorstellung auf dem Instrument realisieren.

Literaturhinweise

Anselm Ernst: *Didaktik des Übens*, in: Ulrich Mahlert (Hrsg.): Handbuch Üben. Grundlagen – Konzepte – Methoden, Wiesbaden 2006, S. 98–117

> Mit vielen praktischen Anregungen versehen, entfaltet der Aufsatz folgende Thesen: Üben und Lernen bilden eine Einheit. »Selbstreguliertes« Üben / Lernen stellt die wichtigste Schlüsselqualifikation für das Musizieren dar. Die Übemethodik verknüpft als zentrales Lernfeld alle Lernbereiche des Instrumentalunterrichts miteinander. »Hausaufgaben stellen«, besitzt den Rang einer eigenständigen didaktischen Handlung. Eine umfassende Didaktik des Übens vermag zuverlässige Übefähigkeiten und dauerhafte Übemotivation aufzubauen.

Gerhard Mantel: *Einfach üben. 185 unübliche Überezepte für Instrumentalisten*, Mainz 2001

> Die knapp formulierten und jeweils eingehend begründeten »Rezepte« für ein wohlerwogenes effizientes Üben bilden eine fassliche Lehre des Übens. Sie basieren auf langjährigen praktischen Erfahrungen des Autors als Cellist und Cellopädagoge, aber auch auf vielerlei Studien in übe-relevanten Disziplinen wie Lernpsychologie und Physiologie.

Peter Knodt: *»Neues« vom Üben. Mit dem Lernspiel »Praktissimo« können SchülerInnen beim Üben selbst Regie führen*, in: Üben & Musizieren 6/2009, S. 28–31

> Vorgestellt wird ein aus 33 »Begriffskarten« und fünf »Regiekarten« bestehendes Lernmedium, das Schülern dabei hilft, ihr Üben selbstständig zu strukturieren. Dies geschieht, indem sie für Übephasen aus einem vorgegebenen Repertoire von Möglichkeiten jeweils bestimmte Zielbereiche und Methoden wählen.

5. Motivieren

Didaktische Vorüberlegungen

»Wie motiviere ich meine Schüler?« Diese Frage wird meist von Lehrenden gestellt, wenn sie darunter leiden, dass manche ihrer Schüler wenig Antrieb zeigen, Musik zu machen und auf die Angebote des Unterrichts einzugehen. Lehrende, die mangelnde Motivation von Schülern beklagen, sind selbst von Motivationsproblemen bedroht. Es kann leicht demotivieren, mit demotivierten Schülern zu arbeiten. Und ebenso, wie demotivierte Schüler ihre Lehrer demotivieren, verstärkt wiederum demotivierendes Lehrerverhalten die Motivationsprobleme von Lernenden. So ergibt sich nicht selten ein Teufelskreis. Weil dies so ist, muss die Frage »Wie motiviere ich meine Schüler?« ergänzt werden um die Frage »Wie motiviere ich mich selbst als Lehrer?« – und zwar eben gerade im Hinblick auf einen Unterricht, in dem Schüler Motivationsprobleme haben.

Der Frage »Wie motiviere ich meine Schüler?« liegt häufig die Hoffnung zugrunde, es gebe eine Art pädagogische Trickkiste, mit deren Werkzeugen es möglich sei, Schüler umstandslos für ein begeistertes Musikmachen zu motivieren. Diese Hoffnung ist trügerisch und pädagogisch bedenklich. Wer sie nährt, rückt Motivation in die Nähe von Manipulation. Motivation würde dann in erster Linie bedeuten, ein Kind zu seinem ihm vom Lehrenden zugedachten Glück zu nötigen – »was doch nichts anderes heißt als ›machen, dass es dies (oder das) will‹.« (Hentig 2007, S. 723) Echte Motivation ist aber nicht die Folge von manipulativem Verhalten, sondern ein selbstbestimmtes Handelnwollen.

Lehrende können für günstige Bedingungen sorgen, unter denen Lernende ihre Motivation zum Musizieren bilden und entfalten; erzeugen können sie sie jedoch nicht. Diese Einsicht beinhaltet für Lehrende neben Desillusionierung auch eine Entlastung. Sie müssen nicht der oft überfordernden und frustrierenden Auffassung anhängen, dass jeder Schüler jederzeit zu einem lustvollen Musizieren zu bewegen sei, und dass es letztlich immer am eigenen pädagogischen Versagen liege, wenn dies nicht gelingt. Wohl aber können Lehrende immer intensiv an ihrer eigenen Motivation zum Unterrichten mit ihren verschiedenen Schülern arbeiten – auch mit solchen, die nicht ihren Wunschvorstellungen von Motiviertheit entsprechen. »Wie kann der Unterricht trotz dieser Defizite für den Schüler gewinnbringend sein?« – »Welche Möglichkeiten gibt es für mich, ihn in seiner Musikalität und persönlichen Entwicklung zu fördern?« – »Welche möglichen Gegebenheiten des Unterrichts mit einem Schüler kann ich wählen, um aus ihnen Motivation für die nächste Stunde zu beziehen?« Indem Lehrende mit solchen Fragen ihre eigene pädagogische Motivation entwickeln, werden sich vermutlich manche Motivationsschwierigkeiten von Schülern auflösen. Lehrende können ihre eigene Motivationslage in Bezug auf jeden Schüler steuern. Nur motivierten Lehrenden dürfte ein motivationsfördernder Unterricht gelingen.

Motivation ist die konkrete Antriebskraft, die jemanden dazu veranlasst, mit Blick auf ein für ihn erstrebenswertes Ziel tätig zu werden und zu bleiben. Motivation basiert auf Motiven. Diese sind basale menschliche Bedürfnisse und Anliegen. Sie lassen sich nach ihren Ausrichtungen gruppieren. Besonders bekannt geworden ist die von Abraham H. Maslow entwickelte Einteilung von Motiven in physiologische Bedürfnisse, Sicherheitsbedürfnisse, Zugehörigkeitsbedürfnisse, Geltungsbedürfnisse sowie das Bedürfnis nach Selbstverwirklichung (s. dazu Ribke 2000, S. 9 ff.). Während die Motive der zuerst genannten Klassen primär auf die Vermeidung oder Überwindung von Defiziten gerichtet sind (Defizitmotive), meint das Bedürfnis nach Selbstverwirklichung ein Streben nach Wachstum und Entfaltung der persönlichen Fähigkeiten (Wachstumsmotiv). Hier sind vor allem künstlerische Aktivitäten und so auch das Musizieren angesiedelt. Gleichwohl spielen auch die anderen Motive für das Musikmachen und den Unterricht eine bedeutsame Rolle. Schüler sollen sich physisch wohlfühlen beim Musizieren und im Unterricht. Der Unterricht soll in einer Atmosphäre von Sicherheit und Geborgenheit stattfinden. Im gemeinsamen Musizieren mit anderen soll sich das Bedürfnis nach Zugehörigkeit entfalten können. Ebenso sollten Musizierende im Vorspielen und Zusammenspielen ihr Bedürfnis nach Geltung und damit verbunden nach Selbstwertschätzung und Kompetenz erfahren können. Sind diese Grundbedürfnisse erfüllt, dann bietet der Unterricht gute Voraussetzungen für ein motiviertes Musiklernen. Dann wird Musizieren attraktiv als eine Möglichkeit, primäre Motive auszuleben.

Methodische Prinzipien und Möglichkeiten

1. *»Es geht darum, Menschen in Begeisterungszusammenhänge zu ziehen.«* (Sloterdijk in Kahl 2004, S. 11) Begeisterung ist ansteckend. Begeisterung von Lehrenden strahlt in der Regel auf Lernende ab. Gelangweilte und langweilige Lehrende haben kaum Chancen, ihre Schüler für Musik zu begeistern. Durch begeisterte Lehrende dagegen bilden sich lernmotivierende »Begeisterungszusammenhänge«. Mit diesem Wort bezeichnet der Philosoph Peter Sloterdijk ein gemeinsames Aufgehen von Lehrenden und Lernenden in der Beschäftigung mit einer Sache. Die so entstehende Lehr-/ Lerngemeinschaft schafft eine produktive Atmosphäre und wirkt sich motivationspsychologisch förderlich aus. Begeisterungsfähigkeit ist ein unverzichtbares Desiderat für einen motivationsfördernden Unterricht und ein Fantasiegenerator für inspiriertes methodisches Handeln. Begeisterung kann sich an vielem entzünden, insbesondere
- an der erarbeiteten Musik;
- an den Möglichkeiten ihrer Ausführung;
- an den Potenzialen des Lernenden und an seinen Fortschritten.
Begeisterung kann sich entwickeln, wenn Lernende etwas von der Liebe des Lehrenden zu der jeweiligen Musik spüren. Meist fördert es die Motivation, wenn Lehrende inspiriert von den zeitgeschichtlichen Hintergründen der gespielten Musikstücke

erzählen, von ihren Komponisten, deren Ausdrucksbedürfnissen und den stilistischen Besonderheiten ihrer Musik. Auf diese Weise gewinnt die zu spielende Musik beim Lernenden Gestalt; die so ermöglichten Erfahrungen und Einsichten bereichern und vertiefen das Erleben der Musik und schaffen Verbundenheit zwischen Lehrer und Schüler in der gemeinsamen Erarbeitung. Begeisterung als das Gegenteil von abgebrühter Routine beginnt damit, nichts selbstverständlich zu nehmen, gespannt zu sein auf das jeweils Einmalige in der konkreten Vermittlung auch von bereits vielfach praktizierten Lehrinhalten, sich immer wieder neu zu wundern über das Besondere, das dabei geschieht. Begeisterungsfähigkeit wird befördert durch die Übung, in dem von Routine bedrohten Erleben und Handeln im Unterricht fortlaufend neue Wahrnehmungs- und Gestaltungsmöglichkeiten zu entdecken, jede Stunde als neue Herausforderung mit breitem Gestaltungs- und Verhaltensspielraum sowie mit offenem Ausgang zu betrachten. »Ueberwindest Du in Dir selbst Trägheit und Langeweile, so reißest Du zugleich den Schüler mit fort.« (Kinkel 1852/1989, S. 7 f.) Zur Begeisterungsfähigkeit von Lehrenden gehört aber auch die Bereitschaft, sich einzulassen auf das, was Lernenden musikalisch bedeutsam ist, sich womöglich auch davon oder jedenfalls von bestimmten Momenten der betreffenden Musik und ihrer Vermittlung anregen und begeistern zu lassen – auch dann, wenn diese Musik abweicht von den eigenen Präferenzen. Solche Offenheit verstärkt die Lernmotivation von Schülern. Vielleicht lässt sich sagen: Wenn Lehrer eine lebendige, von Anteilnahme und Aufgeschlossenheit geprägte Beziehung zu ihren Schülern haben, dann wird über dieses persönliche Interesse für sie auch interessant, was Schülern an einer von ihnen favorisierten, dem Lehrer selbst zunächst wenig zusagenden Musik gefällt. Ein positiver Motivationskreislauf setzt ein: motivierte Lerner motivieren Lehrer, deren Engagement wiederum neue Motivationskräfte freisetzt. »Ich zeige dir etwas – du zeigst mir etwas«. Das Streben nach einer solchen Balance intensiviert wechselseitig die Motivation in einer Lerngemeinschaft.

2. *Motiven der Lernenden gerecht werden.* Motivierendes Lehren heißt vor allem, Lernenden dabei zu helfen, eine Art des Musizierens zu finden, die ihrer persönlichen Motivlage entspricht und in der sie ihre Sehnsüchte und Bedürfnisse des Musikmachens ausleben und entfalten können. »Wahrscheinlich möchte ein jedes Kind, das zu musizieren anfängt, die Sprache der Musik so verstehen, wie Siegfried die Sprache der Vögel versteht, und darin wird es enttäuscht. Das ist wohl der innerste Grund des musikpädagogischen Unheils [...].« (Adorno 1957/1972, S. 109) Ähnlich wie »die Sprache der Vögel« ist auch die der Musik gerade für den Anfänger ein geheimnisvolles Faszinosum. Es kommt darauf an, dass Lehrende mit der primären kindlichen Faszination am Klang rechnen, an den Möglichkeiten des Instruments, am Darstellen von Musik und am Spiel mit musikalischen Elementen. Allzu leicht geraten Unterricht und Üben schon früh zu einem ernüchternden Exerzitium. Die Alternative hierzu heißt keineswegs Spaßpädagogik. Nötig ist vielmehr eine dichte Unterrichtsat-

mosphäre, in der auch die allereinfachsten musikalischen Phänomene und Abläufe aufmerksam, sorgfältig, mit Intensität und Hingabe ausgeführt, ja »zelebriert« werden. – Kinder sind neugierig, haben Lust am Erkunden und Probieren. Ihre »Lern-Libido« (Sloterdijk in Kahl 2004, S. 11) aufzunehmen und aufrechtzuhalten, muss das motivationale Prinzip des Unterrichts sein. Nach und nach formen sich im weiteren Verlauf musikalischer Betätigung individuelle Motivprofile aus, und so geht es nun darum, dass Lehrende ein Gespür dafür entwickeln, was das Musizieren jeweils für den einzelnen Schüler bedeutet oder bedeuten könnte, welche das eigene Leben bereichernden Kräfte es für ihn zu entfalten vermag. Erwachsene können in der Regel ihre Wunschmotive in Bezug auf das Musizierenlernen klar benennen. Das Spektrum dieser Motive ist enorm vielfältig. Nur einige Möglichkeiten seien genannt und mit Formulierungen von erwachsenen Lernenden konkretisiert. Verbreitet sind Bedürfnisse nach

* emotionalem Ausdruck (»im Musizieren kann ich alle meine Gefühle ohne Einschränkung ausdrücken«);
* Selbsterfahrung (»die eigenen Gefühle besser kennenlernen und erweitern«);
* Genuss des eigenen Könnens (»es befriedigt mich, ein Musikstück zu beherrschen«);
* Selbstoptimierung (»mich selbst herausfordern«, »meine Grenzen ausloten und ausweiten«);
* Glücksgefühlen (»abheben«, »weg sein«);
* Ausgleich bzw. Kompensation (»Abbau von Alltagsstress, Förderung von Ausgeglichenheit«);
* ästhetischem Erleben (»in verschiedenste Welten eintauchen«, »einfach mal was ganz Schönes spielen«);
* vor allem auch: vertieftem sozialem Erleben (»andere Menschen ›treffen‹ – musikalisch, sozial, seelisch«, »gemeinsames Musizieren verbindet«, »soziale Kompetenz entwickeln«, »anderen Menschen eine Freude bereiten«).

Gespräche darüber, was Musik dem Einzelnen bedeutet, was ihn musikalisch fasziniert, vertiefen die intuitive Wahrnehmung des Lehrers und ermöglichen ihm, den Unterricht der Motivlage des Schülers entsprechend zu gestalten. Hier bewährt sich der Satz »Der Schüler ist die Methode.«

Zu erinnern ist in diesem Zusammenhang an die in Kapitel 2 (»Unterrichtsplanung und -vorbereitung«/»Methodische Prinzipien und Möglichkeiten«/Punkt 5) gegebenen Hinweise für regelmäßiges Feedback von Lernenden an Lehrende. Auch durch Wunschlisten können Lehrende deutliche Einblicke in die Interessen und Aversionen ihrer Schüler erhalten. Erna Ronca führt dazu aus: »Kindern kann man […] vorschlagen, eine Wunschliste und eine Nicht-Wunschliste zu verfassen, das heisst, aufzuschreiben, was sie sich wünschen und was sie sich eben gerade *nicht* wünschen« von ihrem Unterricht. »Man kann dann Punkt für Punkt mit ihnen durchbesprechen, was wie bewerkstelligt, beziehungsweise vermieden werden könnte, und daraus einen

›Vertrag‹ machen.« (Ronca 1995, S. 41) So lassen sich die Interessen und Lernmöglichkeiten von Schülern differenziert berücksichtigen.

3. *Autonomie und Verbundenheit.* Motivationsförderndes Lehrerverhalten stellt in Rechnung, dass »zur menschlichen Rahmenmotivation« wesentlich »zwei Grundbedürfnisse« gehören, die nach Erfüllung drängen: das Streben nach Autonomie und nach Verbundenheit. Es handelt sich um »biologisch fundierte Grundbedürfnisse« (Oerter/Montada 2002, S. 558). »Beide Bedürfnisse stehen im Wechselspiel zueinander und zeigen sich ausgeprägt in der kindlichen Entwicklung.« (Ebd.) Autonomie reicht von Selbst- bzw. Mitbestimmung über Ziele, Inhalte und Methoden bis hin zu Medien und beinhaltet vor allem das eigenständige Erleben von Musik. So verstanden bedeutet Autonomie, dass Musik als das allerpersönlichste Erlebnis- und Ausdrucksmedium fungieren kann. Selbstfindung und Autonomie des eigenen Erlebens und Handelns bilden sich nicht im Gegensatz zu sozialen Einbindungen, vielmehr erwachsen sie häufig aus ihnen. Alle Formen sozialer Einbindungen des Musizierens können motivationsfördernd sein: Partner-, Gruppen- und Klassenunterricht (hier spielt im Hinblick auf die Förderung der individuellen Autonomie das Prinzip der Binnendifferenzierung eine große Rolle), die Resonanz von Eltern und Angehörigen, Ensemblespiel, Vorspiele, auch das Üben mit imaginären Bezugspersonen und das Erleben von Musik als interaktives Geschehen. Wenn im Musizieren das Bedürfnis nach Verbundenheit eine Erfüllung findet, ist auch das einsame Üben sozial fundiert und motiviert (s. Kapitel 4: »Üben«). Autonomie im musikalischen Handeln und Erleben fördern sowie für soziale Einbindungen des Musiklernens und -erlebens sorgen – dieser doppelten Ausrichtung folgend stärken und entwickeln Musiklehrer die Motivation ihrer Schüler.

4. *Die motivationsfördernden Potenziale des Unterrichts wachsen mit der Vielfalt der Inhalte und der verwendeten Methoden.* Dies gilt besonders dann, wenn die Motivationslage des Lernenden noch relativ offen und instabil ist. Bei einem reichen, in bestimmten Konstellationen phasenweise praktizierten und methodisch fantasievoll vermittelten Angebot an Lernfeldern (Spiel nach Gehör, Rhythmusschulung, Erarbeitung von Stücken unter Einbeziehung verschiedener Gestaltungsmöglichkeiten, Üben im Unterricht, Zusammenspiel, Blattspiel, Improvisation, Umsetzung von Musik in Bewegung, Musiklehre u.v.a.) wird bald deutlich, welche musikalischen Aktivitäten den jeweiligen Lernenden besonders motivieren. Eine Richtschnur für motivationsförderndes Lehrhandeln gibt der »ethische Imperativ« der konstruktivistischen Didaktik: »Handle stets so, dass die Lernmöglichkeiten, Lernchancen und Lernanlässe deiner Lerner wachsen, so dass es zu einer Zunahme von Perspektiven, Handlungschancen und vielfältigen Lernergebnissen kommt!« (Reich 2008, S. 254) Das Gegenteil davon ist ein Unterricht, der »planmäßig« einem strengen, sachlogisch aufgebauten Konzept von Zielen, Inhalten und Methoden folgt und der die Interessen

der Lernenden vernachlässigt. Dies geschieht lehrplanbedingt häufig im Unterricht an allgemeinbildenden Schulen. Dementsprechend kommen Untersuchungen zu folgendem deprimierendem Befund: »Das Interesse an Schulfächern, besonders an Mathematik und Naturwissenschaften, nimmt mit zunehmendem Alter ab.« Was bedeutet: »The school is more likely to be a killer of interest than the developer.« (Oerter / Montada 2002, S. 564)

5. *Ziele müssen attraktiv und erreichbar sein.* Wenn dem Lernenden eine zu erarbeitende Musik faszinierend und attraktiv (emotional berührend, klangsinnlich ansprechend, spieltechnisch reizvoll) erscheint und wenn sie begeistert vermittelt wird, dann stellt sich die Frage nach zusätzlicher Motivation kaum. Zumindest eine »Anschubmotivation« liegt dann in der Regel vor. Bedenkenswert ist die Aussage einer Geigerin im Hinblick auf eine problematische Phase ihres Unterrichts: »Ich glaube, Disziplin stellt sich nur dann ein, wenn man sich etwas dringend wünscht.« (Epstein 1988, S. 122) Disziplin erwächst aus Motiviertheit. Für das Motivierungspotenzial von Musik ist neben ihrer Attraktivität allerdings auch ihre Realisierbarkeit zu berücksichtigen. Das gilt vor allem hinsichtlich der (neben der »Anschubmotivation« wichtigen) »Erhaltungsmotivation«, die für das Durchhalten von zu bewältigenden Aufgaben benötigt wird. Am besten geeignet ist normalerweise eine mittlere Schwierigkeit: nicht zu einfach, sonst stellt das Stück keine Herausforderung dar, nicht zu schwer, sonst ist Misserfolg vorprogrammiert. Hiervon kann und muss natürlich schülerspezifisch abgewichen werden. Manche Schüler sind bisweilen bereit, sich »die Zähne auszubeißen«, um bestimmte geliebte Musikstücke zu realisieren, andere Schüler sind lange Zeit glücklich im genussvollen Wiederholen und Erleben einfacher Fähigkeiten, die sie erworben haben.

6. *Erfolgserlebnisse verstärken die Arbeitsmotivation.* »Kinder – und nicht nur sie, sondern doch wohl wir alle – begeistern sich für Aufgaben, deren Ergebnisse etwas herzeigen.« (Heilbut 1993, S. 312 f.) Daher achten motivationsfördernde Lehrer darauf, dass sie Lernenden vielfältige Erfolge ermöglichen und Lernende diese Erfolge deutlich erleben. Das Spektrum von Erfolgen reicht von kurzfristig bewältigten kleinsten Lernschritten (z. B. der gelungenen Ausführung einer Stelle oder einem winzigen Fortschritt bei der Verbesserung eines Details in einer Übesequenz) bis zum Erreichen längerfristig vorbereiteter Ziele (z. B. der Darbietung eines einstudierten Werks in einem attraktiven Rahmen). Die methodische Kunst von Lehrenden liegt darin, für eine Wahl von Aufgaben zu sorgen, die vom Lernenden in der Tat bewältigt werden können. Dazu gehört bei komplexeren Aufgaben die Fähigkeit, die größeren Ziele in einer aufbauenden Reihe von kleineren und kleinsten Lernschritten »kleinzuarbeiten«, sodass in ihnen sukzessiv die für die Bewältigung der Gesamtaufgabe erforderlichen Fähigkeiten erworben werden. Bei der Beschäftigung mit den Einzelschritten sollte allerdings das Gesamtziel nicht gänzlich aus dem Blickfeld geraten:

Nur in Bezug auf dieses haben die elementarisierenden Einzelschritte ihren Sinn. Es nützt meist wenig, wenn Schüler eine Reihe von Aufgaben ausführen sollen, deren Ausrichtung und Gesamtsinn sie nicht verstehen. – In jedem Fall steigert das Erleben von Erfolgen prinzipiell das Selbstwertgefühl und führt nach und nach zu einer erfolgsmotivierten Haltung beim Setzen und Erarbeiten von realistischen Zielen. Das Fehlen einer deutlichen Wahrnehmung und eines bewussten Erlebens faktisch erreichter Erfolge dagegen setzt keine zur Weiterarbeit stimulierende Freude frei, und das gehäufte Erleben von Misserfolgen begünstigt geradezu eine lernhemmende Vermeidungshaltung.

7. *Lob und Tadel.* Methodisch wichtig in der Unterrichtspraxis ist ein kluger Umgang mit Rückmeldungen sowie mit Lob und Tadel. Anders als häufig angenommen wirkt sich viel Lob nicht immer günstig auf die Motivation aus. Das gilt besonders für fortgeschrittenere Schüler, die imstande sind, eigene Ziele zu verfolgen. Kinder hingegen lernen mitunter »für« ihre Lehrer, sodass ihnen in diesem Fall deren Lob als erhoffte positive Resonanz wohltut. Allerdings ist zu bedenken: »Lob schüttet Lusthormone aus, und danach werden Kinder süchtig.« (Kalle / Stelzer 2010, S. 15) Das Gelobtwerdenwollen tritt an die Stelle des Wunsches, die erbrachte Leistung als solche zu genießen. Vor allem: Lehrer, die über die Anfangsgründe hinaus nach Möglichkeit jede kleine halbwegs gelungene Aktivität ihrer Schüler loben, behindern diese dabei, die wichtigen Fähigkeiten der Selbstbeobachtung und -bewertung zu entwickeln und auf diese Weise Eigenständigkeit zu erwerben. Durch das in bester Absicht freigebig gespendete Lob begnügt der Lernende sich dann allzu leicht mit der positiven Resonanz des Lehrenden, sodass die genaue Wahrnehmung und Prüfung der eigenen Leistung unterbleibt. Daher empfiehlt die Motivationspsychologie, den Vorgang der Rückmeldung zu trennen von Lob und Tadel (Heckhausen 1974, S. 583). Eine differenzierte sachliche Rückmeldung ist in jedem Fall sinnvoll, um dem Schüler zu helfen, die eigene Leistungsqualität wahrzunehmen. »Jeder Schüler sollte möglichst umgehend Rückmeldung erhalten. Das genügt für eine Reihe von Schülern, sie benötigen keine Fremdbekräftigung, sondern bekräftigen sich selbst, sobald sie das Handlungsergebnis kennen.« (Ebd.) Zur Verbesserung der Motivation können Lob und Tadel abgesehen von dem erwähnten Fall des anfänglichen Lernens »für« den Lehrer dann sinnvoll angewendet werden, wenn Schüler einen unrealistischen Gütestandard zugrunde legen, sich also beispielsweise tadeln für das Nichterreichen eines Ergebnisses, das de facto zu hoch für ihren Leistungsstand war. Hier muss der Lehrer bei der Verwendung von Lob und Tadel darauf achten, dass er »den Gütestandard jeweils auf die individuelle Bezugsnorm, d.h. auf den erreichten Leistungsstand des betreffenden Schülers stützt« und dass er »eine Kausalattribuierung [= Ursachenzuschreibung, U. M.] vornimmt, indem er Tadel an ungenügende Anstrengung und Lob an realisierte Fähigkeiten knüpft.« (Ebd.)

8. *Es ist besser, Leistungserwartungen an der Individualität der Lernenden als an über-individuellen Leistungsnormen auszurichten.* Diese »Bezugsnormorientierung« der Lehrer und die Leistungsmotivation der Schüler stehen in einem klaren und empirisch recht eindeutig gesicherten Zusammenhang: »Schüler, deren Lehrer eine individuelle Bezugsnorm und die dazugehörigen Unterrichtspraktiken zeigen, haben ein stärker ausgeprägtes Erfolgsmotiv, während Schüler, deren Lehrer eine soziale Bezugsnorm bevorzugen, im Vergleich ausgeprägt misserfolgsorientiert sind.« (Oerter/Montada 2002, S. 572)

9. *Hilfreich ist die Unterscheidung zwischen lang-, mittel- und kurzfristiger Motivation* (Gellrich 1986a, S. 136 f.). Langfristige Motivation bezieht sich auf Visionen, ideale Fernziele des eigenen Musizierens (z. B. als erfolgreiches Bandmitglied bewundert werden, Musik mit anderen als geselliges Hobby pflegen, bestimmte große Werke spielen können). Mittelfristige Motivation gilt Zielen, die in absehbarer Zeit erreichbar sind (z. B. beim nächsten Schülerkonzert auftreten). Kurzfristige Motivation (die auch »Arbeitsmotivation« genannt wird) meint die Fähigkeit der Selbststeuerung in der aktuell zu leistenden Arbeit (sich hier und jetzt ans Üben begeben, für Regelmäßigkeit des Übens sorgen, konzentriert bei der Sache bleiben usw.). Natürlich wirken die Motivationsspannen ineinander: Ein mittelfristig erreichbares attraktives Ziel wird in der Regel günstig auf die Arbeitsmotivation wirken, und unterschwellig dürften Ausprägungen oder auch das Fehlen von langfristiger Motivation die kurzfristiger orientierten Motivationen in bestimmter Weise steuern. Lehrende sollten im Unterricht und in ihrer gedanklichen Beschäftigung mit ihren Schülern alle drei Motivationskategorien im Bewusstsein haben. Für die Entwicklung der kurz- und auch der mittelfristigen Motivation gilt vieles von dem in Kapitel 4: »Üben« Ausgeführten. Die langfristige Motivation lässt sich von Seiten des Lehrenden wohl kaum direkt beeinflussen oder gar steuern. Schön und gewiss auch förderlich wäre immerhin, wenn im Unterricht hin und wieder in Gesprächen über den Tag hinaus imaginiert und fantasiert würde. Dafür die atmosphärischen Voraussetzungen zu schaffen, gehört zu den Aufgaben von Lehrenden.

10. *Intrinsische und extrinsische Motivation.* Gerade in Bezug auf Musizierenlernen erscheint die gängige Unterscheidung zwischen intrinsischer (aus der Sache selbst heraus wirkender) und extrinsischer (auf andere Zwecke gerichteter) Motivation problematisch. Was ist die »Sache selbst«, was sind außerhalb der Sache liegende extrinsische Motivationsfaktoren? Ist der Wunsch, im Musizieren auf intensivste Weise mit anderen Menschen zu interagieren, ein intrinsischer oder ein extrinsischer Wunsch? Wie steht es mit dem Bedürfnis, durch Musikmachen soziale Anerkennung zu erfahren? Eine klare Grenzziehung zwischen intrinsisch und extrinsisch dürfte in solchen und anderen Fällen kaum möglich sein. Musik ist verwoben mit diversen Lebensbereichen; die möglichen Funktionen von Musik sind enorm vielfältig. Musik als »Teil

des Lebens« ist eingebunden in das Leben von Menschen mit ihren verschiedenen Bedürfnissen, Interessen, Möglichkeiten, und eben aus diesen lebensweltlichen Verknüpfungen ergeben sich viele motivationale Faktoren zum Musiklernen. In seinem Gedicht *Epirrhema* formuliert Johann Wolfgang von Goethe: »Nichts ist drinnen, Nichts ist draußen, / Denn was innen, das ist außen.« Diese Sichtweise hebt die Unterscheidung von intrinsischer und extrinsischer Motivation auf. Lehrer sollten ihre methodische Bemühung darauf richten, Lernenden dabei zu helfen, ihr Musikmachen mit ihrer Lebenswelt zu verbinden, es zu einem »Lebensmittel« werden zu lassen, das ihnen ermöglicht, sich in ihrer Umwelt auf ihnen gemäße Weise zu bewegen, sie und sich zu gestalten und zu entwickeln, das ihnen aber ebenso auch ermöglicht, sich mit Musik neue kulturelle Bereiche zu erschließen. Erinnert sei an den unter Punkt 4 zitierten »ethischen Imperativ« der konstruktivistischen Didaktik.

11. *»Wer keine Geduld und Freude auch bei den kleinsten Erfolgen seines Wirkens hat, der hat kein Lehrertalent«.* (Kinkel 1852/1989, S. 7) Dieser Satz lässt sich ummünzen in eine Aussage zur Selbstmotivation von Lehrenden: Mach dir auch die kleinsten Erfolge deines Wirkens bewusst, dann bemerkst du, was du trotz der vielen Defizite, unter denen du oft leidest, tatsächlich alles erreichst. Nur dann, wenn du selbst Erfolge in deiner Arbeit siehst, kannst du motiviert und motivierend weiterunterrichten. Auch im Unterricht mit demotivierten, »faulen«, »unbegabten« Schülern gibt es immer wieder Momente des Gelingens. Auch solche Schüler lernen tatsächlich fortwährend. Nur entgeht dies dem Lehrenden allzu leicht, weil er vor allem mit dem Nichterreichen seiner Ziele beschäftigt ist. Zugespitzt formuliert: Nicht der »faule« Schüler ist das Problem, sondern die begrenzte Sicht des Lehrenden. »Lehrtalent« (das trainierbar ist) zeigt sich darin, wahrzunehmen, was »trotzdem alles« möglicherweise beiläufig oder unterschwellig gelernt wird, und sodann diese Lernzuwächse weiterzudenken, ja zu meditieren im Hinblick auf das, was daraus werden könnte. Die hier gefragten Ingredienzien einer motivationsfördernden Methodik sind also Wahrnehmungsfähigkeit und Fantasie.

12. *»Nur wenn man den Lehrer liebt, lernt man.«* (Hans-Georg Gadamer) Aus diesem Satz lässt sich folgern: Unterrichte so, dass du von deinen Schülern geliebt wirst. Wann werden Lehrende von ihren Schülern geliebt? Wenn sie ihren Schülern zugewandt sind, wenn sie sich für sie und ihr Leben interessieren. »Erziehung ist Liebe« hat Suzuki seine programmatische Schrift betitelt (Suzuki 1975). Klaus-Ernst Behne bemerkt den kaum einlösbaren Anspruch dieses Satzes, verdeutlicht aber gleichzeitig die Wichtigkeit einer liebevollen Grundeinstellung von Lehrenden zu ihren Schülern: »Wenn Erziehung immer Liebe sein soll, sind Lehrer hoffnungslos überfordert, denn lieben können wir nur wenige Menschen. Lehrer sind aber um so überzeugender und erfolgreicher, je mehr Zuneigung sie jedem ihrer Schüler zeigen, auch den weniger erfolgreichen.« (Behne 1997, S. 70) Pädagogische Liebe ist eine Kunst, die auf Übung

beruht: »Wach zu sein im Denken und Fühlen, im Sehen und Hören, aufmerksam und geöffnet zu sein ist eine unerläßliche Bedingung für die Kunst des Liebens.« (Fromm 1977, S. 165) Fachliche Kompetenz vorausgesetzt, bildet die pädagogische »Kunst des Liebens« die Grundlage eines motivierenden Unterrichts.

Literaturhinweise

Nicolai Petrat: *Motivieren zur Musik. Grundlagen und Praxistipps für den erfolgreichen Instrumentalunterricht*, Kassel 2007

> Ausgehend von einem verhaltenspsychologischen Ansatz konzipiert Nicolai Petrat als Kern des Buchs einen »Motivationszirkel«, durch den Motivation zum Lernen in Gang gesetzt wird. Aus seinen Elementen leitet Petrat fünf methodische Direktiven ab, die in einzelnen Kapiteln entfaltet werden: 1. »Motive erkennen und fördern« – 2. »Impulse durch Abwechslung« – 3. »Verunsicherungen überwinden durch Stärkung des Selbstwertgefühls« – 4. »Für Erfolgserlebnisse sorgen« – 5. »Musik genießen lassen – ohne Wenn und Aber«.

Martin Gellrich: *Woher kommt die Lust zum Üben? Ein Überblick über die Faktoren, welche die Übemotivation beeinflussen*, in: Ulrich Mahlert (Hrsg.): Spielen und Unterrichten. Grundlagen der Instrumentaldidaktik, Mainz 1997, S. 101–127

> Eine systematische Darstellung der zum Üben motivierenden Faktoren mit vielen pädagogischen Hinweisen.

Juliane Ribke: *Anwerfen und laufen lassen. Motivation als Motor des Instrumentalunterrichts*, in: Üben & Musizieren 6/2000, S. 6–11

> Die Motivklassen der von Abraham H. Maslow konzipierten »Motivationspyramide« (physiologische Bedürfnisse, Sicherheitsbedürfnisse, Zugehörigkeitsbedürfnisse, Geltungsbedürfnisse, das Bedürfnis nach Selbstverwirklichung) werden im Hinblick auf ein förderliches Lehrverhalten bedacht.

6. Elternarbeit

Didaktische Vorüberlegungen

»Elternarbeit« ist die Gesamtheit aller auf Kinder und Jugendliche gerichteten pädagogischen Bemühungen, an denen Eltern bzw. Elternteile in irgendeiner Weise mitwirken. Die Pflege von Kontakten zu den Eltern bedeutet keine neben dem eigentlichen Unterricht fakultativ zu leistende Zusatzaufgabe in einem pädagogischen Randbereich, sondern eine unverzichtbare Bemühung, ohne die guter Unterricht mit Kindern nicht auskommen kann. Die Wichtigkeit von Elternarbeit gerade im Zusammenhang mit Instrumentalunterricht liegt vor allem darin, dass dieser Unterricht, um erfolgreich zu sein, der Ergänzung eines intensiven häuslichen Übens bedarf. Der kurzen wöchentlichen Unterrichtseinheit von Schüler und Lehrer stehen die vielen Stunden gegenüber, die Schüler allein zu Hause mit ihrem Instrument verbringen. Viele Kinder sind überfordert mit der Aufgabe, allein zu üben. Sie benötigen dazu die Unterstützung ihrer Eltern. Eltern müssen also wissen, wie sie ihren Kindern beim Üben und darüber hinaus durch günstige Umstände in ihrem musikalischen Lernen helfen können.

Durch Instrumentalunterricht angeleitetes musikalisches Lernen von Kindern und Jugendlichen geschieht im Beziehungsgefüge von Schülern, Lehrern und Schülereltern. Findet der Unterricht an einer Musikschule statt, kommt diese als weiterer Faktor hinzu. Die folgende Skizze zeigt die vielfältigen direkten Beziehungen der genannten Partner; diejenigen, die zum Bereich der Elternarbeit gehören, sind mit durchgezogenen Pfeilen hervorgehoben.

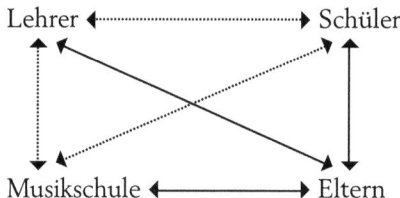

Neben diesen direkten Aktionsverhältnissen gibt es indirekte, die über einen unmittelbaren Partner auf einen mittelbaren zielen. Beispielsweise können Lehrer über ihre Schüler Informationen an deren Eltern weitergeben; Eltern können sich bei der Musikschulleitung über die Lehrkräfte ihrer Kinder beschweren; Lehrer können bewirken, dass die Musikschule die Einbindung der Eltern in die Institution verbessert (etwa durch die Gründung eines Elternbeirats bzw. durch Empfehlungen von Eltern für die Mitgliedschaft). Umgekehrt kann die Musikschulleitung für Fortbildungen des Lehrkörpers im Bereich Elternarbeit sorgen und Direktiven für die Elternarbeit ihrer Lehrkräfte geben.

Elternarbeit lässt sich unterscheiden in die von Eltern selbst zu leistende Bemühung, ihre Kinder bei dem von Lehrern angeleiteten Lernen zu unterstützen, sowie in die möglichen Aktivitäten von Lehrenden, Eltern für diese Arbeit zu qualifizieren. Um die zweite Bedeutungsvariante geht es hier. Die Frage »Wie praktiziere ich gute Elternarbeit?« bedeutet also: »Wie sorge ich wirkungsvoll dafür, dass mein Unterricht in einem für die mir anvertrauten Schüler zuträglichen Beziehungsgefüge stattfinden kann, dass die Eltern meiner Schüler orientiert sind über meine pädagogische Arbeit und dass sie diese angemessen unterstützen?«

Schwierigkeiten der (von Lehrenden zu leistenden) Elternarbeit können sich beim Instrumentalunterricht daraus ergeben, dass dieser Unterricht im Unterschied zur dem der allgemeinbildenden Schule freiwillig und überdies kostenpflichtig ist. Eltern »kaufen« (sich?) also diesen Unterricht für ihre Kinder. Daraus folgern manche Eltern, dass Instrumentallehrer als eine Art Dienstleister ihre eigenen Vorstellungen über das Musiklernen ihrer Kinder verwirklichen sollen. Lehrer stehen dann möglicherweise im Konflikt zwischen den Wünschen von Eltern und ihren eigenen Auffassungen von musikalischer Bildung. Hier einen transparenten Ausgleich von Erwartungen und Ansprüchen herzustellen, gehört zu den unverzichtbaren Aufgaben umsichtiger Elternarbeit. Hauptkriterium für einen gelingenden Ausgleich divergierender Tendenzen bleibt, dass die Schüler sich ihren Möglichkeiten und Bedürfnissen entsprechend musikalisch entwickeln können.

Konflikte zwischen Schülern, Lehrern und Eltern können mit unterschiedlichen Kräfteverhältnissen im Beziehungsgefüge der drei pädagogischen Partner zusammenhängen. Lehrende benötigen einen wachen Sinn für die Dynamik des jeweiligen Beziehungsgefüges. Susan Hallam unterscheidet folgende sieben Konstellationen: 1. Lehrer dominant, 2. Eltern(teil) dominant, 3. Lehrer-Eltern-Duo, 4. Lehrer-Schüler-Duo, 5. Schüler-Eltern-Duo, 6. unstimmiges Trio, 7. harmonisches Trio.[*] Ideal ist die letzte Konstellation, das harmonische Trio. Hier wirken die pädagogischen Partner fruchtbar zusammen und verstärken wechselseitig die Effizienz des in seinen Zielen gemeinsam getragenen Unterrichts. Trotz dieses Ideals sind nicht alle anderen Kräfteverhältnisse notwendigerweise verfehlt. Unstimmige Trios sind dann hinnehmbar, wenn Schüler und Lehrer die Hauptstimmen spielen. Einen dominanten Lehrer können Eltern akzeptieren, wenn sie seinen starken Einfluss auf ihr Kind gutheißen. Förderlich kann auch die Konstellation eines Lehrer-Schüler-Duos sein: Bekanntlich gewinnen gerade Instrumentallehrer aufgrund ihres engen persönlichen Verhältnisses zu Schülern oft eine wichtige Funktion auf dem Weg von deren Ablösung von den Eltern; mitunter fungieren sie geradezu als Mentoren, die Schülern dabei helfen, eine

---

[*] Klassifizierung von Susan Hallam in ihrem Beitrag *Enhancing learners' motivation and learning throughout the lifespan* auf dem Symposium *Künstler als Pädagogen – Pädagogen als Künstler?*, Hochschule für Musik Carl Maria von Weber Dresden, 3.–5. November 2006. Die im Literaturverzeichnis angegebene, im Titel ähnlich lautende Veröffentlichung von Susan Hallam enthält diese Klassifizierung nicht.

eigenständige Persönlichkeit zu werden. Prekär dagegen dürften in den meisten Fällen die übrigen Konstellationen sein: Eine längerfristige Dominanz von Eltern über den Lehrer engt dessen pädagogischen Spielraum ein; ein Lehrer-Eltern-Duo stört das Vertrauen zwischen Lehrer und Schüler und wird von diesem leicht als bedrohlichen Zusammenschluss gegen ihn erlebt; gegenüber einem Schüler-Eltern-Duo andererseits sieht sich ein Lehrer zwangsläufig auf verlorenem Posten.

Um ihre methodischen Kompetenzen bei der Elternarbeit zu nutzen, müssen Lehrende die Umgangsweisen zwischen ihren Schülern und deren Eltern aufmerksam wahrnehmen. Gewiss würden sie ihre fachlichen Aufgaben und Grenzen überschreiten, wenn sie in Problemfällen ihren Unterricht mit familientherapeutischen (Neben-)Absichten verknüpften. Gleichwohl dürften psychologische Kenntnisse hilfreich sein, um die unverzichtbare Sensibilität für die Besonderheiten des jeweiligen Beziehungsgefüges zu unterfüttern. Insbesondere familientherapeutische Konzepte wie die von Horst-Eberhard Richter (Richter 1972) und Helm Stierlin (Stierlin 1978) helfen Instrumentalpädagogen zumindest beim Verstehen von Konflikten im pädagogischen Dreieck, in dem sie wirken. (Zur Relevanz der beiden genannten Konzepte für den Instrumentalunterricht s. Mahlert 1997a.) Bereits ein besseres Verstehen bewirkt Veränderungen: Es beeinflusst die Kommunikation mit den pädagogischen Partnern und weckt die Fantasie für behutsam erwogene Einflussnahmen.

Methodische Prinzipien und Möglichkeiten

1. *Selbstdiagnose*. Um den Blick für die Beschaffenheit der eigenen Elternarbeit mit ihren Stärken und Schwächen zu schärfen, kann ein Bedenken und Beantworten der folgenden Fragen helfen:
- Wie gut kenne ich die Eltern meiner Schüler (gut – mäßig – kaum)? Wie könnte ich die Kontakte zu ihnen intensivieren?
- Wie informiere ich Eltern über Ziele, Inhalte, Methoden meines Unterrichts? Werden sie ausreichend informiert?
- In welcher Rolle sehe ich mich selbst gegenüber Eltern? Fühle ich mich eher als »Dienstleister« oder als eigenverantwortlicher Anwalt musikalischer Bildung?
- Was weiß ich darüber, wie die Eltern meiner Schüler den von mir gegebenen Unterricht sehen und beurteilen? Was bedeutet dieses Wissen für meine pädagogische Arbeit?
- In welche der oben genannten sieben Konstellationen des Beziehungsgefüges von Schülern, Lehrern und Eltern ordne ich das jeweilige Unterrichtsverhältnis ein? Wären Veränderungen wünschenswert? Wenn ja, in welche Richtung?

2. *Den Erziehungsstil der Eltern kennen*. Lehrende müssen prinzipiell daran interessiert sein, die Eltern bzw. die Erziehungsberechtigten ihrer Schüler gut kennenzulernen und orientiert zu sein über die Art ihrer Erziehung. Direkte Kontakte formeller

Art gehören zu den festen beruflichen Aufgaben von Lehrenden. Darüber hinausgehende informelle Begegnungen verstärken das Gefühl der Verbundenheit und beleben die Beziehung. Die Wahrnehmung des familiären Hintergrunds ihrer Schüler ermöglicht Lehrenden, deren Persönlichkeit und Verhaltensweisen besser zu verstehen. Der Erziehungsstil von Eltern wirkt auch in den Instrumentalunterricht hinein: In der Art, wie Schüler auf die Angebote des Unterrichts eingehen, sind sie geprägt vom häuslichen Erziehungsklima. Lehrende benötigen eine Vorstellung von diesem Klima, um ihre Unterrichtsweise darauf abzustimmen. Solches Abstimmen kann bedeuten, in ähnlicher Weise zu agieren, wie es die Kinder von zu Hause kennen; möglich ist aber auch die Entscheidung, ein Gegenprogramm zu entwickeln (etwa dadurch, dass einem Schüler im Unterricht Freiräume gewährt werden, die er im häuslichen Ambiente nicht hat). Persönliches Interesse, Aufgeschlossenheit, persönlichkeitspsychologisches Gespür und Fähigkeiten der Kommunikation mit sehr unterschiedlichen Menschen ermöglichen Lehrenden, die Eltern ihrer Schüler im pädagogischen Blickfeld zu haben und mit ihnen in Kontakt zu bleiben. Indirekte Einblicke in das häusliche Leben sowie Kenntnisse über Eltern und wichtige Bezugspersonen erhalten Lehrer in beiläufigen Gesprächen mit ihren Schülern während der Unterrichtszeit. So aufschlussreich solche Gespräche sein können, so viel Takt ist gefordert: Schüler dürfen nicht das Gefühl haben, ausgefragt oder ausgehorcht zu werden, und Eltern würden Vertrauen zum Lehrer verlieren, wenn sie von ihren Kindern erführen, dass im Unterricht kritisch über sie gesprochen wird.

3. *Beratung.* Gerade, weil Eltern einen erheblichen Kostenaufwand für den Instrumentalunterricht ihrer Kinder tragen, haben Lehrer eine besondere Beratungspflicht. Erforderlich sind zu Beginn der Unterrichtszeit insbesondere Beratungen
- bei der Instrumentenwahl (Mit welchem Instrument kann das Kind seine Potenziale vermutlich besonders gut entfalten?);
- beim Kauf eines geeigneten Instruments (Welche Qualität ist zu fordern, welcher Preis angemessen?);
- zur Pflege des Instruments (Aufbewahrung, Handhabung, regelmäßige Wartung usw.);
- zu den Angeboten einer Musikschule, wenn der Unterricht dort stattfindet (Was kann bzw. sollte zusätzlich zum Instrumentalunterricht besucht werden? Durch welche Angebote werden die Eltern selbst in ihren eigenen musikalischen Interessen angesprochen?).

4. *Für eine professionelle Elternarbeit bieten sich diverse methodischen Formen an.* Lehrende sollten sie kennen und sorgfältig überlegen, welche von ihnen im Rahmen ihrer Unterrichtstätigkeit unbedingt erforderlich, welche darüber hinaus sinnvoll und im Rahmen ihrer Arbeitszeit möglich sind. Einige wichtige Formen seien genannt und kurz kommentiert (Weiteres dazu in Mahlert 1997a, S. 330–334):

- Offene Stunden, Demonstrationsstunden etc.: Eltern, die in bestimmten Unterrichtsstunden als Beobachtende anwesend sind, erhalten die Möglichkeit, sich direkt darüber zu informieren, wie es im Instrumentalunterricht zugeht, welche Inhalte und Verfahrensweisen dort praktiziert werden. Solche Unterrichtsangebote lassen sich gut verknüpfen mit anschließenden Gesprächen, in denen Lehrkräfte ihren Unterricht erläutern und mit den Eltern über ihre Fragen und Gedanken im Hinblick auf einen möglichen oder bereits stattfindenden Unterricht ihrer Kinder sprechen.
- Einbeziehung eines Elternteils in den Unterricht: Bei kleinen Kindern kann es günstig sein, wenn ein Elternteil nicht nur im Unterricht anwesend ist, sondern musikalisch mitagiert: singend, spielend, sich bewegend. Die Suzuki-Pädagogik praktiziert bekanntlich sogar als pädagogisches Prinzip, dass auch die Mutter im Unterricht zusammen mit ihrem Kind die Anfangsgründe des Instruments erlernt. »Mitlernende« und im Unterricht mitmusizierende Eltern können ihre Kinder leichter zu Hause unterstützen als musikalisch abstinente Eltern.
- Informelle Gespräche: Wenn Eltern ihre Kinder zum Unterricht bringen oder von dort abholen, lässt sich neben der Begrüßung und einigen Smalltalk-Sätzen das eine oder andere Organisatorische schnell klären. Solche »Tür-und-Angel«-Gespräche eignen sich jedoch nicht gut, um differenziert über pädagogische Anliegen zu sprechen. Es besteht Zeitdruck, es gibt keinen Raum, in den man sich in Ruhe zu zweit begeben könnte, und Schüler erleben es meist als unangenehm, wenn Eltern und Lehrer in ihrer Gegenwart über sie reden. Immerhin bieten solche informellen Kontakte Lehrenden Gelegenheit, Mütter oder Väter ihrer Schüler hin und wieder zu sehen, und außerdem gewinnen sie einen Eindruck, wie sie miteinander umgehen.
- Telefongespräche: Die einfachste und neben informellen Begegnungen beim Bringen und Abholen der Kinder häufigste Kontaktform zwischen Eltern und Lehrern ist wohl das Telefonieren. Es entspricht der traditionellen Verbindung von Instrumentalunterricht und privatem Rahmen – der bis zur Ausbreitung des Musikschulwesens dominierende Privatunterricht wurde zumeist in der Wohnung des Lehrers oder der Schüler erteilt –, dass Eltern in der Regel weniger Tabugefühle vor der Privatsphäre der Instrumentallehrer ihrer Kinder haben als vor der ihrer Lehrer an allgemeinbildenden Schulen. Lehrkräfte müssen individuell entscheiden, ob sie diesen Usus akzeptieren oder ihm entgegenwirken wollen.
- Sprechstunden: In allgemeinbildenden Schulen sind Elternsprechstunden die Regel, in Musikschulen und im Privatunterricht dagegen eher Ausnahmen. Die berufliche Professionalisierung von Instrumentalpädagogen hat in Bezug auf Elternkontakte nicht den Grad der Formalisierung erreicht wie bei Lehrenden an allgemeinbildenden Schulen. Sprechstunden im Bereich der Instrumentalpädagogik erzeugen leicht ein Gefühl von Verschulung eines freiwillig gewählten Unterrichts. Gelegentlich jedoch gelingt es tatkräftigen Lehrenden an Musikschulen, im Zusam-

menhang ihrer intensiv und auch in anderen Formen betriebenen Elternarbeit Sprechstunden einzurichten, die von engagierten Eltern als Gelegenheit zur Beratung und zum pädagogischen Austausch wahrgenommen werden. Ein geeigneter Raum und eine angenehme Atmosphäre können viel dazu beitragen, dass eine solche Praxis gelingt.

- Mails: Nicht nur individuell, sondern auch als Rundbriefe an die Eltern einer Instrumentalklasse bieten Mails die Möglichkeit, schnell über anstehende Termine, Vorspiele, Lehrerkonzerte, Feste, Sprechstunden, Elterntreffen, besondere Unterrichtsangebote (z. B. Demonstrationsstunden), interessante Sendungen im Fernsehen und Radio, aufschlussreiche Literatur zum Instrumentalunterricht und manches mehr zu informieren. Rundmails können dazu beitragen, dass sich eine Art Corporate-Identity-Gefühl in einer Klasse bildet.

- Informationsveranstaltungen, Elternabende: Zusammenkünfte dieser Art bieten Lehrenden die Möglichkeit, gründlich über ihren Unterricht zu informieren, mit Eltern ins pädagogische Gespräch zu kommen und diese bei allen Fragen und Problemen im Zusammenhang mit dem Unterricht ihrer Kinder zu beraten. Sorgfältig formulierte Einladungen mit Beschreibung der vom Lehrenden vorgeschlagenen Gesprächspunkte sowie eine angenehme Herrichtung des Raums sind wichtig, damit solche Abende inhaltlich produktiv und atmosphärisch erfreulich gelingen können. Elternarbeit von Lehrenden hat nicht zuletzt die Aufgabe, Eltern zu ermöglichen, sich untereinander kennenzulernen, sich auszutauschen über ihre Erfahrungen beim Musizierenlernen ihrer Kinder und sich auf diese Weise wechselseitig nützlich zu sein. Immer wieder wird es bei Informationsveranstaltungen und Elternabenden um die Frage gehen, wie Eltern ihre Kinder am besten unterstützen können, was sie dabei beachten und vermeiden sollten.

- Vorspiele, Feste: Auch Vorspiele von Schülern bedürfen sorgfältiger Planung und Vorbereitung, wenn sie nicht zu lieblosen und beklemmenden Präsentationen geraten sollen. Dazu gehören atmosphärisch angenehme, zumindest mit geringem Aufwand ansprechend hergerichtete Räume, eine dem Publikum durch Moderation vermittelte Programmidee und vor allem ein angstfreies (was nicht bedeuten muss: lampenfieberfreies) Klima, in dem Schüler mit Freude ihre individuellen Potenziale zeigen können und sich nicht durch destruktive Konkurrenz verglichen und möglicherweise abgewertet fühlen. Vor allem den Lehrenden kommt die Aufgabe zu, durch die Art des Auftretens, der Begrüßung und der Moderation ein solches Klima zu ermöglichen. Noch schöner geraten Schülervorspiele, wenn Eltern in die Programmgestaltung einbezogen werden und ihrerseits kleine Aufgaben übernehmen: passende Texte rezitieren, Moderationen übernehmen, tanzen, für gastronomische Bewirtung im Anschluss an das Programm sorgen … So können Vorspiele zu musikalischen Festen werden, in denen Schüler, Eltern, Verwandte und Gäste mit Lehrkräften gemeinsam feiern und das Musizieren vor Publikum Glanz gewinnt. (Zur Gestaltung von Schülervorspielen s. Wüstehube 2005.)

5. *Vertrag*. Mit guten Ergebnissen regeln manche Lehrende vertraglich die elterliche Unterstützung in der ersten Zeit des Unterrichts. Um die Voraussetzungen für einen erfolgreichen Unterricht zu gewährleisten, verpflichten sich Eltern, bis auf Weiteres in einem bestimmten Zeitumfang das Üben ihrer Kinder den Instruktionen der Lehrkraft entsprechend zu gewährleisten und zu fördern. Auswüchse solcher Regelungen sind Abmachungen, dass Eltern ihren Kindern Noten für ihr Üben erteilen und diese Beurteilungen an den Lehrer weitergeben.

6. *Elternvertretungen*. Zur Stärkung der Position von Musikschulen in der kommunalen Bildungslandschaft sind Elternvertretungen und Fördervereine von großem Nutzen. Eine wichtige Aufgabe von Lehrkräften an Musikschulen besteht darin, für solche Gremien interessierte und kompetente Eltern zu gewinnen. Dies verlangt Abstimmung von Initiativen zwischen Musikschulleitung und Lehrkräften. Da diese die Eltern über deren Kinder näher kennen, sind Lehrende die idealen Vermittler zwischen Musikschulleitung und Eltern.

7. *Umgang mit »problematischen« Eltern*. »Problematisch« meint hier einseitige Einstellungen von Eltern zu ihren Kindern und entsprechende Auffassungen von der Praxis des Instrumentalunterrichts. Eltern mit ausgeprägten Erziehungsvorstellungen und Überzeugungen davon, was für ihr Kind das Richtige ist, entfalten häufig ein besonderes Engagement gegenüber Lehrenden, und nicht selten möchten sie ihnen vorschreiben, mit welcher Ausrichtung der Unterricht stattzufinden habe. Die Klavierpädagogin Margit Varró hat bereits 1929 eine bemerkenswert fundierte Typologie solcher Eltern aufgestellt. Sie entspricht manchen der Eltern-Kind-Konstellationen, die Jahrzehnte später in den erwähnten familienpsychologischen bzw. -therapeutischen Studien von Horst-Eberhard Richter und Helm Stierlin beschrieben werden. Varró gibt zu jeder der charakterisierten Elternspezies eine knappe Direktive, wie Instrumentallehrer mit ihren Vertretern umgehen sollen:

»a) Die Konservativen und Kritischen, welche sagen: ›Zu meiner Zeit …‹ und ›Wozu all diese neuen Methoden?‹ – ›Warum muß denn alles auswendig gelernt werden?‹ usw. – Sind freundlich und geduldig aufzuklären.

b) Die Ehrgeizigen, die ihre eigenen unerfüllten Ambitionen in ihren Sprößlingen ausleben: das Kind soll nachholen, was sie selber zu ihrem Leidwesen versäumten, es muß auf die Ziele der Eltern hinarbeiten, gleichviel ob diese Ziele *seinen* Neigungen entsprechen oder nicht. – Sind meist schwer davon zu überzeugen, daß jedes Kind das Recht hat, seine eigenen Wege zu gehen, und daß wir es nur nach seiner Natur und Begabung behandeln können, nicht nach der seiner Eltern.

c) Die Sorglichen und Gewissenhaften, die an allen Beschäftigungen des Kindes teilnehmen, mit ihm lernen, spielen, üben und es jeder Initiative berauben. Diesen ist vorsichtig beizubringen, daß Mütter, ›die nur für ihre Kinder leben‹, ihre Kinder nicht leben lassen.

d) Die Unzufriedenen und Ungeduldigen, denen das Kind immer zu wenig übt und die an der Tüchtigkeit des Lehrers zweifeln, wenn ihr Kind nicht schon nach zwei Monaten alle Welt durch sein virtuoses Spiel in Erstaunen versetzt. – Diesen versuchen wir zu erklären, daß uns alles darauf ankommt, dem Schüler eine gute Grundlage zu geben und seine musikalischen Fähigkeiten zu erziehen, daß wir daher nicht auf ephemere Leistungen hinarbeiten können, welche für die Entwicklung wertlos, ja nachteilig sind.
[...]

e) Die ewig für die Gesundheit ihrer Sprößlinge Besorgten, denen jede Aufgabe zuviel ist (›das arme Kind …‹ und: ›Es soll ja Gott bewahre kein Klavierkünstler aus ihm werden!‹). Diesen ist nahezulegen, daß man es ohne Bemühung nicht einmal dazu bringen kann, zu seinem eigenen Vergnügen zu musizieren, und daß sie das Lehrgeld hinauswerfen, wenn sie den Schüler von der Arbeit abhalten.

f) Die Pünktlichen und Systematischen, die das Kind mit eiserner Strenge dazu anhalten, täglich so und so lange zu üben, ob es nun sein Pensum erledigt hat oder nicht, und die gegebenenfalls obendrein noch selbst dabeisitzen, oder gar jemand als Aufpasser anstellen, wodurch sie das Üben zu einer verhaßten Pflicht machen. – Sind um Lockerung der Zügel zu ersuchen und darauf zu verweisen, daß wir wissen müssen, wessen das Kind fähig ist, wenn es sich selbst überlassen bleibt, um es richtig zu kennen und demgemäß zu unterrichten. Habe man häusliche Nachhilfe nötig, so werde man sie in Anspruch nehmen.

g) Die Gleichgültigen und Teilnahmslosen, die sich überhaupt nicht um die Studien ihrer Kinder kümmern, sie beim Üben stören und aus den nichtigsten Gründen die Klavierstunden absagen. – Sind zu behandeln wie Spezies e), obwohl sie deren Gegenpol vorstellen.«
(Varró 1929/1958, S. 273 f., orig. kursiv)

8. *Gesprächsführung.* Ebenso wie die von Varró empfohlenen Verhaltensweisen gegenüber »problematischen« Eltern lassen sich auch Möglichkeiten geschickter Gesprächsführung gut in Rollenspielen üben. Dies kann im Studium, im Kollegenkreis und in Fortbildungen geschehen. Auf diese Weise können auch erlebte kritische Situationen in Elterngesprächen mit großem Nutzen nachgearbeitet werden. Die Analyse des Grundproblems bietet eine Grundlage für die Entwicklung und Erprobung günstigerer Alternativen zu der als ungut empfundenen Spontanreaktion. Für das Gesprächsverhalten empfehlen sich folgende Strategien:

• Zeit gewinnen: Dies ist wichtig, um in kritischen Situationen, in denen man unvorbereitet mit einem Ansinnen konfrontiert wird, überlegt reagieren zu können. Zeit gewinnen lässt sich, indem man das vom Gesprächspartner Gesagte sachlich und wohlwollend paraphrasiert. Auch Rückspiegeln (»Ich stelle fest, dass …«) und Zurückfragen (»Ist es so, dass …?«) ist möglich. Neben dem Gewinn von Freiraum für eigene Überlegungen signalisiert dieses Verhalten dem Gesprächspartner, dass sein Anliegen sorgfältig aufgenommen wird. Das reduziert meist die Spannung oder gar Aggressivität des Gesprächspartners und wirkt versachlichend.

- Nicht verhindern, sondern ermöglichen: Der Partner muss sich mit seinem Ansinnen angenommen und verstanden fühlen. Erst wenn dies der Fall ist, wird er bereit sein, weitere, bisher nicht erwogene, möglicherweise zu neuen Sichtweisen führende Gedanken seines Gesprächspartners zuzulassen. Es geht darum, sinnvolle Lösungen zu finden, in denen er sich mit seinem Anliegen aufgehoben fühlt – auch dann, wenn es von seinem ursprünglichen Ansinnen abweicht.
- Nicht sich selbst schon zu Beginn selbstkritisch ein Minus einräumen (»Sie haben natürlich recht mit ihrer Kritik …«): Dies verkleinert von vornherein die eigenen Möglichkeiten beim Entwickeln einer konsensfähigen Lösung mit dem Gesprächspartner.

Literaturhinweise

Ulrich Mahlert: *Elternpädagogik im Bereich des Instrumentalunterrichts*, in: ders. (Hrsg.): Spielen und Unterrichten. Grundlagen der Instrumentaldidaktik, Mainz 1997, S. 304–334

> »Elternpädagogik« wird hier in zweifacher Bedeutung verstanden: als eine *von* den Eltern zu leistende und als eine *auf* Eltern als Partner ihrer Kinder abgestimmte, von den Lehrern zu praktizierende Pädagogik. Gefragt wird u. a. nach der Wechselwirkung zwischen der »primären Sozialisation« des Elternhauses und dem Instrumentalunterricht. Verdeutlicht wird, welche Art von Unterstützung Kinder beim Musizieren von ihren Eltern brauchen (bzw. welche ihnen eher schadet) und was Lehrer tun können (und besser nicht tun sollten), um zu einem förderlichen Elternverhalten, das oft entscheidend ist für die musikalische Entwicklung eines Kindes, beizutragen. Verschiedene Formen der Elternarbeit kommen zur Sprache.

Nicolai Petrat: *Kinder machen gerne Musik. Was Eltern wissen sollten*, Freiburg/Br. 2003

> Das Buch, das sich an Eltern wendet, ist für Lehrkräfte zur Orientierung über wichtige Bereiche der Elternarbeit geeignet. Es informiert über Fragen der musikalischen Entwicklung im frühen Kindesalter, über Bedingungen des Instrumentalunterrichts und die von Eltern zu leistende häusliche Unterstützung.

7. Interpretieren I: Verklanglichen

Didaktische Vorüberlegungen

»Interpretieren« meint »Deuten, Auslegen eines vorhandenen Objekts«. In Bezug auf Musik wird vor allem die klangliche Realisierung von Notentexten als »Interpretation« bezeichnet. (Jazzmusiker verwenden das Wort auch für die persönlich geprägte Ausführung eines Standards, der etwa als Aufnahme, nicht aber wie ein Werk »klassischer« Musik in verbindlicher Schriftgestalt vorliegt.) Die Übertragung von schriftlichen Zeichen in Klang ist ein Akt der Transformation von einem Medium in ein anderes. Interpretieren vollzieht sich als ein Transformieren.

Neben der in der Musik seit Mitte des 19. Jahrhunderts als »Interpretation« bezeichneten, einen Notentext in Klang umsetzenden Transformation gibt es weitere Möglichkeiten des Transformierens von und in Musik. Das Nachspielen einer gehörten Musik ist ebenso eine Transformation wie das Notieren und Versprachlichen von Musik. Auch das Komponieren und Niederschreiben einer Komposition kann als ein Transformieren zunächst schriftloser musikalischer Vorstellungen gelten. Umsetzungen von Musik in musikalische Notationen (Notenschrift, grafische Darstellungen, Strukturskizzen u. a.), in Sprache, in Bewegung, in bildliche Darstellungen usw. und ebenso umgekehrt von diesen Sinnträgern in Musik bilden ein großes Spektrum von Transformationen. Die folgende Übersicht zeigt einige Möglichkeiten musikalischen Interpretierens, verstanden im weiteren Sinn als Transformieren von und in Musik.

Vorgegebenes / Ausgangsaktion	→ Folgeaktion	Bezeichnung, Kommentar
klangliche Realisierung (Aufnahme, Darbietung)	→ »nachmachen«	aurales Erfassen, Wiedergeben ohne Noten
klangliche Realisierung	→ notieren	Transkription, Hördiktat
klangliche Realisierung	→ Beschreibung bzw. Deutung des (ohne Noten) Gehörten, gerichtet auf die musikalische Substanz (Struktur, »Botschaft«) des Werks	verbale Höranalyse bzw. »Hörinterpretation«
Notentext	→ *klangliche Realisierung (evtl. mit Zwischenschritt: verbale Beschreibung, Problematisierung, Deutung)*	*»musikalische Interpretation« (im engeren Sinn)*
imaginative Vorstellungen einer geübten Musik	→ *Realisierung der Musik nach Maßgabe imaginativer Vorstellungen*	*imaginationsgeleitete Interpretation einer Musik*

Vorgegebenes / Ausgangsaktion	→	Folgeaktion	Bezeichnung, Kommentar
Notentext	→	(verbale) Beschreibung, Problematisierung, Deutung	Analyse bzw. (verbale) Interpretation; wenn speziell auf Interpretationsprobleme gerichtet: Interpretationsanalyse (a) des Notentextes
klangliche Realisierung eines Notentexts	→	verbale Beschreibung bzw. Deutung des im Vergleich mit dem Notentext Gehörten, gerichtet auf die Art der Verklanglichung des Notentexts	Interpretationsanalyse (b) bzw. -deutung des Gehörten
verschiedene klangliche Realisierungen *oder* verbale Beschreibungen bzw. Deutungen eines Notentexts	→	vergleichende Analyse bzw. Deutung dieser Realisierungen / verbalen Beschreibungen	Interpretationsvergleich / Rezeptionsforschung
Worttext (Gedicht, Geschichte u. a.)	→	Musik	musikalische Realisierung des Erlebnisgehalts
klangliche Realisierung	→	Bewegung (einschließlich Mimik und Gestik)	Rhythmik / Musik und Bewegung, Tanz, Pantomime, Ballett
Bewegung	→	Musik	musikalische Interpretation von Bewegungsverläufen
klangliche Realisierung	→	Umsetzung des durch das Gehörte ausgelösten subjektiven Erlebens in bildliche Darstellung	Malen, Zeichnen zur Musik
bildliche Darstellung	→	Musik	musikalische Interpretation Bildender Kunst
Musik / Bildende Kunst; Musik / Bewegung, Tanz	→	strukturierendes und deutendes In-Beziehung-Setzen von akustischen und visuellen Elementen	verbales kunstübergreifendes Interpretieren

Einige der über das traditionelle Verständnis von musikalischer Interpretation hinausgehenden Transformationen kommen im nächsten Kapitel zur Sprache. Hier geht es primär um die klangliche Realisierung von Notentexten (in der Übersicht kursiv gesetzt).

Klang ist das Material einer musikalischen Interpretation. Allerdings bezeichnet das Wort »Klang« als Oberbegriff kein eng umrissenes Phänomen, sondern steht für eine Fülle von akustischen Erscheinungsformen und Gestaltungsmöglichkeiten. Auf der Ebene der spezifischen Arten von Hörbarem ist das Wort »Klang« nicht neutral. Vielmehr hat es hier einen spezifischen Charakter und lässt sich von anderen Begriffen und dem mit ihnen Gemeinten abgrenzen. Im Grimm'schen Wörterbuch findet sich folgende Unterscheidung: »Klang ist hauptsächlich ein heller und hallender ton, während ton mehr den musikalischen oder gemütlichen wert und gehalt eines lautes, laut mehr den hall der stimme eines lebenden wesens, hall und schall einen klang von mehr grösze und umfang bezeichnen; doch wird klang, wie ton und laut, auch allgemein für sonus gebraucht [...].« (Grimm 1854 ff., Bd. 11, Sp. 945) Es lohnt sich, das zur Bezeichnung und Charakterisierung von Klingendem verwendete Vokabular zu reflektieren. Dadurch erweitert und differenziert sich das Bewusstsein für die Vielfalt der Möglichkeiten, Musik klingend zu gestalten. Auf die Frage »Was bedeutet euch ›Klang‹?« nannten Studierende spontan u. a. folgende Assoziationen: »Klangideale« – »Klangqualitäten« – »Klangkörper« – »Klangquelle« – »Klangintensität« – »Klangspektrum« – »Klang und Stille aufeinander angewiesen« ... All diese Phänomene enthalten mögliche Anknüpfungspunkte für die »klangliche« Gestaltung von Musik.

Notentexte klanglich zu interpretieren setzt die Fähigkeit voraus, musikalische Zeichen zu lesen und zu verstehen. Interpretierenlehren besteht somit zu einem wichtigen Teil in der Anleitung, Notentexte zu lesen und zu verstehen. Die Elemente der Notenschrift haben zunächst eine »buchstäbliche« Bedeutung: das notierte Zeichen e[1] bezeichnet einen Ton mit einer bestimmten Höhe, eine notierte halbe Note dauert zwei Schläge lang usw. Über diese werkunabhängig gültigen »buchstäblichen« Bedeutungen hinaus gewinnen musikalische Zeichen besondere Bedeutungen durch den jeweiligen Kontext, in dem sie in einem Werk erscheinen. Der Ton e‹ muss in verschiedenen Zusammenhängen unterschiedlich intoniert, die halbe Note verschieden gewichtet, artikuliert, dynamisiert, klanglich gefärbt, gedehnt oder verkürzt werden. Dieses über die Buchstäblichkeit hinausreichende Bedeutungsspektrum von Notenzeichen zu erschließen, zu verstehen und klanglich umzusetzen, ist Aufgabe von Interpretation.

Bei oder neben der Beschäftigung mit Notentexten wird beim Spielen und Unterrichten häufig noch mit anderen Mitteln an der Interpretation von Musik gearbeitet: mit Bildern, Vorstellungen, Assoziationen, Suggestionen. Von Verfechtern einer strengen Ausrichtung des Interpretierens auf Textexegese kritisch betrachtet oder gar verpönt, kann der Gebrauch dieses Repertoires interpretatorischer Mittel beim Musizieren durchaus wirksam sein. Musiker und Pädagogen bedienen sich häufig bildlicher, szenischer, kommunikativer und personenspezifischer Imaginationen beim Interpretieren und Interpretierenlehren. Solche Imaginationen können aus bestimmten Gestaltqualitäten der jeweiligen Musik abgeleitet sein oder auch aus außermusikalischen Vorstellungsbereichen stammen. Gewiss lässt sich darüber streiten, ob die musikalische Arbeit mit den besagten Mitteln zur Interpretation von Musik gehört oder eher als Umgang mit bestimmten Arten des Spiels (vor allem Symbolspielen) anzusprechen ist. Begreift man – im Anschluss an Wilfried Gruhns Auffassung vom Verstehen als »Erkennen von etwas als etwas« (Gruhn 1989, S. 177) – die Interpretation von Musik als »Wiedergabe von Musik als etwas«, so schließt dieses Verständnis auch das Interpretieren von Musik unter Einbeziehung von Bildern, Vorstellungen etc. ein. Daher soll in diesem Kapitel auch von solchen Interpretationsmöglichkeiten die Rede sein.

Methodische Prinzipien und Möglichkeiten

1. *Notentexte lesen und verstehen lehren.* Um Lernende anzuleiten, Notentexte kompetent zu lesen, zu verstehen und wiederzugeben, benötigen Lehrende Klarheit darüber, was die traditionelle Notenschrift (von der hier in erster Linie die Rede ist) leistet und inwiefern sie im Zusammenhang der mit ihr notierten Werke deutungsbedürftig ist. Um diese Klarheit zu befördern, greife ich nachfolgend auf eine Reihe von »Empfehlungen zur Kunst des Notenlesens« zurück, die ich an anderer Stelle formuliert habe (Mahlert 2005, S. 18) und die nachfolgend modifiziert wiedergegeben sind. Was in diesen (hier in Anredeform an Spieler und Sänger gerichteten) Empfehlungen ausgedrückt ist, sollte Lernenden nach und nach bei der interpretatorischen Arbeit im Unterricht vermittelt werden. Damit erhalten sie wichtige Voraussetzungen und Anregungen zur Interpretation von Notentexten.

- Vergegenwärtige dir, was die Notenschrift ist: ein Hilfsmittel, mit dem Menschen ihre musikalischen Fantasien überliefern möchten. Die Aufgabe von Interpreten besteht darin, die musikalische Fantasie, die im Notentext unvermeidlich auf bestimmte Grundstrukturen reduziert ist, wahrzunehmen und mit den gebotenen Mitteln sinnlich darzustellen.
- Bedenke, was die Notenschrift unmittelbar bezeichnen und was sie alles *nicht* eindeutig festlegen kann. Die Notenschrift vermittelt lediglich Grundstrukturen der jeweiligen Musik: Tonhöhen, Zeitwerte, Betonungen, Proportionen der Lautstärke, der Artikulation u. a. Sie tut dies zwangsläufig in stark rationalisierter Form: Die unzähligen Werte etwa zwischen *forte* und *piano*, zwischen *staccato* und *legato*, die Schattierungen der Klangfarbe und vieles andere sind nicht notierbar. Keine musikalische Interpretation jedoch, die dem Werk gerecht werden möchte, kann auf diese nicht rationalisierbaren Qualitäten verzichten.
- Arbeite mit der Vorstellung, dass alles, was angeblich »zwischen« den Zeilen steht – also nicht geschrieben ist –, sehr wohl *in* den Zeilen aufgeschrieben wurde, d. h. erschlossen werden muss aus dem Aufgeschriebenen, und zwar so, dass das notenschriftlich Fixierte und das aus ihm Erschlossene einen stimmigen Zusammenhang bilden. Diese Auffassung zwingt dich, verantwortungsvoll zu begründen, warum du Nicht-Notiertes so und nicht anders ausführst.

- Nimm nichts, aber auch gar nichts am Notentext als selbstverständlich oder belanglos hin: keine Wahl der Tonart, des Taktes, keinen Bogen, keine Vortragsbezeichnung. Jedes notierte Detail ist ein musikalischer Sinnträger, der für die Interpretation Bedeutung hat.
- Auch an scheinbar wohlbekannten, vertrauten Notentexten lässt sich durch gründliche Lektüre immer wieder Neues, Übersehenes, in seinen Wechselbezügen mit anderen Faktoren nicht Wahrgenommenes entdecken.
- Lerne und übe, dich über die Eigenart von Textdetails zu wundern. Begreife solche Details als Fragen, auf die es eine Antwort zu finden gilt. Der Pianist Artur Schnabel hat in diesem Sinne formuliert: »Eine Analyse, die für das Studium fruchtbar sein soll, muß das Ergebnis einer spontanen Reaktion auf ein musikalisches Detail sein, das dem Spieler so auffällt, daß er nicht umhin kann, ihm nachzugehen.« (Zit. nach Wolff 1972, S. 21) Ein solches Detail kann alles Mögliche sein: ein Akzent, ein Bogen, eine Auffälligkeit des Notenbildes usw.
- Versuche immer, die Details eines Texts aufeinander zu beziehen, d. h. sie als System, als Sinnzusammenhang zu verstehen. So eröffnet sich ein Weg zu einer »stimmigen« Interpretation.
- Lerne, dass jede Epoche, ja jeder Komponist, bisweilen sogar jedes Werk seine eigenen Notierungsweisen hat. Ein Interpret braucht ein differenziertes aufführungspraktisches Wissen über die epochen- bzw. komponistenspezifischen Bedeutungen von Notenzeichen. Beispiele: Ein barocker Notentext hat einen anderen Textcharakter als einer des 19. oder 20. Jahrhunderts. Ersterer fixiert die Grundrisse des Werks, nicht aber die konkrete Realisierung, während Letzterer eine Spielanweisung darstellt. »Generell ist die Musik bis etwa 1800 nach dem *Werk*prinzip notiert, danach als *Spiel*anweisung.« (Harnoncourt 1982, S. 33) Ein Akzentzeichen meint im späten 18. und frühen 19. Jahrhundert nicht nur (seiner buchstäblichen Definition gemäß) eine Betonung, sondern oft auch eine Dehnung. In Schuberts Autografen sind Akzentzeichen (>) oft kaum von Diminuendo-Gabeln zu unterscheiden und haben vielfach auch deren Bedeutung.
- Denke bei Vokalmusik hin und her zwischen Text und Musik, interpretiere die Musik vom Text aus und den Text von der Musik aus.
- Schöpfe im Üben die Freiräume von Notentexten aus. »Knete« gründlich einzelne Stellen durch – so, wie Bertolt Brecht es Schauspielern empfahl: »Sprich« musizierend bestimmte Phrasen viele Male hintereinander, indem du ihnen immer wieder andere Ausdrucksnuancen abgewinnst. Entwickle Alternativen in der Darstellung von Notiertem. Versuche, durch den Vergleich von erprobten Varianten eine der Komposition angemessene Darstellungsweise zu finden.
- Verbinde beim Notenlesen Intuition und Verstand. Gib dir Rechenschaft, warum du dich für bestimmte Deutungen des Texts entscheidest.
- Vergleiche dein eigenes Verständnis von Notentexten mit dem anderer Musikerinnen und Musiker. Beschreibe, wie diese Interpreten bestimmte notenschriftliche

Details auffassen, und begründe, warum dir die Auffassung angemessen oder verfehlt erscheint.
- Übe dich im Verbalisieren der Eigenheiten von Notentexten wie überhaupt im Ansprechen der strukturellen und expressiven Eigenarten von Musik. Dadurch entwickelt sich der ästhetische Sinn für musikalische Bedeutungen und für eine plastische klangliche Wiedergabe.

2. *Interpretation setzt Analyse voraus.* Dabei muss bedacht werden, dass »Analyse« keineswegs ein objektives technisches Verfahren, sondern ihrerseits bereits ein Akt der Interpretation ist: Die Entscheidung über die Kriterien der Analyse eines Musikstücks wird subjektiv getroffen. Aus syntaktischer und semantischer Analyse ergeben sich interpretatorische Konsequenzen, Anregungen und Möglichkeiten. Syntaktische Analyse fragt nach den Strukturen eines Musikstücks: Welche Motive, Themen, Einschnitte, Wiederholungen, Entwicklungen, Höhepunkte, Formteile, Formmodelle, Verhältnisse von Stimmen usw. sind vorhanden? Semantische Analyse versucht den Ausdrucksgehalt von musikalischen Einheiten zu erfassen: Gesten, Charaktere, Affekte, Sprechweisen, Stimmungen, Atmosphären bilden wichtige Kategorien des Ausdrucksgehalts. Sind die musikalischen Gegebenheiten in syntaktischer und semantischer Hinsicht geklärt, ist der erste und wichtigste Schritt zur Interpretation getan. Denn »interpretieren« bedeutet vor allem, musikalische Strukturen und den in ihnen realisierten Ausdruck sinnfällig wiederzugeben, sodass der Hörer sie deutlich wahrzunehmen vermag. Methodisch hoch bedeutsam ist das Verbalisieren struktureller und expressiver Faktoren: Indem Lernende passende Beschreibungswörter suchen und finden, entwickelt sich in der Tat ein »Verstehen von etwas *als* etwas«, entstehen musikalische Vorstellungen, die nach profilierter klanglicher Realisierung drängen. Beschreibungswörter und -formulierungen bilden gleichsam das Scharnier zwischen dem Erfassen der musikalischen Gestalten und der (Selbst-)Anweisung, wie sie zu spielen sind. Jeder Lehrende kennt die Erfahrung: Musik, deren Eigenarten man im Unterricht gemeinsam mit Lernenden untersucht und verbalisiert hat, spielt man selbst anschließend viel bewusster und kompetenter. Verbal vollzogene Analyse arbeitet differenzierter Verklanglichung zu.

3. *Interpretieren ist ein Mitteilen von Botschaften.* Damit verbindet sich ein Komplex von Fragen: »Wer teilt wem wo wann was wie warum und wozu mit?« Die Beschäftigung mit diesem Fragenbündel schärft das Bewusstsein für die Komponenten und die Aufgaben des Interpretierens. Die Interpretation jedes Musikstücks ist im Hinblick auf die einzelnen Faktoren zu bedenken. Hier einige wenige »Unterfragen« zu den Komponenten der Frage:
- Wer: Wer teilt sich mit in der Musik? Wie lässt sich das aus ihr sprechende Subjekt charakterisieren? Handelt es sich um *ein* Subjekt oder um mehrere dem Stück immanente Akteure? Wenn es mehrere sind: Wie verhalten sie sich zueinander? Wie

verhalte ich mich als Ausführender zu dem jeweiligen musikalischen Subjekt? Identifiziere ich mich mit ihm oder stelle ich es objektivierend dar? Wie inszeniere ich die Interaktion mehrerer Subjekte?

- Wem: An welchen bzw. welche Adressaten wendet sich die Musik gemäß ihrer Faktur? Spricht sie z.B. eine große Zuhörerschaft in einem öffentlichen Ton an oder ist sie eine intime Mitteilung an eine vertraute Person? Für welche Personen spiele ich die Musik – in meiner Fantasie und in der Realität? Stimme ich meine Spielweise (wie auch mein Auftreten) auf die real Anwesenden ab? Spielt die Kenntnis des Publikums eine Rolle für meine Interpretation, d.h. »rede« ich dieses Publikum musikalisch an oder sehe ich es eher als Zeuge meiner von ihm unabhängigen Darstellung des Werks?
- Wo: Welche Bedeutung haben die akustischen und atmosphärischen Gegegebenheiten des Raums für mein Spiel?
- Wann: An welchem geschichtlichen Ort interpretiere ich das Musikstück? Welche Interpretationsgeschichte hat es hinter sich? Wie verhalte ich mich zu den mir bekannten Darstellungen des Werks?
- Was: Was ist die »Kunstbotschaft« des Musikstücks? Welche Affekte, Charaktere, Ideen und Atmosphären entfaltet es?
- Wie: Auf welche Weise und mit welchen musikalischen Mitteln realisiere ich die »Kunstbotschaft« und die mir besonders wichtigen Eigenschaften des Musikstücks?
- Warum und wozu: Warum habe ich gerade dieses Musikstück gewählt? Was bedeutet es mir? Was möchte ich mit meiner Wiedergabe dieses Werks bei meinen Zuhörern auslösen?

4. *Ein wichtiges methodisches Prinzip bei der Erarbeitung von Interpretationen ist das Explorieren von Interpretationsspielräumen.* Dazu bedarf es entsprechender methodischer Anleitungen. Am besten fokussieren Lehrende zunächst die Arbeit auf einzelne interpretatorische Faktoren. Ausgehend von analytischen Beobachtungen besteht die Aufgabe des Lernenden darin, im Wiederholen bestimmter Stellen bzw. Abschnitte einen oder mehrere Parameter zu variieren und so ein Spektrum von Gestaltungsmöglichkeiten auszuloten. Nach und nach entwickelt sich durch dieses Explorieren und das Prüfen und Beurteilen verschiedener Realisierungen ein Gefühl für das rechte Maß, ohne dass die Plastizität Einbuße erleidet. Vor allem folgende Faktoren verdienen ein ausgiebiges Explorieren von Interpretationsspielräumen:

- Syntax und Interpunktion: Wo sind größere, wo kleinere, kleinstmögliche Einschnitte? Welche Satzzeichen (Komma, Semikolon, Gedankenstrich, Punkt, Fragezeichen, Ausrufezeichen, Auslassungspunkte ...) entsprechen ihnen bzw. könnten ihnen entsprechen? Möglichkeiten mit Bleistift in den Notentext eintragen und erproben.
- Energetik: Hier geht es darum, die Spannungsstruktur (d.h. die Phasen des Aufbaus, Kulminierens und Abbaus von Spannungsverläufen) kleinerer und größerer

Phrasen wahrzunehmen und umzusetzen und so den musikalischen Sinn für Schichten von Spannungsstrukturen zu entwickeln. (Dazu ausführlich Uhde / Wieland 1988, S. 162–172)

- Verhältnis des metrischen und des deklamatorischen Prinzips, von Taktmetrum und Linienspannung: Das Explorieren erkundet die Gestaltungsmöglichkeiten nach Maßgabe der polaren energetischen Grundmodelle *Tanz* (Pulsieren des Taktmetrums als energetisches Hauptereignis) und *Deklamation* (Spannungsverlauf der individuellen musikalischen Linie im Vordergrund). (Dazu ausführlich Uhde / Wieland 1988, S. 149–159)
- Dynamik: Die dynamischen Bezeichnungen nicht nur als quantitative Bestimmungen, sondern vor allem als individuelle Charaktere wahrnehmen, d. h. danach fragen, welcher spezifische Charakter von vielen möglichen Ausdruckswerten z. B. einem Forte an einer bestimmten Stelle zukommt. (Als Modell sei verwiesen auf die Ausführungen »Nähere Bestimmungen über die Anwendung des *Forte, Piano, etc.*« in Czerny 1839/1991, S. 4 f. Dort weist Czerny den hauptsächlichen dynamischen Bezeichnungen jeweils ein Spektrum von Charakteren zu, beispielsweise im Fall des Piano: »Lieblichkeit, Sanftmuth, ruhige Gleichmüthigkeit, oder stille Wehmuth«.)
- Artikulation: Durch Exploration unter Einbeziehung von Extremen geht es hier darum, »die dem Charakter und Ausdruk des Stüks angemessene Schwere oder Leichtigkeit des Vortrags« (Schulz 1774/1967, S. 708 f., vgl. Mahlert 1993, S. 257–259) zu ermitteln.
- Agogik: Zur Exploration anregende Fragen: Wo sind minimale oder größere Beschleunigungen angebracht, wo erfolgt eine Rücknahme der Beschleunigung? Wie steht es um die Proportionen von Beschleunigungen und Verlangsamungen? Woraus ergeben sich Modifikationen des Grundttempos, wie lassen sie sich begründen?

Das Explorieren von Interpretationsspielräumen kann sich auch auf körperliche Aspekte der Darstellung durch den Musizierenden beziehen, also auf Haltung, Gestik und Mimik, Atemführung. Auch hierzu ein paar Hinweise (weitere Ausführungen zu diesem Aspekt s. Kapitel 10: »Spielen«):

- Haltung: Exploriert werden können sowohl die »äußere«, als Ausdrucksmedium verstandene körperliche Haltung am Instrument wie auch die innere Einstellung, das Selbstverständnis als Interpret im Hinblick auf die betreffende Musik: Bin ich eher distanzierter Darsteller von objektiven Affekten oder eher unmittelbarer »Verkörperer« der musikalischen Äußerung als »Ich-Botschaft«, bin ich eher Rezitator, Schauspieler oder entpersonalisiertes »Medium«?
- Gestik und Mimik: Wie realisiere ich musikalische Gesten körperlich? Mit welcher mimischen Voreinstellung kann ich das Stück, einen Satz, einen Abschnitt beginnen?

- Atemführung: Wie wirkt sich die musikalische Wiedergabe auf meinen Atem aus, d.h., wie atmet *mich* die Musik, wenn ich sie ausführe (fließend – impulsiv, schnell – gedehnt, intensiv – sparsam usw.)? Wie kann ich meinerseits die Ausführung der *Musik* durch die Gestaltung meines Atmens sinnvoll gestalten? Besonders das vorbereitende Atmen zu Beginn eines Stücks ist ein wirksames interpretatorisches Mittel. (Zum Verhältnis von Musik und Atem s. Rüdiger 1995.)

All diese und andere Explorationen musikalischer Gestaltungsspielräume sollten mit Mut zu Extremen und zur Übertreibung ausgeführt werden. Lehrende haben die Aufgabe, Schüler dazu anzuregen, ungewohnte oder zunächst befremdliche Möglichkeiten auszuprobieren und ihnen die Resultate zu spiegeln. Meist zeigt sich, dass die subjektive Wahrnehmung des Ausführenden deutlich differiert von der eines Außenstehenden: Was dem Ausführenden übertrieben erscheint, empfindet der Beobachtende meist eher als maßvoll.

5. *Entwerfen verschiedener Interpretationskonzepte.* Um Lernende zu interpretatorischer Fantasie und Reflexion anzuregen, kann ihnen die Aufgabe gestellt werden, für ein bestimmtes Stück drei verschiedene Interpretationskonzepte zu entwerfen und sie überzeugend auszuführen. Diese Möglichkeit eignet sich methodisch gut, um wichtige Kriterien für interpretatorische Qualität ins Spiel zu bringen: die Interdependenz gestalterischer Faktoren und deren ausbalancierte Stimmigkeit. (Wie ein Spieler ein Stück beginnt, hat Konsequenzen für den weiteren Verlauf. Der Versuch etwa, den großen Zusammenhang einer Komposition darzustellen, verträgt sich nicht mit einem agogisch freien, spontan ausgeführten Sich-Verlieren in diverse Details.)

6. *Arbeiten mit Aufnahmen.* Eine weitere Möglichkeit zur Erkundung interpretatorischer Gestaltungsspielräume und zur Diskussion von Deutungen bietet das Hören und Vergleichen verschiedener Aufnahmen eines Stücks. Im Wahrnehmen und Beschreiben der jeweiligen Eigenheiten und im kritischen Untersuchen, wie verschiedene Interpreten auf ihre Weise den Notentext realisieren, entwickelt sich der Sinn für interpretatorische Gestaltungsmöglichkeiten. Ebenso kann mit eigenen Aufnahmen des Lernenden verfahren werden. In diesem Fall zeigt sich meist, dass die gestalterische Vorstellung und die tatsächliche Ausführung der zu spielenden Musik beträchtlich differieren.

7. *Arbeiten mit Vorstellungsbildern.* Ein reiches Spektrum interpretatorischer Explorationen, zu der Lehrende im Unterricht animieren können, bietet das Spielen mit auf die Musik bezogenen Bildern, Vorstellungen, Assoziationen, Suggestionen. Musik bildet zwar keine außerhalb ihrer selbst liegende Wirklichkeit ab; sie ist unfähig, denotative Bedeutungen zu formulieren (z.B. können eine Melodie oder ein Klang nicht sagen: »Dies ist ein Baum«). Aber gerade in der Unkonkretheit ihres Bedeutens lädt Musik durch ihr emotionales Potenzial Spieler und Hörer zu intensiver symbolischer

Besetzung ihrer klanglichen Botschaften ein. »Außermusikalische« Vorstellungen sind daher durchaus ein wirkungsvolles interpretatorisches Mittel. Indem sie die Fantasie des Spielers animieren, helfen sie ihm, die Verklanglichung von Musik zu intensivieren und zu profilieren. Musikalische Assoziationen können aus allen möglichen Wirklichkeitsbereichen bezogen werden: Landschaften, Tages- und Jahreszeiten, Begebenheiten, Befindlichkeiten aller Art sind potenzieller »Stoff« für innere Bilder, die das Erleben und Darstellen einer Musik steigern. Für Kurt Saßmannshaus, der Elemente der Stanislawski-Methode instrumentalpädagogisch adaptiert hat, bildet die Verknüpfung der einzelnen Phrasen eines Musikstücks mit persönlichen Assoziationen, Erfahrungen, Erinnerungen des Spielers einen wichtigen methodischen Schritt im Unterricht (s. Saßmannshaus 1999, S. 52). Methodisch günstig ist, wenn Lehrer ihre Schüler zu einem persönlichen Imaginieren anregen, oder Lehrende und Lernende gemeinsam nach passenden, individuell geeigneten Bildern suchen (vgl. Lessing 2001, S. 36). Nach Möglichkeit sollten Bilder vom Lernenden selbst gefunden werden. Das Aufdrängen eines Bildes bedeutet eine Fremdbestimmung und erschwert die Identifikation mit ihm.

8. *Arbeiten mit Imaginationen*. Förderlich beim Verklanglichen von Musik können neben den von ihr selbst angeregten Bildern auch Imaginationen sein, die mehr *auf* die Musik als *aus* ihr bezogen werden. Sie setzen an beim Interpretierenden und seinen Möglichkeiten, »sich« auszudrücken und kommunikativ zu verhalten. Eine Absicht dieses Verfahrens ist, den Spieler phasenweise aus der im Verlauf des Übungsprozesses sich leicht verkrampfenden Bemühung um textadäquates Interpretieren zu lösen und ihn durch Perspektivenwechsel zu einem neuen, verfremdenden, die Spiellust weckenden intensiven Darstellen der Musik zu animieren. Einige Möglichkeiten sind:

- Das Stück unterschiedlich interpretieren durch »Hineinlegen« möglicher »allgemeiner Empfindungen«: Dieses Vorgehen findet sich schon in Ausführungen des Beethoven-Schülers Carl Czerny. An »allgemeinen Empfindungen« nennt er u.a.: »Sanfte Überredung, leise Zweifel, oder unschlüssiges Zaudern, zärtliche Klage, ruhige Hingebung, Übergang aus einem aufgeregten Zustande in einen ruhigen, überlegende oder nachdenkende Ruhe, [...] Zulispeln eines Geheimnisses, [...] Plötzliche Munterkeit, eilende oder neugierige Fragen, Ungeduld, Unmuth und ausbrechenden Zorn, kräftigen Entschluss, [...] Übermuth und Laune, furchtsames Entfliehen, plötzliche Überraschung« usw. (Czerny 1839/1991, S. 24, orig. kursiv) Viele weitere solcher emotionalen Imaginationen sind möglich. Je nach Stück können einzelne mehr oder minder passende »Empfindungen« ausgewählt und interpretatorisch realisiert werden.
- Die Musik so interpretieren, wie man sie sich als Äußerung bestimmter »Typen«, Charaktere, Temperamente, Personen, Lebensalter oder (sehr wirkungsvoll!) bestimmter Tiere vorstellen könnte (s. Anz 2006, S. 11). Ein Beispiel: Wie fühlt sich

eine bestimmte Stelle an und wie erklingt sie a) als Kundgabe eines in sich ruhen-den alten Mannes, b) eines »coolen« Jugendlichen, c) einer brillanten Schauspiele-rin usw.?

- Das Stück spielen mit der Vorstellung, sich in verschiedenen »detailliert imaginier-ten Landschaften oder Räumen« zu bewegen (ebd.): Der Ausführende imaginiert sich beim wiederholten Spielen abwechselnd in einem weitläufigen Park, in einem sorgfältig gepflegten kleinen Garten mit vielen verschiedenen Blumen, im Gebirge, in einem dichten Wald usw.
- Das Stück zum Klingen bringen mit der Vorstellung, »ein anderes Instrument« zu spielen (ebd.): Der Bläser imaginiert sich als Streicher oder Pianist, der Pianist als Streicher oder Bläser usw. Die Vorstellung, die zu spielende Musik zu »instrumen-tieren«, ist für Klavierspieler ein durchaus gebräuchliches Verfahren, um musikali-sche Elemente ihrem Klangcharakter entsprechend darzustellen. Die Ausweitung auf das Spielgefühl bewirkt eine Verfremdung des gewohnten körperlichen Agie-rens und löst Fixierungen auf bestimmte Wahrnehmungen; sie befreit zu neuen Spielempfindungen und klanglichen Gestaltungsmöglichkeiten.
- Musik interpretieren in Ausrichtung auf verschiedene »Aufmerksamkeitskreise« beim Spielen: Auf dieser von Konstantin Sergejewitsch Stanislawski entwickelten Methode basieren einige instruktive Übungen in der Ausbildung von Schauspie-lern, die sich auch sehr gut für den Instrumental- und Vokalunterricht eignen. Geübt wird, das Spiel auf verschiedene Distanzen und die mit ihnen gegebenen kommunikativen Verhältnisse zu fokussieren und so die Musik als unterschiedliche Arten von Mitteilungen zu interpretieren. Gabriele Anz adaptiert das Üben mit »Aufmerksamkeitskreisen« für den Instrumentalunterricht folgendermaßen:
»Stell dir vor, der Raum, auf den du deine Aufmerksamkeit während des Spiels richten kannst, sei in drei ineinander liegende Kreise aufgeteilt:
  ◦ im ersten, dem innersten Kreis befindest nur du dich mit deinem Instrument – mit allen inneren und äußeren Vorgängen, mit allen Gedanken und Empfin-dungen;
  ◦ im zweiten Kreis befindet sich der nähere Raum um dich herum, in Konzertsi-tuationen die Bühne, befinden sich eventuelle MitspielerInnen;
  ◦ im dritten, weitesten Kreis befindet sich die Welt außerhalb des Raums, in dem du spielst, in Konzertsituationen auch das Publikum, sonst vielleicht die Welt draußen vor dem Fenster.« (A. a. O., S. 15)
Das Spielen mit dem Wechsel dieser Vorstellungen entwickelt besonders die in-terpretatorisch wichtige Kompetenz, zwischen monologischer, intimer und öffent-lichkeitsbezogener Art der Darstellung zu unterscheiden und jede dieser »Sprech-weisen« profiliert zu gestalten.
- Das Stück mit polaren Grundhaltungen in Bezug auf den musikalischen Ausdruck wiedergeben: Einerseits das Ausdruckspotenzial sorgfältig, aber mit objektivieren-der Distanz darstellen, als Vortrag, nicht aber als subjektive Bekundung; anderer-

seits die musikalische Botschaft als »Ich-Botschaft«, als Selbstkundgabe eigener subjektiver Empfindungen vermitteln. Zusammen mit der Anregung zum Erproben
solch unterschiedlicher Mitteilungsarten können Lehrende und Lernende der Frage
nachgehen, welche Teile einer Komposition möglicherweise eher der objektiven
und welche eher der subjektiven Darstellungsweise entsprechen.

· Interpretatorisch stimulierend ist ferner das imaginäre Agieren mit bestimmten
realen Personen beim Spiel: Wer etwa eine bestimmte Interpretin bewundert und
ihre Spielweise (einschließlich Haltung, Gestik, Art des Auftretens etc.) genau
studiert hat, mag versuchen, sich »wie« sie zu fühlen und das betreffende Stück
»wie« sie zu spielen. Ebenso kann das Spiel auf bestimmte, für den Spieler bedeutsame Menschen ausgerichtet werden. Möglich sind die (subtil differierenden)
Imaginationen, *vor* jemandem oder *für* jemanden zu spielen. Während im ersten
Fall der imaginierte Hörer in der Vorstellung als Zeuge der wie auch immer gestal-
teten Interpretation fungiert, ist er im zweiten Fall der Adressat, den es durch eine
bestimmte, auf ihn abgestimmte Art der Wiedergabe zu bewegen gilt. (Zu diesen
und weiteren Möglichkeiten s. Mahlert 2001b.)

Die bei all solchen Verfahrensweisen methodisch relevante Frage lautet: »Wie ›reagiert‹ die Musik und wie gerät ihre Darbietung, wenn ich sie nach Maßgabe der
jeweiligen Modellvorstellung spiele?« Darauf die Aufmerksamkeit des Lernenden zu
lenken, mit ihm die Ergebnisse der Wahrnehmungen zu besprechen und ihm so beim
Entwickeln tragfähiger, dem Musikstück angemessener und persönlich »passender«
interpretatorischer Vorstellungen zu helfen, dies sind wichtige Aufgaben des Lehrenden.

Literaturhinweise

Peter Röbke: *Der Instrumentalschüler als Interpret. Musikalische Spielräume im Instrumentalunterricht*, Mainz 1990

> Peter Röbke zeigt, wie sich im Instrumentalunterricht von Anfang an die Fähigkeit entwickeln
> lässt, mit den »Spielräumen«, d. h. den Deutungs- und Darstellungsmöglichkeiten von Noten-
> texten, produktiv umzugehen: sie in unterschiedlicher Weise sinnvoll zu realisieren, statt sie
> vermeintlich korrekt herunterzubuchstabieren.

Gerhard Mantel: *Interpretation. Vom Text zum Klang*, Mainz 2007

> Auf der Basis jahrzehntelanger Konzert- und Unterrichtserfahrung erarbeitet Gerhard Man-
> tel ein breites Repertoire von interpretatorischen Mitteln und Techniken, über die »ein Inter-
> pret verfügen sollte, um einen Notentext zu dem vom Komponisten intendierten geistig-
> emotionalen Erlebnis zu machen.«

Jürgen Uhde / Renate Wieland: *Denken und Spielen. Studien zu einer Theorie der musikalischen Darstellung*, Kassel 1988

Das Buch basiert auf den Fragmenten zu einer »Theorie der musikalischen Reproduktion« und zum Projekt »Beethoven. Philosophie der Musik« von Theodor W. Adorno. Vier große Kapitel beschäftigen sich mit folgenden Themen: »Zur Historizität der ästhetischen Wahrheit«, »Die musikalische Zeitgestalt in Werk und Darstellung«, »Musikalischer Ausdruck« und »Klang«. Die Analyse von Musik (überwiegend Klavierwerke) steht bei Uhde und Wieland ganz im Dienst eines Interpretierens, das die Strukturen, Spannungsverläufe, Charaktere und Gesten von Musik prägnant und konsequent darstellen will.

Gabriele Anz: *Von Schauspielern lernen. Über den Umgang mit »Vorstellungsbildern« im Instrumentalunterricht*, in: Üben & Musizieren 1/2006, S. 10–15

Gabriele Anz zeigt, wie grundlegende Übungen aus der Arbeit von Schauspielern (u. a. Übungen von Stanislawski, Grotowski und Brecht) das Darstellen von Musik anregen und intensivieren können.

8. Interpretieren II: Transformieren

Didaktische Vorüberlegungen

Wie bereits im vorangegangenen Kapitel ausgeführt, ist Musik anders als Sprache nicht imstande, außermusikalische Wirklichkeiten (Objekte, Fakten, sprachlich gebundene Gedanken usw.) klar zu bezeichnen, darzustellen und zu erörtern. Zwar gehen von Musik starke emotionale Wirkungen aus, aber es bleibt unbestimmt, was sie ausdrückt. Gerade ihre begriffslose Ausdruckskraft aber regt Hörende und Spielende fortwährend dazu an, musikalisch Erfahrenes auf Außermusikalisches zu beziehen. Dem symbolischen Erleben und Deuten von Musik sind kaum Grenzen gesetzt. »Diese Deutungen beruhen – zumindest zum Teil – darauf, dass die Hörer von Musik das, was sie hören, Eigenem (Erlebtem, Erinnertem, Gewusstem) anverwandeln, indem sie Ähnlichkeiten aufspüren bzw. diese konstruieren. Musik hören [und noch mehr Musik ausführen, U. M.] aktiviert das metaphorische Erleben und die metaphorische Erkenntnis und eröffnet damit Interpretationsräume, die sich durch Subjektivität und prinzipielle Offenheit auszeichnen.« (Brandstätter 2008, S. 144)

»[…] es afficirt mich Alles, was in der Welt vorgeht, Politik, Literatur, Menschen – über Alles denke ich nach meiner Weise nach, was sich dann durch die Musik Luft machen, einen Ausweg suchen will.« (Cl. u. R. Schumann 1984, S. 146) Diese berühmte Selbstbekundung Robert Schumanns erweist die Möglichkeit der Verarbeitung von Realität im Medium der Musik. Umgekehrt vermag die Beschäftigung mit Musik die Erfahrung und Reflexion von Wirklichkeit zu intensivieren.

Lehrende werden für Schüler oft gerade dadurch bedeutsam, dass sie den Unterricht perspektivisch über die Fachgrenzen hinaus ausweiten. Durch die Beziehbarkeit von Musik auf verschiedenste Wirklichkeitsbereiche bietet dazu gerade der Musikunterricht besondere Möglichkeiten. Vielerlei Beziehungen zu Sprache, Mathematik, Physik, Geschichte, Religion, Sport, Kulturen, zu anderen Künsten, zur Zeitlichkeit des Lebens und zu Arten menschlicher Zeiterfahrung (Linearität, Zyklizität, Spiralartigkeit von Zeitverläufen u. a.) sind »Einfallstore« für diverse »außermusikalische« Materien in der Beschäftigung mit Musik. Musik und Welt interpretieren sich wechselseitig.

Die persönlichkeitsfördernde Qualität von Musikunterricht wächst mit dem Vermögen von Lehrenden, Musik mit der Lebenswirklichkeit ihrer Schüler zu verbinden. Ihre Kunst besteht darin, sie anzuregen, ihre persönlichen Erlebnisse, Erfahrungen, Leiden und Freuden im Musizieren zu vertiefen – und ebenso darin, in der Wirklichkeit Analogien zu musikalischen Prinzipien nachzuspüren. Wenn dies gelingt, wird Musik zum unverzichtbaren Teil ihres Lebens: ein Medium der Aneignung und Verarbeitung von Welt. Dann erübrigen sich alle weiteren pädagogisch veranstalteten Motivationsmaßnahmen. Musik ist dann Teil einer »Lebenskunst« – nach Bertolt Brecht der »größten aller Künste«, zu der alle Künste beitragen (Brecht 1954/1993, S. 290).

In einem künstlerischen Unterricht interessieren besonders die Beziehungen und Beziehbarkeiten der jeweiligen Kunst zu anderen Künsten. Und so fragt sich, welche Wechselprozesse zwischen Musik und anderen Künsten für eine künstlerisch erweiterte Erfahrung von Musik besonders fruchtbar sind. Zu bedenken ist in diesem Zusammenhang, dass das Musizieren selbst bereits in mancherlei Hinsicht als eine »kunstübergreifende« Aktivität gelten kann. Das Hervorbringen von Klängen fordert und entwickelt verschiedene Fähigkeiten, die primär in anderen Kunstbereichen beheimatet sind: Fähigkeiten des Schauspiels (Mimik, Gestik, Inszenierung, Raumgestaltung), der Rhetorik (Selbstpräsentation, Umgang mit dem Publikum), aber auch der Bildenden Kunst (etwa der Sinn für die grafische Ausdruckgestalt von Notentexten). Hier bieten sich mancherlei Anknüpfungspunkte für ein kunstübergreifendes Unterrichten.

Über diese musizierimmanente »Transartifizialität« hinaus sollen nachfolgend einige Möglichkeiten von Übertragungsprozessen zwischen Musik und anderen Künsten angesprochen werden. Sie sind enthalten in der tabellarischen Übersicht am Beginn des 7. Kapitels (»Interpretieren I: Verklanglichen«), die neben dem üblicherweise als »Interpretation« verstandenen Umsetzungsvorgang einige weitere Arten des Transformierens von und in Musik zeigt. Es handelt sich um Methoden eines Explorierens von Musik im Verbund mit Mitteln anderer Künste. Die methodische Kunst von Lehrenden besteht darin, zu solchen Explorationen anzuregen, sie aufmerksam zu begleiten und Aufmerksamkeitsscheinwerfer von Lernenden auf die Sinnbezüge zwischen den Künsten zu lenken, sodass sich künstlerisches Verstehen vertieft.

In Unterricht in den Fachgebieten Elementare Musikpädagogik und Rhythmik ist das kunstübergreifende, auch als »intermedial« bezeichnete Arbeiten ein zentrales Prinzip. Die Wechselbezüge zwischen Musizieren, Sprechen, Malen, Bewegen, Tanzen und die Nutzung der aus diesen Wechselbezügen resultierenden vielfältigen methodischen Möglichkeiten führen zu einer Fülle von Aktivitäten. Viele von ihnen lassen sich auch mit Gewinn im Instrumental- und Vokalunterricht praktizieren (dazu Dartsch 2006b und Wüstehube 2006). Transformieren von und in Musik beginnt mit einem Bezugnehmen, einem Knüpfen von Beziehungen zwischen Musik und Außermusikalischem. Daraus können sich dann Umformungen ergeben.

Methodische Prinzipien und Möglichkeiten

1. *Musik und Sprache*. Ein weites Feld kunstübergreifender Arbeit im Instrumental- und Vokalunterricht liegt in den vielfältigen Zusammenhängen von Musik und Sprache. Ich konzentriere meine Ausführungen auf vier Aspekte: a) Sprechen über Musik und Musizieren, Verbalisieren von Musik; b) Musikalisieren von Text; c) »sprechendes« Spiel, Musik und Rhetorik; d) »musikalisches« Sprechen, Dichtung als Musik.

a) Sprechen über Musik und Musizieren, Verbalisieren von Musik: Instrumentalunterricht braucht Sprache als Beschreibungs- und Verständigungsmedium. Der Verzicht auf Sprache zugunsten eines nonverbalen Unterrichtens (s. Wüstehube 2009) mag gelegentlich ein gutes Mittel sein, um andere Verständigungsmöglichkeiten (Körpersprache, Vorsingen und -spielen) zu kultivieren, für ein Zuviel an Sprache zu sensibilisieren und vor diesem Zuviel zu bewahren. Die Nonverbalität musikalischer Vermittlung gelangt jedoch bald an ihre Grenzen. Erst das Verbalisieren musikalischer Sachverhalte, Wahrnehmungen, Erlebnis- und Gestaltungsweisen usw. ermöglicht ein differenziertes Erfassen und Reflektieren musikalischer Phänomene. – Musik wird durch Transformieren in Sprache interpretiert. Sprechen über Musik kann durch terminologische Präzision wissenschaftsorientiert sein oder durch Verwendung metaphorischer Ausdruckweisen (›lass die Musik wie aus der Ferne erklingen‹) einer künstlerischen Tätigkeit nahekommen. Beide Verwendungsweisen von Sprache haben ihre Berechtigung. Sensibles Verbalisieren von Musik vertieft musikalisches Erleben und fördert zudem die Intensität und Nachhaltigkeit des Lernens. Daher sollte immer wieder im Unterricht das Beschreiben und das Besprechen von Musik geübt werden. Das Verbalisieren kann sich beziehen auf musikalische Strukturen, Atmosphären, Ausdruckselemente; auf subjektive Emotionen, die Musik hervorruft; auf Details der musikalischen Gestaltung, sowohl im Hinblick auf das eigene Spiel (Wie soll es klingen? Warum? Wie hat es geklungen?) als auch auf das Beschreiben des Spiels anderer Personen (anderer Schüler, Aufnahmen von Stücken, deren Vergleich …). Neben dem Beschreiben von Musik und ihrer Darstellung sind in einem ästhetisch breit orientierten Instrumental- und Vokalunterricht auch folgende Aktivitäten (evtl. als Hausaufgaben) sinnvoll:

- Ein Thema, eine Melodie, ein Stück charakteristisch textieren. Kinder erlernen Musik leichter, indem sie sie zunächst mit einem unterlegten (möglichst inhaltlich zur Musik passenden) Text singen. Als Vorbereitung kann dieser Text zunächst im Rhythmus der Musik gesprochen werden. Das Singen von Themen etc. aus der Instrumentalmusik auf einen selbst erfundenen Text ist ein seit Jahrhunderten empfohlenes und erprobtes Mittel, um die Prägnanz der instrumentalen Wiedergabe zu fördern. (Hervorragende und gleichzeitig humorvolle Modellbeispiele sind Alfred Dürrs Textierungen der Fugenthemen aus Bachs *Wohltemperiertem Klavier*, Dürr 1983, S. 166 f.)
- Eine Musik hören und einen Text dazu schreiben, der das subjektive Erleben der Musik als Geschichte, Szenerie, Bild etc. wiedergibt bzw. der eine Situation darstellt, in der die betreffende Musik erklingt. Der beschriebene Vorstellungsgehalt soll der Atmosphäre, der Emotionalität und möglichst auch der Dramaturgie des Stücks angemessen sein.
- Einen oder mehrere Charaktertitel zu einem Musikstück erfinden und das Stück nach Maßgabe dieser Titel charakteristisch interpretieren.

b) Musikalisieren von Text: Hinausgehend über die letztgenannte Möglichkeit, bei der eine sprachlich vermittelte Vorstellung die musikalische Interpretation lenkt, können kleine charakteristische Texte in Musik umgesetzt werden: ein Gedicht (besonders japanische Haikus eignen sich in ihrer Kürze und atmosphärischen Plastizität sehr gut), eine Passage aus einer Erzählung, eine Zeitungsmeldung (dies ein Vorschlag von Giora Feidman), der Wetterbericht … Sinnvoll ist es, zuvor gemeinsam zu besprechen, welche Elemente des Texts in welcher Weise musikalisch realisiert werden können und sollen.

c) »Sprechendes« Spiel, Musik und Rhetorik: In vielen Musikstilen gibt es Analogien von Musik und Sprache. Wichtige Gestaltungsmittel gelten gleichermaßen für das Sprechen (dort als »Prosodie« bezeichnet) wie für das Musizieren: Artikulation, Tempo, Dynamik, Interpunktion, Klangfarbe u. a. Dem »Tonfall«, der charakteristischen Sprechweise einer Musik auf die Spur zu kommen und diese in »sprechendem« Spiel zu realisieren – auch dies ist eine wichtige transformatorische Aktivität im Bereich Musik und Sprache. Die weit über die Epoche des Barock hinauswirkende musikalische Rhetorik hat viele Figuren entwickelt, die Tonfälle und Gestaltungsmittel des Sprechens in Musik transformieren (z. B. Seufzer-, Ausruf-, Pausenfiguren, Figuren pathetischer Redeweise u. a.). Sonaten wurden im 18. Jahrhundert als »musikalische Conversation«, als »Nachäffung des Menschengespräch« aufgefasst, Mozarts Klavierkompositionen galten als »wahre Seelengespräche« (s. Krones 2007, S. 20). Viele Beispiele aus diversen Epochen ließen sich heranziehen, um zu verdeutlichen, dass die Bewusstmachung rhetorischer Gestaltungsmittel und ihre plastische Verwirklichung im Spiel unbedingt in den Instrumentalunterricht gehören (s. dazu auch Rüdiger 2007, S. 54 f. und Krones / Schollum 1983, darin besonders die Abschnitte »Die musikalisch-rhetorischen Figuren« [S. 37–63] und »Allgemeine Bemerkungen zum Auf und Ab der Töne« [S. 63–70]).

d) »Musikalisches« Sprechen, Dichtung als Musik: Beim Verbalisieren von Musik im Unterricht passt sich die Sprechweise mitunter unwillkürlich dem Charakter der Musik an: Das verbale Charakterisieren einer kraftvollen Stelle erfordert mimetisch einen entsprechenden Tonfall, eine zarte Stelle verlangt ihr prosodisches Pendant. Die Gestaltung des Sprechens folgt musikalischen Kriterien. Gemäß dieser Einsicht liegt es für einen auf ›Transartifizialität‹ hin ausgerichteten Instrumentalunterricht nahe, bei Gelegenheit auch an plastischer Sprechgestaltung zu arbeiten, Texte in den Unterricht einzubeziehen und ihre sprachlichen Qualitäten bewusst zu machen. Sänger tun dies ohnehin: In der Regel sprechen sie zunächst ihre Gesangstexte, weiten dann das Sprechen dieser Texte musikalisierend zum Sprechgesang aus, um schließlich den komponierten Text »sprechend«, d. h. seine syntaktischen Strukturen und Bedeutungsgehalte vermittelnd, umso besser singen zu können. Wenn im Instrumentalunterricht gesungen wird, steht diese Möglichkeit immer offen. Warum aber darüber hinaus nicht beispielsweise bei Schülerkonzerten Gedichte oder Prosatexte in das Programm einbeziehen? Solche Bereicherungen erhöhen die Attraktivität von Vorspielen und vertiefen den ästhetischen Genuss. In solchem Wechselspiel der Künste werden sowohl Musik wie Dichtung umso intensiver erfahren. – Auch das Moderieren stellt sprachmusikalische Ansprüche. Aus der Aufgabe, Texte vor Publikum zu präsentieren, ergibt sich die Motivation, im Unterricht rhetorisch wirkungsvolles musikalisches Sprechen zu üben. Das Richtmaß für die Sprechgestaltung ist die Musikalität des Texts selbst. – Texte können unter musikalischen Gesichtspunkten betrachtet und analysiert werden. (Aufschlussreiche und anregende Analysen von Gedichttexten sind zu finden bei de la Motte 2002.) Wie ist ihr immanenter Tonfall? Welches Klangbild erzeugt die Folge von Vokalen? Wie verhalten sie sich zu den Konsonanten? Wie ist das Verhältnis von betonten und unbetonten Silben? Welcher Charakter ergibt sich daraus? Wie groß oder klein sind die Einschnitte nach den Sinneinheiten? Wie lässt sich mit dem Timing von Pausen spielen? Solche und weitere Fragen erschließen die Musikalität von Texten. Und gewiss wirken Wahrnehmungen und Erprobungen von musikalischen Strukturen in Texten zurück auf den Umgang mit Musik.

2. *Umsetzung von Musik in Bewegung – und umgekehrt.* Wer musiziert, bringt Klänge durch Bewegung hervor. Musizieren ist ein Übertragen von Klangvorstellungen in Bewegung, aus denen Klang entsteht. Zu den musizierrelevanten Bewegungen gehören Spielbewegungen, Mimik, Gestik, und auch das Atmen ist ein Bewegungsvorgang. Diese Aktivitäten bieten vielerlei Möglichkeiten für Transformationen von und in Musik. Mögliche Formen sind vor allem Dirigieren, Pantomime, freie und gebundene Bewegungsgestaltung, Tanz.

All diese Elemente zeigen sich bereits ansatzweise im Musiziervorgang selbst. Das den Einsatz vorbereitende Einatmen am Beginn eines Stücks bzw. eines Abschnitts hat eine selbstdirektive Funktion. Beim ausdrucksvollen Singen stellen sich fast unwillkürlich Dirigiergesten ein, mit denen der Singende seinen eigenen Gesang führt und modelliert. Selbst viele körperliche Bewegungen beim Instrumentalspiel, bei dem die Hände an das Instrument gebunden sind, enthalten dirigentische Impulse. Glenn Gould dirigierte sich häufig selbst am Klavier, sobald eine seiner Hände frei war. Pantomimisches Agieren kommt beim Instrumentalspiel als Begleiterscheinung des klanglich intendierten Ausdrucks, aber auch als bewusst gestaltetes mimetisches Element vor. Noch unmittelbarer verwenden Sänger Elemente der Pantomime, und beim Dirigieren, dem stummen Animieren zu »sprechendem« Musizieren, ist es ein unverzichtbares Darstellungsmittel. Auch freie und gebundene Bewegungsgestaltung sowie Tanz lassen sich im Musizieren selbst ausmachen: Einerseits hat jeder Musiker die Möglichkeit, seinen Vortrag in Haltung, deren Variationen sowie in persönlich formbaren Ausdrucksbewegungen zu gestalten. Andererseits gibt eine Musik die zu ihrer Ausführung erforderlichen Spielbewegungen vor. Der musikalische Verlauf enthält also in gewisser Weise eine Bewegungschoreografie. Und tänzerische Elemente in der Musik, vor allem die Unterscheidung des metrisch Schweren und Leichten, veranlassen Spieler nicht selten dazu, geradezu an ihrem Instrument zu »tanzen« (besonders häufig zu beobachten bei Ensembles für Alte Musik).

Methodisch ergeben sich daraus mancherlei Möglichkeiten, zu denen Lehrende ihre Schüler anregen können, z.B.

- beim Spielen mit verschiedenen Ausdrucksbewegungen experimentieren; erproben, was als stimmig empfunden wird;
- die musikalische Mitteilung bewusst durch charakteristische und deutlich ausgeführte Ausdrucksmittel der Haltung, Mimik, Gestik, Bewegung verstärken – anfangs sehr exzessiv, ohne Rücksicht auf Beeinträchtigungen spielerischer Abläufe, dann nach und nach auf ein sinnvolles Maß zurückgeführt;
- darauf achten, dass bei möglichst ökonomisch ausgeführten Spielbewegungen doch eine gestische und mimische Präsenz erhalten bleibt, die die musikalische Mitteilung intensiviert.

So, wie die genannten Bewegungsformen im Musizieren selbst enthalten sind (und somit im Musizieren stets als Transformationen ablaufen), so spielen sie auch beim Unterrichten eine wichtige Rolle. Das nonverbale Potenzial von Bewegungsaktionen – allein für sich und vor allem in Verbindung mit der Sprache – ist ein unerschöpfliches methodisches Repertoire. Beim Vormachen haben deutlich und modellhaft demonstrierte Bewegungen und simultan zum Spiel des Schülers ausgeführte körperliche Animationen (mimisch, gestisch, tänzerisch) einen hohen instruktiven Wert; ihre »analog« vermittelte Information wirkt unmittelbar sinnlich. Unterrichten ist daher nicht zuletzt auch eine Bewegungskunst. Freilich kommt es hierbei auf das richtige Maß an. Übertriebene und überaktive Bewegungen können Stress verursachen und das Lernen behindern.

Die Verbesserung des Bewegungsverhaltens am Instrument und beim Unterrichten gelingt leichter, wenn Lernende und Lehrende sich selbst bei ihrem Agieren aus dem Abstand des unbeteiligten Betrachters beobachten können. Videoaufnahmen von Spiel- und Unterrichtssequenzen und ihre sorgfältige Analyse bieten gute Möglichkeiten, eigene, oft reflexhaft ablaufende Bewegungsformen wahrzunehmen, zu prüfen und, wenn sinnvoll, zu verändern. Ein reiches, in der Instrumentaldidaktik bisher noch wenig genutztes Potenzial zur Beobachtung unterschiedlicher Arten der Bewegungsgestaltung beim Musizieren bieten viele im Internet unter YouTube verfügbaren Videoaufzeichnungen des Spiels von Musikerinnen und Musiker. Das Spektrum reicht von höchst bescheiden musizierenden und demonstrierenden Laien bis zu exzellenten Weltstars. Wie bei Videoaufzeichnungen des eigenen Spiels lässt sich bei solchen Internet-Tutorials der Ablauf anhalten, sodass bestimmte Einzelheiten deutlich erfasst und nach Bedarf mehrfach betrachtet werden können.

Auch abgekoppelt von der instrumentalen oder vokalen Klangproduktion verdienen Transformationen von Musik und Bewegung im Unterricht Beachtung. Da Musikmachen auf Bewegungen beruht, ergeben sich Transferwirkungen von diversen musikbezogenen Bewegungserfahrungen auf das klangliche Musizieren, besonders dann, wenn die Wahrnehmung darauf gelenkt wird. Hier einige Möglichkeiten:
- Eine Musik »dirigieren«, d. h. bestimmte Eigenheiten der Musik durch Dirigierbewegungen realisieren. Der Schwerpunkt liegt dabei auf ausdrucksvoller, plastischer Gestik, nicht auf taktiertechnischer »Korrektheit«. Die Aufmerksamkeit kann sich

auf unterschiedliche musikalische Aspekte richten: Ausdruck, Energetik, Agogik, Phrasenaufbau etc. Unterschiedliche Interpretationsmöglichkeiten können erprobt werden. Ein Schüler dirigiert einen Mitschüler bzw. die Gruppe oder den Lehrenden. Diese sollen das dirigentisch Vermittelte deutlich zum Klingen bringen. Die Ergebnisse werden besprochen, Veränderungen erprobt, Rollentausch. (Zum Dirigieren als Möglichkeit des Erfahrens von Musik im Instrumentalunterricht s. Zwiener 2003.)

- Sich frei bewegend (auf der Stelle oder »raumgreifend«, mit oder ohne mimische Beteiligung) bzw. pantomimisch zu einer Musik bewegen, sich von ihr führen lassen, sodass die erlebten musikalischen Strukturen und Ausdrucksmomente in der Bewegung erlebbar werden.

- In der Gruppe ein Musikstück besprechen und gemeinsam einen Bewegungsablauf erarbeiten, der bestimmte Elemente des Stücks darstellt. Die Bewegungskonzeption kann streng choreografiert oder als Skizzierung der Verlaufsform angelegt sein. Sie kann pantomimische Darstellungen von Monologen, Dialogen und anderen Interaktionen verwenden. Die Akteure können bestimmte musikalische Gegebenheiten übernehmen: Themen, Begleitmuster, Instrumente.

- Einen beträchtlichen musikalisierenden Wert haben nicht zuletzt koordinative Bewegungsübungen aus der Rhythmiklehre von Émile Jaques-Dalcroze. In ihnen wird die Wiedergabe von rhythmischen Verläufen in Musikstücken körperlich geübt. Ein Beispiel: Die Füße gehen im Rhythmus der Basslinie, die Hände klatschen den Melodierhythmus (zunächst einzeln, dann kombiniert); dann Vertauschung der Aufgaben von Händen und Füßen.

Solche und ähnliche Bewegungsübungen intensivieren das musikalische Erleben und kommen damit letztlich der interpretatorischen Darstellungsfähigkeit am Instrument zugute. Denn: »Ganzkörperliche Gestik macht die kinästhetischen Entsprechungen zu musikalischen Parametern stärker erfahrbar, als es Vorstellungen oder feinmotorische Bewegungen am Instrument erlauben. Diese musikalische Erfahrung kann später auf das Instrument übertragen werden.« (Zwiener 2003, S. 64)

3. *Musizieren und Bildende Kunst.* Musik und Bildende Kunst scheinen weiter auseinander zu liegen als Musik und Sprache sowie Musik und Bewegung. Aber auch in Bezug auf Bildende Kunst lässt sich bereits im Feld der Musik selbst ein wichtiger Anknüpfungspunkt ausmachen: die musikalische Schrift bzw. – allgemeiner ausgedrückt – die Möglichkeiten, Musik schriftlich zu notieren. Grafische Partituren etwa haben meist eine hohe ikonische, d. h. bildhafte Qualität. Sie verbildlichen akustische Verläufe in »analogen«, visuell dem darzustellen akustischen Substrat ähnlichen Zeichen. (So können dicke Punkte schwere und massige Klänge, dünne dagegen flüchtig hingetupfte Klänge versinnlichen.) Aber auch die traditionelle Notenschrift hat bildliche Eigenschaften. Nicht zufällig sprechen wir nicht nur von Noten*texten*, sondern verwenden auch das Wort Noten*bild*. »Jeder Musiker und jede Musikerin kennt die

Suggestivität des Notenbildes bestimmter Werke: den Eindruck, dass sich bereits in der grafischen Gestalt visuell etwas von der Eigenart der betreffenden Musik mitteilt. ›Wir sollten dem Notenbild glauben, es auf uns einwirken lassen.‹ So animiert der Komponist György Kurtág im Vorwort zu seiner reichhaltigen, höchst innovativen Klavierstücke-Sammlung *Játékok* (1979–1997) die Ausführenden, musikalische Texte auch als Klangbilder wahrzunehmen und zu realisieren. Kurtágs Appell möchte die Musizierenden über eine nur buchstäbliche bzw. mathematisch geprägte Auffassung von Notentexten hinausbringen und sie zu einer Lesekunst befähigen, die die Schriftzeichen auch in ihrer gestischen Bedeutungsschicht auffasst.« (Mahlert 2005, S. 16)

Daher beginnt sinnvollerweise die Beschäftigung mit dem Wechselverhältnis von musikalischer und bildnerischer Darstellung im Unterricht mit dem Besprechen des jeweiligen Notenbildes (Weiteres s. Kapitel 11: »Notenschrift«):

- Wie ist der bildliche Eindruck (z. B. Weiträumigkeit / Engräumigkeit, Höhepunkte, gestisch wirkende Kurven, homogene / heterogen Gestalten …)?
- Welche Assoziationen und Anregungen für das Spiel vermittelt das Schriftbild?

Viele methodische Möglichkeiten des Interpretierenlernens und -lehrens ergeben sich, wenn Musikstücke und Werke der Bildenden Kunst aufeinander bezogen werden. Solche Experimente können die interpretatorische Fantasie beflügeln. Hier vier Anregungen:

- Ein bestimmtes Musikstück als atmosphärische Verwirklichung eines Bildes bzw. verschiedener Bilder interpretieren. Mögliche Vorlagen sind Fotos oder Gemälde von Landschaften, Szenerien oder Gegenständen, Stillleben, Porträts, abstrakte Darstellungen usw. Der Schüler spielt ein Musikstück, der Lehrer zeigt ein Bild (z. B. eine Postkartenabbildung). Aufgabe: Spiele das Musikstück als klangliche Erscheinungsform des Bildes. Dasselbe mit einem anderen Bild. Was hat sich verändert? Wieso? Was sind die Gemeinsamkeiten des betreffenden Bildes mit der jeweiligen Interpretation?
- Schüler, die im Gruppenunterricht ein bestimmtes Stück spielen, malen persönliche Imaginationen, die dieses Stück in ihnen erweckt. Die Ergebnisse werden betrachtet, besprochen und verglichen. Danach wird das Stück nach Maßgabe jedes der verschiedenen Bilder interpretiert.
- Ein Bild wird gezeigt. Ein Schüler oder mehrere Schüler spielen verschiedene Musikstücke. Die Aufgabe besteht darin, wahrzunehmen und anzudeuten, wie das Erleben des Bildes sich durch den Bezug zum jeweiligen Stück verändert.
- Ein Gemälde in Bezug auf das Lebensgefühl einer bestimmten Epoche beschreiben und diesem Lebensgefühl in einem Musikstück aus dieser Epoche nachspüren. Beispiele: die hochstilisierten Haltungen und Bewegungen einer barocken Tanzszene als Anregung für die Interpretation barocker Tänze; die geheimnisvolle Atmosphäre und die Farbgestaltung eines Bildes von Caspar David Friedrich im Verhältnis zur Atmosphäre und zu harmonischen Wirkungen in Werken von Schubert

oder Schumann; die schwebenden, spielerischen und gleichzeitig ausdrucksstarken Mikrogestalten eines Bildes von Paul Klee als Perspektive auf den minimalistischen Tonsatz in Kompositionen von Anton Webern usw.

Literaturhinweise

Ursula Brandstätter: *Grundfragen der Ästhetik. Bild – Musik – Sprache – Körper*, Köln, Weimar, Wien 2008

> Im Rahmen einer Einführung in Grundfragen der Ästhetik erörtert Ursula Brandstätter die Spezifik verschiedener Künste und beschäftigt sich im 6. Kapitel ausführlich mit den Möglichkeiten wechselseitiger Transformationen von Sprache, Musik, Bild und Körper.

Franz Niermann / Christine Stöger (Hrsg.): *Aktionsräume. Künstlerische Tätigkeiten in der Begegnung mit Musik. Modelle – Methoden – Materialien aus »Die Kunst der Stunde«*, Wien 1997

> »Sich von der Musik in Bewegung versetzen lassen, den Klängen oder musikalischen Bewegungen Farbe oder grafische Gestalt geben, Musik im szenischen Spiel deuten, ihre Strukturen und Wirkungen in Sprachfiguren zum Ausdruck bringen, sie auf Instrumenten mit- oder nachgestalten, sich mit Informationsmaterial und Spielanleitungen auf Spurensuche begeben ...« – mit diesen und ähnlichen Themenbereichen beschäftigen sich die Beiträge dieses Buchs.

9. Rhythmus

Didaktische Vorüberlegungen

Was bedeutet es, wenn gesagt wird, jemand habe »ein exzellentes Rhythmusgefühl«? Prinzipiell ist damit die Fähigkeit gemeint, die zeitlichen und gewichtsspezifischen Strukturen von Musik differenziert wahrnehmen und wiedergeben zu können. Wie lässt sich diese Fähigkeit entwickeln und fördern?

Musik besteht aus unterschiedlich langen und unterschiedlich gewichteten Klangereignissen (zu denen auch Pausen gehören). Rhythmische Grundphänomene sind vor allem:

- Puls: die Abfolge von gleichmäßigen gewichtsneutralen Grundschlägen;
- Metrum: regelmäßig wiederkehrende gleich große Zeiteinheiten mit verschiedener Gewichtung, z.B. die Folgen schwer-leicht, leicht-schwer, schwer-leicht-leicht, leicht-leicht-schwer (in der sprachlichen Metrik die Versfüße Trochäus, Jambus, Daktylus, Anapäst);
- Takt: die Gruppierung von metrischen Elementen zu wiederkehrenden Einheiten von Zählzeiten. Der 4/4-Takt etwa verbindet zwei Schwer-leicht-Einheiten im Viertelmaß und gewichtet überdies die erste Einheit stärker als die zweite;
- Rhythmus: die individuelle und flexible Organisation von Zeitwerten, etwa in melodischen Verläufen. Dem Rhythmus können Ordnungssysteme wie Metren und Takte zugrunde liegen, jedoch ist er befreit vom Schematismus der Systeme. Die differenzierte Wiedergabe musikalischer Rhythmen, die ihre energetischen Verhältnisse agogisch gestaltet, geht nicht auf in arithmetischen Proportionen der traditionellen Notenschrift.

Während Puls, Metrum und Takt regelmäßige Ordnungsprinzipien darstellen, ist der Rhythmus einer Musik biegsam. Er »lebt« vom musikalischen Zusammenhang. Seine Ausführung muss Rücksicht nehmen auf die melodische Gestaltung, die Gliederung von Phrasen, auf Harmonik, Dynamik, Klangfarbe usw. Ein entwickeltes und sensibles Rhythmusgefühl beinhaltet zusammen mit der stabilen Empfindung der regelmäßigen Ordnungssysteme Puls, Metrum und Takt vor allem einen differenzierten Sinn für den Eigenwuchs rhythmischer Strukturen. Es äußert sich in einer agogisch stimmigen Vortragsweise und erwächst aus dem Erleben des Spannungsverhältnisses zwischen den schematischen und den individuell belebten Zeitgestalten. Rhythmusgefühl beinhaltet Formsinn: Entscheidend ist die Fähigkeit, zeitliche Mikrogestalten (Motive, Phrasen usw.) wie großräumige Zeitverläufe ganzer Formabschnitte wahrzunehmen und aufeinander zu beziehen.

Ein stabiles Empfinden von Metrum und Rhythmus setzt Beweglichkeit (in den Begriffen von Jean Piaget: Mobilität und Reversibilität) kognitiver Leistungen voraus: Bereits die gleichmäßige Ausführung einer Impulsfolge impliziert eine mentale Hin- und Herbewegung zwischen zurückliegenden und zukünftigen Ereignissen – eine Bewegung, in der die Impulse fortlaufend verglichen und aufeinander abgestimmt werden. Erheblich komplexer sind die erforderlichen Wahrnehmungsleistungen bereits bei der Ausführung einer einfachen Melodie. Es verwundert daher nicht, dass rhythmische Fähigkeiten bei Kindern in der Regel begrenzt sind und erst nach und nach erworben werden. Ein Metrumkonzept etwa ist kaum vor dem fünften Lebensjahr, oft sogar erst Jahre später vorhanden (vgl. Gembris 1998, S. 287). Unterrichtserfahrungen zeigen, dass metrische Stabilität beim Musizieren oft auch noch im Schulalter erhebliche Probleme bereitet. Schwierigkeiten in der Auffassung und Wiedergabe rhythmischer Muster und der metrischen Grundstrukturen besonders in schnellen Figuren, Tempobrüche bei satztechnischen Veränderungen, Schnellerwerden bei schwierigeren Stellen, Verkürzungen und Überspielen von Pausen – solche und ähnliche Schwierigkeiten kommen im Instrumental- und Vokalunterricht fortwährend vor. In der Tat: »Über kaum ein anderes Problem wird im Instrumentalunterricht so häufig geklagt, wie über die so genannten ›rhythmischen Schwierigkeiten‹ von SchülerInnen.« (Großmann 2001, S. 28)

Nachfolgend kommen zunächst elf methodische Prinzipien zur Sprache. Ihnen folgt eine Reihe methodischer Möglichkeiten und Anregungen.

Methodische Prinzipien

1. *Körperlichkeit*. Noch vor jeder musikalischen Betätigung wird Rhythmus vom frühesten Lebensalter an körperlich produziert und erfahren. »Neben den Geräuschen von Magen- und Darmtätigkeit, Herz- und Atemrhythmus nimmt der Fötus im letzten Drittel der Schwangerschaft vor allem die Mutterstimme wahr.« (Lehmann 2007, S. 64 f.) Leben beruht auf rhythmischen Vorgängen: Herzschlag, Ausatmen und Einatmen, Körperbewegungen, Lautproduktionen, Sprechen sind rhythmische Phänomene. Viele von ihnen vollziehen sich periodisch: atmen, lachen, sprechen (mit diversen Betonungsmustern), wippen, patschen, gehen u. a. Aus der körperlichen Fundierung des Rhythmusempfindens ergibt sich als wichtiges Prinzip der Förderung und Entwicklung rhythmischer Fähigkeiten, den Körper als genuines Rhythmusinstrument zu begreifen und Rhythmen auf vielfältige Weise körperlich erleben, ausführen und üben zu lassen. Der Körper ist das erste und unmittelbarste Musikinstrument. »Das Spiel mit dem eigenen Körper geht dem Spiel mit Objekten voraus.« (A. a. O., S. 76, orig. kursiv) Instrumente haben sich als »Organprojektionen« von Stimme und Gliedmaßen entwickelt. Sie weiten die körperlich vorgegebenen Möglichkeiten der Klangerzeugung aus, verweisen aber auch immer wieder zurück auf den Körper als primäres Instrument. Mit ihm erfolgt eine unverzichtbare Fundierung des instrumentalen Lernens. Hans von Bülows berühmtes Diktum »Im Anfang war der Rhythmus« hat das musikpädagogische Korrelat »Im Anfang war der Körper«.

2. *Stimme und Motorik.* Körperliche Rhythmusaktivitäten lassen sich unterscheiden in stimmliche Lautproduktionen und motorische Aktionen. Rhythmisches Sprechen von Text (Worten, Sätzen, Gedichten usw.) bietet sich an, um den Sinn für rhythmische Muster durch die (sprachlich vorgegebenen und in der Ausführung akzentuierten) unterschiedlichen Betonungen und Längen von Silben zu entwickeln. Bei rhythmischen Problemen mit der Ausführung bestimmter Stellen können Textierungen rhythmischer Motive und deren Sprechen im vorgegebenen musikalischen Rhythmus helfen. Solche »Vocussion« kann auch mit plastischen Silben geschehen, die für ein bestimmtes Muster erfunden werden (z. B. das bekannte Muster »Pa-na-ma Pa-na-ma Ku-ba« für die Gruppierung von 2 x 3 + 1 x 2 durchlaufenden Werten). Ein probates Mittel zur Erfassung von rhythmischen Verläufen in Musikstücken bieten ferner Rhythmussprachen (z. B. Kodály, Gordon) mit Silben für bestimmte Dauernwerte. Rhythmussprachen bilden »eine ideale Brücke vom intuitiven Umgang mit Rhythmen zum reflektierten, an das herkömmliche Notensystem angelehnte Musizieren.« (A. a. O., S. 216) Das Sprechen von Rhythmen mit Rhythmussilben wirkt besonders animierend und instruktiv, wenn es nicht als mechanisches Exerzitium, sondern mit Spielgeist, eventuell belebt durch eine Vorstellung wie »Indianersprache«*, ausgeführt wird. Die auf der nachfolgenden Seite von Martin Losert erstellte Tabelle (Losert 2010, S. 185) zeigt die Rhythmussilben einiger Rhythmussprachen im Vergleich.

Das Sprechen von musikalischen Rhythmen auf Rhythmussilben kann gut mit motorischen Aktionen verbunden werden. Motorisch ausgeführte Körperübungen sind auf allen Könnensstufen möglich und sinnvoll. Das Spektrum reicht von einfachsten Aktionen bis zu virtuoser Bodypercussion. Mit Bodypercussion lassen sich auch polyphone Rhythmustexturen in diversen Musikstilen üben. Sie bietet zudem einen vorzüglichen Zugang zu rhythmischen Idiomen verschiedener Musikkulturen. (Allein die im Internet unter dem Stichwort »Bodypercussion« abrufbaren Videos zeigen ein stilistisch breites Repertoire.)

3. *Der Erfolg von körperlich vollzogenen Rhythmusübungen setzt voraus, dass die Lernenden sich wohlfühlen in ihrem Agieren.* Das kann nur geschehen, wenn die Bewegungsangebote für die Lernenden nicht unangenehm besetzt bzw. ihnen nicht peinlich sind. »Ein angenehmes Klima zu schaffen, bei dem Bewegungshemmungen abgebaut werden können, ist eine wichtige Aufgabe« der Lehrenden (Steffen-Wittek 2006, S. 40).

4. *Zu beachten ist, dass motorische Fähigkeiten sich in einer bestimmten Reihenfolge entwickeln.* »Bei den im Kleinkindalter beobachteten unablässig wiederholten Bewegungen handelt es sich um Aktivitäten wie Schaukeln, Winken oder Treten – also um

---

* Diese Möglichkeit praktiziert Anita Rennert (Universität der Künste Berlin) in ihrem Gitarrenunterricht mit Kindern.

	Yamaha	Paris/ Tonika-Do	Gordon	Kodály	Ernst	gezählt	Jale
𝅝	ta-ha-ha-han (ganze Note)	ta a a a	du - - -	ta-o-a-o	ta-o-a-o	| 1 2 3 4 | 3 4 1 | 2 | 1 2 3 | 1	s: kai[2] l: pau u: teu
𝅗𝅥.	ta-ha-han	ta a a	du - -	ta-o-a	ta-o-a	| 1 2 3 | 2 3 | 1 1 2 3 (4) | 1	s: kai l: pau u: teu
𝅗𝅥	ta-han	ta a	du -	ta-o	ta-o	1 2 2 3 ...	s: kai l: pau u: teu
𝅘𝅥	tan	ta (Grund-schlag)	du (Grund-schlag)	ta	ta	1 2 ...	s: kai l: pau u: teu
𝅘𝅥𝅮	taka (eta)[3]	ta-te	du-de	ti-ti	te-te	1 und	s: kai-kä l: pau-pü u: teu-tö
𝅘𝅥𝅯𝅘𝅥𝅯	ta-ka-ta-ka	ta-fa-te-fe	du-ta-de-ta	ti-ri-ti-ri	ti-ti-ti-ti	1 e und e	s: kai-ke-kä-ke l: pau-pe-pü-pe u: teu-te-tö-te
		ta-na-fa-na-te-ne-fe-ne					s: kai-ki-ke-ki-kä-ki-ke-ki l: pau-pi-pe-pi-pü-pi-pe-pi u: teu-ti-te-ti-tö-ti-te-ti
3		ta-te-ti	du-de-di	tri-o-la	tri-o-la	123 123	s: kai-ko-ku l: pau-po-pu u: teu-to-tu
6		ta-fa-te-fe-ti-fi ta-ra-la-te-re-le	du-ta-de-ta-di-ta			123456	s: kai-zoi-ko-zoi-ku-zoi l: pau-zoi-po-zoi-pu-zoi u: teu-zoi-to-zoi-tu-zoi
9		ta-ra-la-te-re-le-ti-ri-li					
𝄾	hm (psst oder Finger-schnipsen)	sa	(Pausen werden nicht gesprochen)	sch		1	(Pausen werden nicht gesprochen)
𝄿	hn	sa/se		s		1 und und 1	
▬		sa-a		Pause		1 2 2 3 ...	
▬		sa-a-a-a		große Pause		| 1 2 3 4 | 3 4 1 | 2 | 1 2 3 | 1	

Rhythmussprachen im Vergleich

[1] Beispiel:

  Yamaha: taka taka taka-ta ta-taka, tan (Triole nicht vorgesehen) tan eta
  Tonika-Do: ta-te ta-te tafa-te ta-tefe, ta ta-te-ti ta a-te
  Gordon: du-de du-de duta-de du-deta, du du-de-di du -de
  Kodály: ti-ti ti-ti tiri-ti ti-tiri ta triola ta o-ti
  Ernst: te-te te-te titi-te te-titi ta triola ta mte
  gezählt: 1 und, 2 und, 3 e und, 4 und e; 1 223 3 4 und
  Jale: kai-kä teu-tö paupe-pü teu-töte kai teu-to-tu pau -tö

[2] s: schwere Taktzeit; l: leichte Taktzeit; u: unbetonte Taktzeit

[3] Die Lautkombination eta wird zusammen mit tan bei punktierten Vierteln mit nachfolgender Achtel verwendet: 𝅘𝅥. 𝅘𝅥𝅮 = tan eta.

grobmotorische Bewegungen, die am Platz stattfinden. [...] Fortbewegung folgt in der Reihenfolge der natürlichen Bewegungsentwicklung vergleichsweise spät, erste gezielte Aktionen finden zunächst am Platz statt.« (Lehmann 2007, S. 165) Die oberen Extremitäten werden früher beherrscht als die unteren. Das im Instrumental- und Vokalunterricht zur Stabilisierung des Metrumempfindens häufig verlangte Gehen zu einer Musik stellt also bereits eine relativ anspruchsvolle Aufgabe dar; es ist keineswegs »der Königsweg« zur Förderung rhythmischer Stabilität (a.a.O., S. 208). Und eine Aktivität wie Fingerschnipsen verlangt eine feinmotorische Koordination, die sich erst nach und nach aus grobmotorischen Mustern bildet. Methodisch relevante motorische Körperaktionen entwickeln sich in folgender Reihenfolge: stimmliche Lautproduktion – Knieschlag – Klatschen – Stampfen – Gehen und andere Fortbewegungsarten (vgl. a.a.O., S. 165 f.).

5. *Lernen in Gruppen*. Besonders günstig für rhythmische Übungen ohne Instrument ist das Lernen in Gruppen. Zwar können auch im Einzelunterricht rhythmische Patterns etc. simultan und alternierend geübt werden. Gruppen jedoch bieten dem Einzelnen mehr Schutz und gleichzeitig mehr Animationspotenzial beim Erproben und Üben rhythmischer Aufgaben. In der Gruppe werden Lernende »mitgezogen« und trauen sich eher, noch unsichere rhythmische Aktionen auszuführen.

6. *Rhythmusübungen ohne Instrument* eignen sich hervorragend zum Stundeneinstieg wie auch als auflockernde Zwischenphasen im Instrumental- und Vokalunterricht. Mit motorischen Übungen lässt sich leicht der ganze Körper aktivieren und aufwärmen. Als Vorbereitung für das Instrumentalspiel ist dies günstig, da die zum Spielen des Instruments erforderliche Feinmotorik eine Differenzierung grobmotorischer Aktivitäten darstellt. Es empfiehlt sich, für solche Phasen des Unterrichts ein geeignetes Repertoire an Übungen bereitzuhaben.

7. *Rhythmische Basiskompetenzen* sind die Fähigkeiten, zwischen Folgen von gleich- und ungleichlangen Ereignissen (Impulsen) zu unterscheiden und gleichmäßige Pulsfolgen stabil zu realisieren. Gleichmäßige Pulsfolgen bilden die Bezugsgröße für die Ausführung vieler mehr oder minder komplexer rhythmischer Gestalten. Rhythmusgefühl bildet sich mit dem Wahrnehmen, Erfassen und Markieren von Pulsen in einer gehörten oder vorgestellten Musik.

8. *Rhythmische Fähigkeiten werden, wie ausgeführt, primär im Wahrnehmen und rhythmischen Handeln erworben*. Die kognitive Erklärung von rhythmischen Verhältnissen (Proportionen, Muster) ist zur Vermittlung von Rhythmusgefühl kaum geeignet. Rhythmus wird nicht durch Rechnen erlernt. Der notenschriftliche Umgang mit Rhythmen sollte erst dann erfolgen, wenn eine gewisse Sicherheit im auditiven Erfassen und im Wiedergeben von Rhythmen vorhanden ist.

9. *Rhythmische Schwierigkeiten bei der Wiedergabe komplexerer Musikstücke rühren oft daher, dass die musikalischen Strukturen noch nicht klar erfasst sind.* Der Spieler ist dann mit der Oberflächenfaktur der Musik beschäftigt, wo es auf die Wahrnehmung der zeitlichen Gliederung größerer Zusammenhänge ankäme. Hier ist musikalische Analyse erforderlich, um die auskomponierten Zeitstrukturen zu erfassen. Wo wechselt der harmonische Rhythmus? Wie verläuft die melodische Grundkontur einer reich figurierten oder ornamentierten Linie? Wie verhalten sich die metrischen Verhältnisse und die rhythmischen Gestalten unterschiedlicher Teile eines Stücks zueinander? Viele rhythmische Schwierigkeiten lösen sich auf, wenn solche Fragen geklärt sind. (Näheres dazu s. Großmann 2001)

10. *Metronom.* Behutsam angewendet, kann das Metronom in bestimmten Übephasen ein nützliches Hilfsmittel sein. Zunächst dient es dazu, das Grundtempo eines Stücks zu bestimmen. Zu diesem Zweck wurde es erfunden: Man stellte es auf die vom Komponisten angegebene Zahl, die die Zeitdauer der Grundschläge bestimmt, und vergegenwärtigte sich sodann, den Beginn des Musikstücks innerlich hörend und auf die Metronomschläge beziehend, das intendierte Tempo. Außerdem lässt sich im aufmerksamen Vorstellen, danach auch im Spielen von Stellen zum tickenden Metronom die Stabilität des zugrunde liegenden Pulses und auch der metrischen Einheiten steigern. (Das Hin- und Herbewegen eines Pendel-Metronoms kann als Gewichtabstufung erlebt werden; elektronische Metronome bieten die Möglichkeit, Taktschwerpunkte akustisch zu markieren.) Um das erforderliche Hin- und Herhören zwischen Musik und Metronom zu bewerkstelligen, muss allerdings bereits eine Vorstellung der metrisch-rhythmischen Verhältnisse vorhanden sein. Das Metronom ist kein Mittel, um metrisch-rhythmisches Empfinden aufzubauen. Ein sinnvoller Umgang mit dem Metronom sollte im Unterricht geübt werden (dazu Großmann 2010). Gedankenloses und extensives Üben mit dem Metronom führt leicht zu einer mechanischen Spielweise, bei der die metrischen Schwerpunkte einer Musik skandiert, ihre differenzierten rhythmischen Bewegungen dagegen vernachlässigt oder gar ignoriert werden.

11. *Agogik.* Wenn das Gefühl für die metrisch-rhythmische Struktur einer Musik sich stabilisiert hat, ist eine Phase des ausgiebigen, vor Übertreibungen nicht zurückscheuenden Experimentierens mit agogisch belebten Gestaltungsmöglichkeiten sinnvoll, um ein rhythmisch bewusstes und flexibles Spiel zu entwickeln.

Methodische Möglichkeiten und Anregungen

- Im Unterricht Rhythmus auf alle erdenkliche Weise üben: »im Geist, mit Stimmlauten, klopfend, im Gehen, im Stehen, im Sitzen usw.« (Giger 2001, S. 16). Dabei den Verlauf der Entwicklung motorischer Fähigkeiten beachten (s. o. S. 177 f.), d. h. einfachere Aktionen vor schwierigeren praktizieren.

- Patternübungen: Kleinere und größere Rhythmusphrasen auf beliebigen Silben oder auch auf Rhythmussilben im Call-and-Response-Verfahren vermitteln; auf diese Weise auch rhythmische Elemente aus zu spielenden Stücken ohne Noten einführen.
- Rhythmussprache: Im Anfängerunterricht Stimmen von notierten Stücken zunächst in Rhythmussprache gemeinsam oder einzeln sprechen und möglichst auch singen lassen.
- Bodypercussion: Mit perkussiven Körperklängen und unter Einbeziehung stimmlicher Ausführungen von Rhythmen sind viele rhythmische Darstellungsmöglichkeiten vorhanden – Klatschtechniken mit unterschiedlichen Resonanzen von Körperpartien, Schrittarten, Finger- und Zungenschnalzen u. a. Mit diesen Mitteln ist die Wiedergabe auch polyphoner Rhythmustexturen möglich. Das Können lässt sich bis zur Virtuosität einer rhythmischen »Ein-Mann-Kapelle« steigern. Auch interaktive Percussion-Spiele mit mehreren Partnern sind möglich. Die durch Bodypercussion geförderte Unabhängigkeit von Händen, Füßen und Stimme kommt dem Instrumentalspiel mit seinen differenzierten Koordinationsleistungen sehr zugute. (Detaillierte Anleitungen und viele Übungsmodelle finden sich z. B. in Zimmermann 1999.)
- Spielerisches Transformieren oder Weitergeben von Rhythmen, beispielsweise mit der »Rückentrommel«: Behutsam auf den Rücken geklopfte Rhythmen werden in Rhythmussprache übertragen oder reihum klopfend weitergegeben (s. Lehmann 2007, S. 218).
- »Klassische« Übungsweisen der Rhythmik von Émile Jaques-Dalcroze, in denen rhythmische Bewegungen der Gliedmaßen einzeln und kombiniert geübt werden: die Zählzeiten gehen, dazu den Rhythmus klatschen; die Zählzeiten klatschen oder taktierend dirigieren, dazu den Rhythmus gehen usw.
- Dirigieren: Eine gehörte, vom »Dirigenten« simultan gesungene oder von jemand anderem gespielte Musik dirigieren (mit klaren Taktfiguren, nach und nach auch mit gestischem Ausdruck); sich als »Dirigent« von der Musik führen lassen oder umgekehrt die Wiedergabe eines Ausführenden mit dem eigenen Dirigat steuern.
- Taktarten erfassen: Der Lehrer realisiert Rhythmen, spielt eine Musik oder hört eine Aufnahme mit dem Schüler an. Der Schüler soll die Taktart erfassen und die Taktschwerpunkte klatschen.
- Kanonübungen: Improvisierte rhythmische Verläufe im Kanon ausführen; unterschiedliche Einsatzabstände (ein Takt, zwei Takte usw.) ausprobieren und dadurch die Auffassungsfähigkeit trainieren.
- Übungen zum wechselseitigen Erfassen und Realisieren von Rhythmus und Rhythmusnotation: Rhythmusdiktate, Einbauen von Fehlern in die Ausführung notierter Rhythmen – die Schüler verfolgen Notentext und Umsetzung und geben ein Zeichen, wenn sie einen Fehler bemerken.

- Einen Rhythmus in der Gruppe kreisen lassen: a) jeder wiederholt das Muster, b) jeder führt nur einen Impuls aus, sodass ein rhythmisches Muster auf mehrere Gruppenmitglieder verteilt wird. Auf gute bruchlose Anknüpfungen achten. Erweiterungen durch vorher festgelegte oder unabgesprochen improvisierte Entwicklungen in Tempo und Dynamik.
- Reihum-Improvisation variierter rhythmischer Motive in gleichbleibender Taktgruppenlänge: Dominoprinzip: A-A^1 / A^1-A^2 usw. Jeder Spieler wiederholt das vom Vorgänger veränderte Motiv und bildet eine weitere Variante, die er weitergibt.
- Einen Rhythmus »durchlöchern« und »auflösen«: Der vorgegebene Rhythmus wird gemeinsam ausgeführt, bis er gut geht. Dann lässt (reihum oder ohne Festlegung der Reihenfolge) bei weitergeführter Ausführung hin und wieder ein Teilnehmer einen Bestandteil des Rhythmus weg. Wer dies wahrgenommen hat, lässt ebenfalls das betreffende Rhythmuselement weg. Das Spiel wird fortgesetzt, bis am Ende der Rhythmus klanglich aufgelöst ist und nur noch in der Vorstellung gehört wird.
- »Minimal music« (für größere Gruppen): Jeder Teilnehmer denkt sich einen (beliebig langen) Rhythmus aus. Der erste beginnt und wiederholt ihn ununterbrochen, die anderen setzen mit »ihren« Rhythmen nach und nach ein und wiederholen sie ebenfalls fortlaufend. Alle versuchen, aufeinander zu hören und die fluktuierende rhythmische Gesamtgestalt wahrzunehmen. Experimente mit Dynamik, Ausführungsart usw.

Literaturhinweise

Silke Lehmann: *Bewegung und Sprache als Wege zum musikalischen Rhythmus* (= Osnabrücker Beiträge zur Musik und Musikerziehung, Bd. 5), Osnabrück 2007

Auf der Grundlage von Erörterungen des Phänomens »Rhythmus« in Sozial- und Kulturgeschichte, Musikwissenschaft, Psychologie und Physiologie gelangt die Autorin zu vielerlei praktischen, theoretisch fundierten Möglichkeiten, rhythmisch-metrische Fähigkeiten heranzubilden und zu entwickeln.

Peter Giger: *Die Kunst des Rhythmus. Professionelles Know How in Theorie und Praxis*, Mainz 1993, 6. Auflage 2009

Ein umfangreiches Kompendium der Rhythmuslehre mit theoretischen Grundlagen. Die zahlreichen Übungen reichen von einfachen Patterns in verschiedenen Taktarten bis zu komplexen polymetrischen und -rhythmischen Gebilden. Der Jazzmusiker Peter Giger bezieht alle körperlichen Möglichkeiten der Ausführung ein.

Jürgen Zimmermann: *Juba. Die Welt der Körperpercussion. Techniken – Rhythmen – Spiele*, Boppard/Rh. 1999

Jürgen Zimmermann erklärt viele verschiedene (teils solistisch, teils mit Partner aus-zuführende) Techniken der Bodypercussion. Zu jeder Aktionsart finden sich Übungen und Lieder. Die klare Symbolschrift für die Körperaktionen und die zahlreichen Abbildungen er-leichtern das Erlernen der Techniken.

Linde Großmann: *Über die Arbeit an musikalischer Zeitgestaltung. Erfahrungen aus dem Klavierunterricht*, in: Üben & Musizieren 1/2001, S. 28–35

Linde Großmann macht deutlich, dass rhythmische Probleme bei der Wiedergabe von Werken häufig in einem unzureichenden Verständnis musikalischer Strukturen und Zusam-menhänge begründet sind. Zur Auflösung solcher Schwierigkeiten ist es »immer notwendig, alle musikalischen Parameter einzubeziehen.«

10. Spielen

Didaktische Vorüberlegungen

Instrumentalunterricht und in vieler Hinsicht auch Vokalunterricht kreisen um den Begriff »Spiel« (s. Teil I, Kapitel 6 / Abschnitt »Lernen im Spiel«). Sowohl die Musik selbst als auch das Musizieren sind Spiele. So finden sich in beiden die Komponenten, die Roger Caillois in seiner berühmten Einteilung von Spielen unterscheidet: Wettstreit (»Agôn«), Zufall (»Alea«), Maskierung (»Mimicry«) und Rausch (»Ilinx«) (Caillois 1961, S. 46). Ein spielerischer Wettstreit kann sich zwischen Stimmen und Spielern ereignen; das Improvisieren und seine klanglichen Resultate leben zu einem guten Teil vom Zauber des Zufalls; die Wechsel musikalischer Charaktere und deren Darstellung bilden Maskierungsspiele; ekstatische Musikstücke und deren Ausführung werden rauschhaft erlebt.

Spielfähigkeiten sind Ziele, Inhalte und Methoden des Unterrichts. Die Arten des interaktiven Handelns von Lehrenden und Lernenden in verschiedenen Unterrichtsformen können als Spiele organisiert sein (z. B. als Rollenwechsel von Lehrer und Schüler). Ferner gibt es Materialien und Medien für Spielzwecke und spielerisches Lernen.

Die Spielfaktoren beim instrumentalen und mutatis mutandis vokalen Musizieren bilden ein komplexes Gefüge: »Im Begriff *Instrumentalspiel* beinhaltet das Substantiv *-spiel* einen mehrfachen Bezug: der Spieler ›spielt‹ sowohl die Musik als auch sein Instrument. Musik und Instrument sind die Spielobjekte, mit denen der Spieler spielt. Er spielt aber gleichzeitig auch ›sich selbst‹ als agierendes Subjekt des Spielgeschehens; die Musik hingegen mit ihren jeweiligen Empfindungsgehalten ›spielt‹ und gestaltet wiederum den Ausführenden, so daß sich dessen Subjektcharakter verändert. Nicht zuletzt dieser Wechselprozeß ist konstitutiv für die ästhetische Bildung, die sich im Instrumentalspiel eröffnet.« (Mahlert 1997b, Sp. 1499)

Um diese Vielfalt der Bezüge von Spielfaktoren beim Instrumentalspiel im Unterricht methodisch reichhaltig zu vermitteln, benötigen Lehrende spieltheoretisches Rüstzeug. Wer Grundformen des Spiels kennt, kann sie immer wieder musikspezifisch konkretisieren und mit seinen Schülern musikalische Spielformen generieren.

Wohl am bekanntesten ist die auf Jean Piaget zurückgehende Einteilung in Übungs-, Symbol- und Regelspiele. Im Übungs- bzw. Funktionsspiel steht die Lust an motorischen Abläufen im Mittelpunkt, im Symbolspiel das mit Vorstellungen (Bildern, Geschichten u. a.) imaginativ aufgeladene Erleben von Musik, im Regelspiel das Explorieren musikalischer Strukturen, das zu eigenen Gestaltungsversuchen und Erfindungen anregen kann und so zum Konstruktionsspiel wird.

Die nachfolgenden methodischen Hinweise folgen einer anderen Einteilung, nämlich einer von Hans Scheuerl ausgeführten Zusammenstellung von Spielphänomenen, die besonders durch die Reformpädagogik zur Geltung kamen. Ich wähle diese Einteilung, weil sich an ihre Komponenten besonders gut Überlegungen zum Lernen und

Lehren im Medium des Spiels knüpfen lassen. Sie sind verstehbar als methodische Prinzipien und Möglichkeiten eines spielorientierten Unterrichts. Scheuerl unterscheidet (Scheuerl 1990, S. 60–65, 182–212):
- das freie Spielen,
- das gebundene Spielen,
- das Experimentieren,
- das Lernspiel,
- die spielerische Einkleidung,
- die Spielerei,
- die Spielhaltung.

»Das Spiel fördert, indem es fordert.« (A. a. O., S. 169, orig. kursiv) Spielen stellt Ansprüche an die Spielenden. Es darf nicht gleichgesetzt werden mit Spielerei.

Spielen ist prinzipiell eine zweckfreie Tätigkeit. Da aber Spielen mit Lernen einhergeht, kann es mit Lernzwecken verbunden werden. Dieses Lernen allerdings ist nicht nur Mittel zu einem außerhalb des Spiels gelegenen Zweck. Der Zweck des Lernens im Spiel ist vor allem das Spielenlernen – diejenige Tätigkeit also, die das Zentrum des Musizierens bildet. »Bildung durch Spiel gibt es nur als Bildung zum Spiel.« (A. a. O., S. 192, orig. kursiv)

Methodische Prinzipien, Möglichkeiten, Kompetenzen

1. *Das freie Spielen.* Dieses ist »vom Erzieher aus gesehen ein Spielen-Lassen: Man gewährt den Kindern einen Spielraum und überläßt sie darin sich selbst.« (A. a. O., S. 182) Solches freie Spielen kommt im Instrumental- und Vokalunterricht eher selten vor. Unterricht vollzieht sich in der Regel als angeleitetes Lernen in einer eng bemessenen Zeitspanne. Lehrende suchen die Unterrichtszeit möglichst effektiv zu nutzen. Da aber das freie Spiel mit dem, was darin gelernt wird, sich ihrer Planung entzieht und zudem Zeit braucht, um sich zu entwickeln, lassen sie diese Art des Spielens in der Regel nicht zu.

Freies Spielen im Unterricht stellt sich z. B. dann ein, wenn Lehrende kurzfristig mit einer anderen Sache beschäftigt sind: wenn sie etwas ins Aufgabenheft eintragen, wenn ein Schüler im Gruppenunterricht eine Aufgabe erledigt hat und der Lehrer noch mit anderen Schülern arbeitet, wenn Unterricht ungeplant unterbrochen wird.

Es bleibt allemal interessant, was Kinder in solchen kurzen Phasen mit ihrem Instrument anstellen und welche musikalischen Impulse dabei hervortreten. Daher verdient das freie Spiel, wenn es sich im Unterricht einstellt, immerhin Achtung und nach Möglichkeit Beachtung. Wie hoch der Respekt vor der Eigentätigkeit des freien Spiels von Kindern sein kann und wie anregend diese kindliche Aktivität auf schöpferische Erwachsene zu wirken vermag, dafür ist der Komponist György Kurtág ein leuchtendes Beispiel. Seine mehrbändige Sammlung *Játékok* (= Spiele), die einen Kosmos vielfältiger experimenteller Klavierstücke enthält, erwuchs nach Mitteilung des Komponisten aus der Beobachtung freier musikalischer Spiele von Kindern: »Die Anregung zum Komponieren der ›Spiele‹ hat wohl das selbstvergessen spielende Kind gegeben. Das Kind, dem das Instrument noch ein Spielzeug ist. Es macht allerhand Versuche mit ihm, streichelt es, greift es an. Es häuft scheinbar unzusammenhängende Klänge und wenn dies seinen musikalischen Instinkt zu erwecken vermochte, wird es nun bewußt versuchen, gewisse zufällig entstandene Harmonien zu suchen und zu wiederholen.« (Kurtág 1979, Beiheft S. 5) Kurtág beschreibt genau genommen die Entwicklung vom freien Spiel hin zum (fokussierten) Explorieren und macht damit deutlich, dass aus dem freien Spiel konstruktive Gestaltungsversuche entstehen können. Interessierten und geschickten Lehrern mag es gelingen, im freien Spiel entstandene Impulse aufzugreifen und gemeinsam mit dem Schüler weiterzuentwickeln.

»Das *unbewußte* Lernen beim freien Umherspielen ist pädagogisch nicht greifbar und nicht vorherbestimmbar.« (Scheuerl 1990, S. 184) Vermutlich ist dies der Grund, weshalb Lehrende das freie Spiel wenig beachten. Wie befreiend und förderlich freies Spielen im Unterricht sein kann, zeigt sich in folgendem Bericht eines Erwachsenen über seinen frühen Klavierunterricht bei der Großmutter, in dem zunächst jede noch so kleine Aktion auf beengende Weise mit strikter Instruktion verbunden war. Der Autor betont, »welch gewaltigen Sieg es bedeutete, dass ich mir das sogenannte ›Phantasieren‹ am Schluss der Stunde erkämpft hatte. Dieses ›Phantasieren‹ bestand eigentlich aus Klimpern, einfach nach dem Motto ›Ich und das Klavier‹: mal sehen, ob man da einen Lauf machen könnte, oder einen Akkord anschlagen und dann lauschen, wie der tönt und wohin er strebt, oder sich in schwierigere Stücke vorwagen und herausfinden, wie die wohl klingen. Experimentieren war das, Explorieren, für mich ganz allein wohlverstanden. Nicht, dass ich unbeobachtet gewesen wäre, nein, auch in meinen ›Phantasier‹-Phasen war ich das nicht, aber mit einem Willensakt gelang es mir, die Oma auszublenden [...]« (Ronca 1995, S. 128). Hier entwickelt sich freies Spielen von selbst zum Experimentieren.

Noch wichtiger als im Unterricht kann das freie Spiel im häuslichen Musizieren werden. Im Musiklernen mancher Kinder und Jugendlicher spielt es eine erhebliche Rolle. Lehrende sollten daher die Eltern ihrer Schüler über die möglichen produktiven Erfahrungen im freien Spiel instruieren und sie bewegen, solchem unreglementierten Spielen Raum zu lassen, statt es »in bester Absicht« zu unterbinden. Abschätzigkeit und eine destruktive Haltung gegenüber dem freien Spiel zerstört musikalische Regungen. In dem, was Erwachsene für »Blödsinn« halten, erkunden Kinder eventuell ungerichtet Neuland. Wie abstoßend und destruktiv elterliche Respektlosigkeit gegenüber Impulsen des freien Instrumentalspiels von Kindern sein kann, lässt sich modellhaft an dem Sketch *Sonderbegabung* von Gerhard Polt erleben (Polt 1996): Ein renommiersüchtiger Vater »begleitet« als unaufmerksamer, gleichzeitig rigider Aufpasser das Üben seiner Tochter und maßregelt sie, sobald sie von der Fron des stumpfsinnigen Wiederholens in ein informelles Spiel übergeht.

2. *Das gebundene Spielen.* Die Ausführung jedes Musikstücks ist ein gebundenes Spielen – gebunden durch Spielregeln, was zunächst bedeutet: die Vorgaben des Notentexts. Ebenso ist jede Improvisationsaufgabe, die einer (wie auch immer beschaffenen) Spielregel folgt, gebundenes Spiel. Gerhard Mantel nennt fünf Komponenten, die ein Spiel braucht: »1. Spielregeln, 2. Spielraum, 3. Unbestimmtheit (Ende offen), 4. Wiederholung, 5. Experimentierfreude« (Mantel 2008b, S. 22). Diese fünf Punkte geben eine Richtschnur für die methodische Vermittlung gebundenen Spielens. Die methodische Kunst von Lehrenden, beim gebundenen Spiel zu einer intensiv vollzogenen Spieltätigkeit anzuregen, liegt darin, Lernenden den in den Spielregeln einer Musik beschlossenen Spielgeist zu vermitteln, ihnen die mit den Spielregeln gegebenen jeweiligen Gestaltungsspielräume zu eröffnen und sie zu animieren, diese zu erproben und zu entfalten. Das Ausloten von Spielräumen geschieht im Wiederholen von Abläufen. Es gerät umso produktiver, je mehr Experimentierfreude beim Wiederholen und beim Prüfen der realisierten Möglichkeiten vorhanden ist.

Gebundenes Spielen degeneriert leicht zu einem Exekutieren von Vorschriften. Ein beträchtlicher Teil der methodischen Kunst, auch in der Bindung den Spielgeist wachzuhalten, liegt in einer guten Balance der Fähigkeiten, musikalische Sachverhalte klar und knapp zu verdeutlichen, Anregungen zu ihrer Gestaltung zu geben und dem Lernenden, wenn er sie ausführt, genügend Zeit zu gewähren, sie zu erproben und dabei seine eigenen Erfahrungen mit ihnen zu machen. Allzu häufig spielt sich Unterricht als ein kurzatmiger Wechsel von enger Instruktion, nachfolgendem einmaligem Realisierungsversuch des Schülers und alsbaldiger Korrektur des Lehrers ab. So kommt der Lernende nicht »ins Spiel«, denn zum Spiel gehört wesentlich die erforschende und prüfende Wiederholung. Entscheidend ist, dass der Lernende zum Spielsubjekt wird und nicht zum Spielobjekt verkümmert, das nur die Vorschriften des Lehrenden ausführt. Auch die Hinweise des Lehrenden sind ja Bindungen des Spiels, Spielregeln. Sie sollen die Spielweise bestimmen, aber die Offenheit des Spiels nicht zerstören. »Die am besten geeigneten Spielregeln sind möglichst einfach und überschaubar und bieten immer einen individuellen Spielraum.« (Schneidewind 2010, S. 8) Gute Lehrer geben in Spielphasen Hinweise so, dass ihre Schüler im Spiel bleiben: durch knappe Zwischenbemerkungen, die den Spielfluss nur kurz unterbrechen, durch hineingesprochene Worte (möglichst behutsam, sodass die Musik nicht brutal übertönt wird) oder gar durch nonverbale, mit körperlichen Ausdrucksmöglichkeiten gegebene Zeichen: dirigierend, gestikulierend, tanzend, sich bewegend …

Mit simultan gegebenen körpersprachlichen Impulsen oder einer gestisch-energetischen »Begleitung« wird der Lehrende tendenziell zum Mitspieler des Lernenden: Beide realisieren mimetisch das von der Musik gestiftete Spiel und können so in diesem Spiel miteinander kommunizieren. Auch hier ist methodische Sensibilität gefordert: Leicht geschieht es im Eifer engagierten »Beflügeltseins« von der Musik bzw. intensiven Vermittelnwollens, dass Lehrende in ihrem Mitagieren ihre Schüler dominieren, sie mimetisch »ersticken«, ihre Aufmerksamkeit von der Wahrnehmung des

Spiels der Musik und der eigenen Spieltätigkeit abziehen. Schüler sollen jedoch lernen, selbstständig zu »fliegen«, und Lehrer müssen spüren, wann sie sich behutsam ausklinken können aus der spielmimetischen Animation.

Vollends zum Mitspieler wird der Lehrende im gemeinsamen Musizieren mit dem Lernenden. Dies hat Einfluss auf seine pädagogische Rolle: Die Rollendifferenz von Lehrer und Schüler ebnet sich ein und mutiert zum partnerschaftlichen Interagieren. Das Spiel macht sie zu prinzipiell gleichwertigen und gleichberechtigten Mitspielern (es sei denn, das Spiel hieße »Lehrer und Schüler«: dann wäre das pädagogische Gefälle als Spielregel Teil des Spiels). Gerade aber im Mitspielen, in der hierarchiefreien Gemeinsamkeit des Spielens, kann der Lehrende besonders intensiv Spielfähigkeiten vermitteln. Wie bei vielen Kompetenzen (z. B. Spracherwerb, handwerkliche Fähigkeiten) ist das gemeinsame praktische Tun wirkungsvoller als die von der Tätigkeit selbst abgetrennte Instruktion. Spielfähigkeiten entwickeln sich leichter durch Spielen selbst als durch Anweisungen zum Spiel. »Es geht um eigenständiges Probieren und Verstehen, nicht um das Ausführen von Anweisungen. Entsprechend bedarf es nicht eines Lehrers, der sagt, wie es ist, sondern eines Begleiters und Mitspielers, der zwar einen Kompetenzvorsprung hat und deshalb auch Spiele anregt und erklärt, der oder die aber vor allem eines tut: ernsthaft und hingegeben mitspielen und mitforschen.« (Schwabe 2008, S. 16)

Wie das Mitspielen ist auch das Vorspielen eines der ersten Mittel zur Vermittlung des gebundenen Instrumental*spiels* und des Singens. Auch das Vor- und Nachspielen macht Lehrer und Schüler zu prinzipiell hierarchiefreien Spielakteuren: Maßstab ist in beiden Fällen die Qualität des Spiels, die Genauigkeit, mit der das gebundene Spiel vollzogen wird. Auch hier gilt: Als Spielende sind Lehrer und Schüler gleich.

Zu methodischer Kompetenz bei der Aufgabe, Lernenden ein intensives gebundenes Musizieren zu ermöglichen, gehört nicht zuletzt die Auswahl geeigneter Literatur. Ein innerlich bewegtes und bewegendes Spiel gelingt um so eher, je stärker sich Lernende mit der gespielten Musik identifizieren. Aus spieltheoretischer Sicht ist allerdings in diesem Zusammenhang ein Irrtum zu korrigieren. Freiheit des Spiels gilt als ein wesentliches Spielmerkmal. Das Kriterium der Freiheit wird mitunter so verstanden, als sei nur ein frei gewähltes Spiel frei. Müssen bzw. sollten also Instrumental- und Gesangsschüler ihre Stücke stets selbst »frei« wählen? Spieltheoretisch ist dies nicht zwingend. »*Es ist ein Vorurteil, zu meinen, Spieltätigkeiten müßten immer spontan entstehen, und ein aufgegebenes Spiel sei schon kein Spiel mehr.* Dieses Vorurteil resultiert aus einem zu engen und einseitigen Spielbegriff. *Die Freiheit des Spiels ist nicht eine Freiheit der Spieltätigkeit, sondern eine Freiheit des Spielgeschehens.*« (Scheuerl 1990, S. 191) »Spieltätigkeit und Spielgeschehen sind begrifflich deutlich auseinanderzuhalten.« (A. a. O., S. 178) Das bedeutet: Die Freiheit (des Erlebens, Symbolisierens, Gestaltens) des Spiels konkretisiert sich primär in der Spielwelt, nicht in der Wahl des Spiels. Es ist die Kunst des Lehrens, Schüler ins Spielen gelangen zu lassen.

3. *Das Experimentieren*. Experimentieren und Spielen sind zunächst verschiedene Tätigkeiten. Experimente haben ihren Zweck erfüllt, wenn ein Problem gelöst ist. Spiele dagegen behalten auch im Wiederholen ihren Reiz. Experimentieren und Spielen aber gehen häufig ineinander über. In den im Punkt 1 zitierten Ausführungen beschreibt György Kurtág, wie sich aus dem freien Spielen eines Kindes am Klavier allmählich ein gerichtetes Experimentieren entwickelt. Vielleicht spricht man besser von Explorieren statt von Experimentieren, um die Nähe des lustvollen Erkundens einer Sache zum Spiel auszudrücken. Explorieren ist weniger zielgerichtet als Experimentieren. Explorieren meint letztlich nichts anderes als das Ausloten von Spielmöglichkeiten. Dieses Ausloten ist letztlich so unbegrenzt wie es die Wiederholungsmöglichkeiten des Spiels sind. Es geschieht, indem Vorgegebenes betrachtet, erprobt, manipuliert wird. Vorgegebene Materialien sind vor allem das Instrument und die Musik selbst. Die methodische Kompetenz des Lehrenden besteht darin, vielfältige Anregungen für das Explorieren von Musik geben zu können, ebenso aber auch in der Fähigkeit, Ideen und Impulse von Lernenden aufzugreifen, sie einzubinden und so eine »Forschungsgemeinschaft« mit ihnen zu bilden, die von der wachen und neugierigen Haltung eines »Was passiert, wenn …« getragen ist. Ein Katalog von explorativen Umgangsweisen mit Musik findet sich in den Kapiteln »Interpretieren I / II«. Transponieren, Übertragen von Melodien in ein anderes Tongeschlecht (Dur, Moll, Kirchentonarten), rhythmische Vereinfachungen und Umformungen, eine Phrase – im Wechselspiel oder allein – mehrfach auf unterschiedliche Weise wiederholen, dabei die artikulatorischen, dynamischen, agogischen, energetischen Möglichkeiten erkunden, die Phrase aus unterschiedlichen Haltungen, als Äußerung unterschiedlicher Charaktere darstellen – dies sind Beispiele für exploratorische Tätigkeiten.

Ebenso, wie sich aus dem freien, gleichsam traumwandlerischen Spielen ein aspektorientiertes Explorieren ergeben kann, können aus dem Explorieren selbst neue Spielideen und -tätigkeiten entstehen – und aus diesen wiederum neue Anregungen zu weiterem Explorieren. Mit diesem spiralartig sich entwickelnden Wiederholen werden Spielen und Explorieren zum Üben.

Den Notentext als Hauptregel des gebundenen Spiels ergänzen und konkretisieren vielerlei mögliche Regeln des Explorierens seiner Interpretationsspielräume. Hierbei handelt es sich vor allem um Symbol-, Regel- und Konstruktionsspiele. Die Musik bzw. ihre Teile werden mit unterschiedlichen Vorstellungen erlebt oder nach Maßgabe bestimmter Parameter exploriert; auch diese Tätigkeiten führen zu immer neuen »Konstruktionen«. Weitere Konstruktionsspiele können aus analytischen Erkundungen von Werken hervorgehen oder mit ihnen verbunden werden. Einige Beispiele:

• eine Phrase in mehreren Stufen »decolorieren«, d.h. strukturell reduzieren auf Kerntöne; diese reduzierte Version aufschreiben und aus ihr verschiedene neue melodische Ausgestaltungen entwickeln;

- ein Phrase anreichern mit Figuren und Verzierungen;
- Begleitungen erfinden oder variieren;
- ein Stück unbezeichnet vorgeben, erproben und differenziert bezeichnen lassen (Dynamik, Artikulation, Agogik, Tempo-, Ausdrucksbezeichnungen), im Gruppenunterricht verschiedene Versionen »aufführen« und vergleichen.

Eine besonders wichtige, wohl zu pflegende und potenziell glanzvolle Form des gebundenen Spiels ist das »Auftreten« und Vorspielen im Unterricht und natürlich auch außerhalb des Unterrichts. Die Fähigkeit, im Unterrichtszimmer (sei es auch noch so klein) die anregende und herausfordernde Atmosphäre einer Bühnensituation zu schaffen und beim Vorspielen des Schülers zugleich konstruktiv und kritisch zuzuhören – auch das sind wichtige methodische Kompetenzen.

4. *Das Lernspiel.* Drei Gruppen lassen sich unterscheiden: a) Spiele, denen ein »pädagogisch durchdachtes Experimentiermaterial mit bestimmtem Aufforderungscharakter« (Scheuerl 1990, S. 198, orig. kursiv) zugrunde liegt; b) Spiele, die an bestimmte Verfahrensweisen geknüpft sind; c) Spiele, die bestimmte lernspezifische Interaktionen vorgeben.

a) Spielmaterialien für Lernspiele sind etwa:
- Rhythmusinstrumente für Rhythmusübungen und zur Begleitung gespielter Musik;
- Rhythmus- und Notenkärtchen zum Umgehenlernen mit Tonhöhen- und Rhythmuszeichen (gehörte Patterns nachlegen, gesehene Patterns realisieren, Kärtchen in freier Anordnung legen und klanglich umsetzen ...);
- Kärtchen mit Stichwörtern zur Auswahl bestimmter Aufgaben (etwa das in Kapitel 4: »Üben« erwähnte Spiel *Praktissimo* von Peter Knodt);
- Kartenspiele (vor allem Quartette) mit Inhalten bestimmter Lernfelder (Musiklehre, Musikgeschichte u. a.);
- Würfelspiele, z. B. die beliebten »Charakterwürfel« mit unterschiedlichen Gesichtsausdrücken, mit denen nach dem Zufallsprinzip bestimmte Aufgaben für ein charakterisierendes Spiel vorgegeben werden.

Solche Spielmaterialien lassen sich im Einzel- und Gruppenunterricht (hier auch zu Wettspielen) vielseitig verwenden. Materialien mit vorgegebenen oder selbst entwickelten Spielregeln animieren zum Spielen. – Zu bedenken bleibt, dass viele solcher Spiele nur einen begrenzten Lehrwert haben. Das Agieren mit Rhythmuskärtchen etwa entwickelt kein Rhythmusgefühl, sondern trainiert vor allem die Wendigkeit im Erkennen und Zuordnen von visuellen Zeichen und klanglichen Bedeutungen. Und wer nicht durch unmittelbare musikalische Erfahrungen ein Gefühl für Melodiebewegungen erworben hat, der gewinnt sie nicht im Legen und Absingen bzw. -spielen von Notenzeichen. Zur Problematik des Lernwerts vieler Spielmaterialien führt Hans Scheuerl aus: »*Das, womit experimentiert wird, sind nicht die angegebenen Gegenstände selbst, sondern Zeichen von ihnen und wechselseitige formale Verhältnisse zwischen diesen. Das heißt aber: Die sachliche Kenntnis der auf den Kärt-*

chen bezeichneten Gegenstände ist gar nicht das Ziel dieses Lernens. Sie wird vielmehr immer schon vorausgesetzt: Wer vom Amazonas nie etwas erfahren hat, kann
ihn auch im Lernspiel nicht mit Brasilien in Verbindung bringen.« (Scheuerl 1990,
S. 200)

b) Die zweite Art von Lernspielen beinhaltet bestimmte methodische Verfahrensweisen. Bewährte und für viele Schülern förderliche Lernspiele sind das Solmisieren
von Melodien und das Sprechen bzw. Singen von Rhythmen mithilfe von Rhythmussilben (s. Kapitel 9: »Rhythmus«). Es handelt sich um Regelspiele, die Silben sowie (bei der Solmisation) Bewegungen mit musikalischen Strukturen verknüpfen und
so das Verinnerlichen musikalischer Strukturen trainieren. Diese Regelspiele können
von Lehrern und Schülern in diversen »Richtungen« und Kombinationen gespielt werden, z.B. Tonfolgen hören oder lesen – solmisiert nachsingen oder/und mit Handzeichen wiedergeben; Tonfolgen mit Handzeichen vorgeben – solmisiert nachsingen.
Spielformen der Solmisation und der Rhythmussprache lassen sich natürlich auch
allein spielen bzw. üben.

c) Interaktive »Settings« im Unterricht sowie musikalische Gruppenspiele bilden
einen dritten Bereich von Lernspielen. Interaktive »Settings« lassen sich auch ohne bestimmte methodische Vorgaben wie Solmisation oder Rhythmussprache praktizieren.
Möglich sind z.B.:

- Rollentausch zwischen Lehrer und Schüler;
- Schüler im Gruppenunterricht unterrichten sich phasenweise wechselseitig oder
  fungieren als Übecoach;
- ein Schüler dirigiert einen oder mehrere Mitschüler;
- während die einen Schüler unterrichtet werden, erhalten die anderen bestimmte
  Beobachtungsaufgaben, deren Ergebnisse sie später einbringen;
- Schüler übernehmen bestimmte Aufgaben (interpretieren, improvisieren, notieren
  u.a.), deren Lösungen sie nach der Bearbeitung präsentieren und vergleichen.

Ein Beispiel einer sukzessiv aufgebauten Reihe von Spielformen für die Erarbeitung
neuer Stücke im Unterricht sind die »Spielregeln für die Lieder und Musikstücke« von
Michael Dartsch in seinem Lehrwerk *Der Geigenkasten:* »1. Die Lieder singt ihr
natürlich zuerst einmal! / 2. Du singst das Lied und deine Lehrerin spielt dazu die
Melodie auf der Geige mit. / 3. Du singst das Lied und deine Lehrerin begleitet dich
auf der Geige mit der zweiten Stimme. / 4. Deine Lehrerin spielt und du zeigst die
Noten mit, die sie gerade spielt. / 5. Deine Lehrerin spielt und macht dabei Fehler,
zum Beispiel unsaubere Töne – und du findest die Fehler heraus. / 6. Deine Lehrerin
spielt und hört irgendwo auf. Du zeigst dann in den Noten, an welcher Stelle sie auf-
gehört hat. / 7. Deine Lehrerin spielt einen Takt aus dem Stück. Du findest heraus,
welcher Takt das war, und spielst ihn nach. / 8. Deine Lehrerin spielt den Anfang des
Stücks und du spielst ihn nach. Dann spielt sie den nächsten Teil und du spielst ihn
wieder nach. So geht es immer weiter, bis ihr das ganze Stück durchgespielt habt. /
9. Deine Lehrerin und du, ihr spielt das Stück zweistimmig zusammen. […] /

10. Wenn ihr wollt, könnt ihr euch aufnehmen und dann anhören, wie ihr gespielt habt. [...]« (Dartsch 2004, S. 10)

Lernspiele dieser Art konzipieren ein methodisches Vorgehen, indem sie aufgabenbezogene Interaktionen regeln. Dem Lehrenden obliegt es, die Regeln zu vermitteln bzw. zu neuen Regelfindungen anzuregen und sodann für ihre Einhaltung zu sorgen.

Frei von Bindungen an methodische Konzepte sind bekannte musikalische Gruppenspiele wie die folgenden:

- Rhythmuskette: reihum einen Rhythmus sprechen oder klatschen; jeder Teilnehmer führt jeweils nur einen oder eine bestimmte Anzahl von Impulsen aus;
- Melodiekette: dasselbe mit bekannten Melodien (Töne singen oder spielen);
- Kofferpacken: ein melodischer Verlauf wird sukzessiv aufgebaut: erst ein Ton, dann zwei, dann drei usw.; jeder Teilnehmer wiederholt die Tonfolge seines linken Nachbarn, fügt einen Ton hinzu und gibt dies weiter an den Nachbarn zur Rechten;
- »Stille Post«: ein Rhythmus wird reihum durch stilles Klopfen auf den Rücken des jeweiligen Nachbarn weitergegeben; nach einigen Durchläufen wird die zuletzt realisierte Gestalt hörbar ausgeführt und mit der ursprünglichen Version verglichen.

Die Lust, mit der solche Spiele gespielt werden, führt leicht zur Überschätzung ihres Lerngewinns. In der Regel dürfte er bescheiden sein. Dennoch haben Spiele dieser Art ihren Sinn. Sie eignen sich gut zur Auflockerung und Belebung im Gruppen- und Klassenunterricht. Lehrende sollten ein Repertoire an solchen Spielaktivitäten zur Verfügung haben, um sie je nach Bedarf sinnvoll einsetzen zu können. Mit Spielgeist lassen sich leicht vielerlei Abwandlungen und Varianten erfinden. Zahlreiche Spiele finden sich in Röbke 1991 u. 1993, Küntzel-Hansen 1993, de la Motte 1989, Sáry 2006. Je offener die Spielregeln musikalischer Gruppenspiele formuliert sind, desto mehr werden sie zur Gruppenimprovisation (s. Teil II, Kapitel 13: »Improvisation«).

5. *Die spielerische Einkleidung.* Dieses Prinzip wird im Instrumentalunterricht auf allen Instrumenten bei der Vermittlung von technischen Grundfähigkeiten (bezüglich Haltung, Atmung, Muskelspannung, Bewegungsausführung usw.) praktiziert. Für jedes Instrument gibt es viele Vorstellungsbilder und Suggestionen, mit denen Lehrende Kindern wie auch Jugendlichen und Erwachsenen symbolhaft bestimmte Empfindungen und Aktionen vermitteln. Die meisten Lehrenden verwenden einen Fundus solcher Bilder in ihrem Unterricht. Einige Beispiele:

- Arme und Finger sollen so sensibel auf die Tasten abgestimmt sein wie der Tonarm eines Schallplattenspielers auf die Rillen einer Schallplatte.
- Der Bogen soll so angefasst werden, dass zwischen Daumen und Zeigefinger eine Maus hindurchkriechen kann; die Hand soll sie nicht quetschen.
- Um Bewusstheit, Ruhe und Wohlgefühl beim Einatmen zu fördern, hängt der Lehrer vor dem Schüler ein kleines Riechsäckchen mit angenehmem Duft auf.

- Singen und blasen sollen mit dem Gefühl verbunden werden, die Töne »einzusaugen« bzw. die Luft zu »trinken«.
- Prinzipiell kann für eine gute Haltung die Vorstellung aus der Alexandertechnik übernommen werden, dass der Kopf an die Decke fällt bzw. von ihr wie von einem Magnet angezogen wird.

Eine Fülle von spielerischen Einkleidungen für die Vermittlung von Spielvorgängen auf dem Klavier hat Peter Heilbut entwickelt (Heilbut 1993); für das Spiel auf Streichinstrumenten war Paul Rolland besonders erfindungsreich (Rolland / Mutschler 1971). Ideen für spielerische Einkleidungen finden sich in den meisten Instrumentalschulen (vor allem für Kinder) und in Lehrwerken für Gesang. Hans Scheuerl bringt auf den Punkt, worauf es bei spielerischen Einkleidungen ankommt: Sie müssen »den Wesensgehalt des Sachzusammenhangs lebendiger, klarer und anschaulicher machen, als es durch bloße Vermittlung nackter Gegebenheiten geschehen könnte [...]. [...] *Die Sache muß immer der Leitfaden bleiben für alle Bildvorstellungen, die sie umspielen.*« (Scheuerl 1990, S. 205) Zur methodischen Kompetenz von Lehrenden gehört mehr als ein eigener Fundus von Ideen spielerischer Einkleidung. Nicht jede einem Lehrer lieb gewordene Einkleidung passt für jeden Schüler. Erforderlich ist daher die Fähigkeit, zu spüren, ob das betreffende Bild beim jeweiligen Schüler seinen Lehrzweck erfüllt. Ferner sollten Lehrende ihre Schüler durch Sensibilisierung ihrer Wahrnehmung anregen können, eigene passende Bilder zu finden und sodann mit ihnen klären, was diese Bilder bewirken.

6. *Die Spielerei.* Unverbindliche und unkonzentriert ausgeführte spielerische Tätigkeiten verflachen zur Spielerei. In ihnen verkümmert das Spielen, wird zum bloßen Kitzel, zur Animation, deren Wirkung schnell verpufft. Mit Spielereien kommt der Spielende nicht in den die volle Aufmerksamkeit bindenden Regelkreis des Spielens. Spielereien haben daher kaum Wert für den Instrumental- und Vokalunterricht. Mit Spielereien, die Sinne reizenden, aber verwirrenden Materialien, grellbunten Lehrwerken, deren Abbildungen wenig mit der zu vermittelnden Sache zu tun haben, ist wenig gewonnen. Sie leisten nicht viel, wenn es darum geht, Schülern dabei zu helfen, mit Musik ins Spiel zu kommen.

7. *Die Spielhaltung.* »Jede Pädagogik des Spiels, die nicht nur besorgt ist um einen zweifellos wertvollen erholsamen Ausgleich, um ein therapeutisches Abreagieren von Antriebsüberschüssen oder um amüsanten Zeitvertreib, sondern die den Spielenden binden und bilden will, kann daraus sowohl für das sportlich oder musisch gebundene Spiel als auch für das Experimentieren [sic], das Lernspiel und jede Form spielerischer Einkleidungen nur eine Konsequenz ziehen: *Die Pädagogik hat den fordernden Charakter des Spiels mit Nachdruck zu unterstreichen.*« (A. a. O., S. 209) Spiele fordern uneingeschränkte Aufmerksamkeit. Nur dann, wenn mit Sorgfalt und Hingabe gespielt wird, gehen die Spieler auf in der Welt des jeweiligen Spiels. Halbherziges Spiel

bleibt Spielerei; es gelangt nicht über einen Zwischenbereich von gewöhnlichem Handeln und Spiel hinaus. Die methodische Aufgabe der Lehrenden liegt darin, dass sie ihre Lenkungsfunktion an das Spiel abgeben. Dies geschieht, indem sie sich darauf beschränken, als »Anwälte« des Spiels dessen Ansprüche zu vertreten und auf die Einhaltung der Regeln zu achten, oder indem sie zu Mitspielern werden, wodurch sich prinzipiell eine Gleichheit zwischen Lehrenden und Lernenden herstellt. Wenn gespielt wird, sollten Lernende und Lehrende in voller Hinwendung auf das Spiel vereint sein. Im Spiel ist nicht der Lehrende, sondern das Spezifische des Spiels das Maß der Dinge. »*Erzieherische Lenkung ist* [...], *ohne das Spiel zu verderben, immer nur dann möglich, wenn der Erzieher sich hinter die Forderungen des Spiels stellt*, wenn er ihnen Gewicht und Nachdruck verleiht, wenn er sich zu ihrem Vollstrecker macht, kurz, wenn er alle erzieherischen Forderungen in den *Dienst* des Spiels stellt.« (A. a. O., S. 192)

Literaturhinweise

Christoph Richter: *Anregungen zum Nachdenken über das eigene Tun. Anthropologische Grundlagen der Instrumental- und Vokalpädagogik*, in: ders. (Hrsg.): Instrumental- und Vokalpädagogik 1: Grundlagen (= Handbuch der Musikpädagogik, Bd. 2), Kassel 1993, Abschnitt »Musik und Musizieren als Spiel«, S. 83–91

> Musik und Musizieren werden hier aus der Perspektive verschiedener anthropologischer und philosophischer Spieltheorien betrachtet und aufschlussreich gedeutet.

Peter Röbke: *Vom Handwerk zur Kunst. Didaktische Grundlagen des Instrumentalunterrichts*, Mainz 2000, Kapitel »Ein Instrument *spielen:* Zur Entfaltung von Spielfreude im Sinne des Wortes«, S. 300–329

> Das Kapitel bietet eine reichhaltige Didaktik des Spiels im Instrumentalunterricht. Unterkapitel: »Der Instrumentalist als Musikdarsteller: Zum musikalischen Rollenspiel – Methodische Hinweise [...]: Anregungen für den Unterstufenunterricht – Konkurrenz und Kooperation: Zusammenspiel als Wettstreit – Methodische Hinweise [...] – Wesensmerkmale des Spiels – Glück und Geschicklichkeit: Motive und Typen des Spiels im Instrumentalunterricht – Methodische Hinweise [...]: Anregungen für Schülervorspiele – Warum Musikstudierende auf das Thema ›Spiel‹ durchaus auch mit Abwehr reagieren.«

11. Notenschrift

Didaktische Vorüberlegungen

Es fasziniert, dass Musik schriftlich fixiert werden kann. In stummen Notenzeichen liegen ungreifbare, in der Zeit sich entfaltende Klangverläufe beschlossen. Das Auge sieht Zeichen, transformiert sie in klangliche Vorstellungen und realisiert diese singend oder spielend. Oder umgekehrt: Gehörtes wird innerlich analysiert und in das visuelle Medium der Schrift übertragen.

Vielen Laien erscheint die für Musiker selbstverständliche Fähigkeit, Noten lesen und nach Noten spielen zu können, geheimnisvoll und rätselhaft. Darin zeigt sich Respekt vor einer hoch entwickelten »Kulturtechnik«. Sie zu erwerben, ist in der Tat ein oft langwieriger, mit beträchtlichen Schwierigkeiten verbundener Prozess. Und wie das Lernen so ist auch das Lehren der Notenschrift keine leichte, sondern eine durchaus anspruchsvolle und komplexe Aufgabe. Gibt es den einen methodischen Königsweg zur Vermittlung musikalischer Lesefähigkeiten? Die Vielfalt der ineinanderwirkenden notenschriftlichen Elemente, der erforderlichen Teilfähigkeiten und die Unterschiedlichkeit individueller Lernweisen veranlassen zur Skepsis. Sinnvoller erscheint es, verschlungene Lernwege anzunehmen und methodische Flexibilität zu praktizieren.

Bestimmte Vorgehensweisen legen die Gegebenheiten der jeweiligen Instrumente nahe. Ausgehend von den leeren Saiten der Streichinstrumente, einfachen Griffen auf Blasinstrumenten oder den schwarzen Tasten des Klaviers lassen sich basale Spielfähigkeiten aufbauen, und so bietet es sich an, auch das Notenlesen und Notieren instrumentenspezifisch mit den jeweiligen Tönen zu beginnen. Entsprechende Lehr- und Lernwege finden sich in vielen Schulen der betreffenden Instrumente.

Noten zu lesen und in Klang umzusetzen, beinhaltet eine Fülle von Teilfähigkeiten. Viele von ihnen spielen ineinander, fördern und entwickeln sich wechselseitig. Manche lassen sich aufbauend vermitteln, andere erwachsen aus der fortlaufenden Differenzierung des Hörens und Begreifens von Musik. Sich die Vielfalt der erforderlichen Teilfähigkeiten zu vergegenwärtigen, erzeugt Respekt vor der Leistung des Musizierens nach Noten, fördert die Geduld von Lehrenden und schafft Voraussetzungen methodischer Kompetenz für die Vermittlung dieses Könnens. Lehrende müssen wahrnehmen können, welche Teilfähigkeiten des Notenlesens ihre Schüler bereits beherrschen und welche noch nicht. Die nachfolgende Zusammenstellung benennt sowohl komplexe als auch elementare Komponenten des Notenlesens, des Spiels nach Noten und des Notierens von Musik. Sie folgt keiner sachlogischen Modellvorstellung, sondern betrachtet das Notenlesen als ein Spektrum von ineinanderwirkenden Teilkompetenzen. Diese sind:

- übergreifend: akustische und visuelle Phänomene aufeinander beziehen; Entsprechungen und Abweichungen von Klingendem und Notiertem wahrnehmen;

- Notenzeichen visuell auffassen und identifizieren;
- ein und dasselbe Zeichen in verschiedenen Zusammenhängen eines Notentexts erkennen (keineswegs selbstverständlich für Kinder bis zum frühen Schulalter!);
- das Lesen von links nach rechts als zeit-räumliches Prinzip verstehen;
- die relative, ikonische Darstellung von Tonhöhenverhältnissen (d. h. Hoch-Tief-Verhältnisse im notierten Tonraum) verstehen;
- die beiden genannten räumlichen Komponenten (links-rechts, hoch-tief) der Notenschrift als Zusammenhang erfassen;
- die Struktur des Fünfliniensystems verstehen: Tonschritte und -sprünge hörend und sehend unterscheiden;
- begreifen, dass übereinander notierte Töne gleichzeitig erklingen;
- notierte Tonfolgen nicht nur relativ (d. h. in Bezug auf die Abstände der Töne voneinander), sondern auch absolut lesen und mit Tonnamen benennen (dazu gehört: das Prinzip des Notenschlüssels verstehen, durch den erst ein notierter Ton eine bestimmte absolute Tonhöhe im Tonsystem erhält); anders ausgedrückt: die Verbindung von ikonischen und abstrakt-symbolischen Tonhöhenbezeichnungen der Notation aufeinander beziehen und als Zusammenhang begreifen (d. h. die Bewegungsform der Melodiekontur und die »buchstäblichen« Tonhöhen als Einheit auffassen);
- verstehen, dass die Stammtöne sich in verschiedenen Oktavgattungen wiederholen, was beinhaltet: die klangliche Ähnlichkeit gleichnamiger Töne in verschiedenen Oktavlagen wahrnehmen und die Ähnlichkeit als Sinn der Gleichnamigkeit verstehen;
- die Lage der absolut notierten Töne auf dem Instrument kennen und das Notierte zum Klingen bringen;
- die Notierung von Dauernwerten und ihrer metrischen Gewichtung im Taktgefüge verstehen und umsetzen;
- die Verbindung der Angaben von Tonhöhen, Dauern und Taktstruktur in Notenzeichen verstehen, koordiniert auffassen und wiedergeben;
- die mögliche Vielzahl weiterer notenschriftlich fixierter Informationen gebündelt auffassen (neben Tonhöhe und Rhythmus auch Zeichen der Dynamik, der Phrasierung, der Artikulation u. a.);
- aus den Informationen des Notentexts eine innere Klangvorstellung aufbauen;
- die aus dem Notenbild aufgebaute Klangvorstellung am Instrument realisieren;
- das realisierte Klangprodukt mit der Klangvorstellung sowie mit dem ihr zugrunde liegenden Notentext vergleichen;
- eine gehörte Musik in einem Notentext wiedererkennen und mitlesen (in groben Konturen oder auch differenziert);
- Notenzeichen schreiben;
- eine gehörte Musik notieren (wozu gehört: sie strukturell erfassen).

Diese 20 Punkte ließen sich leicht vermehren. Immerhin geben sie eine Ahnung von der Komplexität der Notenschrift, ihres Lesens und des Spielens nach ihr. Sie machen die Schwierigkeiten begreiflich, die viele Kinder (und ihre Lehrer) im Instrumental- und Vokalunterricht mit der Notenschrift haben. Die Dramen beim Erlernen der Notenschrift sind für lesekundige Erwachsene im Nachhinein oft schwer vorstellbar. Eine Ahnung vermittelt die russische Dichterin Marina Zwetajewa in ihrem Essay *Mutter und die Musik*, der von ihrem Musiklernen als Kind im Vorschulalter handelt. Eingehend schildert Zwetajewa die Schwierigkeiten beim Erlernen der Notenschrift im Klavierunterricht, den sie als Fünfjährige von ihrer Mutter erhielt. So liest man: »Doch mit den Noten wollte es anfänglich nicht klappen. Die Taste drückt man nieder, aber die Note? Die Taste existiert, da ist sie, schwarz oder weiß, die Note aber existiert nicht, sie liegt auf der Notenlinie (auf welcher?). Die Taste gibt einen Laut, die Note nicht. Die Taste existiert, die Note nicht. Wozu Noten, wenn es Tasten gibt?« (Zwetajewa 1987, S. 12) An anderer Stelle vergleicht Zwetajewa das Erlernen der Notenschrift mit dem der Sprachschrift: »Mag einer meinetwegen mit knappen fünf Jahren lesen – ich las fließend mit vier, und andere Kinder auch –, so ist dasselbe Alter fürs Notenlesen üblicher- und überlweise zu früh. Der Noten-Tasten-Vorgang ist komplizierter als der Buchstaben-Stimm-Prozeß [...]. Ganz zu schweigen vom schlichten evidenten Sinn eines gelesenen Wortes und dem vollkommen rätselhaften Sinn eines gespielten Taktes. Wenn ich lese, setze ich um in Sinn, wenn ich spiele, setze ich um in Klang, der seinerseits einer Umsetzung bedarf, ansonsten ist der Klang – leer. Wie aber sollte ich, als Fünfjährige, dies fühlen und das Gefühlte ausdrücken können, wo ich bereits wieder suche: zuerst, mit den Augen, das Zeichen auf der Linie, dann, im Kopf, den entsprechenden Ton der Tonleiter, schließlich, mit dem Finger, die dem Ton entsprechende Taste? So entsteht ein Spiel mit drei Unbekannten, während für ein fünfjähriges Kind schon eine einzige reicht [...].« (A. a. O., S. 15)

Zwetajewa beschreibt die bei einer schlechten Methodik des Notenschriftlernens sich einstellende Qual eines buchstabierenden Lesens, Decodierens und fingernden Verklanglichens einzelner isolierter Notenzeichen. Selbst wenn ein Kind auf diese Weise die Tonfolge einer Liedmelodie »erfingert«: Es bemerkt den melodischen Zusammenhang nicht, da er sich in bezugslose Einzelelemente aufgelöst hat.

Zwetajewas Beschreibung bildet eine drastische Kontrastfolie zu einer sinnvollen Methodik der Vermittlung musikalischer Lesefähigkeiten. Vor allem zwei Punkte sind dabei zu beachten:

- kein Umgehen mit Noten ohne Klangvorstellung;
- Vermeidung von Überforderung durch Auflösung der Komplexität des Spiels nach Noten in Teilfähigkeiten.

Methodische Prinzipien und Möglichkeiten

1. *Spielen nach Gehör.* Dem Erlernen der Notenschrift und dem Musizieren nach Noten sollte zunächst eine Phase des Spielens nach Gehör vorangehen. Das gilt für die erste Unterrichtzeit wie auch für die einzelnen Unterrichtsstunden – am besten auch in einem bereits fortgeschrittenen Stadium. »Sound before symbol« lautet die entsprechende, prinzipiell zu beherzigende Devise von Edwin E. Gordon (s. Gallus 2001, S. 54), deutlicher ausgedrückt: »Recognize the importance of teaching listening before reading.« (Gordon 1997, S. 30) Musik hörend zu erfassen und nach Gehör wiedergeben zu können ist die Voraussetzung, um sinnvoll nach Noten zu spielen, d. h. aus dem Notenbild eine Hörvorstellung zu entwickeln und zu realisieren. In diesem Prinzip sind sich alle neueren instrumentalpädagogischen Konzepte einig. Bekannte Melodien aus dem Gedächtnis singen und spielen, Melodien vorsingen bzw. -spielen und sodann nachsingen bzw. -spielen sind primäre Formen des Musizierens. Ohne Noten praktiziertes, zwischen Lehrer und Schüler alternierendes Vor- und Nachsingen bzw. -spielen von melodischen und von rhythmischen »Patterns« eignet sich gut als Einstieg in die musikalische Arbeit einer Unterrichtsstunde.

Je mehr Lernende bereits beim notenlosen Spiel nach Gehör ihre musikalische Wahrnehmung entwickelt haben, desto leichter fällt in der Regel das Erlernen der Notenschrift. Diese kann dann eingeführt werden als eine Visualisierung von bereits Bekanntem, als ein Wiedererkennen in einem anderen Medium. Wenn die Unterscheidung von höheren und tieferen, längeren und kürzeren Tönen, die Namen der Stammtöne usw. bereits beim notenlosen Spiel gelernt und geübt wurden, fällt der Umgang mit ihren notenschriftlichen Äquivalenten leichter, als wenn diese Fähigkeiten erst beim Erlernen der Notenschrift vermittelt werden.

2. *Wege des Notenlesenlernens können differenzierend vom Ganzen zum Detail wie aufbauend von einfachen Elementen zum Ganzen führen.* Auch lassen sich beide Möglichkeiten kombinieren. Mit Kindern einen markanten Abschnitt eines Orchesterwerks hören und dabei auf charakteristische Stellen des Notenbildes zeigen, in dessen ikonischer Qualität sie etwas von dem Gehörten wiederfinden – auch solche Aktivitäten können im Unterricht neben einem aufbauenden Lernen von Notenschriftelementen ihren Platz haben. Kinder sind meist fasziniert von der grafischen Erscheinung »richtiger« Notentexte. Erste Schritte des Verstehens motivieren zu weiter differenzierendem Erfassen.

3. *Erfassen von Sinnzusammenhängen.* Das Erlernen der Notenschrift sollte in musikalischen Sinnzusammenhängen und nicht an isolierten Einzelzeichen erfolgen. Entscheidend für den Aufbau einer musikalischen Vorstellung aus einem Notentext ist die Fähigkeit des *relativen* Lesens von Noten. Die Notenzeichen verweisen zunächst *aufeinander*, sie bilden musikalische Sinngefüge. Erst sekundär geben sie die Orte zu

ihrer Hervorbringung auf dem jeweiligen Instrument an. Für das Notenlernen im Klavierunterricht formulierte Peter Heilbut: »Noten sind Gemeinschaftswesen, darum heißt es nicht: ›Diese bestimmte Note ist jene bestimmte Taste‹, sondern: ›Diese Note steht zu ihren Nachbarnoten in einer bestimmten Beziehung.‹« (Heilbut 1993, S. 307)

4. *Die komplexe Struktur der Notenschrift und die anspruchsvolle Aufgabe ihrer Umsetzung lassen es ratsam erscheinen, im Unterricht das Erlernen der Schrift zunächst zu trennen vom Spiel nach Noten.* Das obige Zitat von Marina Zwetajewa zeigt die Überforderung durch gleichzeitiges Lesen und Spielen. Peter Heilbut hat für alle mentalen Beschäftigungen mit Musik den »Studiertisch« in die Instrumentaldidaktik eingeführt. Auch und gerade beim Notenlesenlehren und -lernen erweisen sich das zeitweilige Weggehen vom Instrument bzw. sein Beiseitelegen und der Wechsel zur Arbeit an einem Tisch als förderlich. Am Studiertisch können lesend die notierte Gestalt und der Verlauf von Melodie- und Rhythmusformeln beschrieben (Aufwärts oder abwärts? Schritt oder Sprung?), das Klatschen notierter Rhythmen, ihr Sprechen in Rhythmussprache, das Singen notierter Tonhöhenbewegungen und später von Melodien als Einheit von Tonhöhen, Rhythmus und Metrum usw. geübt werden. Wenn der Lernende am Studiertisch eine notierte musikalische Gestalt erschlossen hat, d. h. sie sich vorzustellen und zu singen vermag, kann er sie aus dem Gedächtnis am Instrument realisieren. Mitschüler oder der Lehrende prüfen, ob die Umsetzung richtig war. So können Lesen, Vorstellen und instrumentales Realisieren von Notiertem mit einem Hin und Her zwischen Tisch und Spielort verbunden werden. Diese Aufteilung übt das Bilden der inneren Vorstellung von Musik als eigenständigen, separierten Teil des Lernens. Sie verhindert, dass notierte Musik mechanisch als bloßes Drücken von Tasten, Greifen von Saiten, Abdecken von Löchern usw. produziert und so die Notation auf die Dimension einer Griffschrift verkürzt wird.

5. *Die traditionelle Notenschrift verbindet Tonhöhen- und Rhythmusnotation.* Die gleichzeitige Erfassung dieser Doppelheit ist für viele Kinder im Vorschul- und frühen Schulalter von vier bis sieben Jahren eine Überforderung. Jean Piaget bezeichnet die Entwicklungsphase von Kindern in diesem Alter als Studium der »intuitiven«, »voroperationalen Intelligenz«. In diesem Stadium fällt es den meisten Kindern noch schwer, zwei oder auch mehrere Aspekte einer Sache gleichzeitig aufzufassen. Die Wahrnehmung fixiert sich auf *eine* Eigenschaft des vorgegebenen Objekts (»anschauliche Zentrierung«); die »Operationen« der Hin- und Herbewegung (»Mobilität« und »Reversibilität«) zwischen zwei Bedeutungen einer Sache und der Synthesebildung gelingen noch nicht ohne Weiteres. Für das Notenlernen bedeutet dies: Die Aufmerksamkeit ist entweder primär auf den Tonhöhenverlauf oder auf die Rhythmusbedeutung von Notiertem ausgerichtet; rhythmisch-metrische »Fehler« beim Spiel nach Noten resultieren dann nicht zwangsläufig aus (noch) labilem Gefühl für Rhythmus und Metrum, sondern aus der einseitigen Ausrichtung der Aufmerksam-

keit auf die Tonhöhen, deren Wahrnehmung noch nicht problemlos verknüpft werden kann mit der gleichzeitigen Beachtung der zeitlichen Ebene. Die Begrenztheit der Aufnahmefähigkeit legt nahe, beim Vermitteln der Notenschrift zunächst Tonhöhen- und Rhythmusnotation voneinander zu trennen. Tonfolgen und ihre Notation erarbeitet man am besten zunächst rhythmisch neutral, d. h. in der schriftlichen Darstellung begrenzt auf Notenköpfe, rhythmische Muster dagegen zunächst als Patterns von Impulsfolgen, perkussiv oder auf einem Ton ausgeführt (Weiteres s. Kapitel 9: »Rhythmus«).

Für das Lernen von rhythmischen Mustern wie auch für die rhythmisch befriedigende Ausführung von Melodien sind Rhythmussprache (s. Kapitel 9: »Rhythmus«) und Textieren probate Mittel. Beide helfen, den musikalischen Rhythmus zu erfassen und seine notenschriftliche Gestalt wiederzuerkennen. Kindern, die bereits lesen können, bieten die dem Notentext unterlegten Worte eine wichtige Hilfe zu rhythmischem Spiel. Zwar bildet der Worttext neben Tonhöhen und Rhythmus noch ein drittes Element, gleichwohl erleichtert er es, die beiden musikalischen Parameter zu einer Einheit zu verbinden.

6. *Das Lehren und Lernen der Notenschrift geschieht am besten in zwei Richtungen: Gehörtes notieren – Notiertes hören und spielen.* Die Notenschrift ist entstanden aus dem Bedürfnis, vorhandene Melodien, die zunächst durch Vor- und Nachsingen tradiert wurden, »objektiv« als Erinnerungsstütze zu fixieren. Auf diesem Weg kann auch das Lernen der Notenschrift im Unterricht erfolgen: Gehörte und gespielte Musik wird mit den zu Gebote stehenden Mitteln aufgeschrieben, damit sie nicht verloren geht. Schüler und Lehrer experimentieren, wie sich Gehörtes visualisieren lässt und diskutieren die Ergebnisse. Körperbewegungen können zwischen Klang und Notat vermitteln: Gestisch ausgeführte Hoch-Tief-, Kurz-Lang-, Laut-Leise-Verhältnisse von Tönen, unterschiedliche Artikulationen etc. geben Anregungen für mögliche Notierungen. In solchen Versuchen, dem Gehörten eine visuelle Gestalt zu geben, entwickeln sich Fähigkeiten des Transformierens, die ein musikalischer Umgang mit Noten benötigt. So entstehen experimentelle Notationsformen wie auch Vorformen der traditionellen Notation. Möglichkeiten sind z. B.:

• längere Töne und kürzere Töne notieren mit Strichen und Punkten oder hohlen und ausgefüllten Notenköpfen;
• höhere und tiefere Töne von Tonpaaren oder längeren Tonfolgen ihrer Höhe und Tiefe entsprechend frei im Tonraum (zunächst ohne Notensystem) notieren;
• Tonbewegungen mit auf- und abwärtsführenden Linien notieren;
• lautere und leisere Klangereignisse mit dickeren oder dünneren Zeichen notieren.

Umgekehrt können notiert vorgegebene Tonfolgen zunächst in elementarisierten Formen der traditionellen Notation vorgegeben werden: Bereits eine einzige Notenlinie ermöglicht im Blick auf Tonfolgen die Unterscheidung von aufwärts, abwärts, gleichbleibend, Schritt, Sprung. So notierte Tonfolgen in ihrer Verlaufsform beschreiben, sie singen, simultan mit entsprechenden Bewegungen begleiten und dann aus dem Gedächtnis spielen – dies sind einfache und nützliche Schritte auf dem Weg, Notiertes in Hörvorstellungen und anschließend in Klang zu transformieren.

7. Eine wertvolle Vertiefung solchen Lernens bietet die (relative) Solmisation. Sie übt, Tonfolgen in ihrem Beziehungsgefüge wahrzunehmen, ihre Grundtonbezogenheit und ihre Intervallspannungen zu verinnerlichen, und sie ermöglicht, die strukturelle Identität einer in verschiedenen Tonarten gesungenen Melodie zu begreifen. Mit dem Do-Schlüssel, der die Position des Grundtons im Liniensystem bezeichnet, kann beim Singen nach Noten ein räumlich variables tonales Zentrum etabliert werden. Indem der Do-Schlüssel bei Übungen auf verschiedenen Linien platziert wird, lässt sich die Mobilität von Sehen und Vorstellen grundtonbezogener Tonfolgen trainieren. Die Ergänzung solmisierenden Singens durch Handgesten, mit denen die grundtonbezogenen Intervallverhältnisse der Melodietöne wiedergegeben werden, schafft über das Medium der Bewegung eine Brücke zwischen akustischem Tonraum und seinem visuellen Abbild in der Notation.

8. Hilfsmittel. Beim musikalischen Umgehenlernen mit Notenschrift sind mancherlei Hilfsmittel nützlich. Viele Möglichkeiten zum Wiedergeben von Gehörtem, zum Lesen, Vorstellen und Umsetzen von noch nicht Bekanntem, zum Konstruieren eigener Erfindungen und ihrer Verklanglichung usw. bieten Kärtchen mit verschiedenen, unterschiedlich komplexen Elementen der Notation bzw. mit notierten musikalischen Sinnzusammenhängen. Solche Kärtchen können insbesondere enthalten:
- einzelne Rhythmus- und Tonhöhenelemente;
- rhythmische Patterns und unrhythmisierte Tonfolgen;
- Taktstriche;
- Bezeichnungen von Taktarten;
- Melodieteile (pro Kärtchen ein Takt oder mehrere Takte);
- Notenschlüssel (Do-Schlüssel, Violin-, ggf. auch Bassschlüssel).

Auch andere Materialien wie Fäden oder Klebestreifen zum Fixieren von Notenlinien auf dem Boden kommen infrage. Zur Anregung ein Beispiel von Matthias Schwabe: »Wir kleben fünf Tesa-Krepp-Streifen als Leiter auf den Boden. Zwischen den Sprossen muss jeweils ein Fuß Platz haben. Einer spielt Klavier, der andere geht dazu auf bzw. zwischen den Sprossen. Rollenwechsel: Der auf den Sprossen führt, dazu muss der andere Klavier spielen. Oder einer stellt auf den Sprossen ein einfaches Lied dar, der andere soll es erraten.« (Schwabe 2008, S. 15)

Entscheidend bei der Verwendung solcher Hilfsmittel bleibt, dass sie nicht zu einem musikfernen kognitiven Agieren gerät, sondern dass die notenschriftlichen Elemente entweder von Klangvorstellungen ausgehen oder mit ihnen verbunden werden.

9. *Übertragungsmöglichkeiten.* Nach Noten singen und spielen, eine bekannte Musik in Noten wiedererkennen, Gehörtes notieren – solche und andere Schritte im Umgang mit (real erklingender oder vorgestellter) Musik und ihren Notaten sind Übertragungen, Transformationen von einem Sinnträger in einen anderen. Dieser Umstand gibt Anlass dazu, für das methodische Handeln beim Erwerben der Lesefähigkeit von Notenschrift einen Katalog von Übertragungsmöglichkeiten zusammenzustellen – von einzelnen und kombinierten Schritten also, mit denen die Teilfähigkeiten eines musikalisch sinnvollen Umgangs mit Notenschrift erworben werden. Einen solchen Katalog methodischer Schritte zur Verfügung zu haben und im Unterricht je nach Bedarf der Lernenden individuell zu verwenden, gehört zur methodischen Kompetenz von Lehrenden. Hier einige stichwortartig formulierte Möglichkeiten:

- hören – vorstellen – singen – stumm greifen – spielen – notieren (anfangs vom Lehrer, dann auch vom Schüler);
- hören – vorstellen – notieren – stumm greifen – spielen;
- lesen – beschreiben (Tonbewegung, Rhythmus, Notenbild u.a.) – vorstellen – singen – stumm greifen – spielen;
- hören – verfolgen: Gehörtes (vom Lehrer, von anderen Schülern gespielt oder auch Aufnahmen von Musik) zeigend in Noten mitverfolgen;
- hören – verfolgen – erkennen: vorgespielte Noten zeigend mitverfolgen, zeigen, wo angehalten wird, eingebaute Fehler erkennen (s. Kapitel 10: »Spielen«);
- hören – identifizieren: Der Lehrer spielt auf einem Blatt notierte Patterns (ohne Rhythmus notierte Tonfolgen, rhythmische Patterns, dann auch melodisch-rhythmisch notierte Melodiewendungen), der Schüler soll das jeweils Gespiele identifizieren; dasselbe in fortgeschrittenem Stadium mit Stellen aus einem notierten Stück;
- erfinden – spielen – aufschreiben (mit diversen Erweiterungen, z.B. notierter Rhythmus vorgegeben – melodisieren – singen – notieren; notierte Melodiefolge vorgegeben – rhythmisieren – singen – notieren);
- klingend oder notiert vorgegebene Melodiegestalten solmisiert nachsingen – mit abgekürzten Solmisationssilben (d – r – m – f – s – l – t) aufschreiben – mit Do-Schlüssel notieren – von bestimmtem Ton aus absolut notieren (Erweiterung: solmisiert von verschiedenen Tönen aus transponiert singen und absolut notieren);
- klingend oder notiert vorgegebene Rhythmen in Rhythmussprache wiedergeben – in Notenwerten aufschreiben;
- notierte und mit Solmisationssilben bezeichnete Rhythmusmodelle singen / spielen – absolut notieren.

Zum Üben von Teilfertigkeiten oder (bei entsprechendem Können) zur Abkürzung können natürlich bestimmte Schritte der jeweiligen Reihe ausgelassen werden. Gruppen- und Klassenunterricht bieten die Möglichkeit, bestimmte Schritte auf verschiedene Schüler(gruppen) zu verteilen und nach und nach die Teilaufgaben zu wechseln.

So lässt sich das musikalische Umgehen mit Notenschrift in vielfältigen Regelspielen vermitteln, lernen und üben. Entscheidend bleibt die Fähigkeit, Notenschrift für musikalische Zwecke gebrauchen zu können. Dies ist wichtiger, als alle ihre Strukturelemente kognitiv begriffen zu haben und erklären zu können. Aus einem vielgestaltigen pragmatischen Gebrauch entwickelt sich nach und nach das Verstehen der komplexen Elemente, die in der Notenschrift zusammenwirken.

Auch und gerade bei fortgeschrittener musikalischer Lesekompetenz sollte beim Spielen und Singen immer wieder das Lösen von den Noten geübt werden. Noten sind ein Hilfsmittel musikalischer Klangvorstellung, und diese erreicht ihre Vollendung in der Unabhängigkeit von Noten. Das Spielen ohne Noten steht also ebenso *vor* wie *nach* dem durch Noten vermittelten Spielen.

Literaturhinweise

Peter Röbke: *Der Instrumentalschüler als Interpret. Musikalische Spielräume im Instrumentalunterricht*, Mainz 1990, Kapitel VII / Abschnitt B: »Eine Voraussetzung der Interpretationsfähigkeit: z. B. Noten lesen können«, S. 179–186

Peter Röbkes Plädoyer lautet: »Im Instrumentalunterricht, in dem ein kluger und phantasievoller Umgang mit Musik gelehrt werden soll, sollte die Einsicht in die ikonische Dimension von Notation Ausgangspunkt und die Kenntnis der absoluten Höhen- und Dauerzeichen eine Selbstverständlichkeit sein, weiterhin die Griffschrift-Qualität von Notenzeichen eingeschränkt und deren Bedeutungsqualität besonders herausgestellt werden.«

Peter Heilbut: *Klavier spielen. Früh-Instrumentalunterricht. Ein pädagogisches Handbuch für die Praxis*, Mainz 1993, Abschnitt »Vom Spiel mit Noten zum Vom-Blattspiel, begleitend Hörschulung«, S. 307–319

Peter Heilbut plädiert dafür, im Unterricht das Spielen nach Gehör und das Spiel mit Noten parallel laufen zu lassen. Das Instrument und die Notenschrift sind »getrennte Lernbereiche. Sie treten nur in Verbindung durch Überbrückung des Weges vom Studiertisch zum Instrument.« (S. 199) Heilbut gelingt so eine kleinschrittige, wohldurchdachte und in ihren Prinzipien instrumentenübergreifend praktikable Methodik, durch die Schüler lernen, aus dem Notenbild eine Klangvorstellung zu entwickeln, statt Noten primär als Griffschrift zu verwenden.

Anselm Ernst: *Was ist guter Instrumentalunterricht? Beispiele und Anregungen*, Aarau 2007, Kapitel 4: »Musikalische Lesekompetenz«, S. 71–94

Für Anselm Ernst beinhaltet musikalische Lesekompetenz das Erfassen von notierter Musik in ihren Sinnzusammenhängen. Er beschäftigt sich mit den ›Lernbedingungen für den Aufbau der Lesekompetenz‹ und plädiert in methodischer Hinsicht für eine Verwendung diverser Lern- und Spielmaterialien (Kärtchen, Arbeitsblätter, Memories, Dominos, Puzzles u. a.), die er näher beschreibt.

Marion Saxer: *Lisas Problem oder: Die Schüler sind immer noch die besten Lehrer der Lehrer*, in: Üben & Musizieren 6/1997, S. 8–14

Ausgehend von einem Fallbeispiel aus der Unterrichtspraxis macht Marion Saxer eindrucksvoll die Schwierigkeiten begreiflich, die Lernende, insbesondere Kinder, mit der Umsetzung von Notenschrift in Klang haben.

12. Kommunikation

Didaktische Vorüberlegungen

Wie treffe ich in verschiedenen Unterrichtssituationen im Umgang mit meinen Schülern jeweils den richtigen Ton? Wie löse ich gehemmten Schülern die Zunge? Wie komme ich mit Schülern zurecht, die ich nicht besonders mag oder die mich nicht besonders mögen? Wie fördere ich die musikalische Kommunikationsfähigkeit meiner Schüler? Wie erreiche ich eine Balance zwischen einem persönlichen Verhältnis zu meinen Schülern und meiner Rolle als Lehrer? Wie gelingt es mir, wirkungsvoller (klarer, bestimmter, animierender, motivierender …) zu kommunizieren? Wie schaffe ich eine angenehme, anregende, lernfördernde Atmosphäre?

Solche und viele weitere Fragen zur Kommunikation stellen sich fortwährend beim Unterrichten. Kommunikation ist die Grundlage aller Pädagogik. Ohne eine gut funktionierende Kommunikation zwischen Lehrenden und Lernenden kann Unterricht nicht gelingen.

In allen Bereichen des Instrumental- und Vokalunterrichts findet Kommunikation statt. Daher kommen auch in anderen Kapiteln dieses Buchs immer wieder kommunikative Aspekte zur Sprache. »Kommunikation« von den jeweiligen Zusammenhängen zu lösen und zum Gegenstand eines eigenen Kapitels zu machen, mag gewaltsam anmuten. Vielleicht aber können einige prinzipielle Überlegungen nützlich sein: als Scheinwerfer zur Erkundung und Reflexion eigener Unterrichtserfahrungen und als Anregungen zu persönlicher Weiterentwicklung. Gute Kommunikation bedarf individueller Fantasie. Deren Förderung, nicht die Formulierung von Rezepten, ist die Absicht der nachfolgenden Hinweise.

Kommunikation bedeutet immer auch Beziehungsgestaltung. Die Art der Kommunikation hängt zusammen mit der Beziehung zwischen Lehrenden und Lernenden. Gerade im Instrumental- und Vokalunterricht spielt die Lehrer-Schüler-Beziehung eine eminente Rolle. Was Margit Varró über den Einzelunterricht schreibt, gilt mutatis mutandis auch für die Vermittlung von Musik in anderen Unterrichtsformen. Varró betont, »daß der Musikunterricht eine der denkbar innerlichsten Beziehungen zweier Menschen zueinander ist. Im Musizieren treten Schüler und Lehrer mehr aus sich heraus als sonst. […] Überdies führt die gemeinsame Beschäftigung mit Musik auch den erwachsenen Schüler leicht dazu, einen Teil der überschwenglichen Gefühle, die durch die Musik ausgelöst werden, auf den Lehrer zu übertragen – vorausgesetzt natürlich, daß dessen Persönlichkeit genug Anziehendes für ihn hat. Umgekehrt ist es oft die Liebe zum Lehrer, die ihn dazu bringt, tiefer in das Studium der Musik einzudringen, als er es sonst getan hätte. So kommt also die Liebe zur Musik dem Lehrer zu statten und die Liebe zum Lehrer der Musik.« (Varró 1929/ 1958, S. 284) Das enge persönliche Zusammenwirken von Lehrenden und Lernenden im Einzel-, Gruppen- und binnendifferenziert angelegten Klassenunterricht verlangt die Bereitschaft und Fähigkeit, sich intensiv auf jede einzelne Schülerpersönlichkeit einzulassen.

Instrumental- und Vokalpädagogen benötigen kommunikative Kompetenzen im Umgang mit Menschen aller Altersstufen vom Vorschul- bis zum Seniorenalter. Weitere Kommunikationspartner sind Eltern, Kollegen, Vorgesetzte, Mitwirkende bei Kooperationen, Politiker, Musikliebhaber u. a. Stets ist ein individuelles Kommunizieren gefordert. In diesem Kapitel steht der Unterricht im Blickfeld.

Das Wort »Kommunikation« klingt für viele Ohren technisch. Kommunikation ist jedoch alles andere als ein mechanischer Ablauf zwischen »Sender« und »Empfänger«. Bereits das Bedeutungsspektrum des lateinischen Wortes »communicare« lässt dies deutlich werden: 1. gemeinsam machen, vereinigen, zusammenlegen; 2. teilen, mitteilen, teilnehmen lassen, Anteil nehmen; 3. sich beraten, besprechen. Nicht nur die Qualitäten des Mitteilens, sondern nicht weniger die des Zuhörens bilden kommunikative Kompetenzen. »Kommunikation« soll als Überbegriff dafür verstanden werden, wie Lehrer und Schüler miteinander umgehen, wie sie sich zueinander verhalten und dementsprechend ihre Beziehungen gestalten. Wirkungsfaktoren von Kommunikation sind vor allem:

• die Sprache – gleichermaßen das Was und das Wie betreffend: zusammen mit dem eigentlichen »Inhalt« des Gesagten also auch die musikalischen Elemente Tonfall, Sprechmelodie, Lautstärke, Tempo, Artikulation, Pausengestaltung usw.;
• die Körpersprache: Haltung, Tonus, Mimik, Gestik;
• das Raumverhalten: Nähe / Distanz als Polarität, ferner die Gestaltung räumlicher Konstellationen in Abhängigkeit von bestimmten Aktivitäten im Unterricht, z. B. beim Vorspielen, Erarbeiten, Vormachen, Zusammenspielen;
• das Rollenbewusstsein und die Rollengestaltung: Klarheit darüber, welches Maß an Autorität, persönlicher Verbundenheit, Partnerschaftlichkeit, Coach-Funktionen usw. der einzelne Schüler vom Lehrer braucht;
• die Selbstinszenierung: Kleidung, Frisur, Schmuck, Körperpflege usw.;
• die Raumgestaltung: Herrichtung des Unterrichtsraums, Raumluft, Lichtverhältnisse, persönliche Gegenstände; auch und gerade dann, wenn Unterricht in vielfältig genutzten Klassenzimmern an allgemeinbildenden Schulen stattfindet, können kleine, unaufwendig durchzuführende Arrangements eine persönlich geprägte Atmosphäre fördern.

Diese Wirkungsfaktoren lassen sich sehr unterschiedlich realisieren. Jeder von ihnen verdient Kultivierung: eine bewusste Gestaltung und ein Erspüren der mit bestimmten Handlungsweisen verbundenen Wirkungen. Kultivierung meint jedoch nicht absolute Kontrolle und primär strategisches Agieren. Kommunikation ohne Spontaneität und Natürlichkeit wirkt steril und »zündet« nicht. Besser als der Versuch rigider Selbststeuerung ist die gelassene Bereitschaft, sich immer wieder selbst »über die Schulter zu schauen«, eigene Gewohnheiten wahrzunehmen, das Verhaltensrepertoire behutsam experimentierend auszuweiten und die Wahrnehmung zu schärfen für gelingendes und weniger gut gelingendes Interagieren. So kann sich eine »zweite Natur« entwickeln: Das Üben von Selbstwahrnehmung und Reflexion ermöglicht eine immer differenziertere Intuition.

»Ich weiß nicht, was ich gesagt habe, bevor ich die Antwort meines Gegenübers gehört habe.« Dieser viel zitierte Satz von Paul Watzlawick macht bewusst, dass es keine Objektivität des Mitteilens gibt. Kommunikativ entscheidend ist daher die Fähigkeit, den Partner in seiner Art des Reagierens und Kommunizierens wahrzunehmen. Auch dafür nützen die genannten Wirkungsfaktoren als »Scheinwerfer«. Lehrer benötigen Einfühlungs- und Beobachtungsvermögen im Umgang mit ihren Schülern. Neben »fachlicher« Diagnostik in Bezug auf musikalische Leistungen ist immer auch das Gespür für die persönlichen Bedürfnisse, Probleme und Entwicklungsmöglichkeiten gefragt.

Zu kommunikativer Kompetenz gehört zusammen mit der Eigen- und Fremdwahrnehmung ein Gefühl für die Interdependenzen und für das »Ganze« zwischenmenschlichen Umgangs. Kommunikation gleicht einem Tanz. Alle Impulse, Bewegungen und Äußerungen der beteiligten Partner bilden einen systemischen Zusammenhang. In Bezug auf körpersprachliches Verhalten erlebt man dies deutlich beim Betrachten einer gefilmten und ohne Ton abgespielten Unterrichtssequenz. Letztlich ist Kommunikation wie Tanz ein Spiel: ein Hin und Her von Aktionen, bei dem die Partner bei aller Selbststeuerung doch auch immer jeweils vom anderen in ihrem Verhalten »gespielt« werden. (»Alles Spielen ist ein Gespieltwerden.« Gadamer 1990, S. 112)

»Das schönste und reichste Spiel ist Sprechen, erstlich des Kindes mit sich, und noch mehr der Eltern mit ihm.« (Jean Paul 1807/1963, S. 612) Jean Paul lässt den Spielcharakter der Kommunikation beginnen mit dem Selbstgespräch des Kindes. In der Tat: Das Selbstgespräch, die Verständigung mit sich selbst, bildet die Grundlage der Kommunikation mit anderen. Die innere Pluralität jedes Menschen, seine oft widerstreitenden Regungen erfordern eine beständige interne Kommunikation, Klärung, Abwägung und Positionierung der fortwährend im Inneren vernehmbaren Impulse. Kommunikationspsychologie möchte daher nicht zuletzt erreichen, »mit sich selbst im Gespräch zu bleiben« und die widerstreitenden Persönlichkeitsanteile zu einem »Inneren Team« (s. dazu Schulz von Thun 1998) zu vereinen.

Musik ist selbst ein kommunikatives Medium. Sie wird »gesendet« und »empfangen«. Sie ermöglicht den Ausführenden, mit der dargestellten Musik und miteinander im »Gespräch« zu sein, anderen Menschen musikalische Botschaften mitzuteilen – vor allem auch: mit sich selbst, den eigenen inneren Regungen, umzugehen und ihnen Gestalt zu geben. Kommunikation im Unterricht möchte die Fähigkeit zu musikalischer Kommunikation entwickeln. Wie Musizieren selbst ein kommunikativer Akt ist, so beinhalten sprachliches und körpersprachliches Kommunizieren musizierrelevante Qualitäten. Hier wie dort kommt es an auf nachvollziehbares Mitteilen, aufmerksames Zuhören, Verstehen, Aufgreifen und Weiterführen von Impulsen. »Außermusikalisches« und musikalisches Musizieren stehen im Instrumental- und Vokalunterricht in einem engen Zusammenhang. Die Regeln für gutes musikalisches Kommunizieren gelten für jegliche Kommunikation.

Zum kommunikationspsychologischen Gemeingut gehört mittlerweile das von Friedemann Schulz von Thun (als Zusammenführung wichtiger Erkenntnisse von Paul Watzlawick und Karl Bühler) entwickelte »Nachrichtenquadrat« (Schulz von Thun 1981). Es besagt, dass jede gesendete Nachricht vier Kundgaben enthält: eine Sachaussage, eine Selbstoffenbarung, einen Appell und eine Beziehungsbotschaft. Der Ausruf »Das ist doch fis!!« korrigiert einen falsch gespielten Ton, bringt Genervtheit zum Ausdruck, enthält die Aufforderung, beim nächsten Mal den richtigen Ton zu spielen, und lässt deutlich werden, dass hier ein charakteristisches Rollenverhältnis zwischen Lehrer und Schüler vorliegt. Das Nachrichtenquadrat ist eine unschätzbare Hilfe für das Verstehen kommunikativer Vorgänge. Es fördert ein Bewusstsein für die Vielschichtigkeit eigener wie fremder Mitteilungen und deren Verstehbarkeit. Auch z. B. nonverbales Agieren oder die Herrichtung einer Raumatmosphäre zeigen bei Lichte betrachtet Botschaften in allen vier kommunikativen Dimensionen des Nachrichtenquadrats.

Was sind basale kommunikative Qualitäten von Pädagogen? Hier einige wichtige Befunde der Kommunikationspsychologie von Schulz von Thun mit dem Hinweis auf die primäre Zugehörigkeit zur jeweiligen Seite des Nachrichtenquadrats:
- Klarheit, Verständlichkeit (Sachaspekt);
- möglichst weitreichende Übereinstimmung von »Innerung« und »Äußerung« (Begriffe von Schulz von Thun 1989, S. 20), d.h. zwischen dem, *was* ich kundgeben möchte, und der Art, *wie* ich es tue (Selbstoffenbarungsaspekt);
- Echtheit, Verzicht auf Vorspiegelungen (Selbstoffenbarungsaspekt);
- kongruentes Verhalten, d.h. keine Widersprüche zwischen verschiedenen »Medien« wie Verbal- und Körpersprache (Selbstoffenbarungsaspekt);
- Wertschätzung des Partners als kommunikative Grundbotschaft (Beziehungsaspekt);
- Empathiefähigkeit, Interesse an der Individualität des Partners, damit verbunden: ihm zuhören und ihn verstehen wollen (Beziehungsaspekt);
- Klarheit im Einnehmen und Ausagieren von Rollen, Vermeidung verunsichernder Wechsel zwischen Lehrerautorität und distanzloser oder anbiedernder »freundschaftlicher« Kumpanei (Beziehungsaspekt);
- Klarheit in der Erwartungshaltung (Appellaspekt).

Einzelne Stunden nach Maßgabe solcher Kriterien zu beobachten und zu reflektieren, sodann zu meditieren, wie sich Unterricht mit bestimmten Schülern im Hinblick auf bestimmte Kriterien verbessern lässt – dies sind Grundübungen zur Verfeinerung kommunikativen Verhaltens, die jeder Lehrende immer wieder praktizieren sollte.

Methodische Prinzipien und Möglichkeiten

1. *Erst die Beziehung, dann der Inhalt.* Diese Devise meint nicht unbedingt eine zeitliche Reihenfolge (man kann mitunter auch ohne Umschweife »hineinspringen« in die gemeinsame Arbeit, wenn man sich gut kennt und versteht), sondern sie zielt auf die Voraussetzung jedes produktiven Lehr-Lernens: Lernen ist nach psychoanalytischer Auffassung das Ergebnis lernfördernder Beziehungen (so eine mündliche Formulierung des Psychologen Helmuth Figdor). In einer guten, atmosphärisch wohltuenden, von Sympathie und Wohlwollen getragenen, am besten auch mit einer Portion Humor belebten Beziehung zwischen Lehrenden und Lernenden entwickeln sich Lerninteressen (und ebenso Lehrinteressen) am besten. Auch die konstruktivistische Didaktik betont den »Primat der Beziehungen vor den Inhalten.« (Reich 2008, S. 83) Wenn Lernende in der Tat selbst die Konstrukteure ihres Lernens sind, dann bedürfen sie weniger einer vermeintlich perfekten Instruktion durch Lehrende, sondern vor allem einer lernfördernden Beziehung. Deren Urbild ist das Verhältnis von Kindern und ihren sich ihnen zuwendenden Eltern. Kindliches Lernen erfolgt nicht durch ein inhaltlich perfekt aufbereitetes elterliches Belehren, sondern in erster Linie wird es befördert durch die Anteilnahme der Eltern, ihr lebhaftes Interesse, ihre Freude an Lernzuwächsen sowie durch das animierende Interagieren mit ihren Kindern. Dieses Gefühl beflügelt den Wagemut des Lernens und stärkt die Lust am Explorieren auf noch unbekanntem bzw. ungewohntem Terrain. Ein solches Lernklima kann auch für das Lernen im Unterricht als modellhaft gelten. »Lehrende sind oft in Versuchung, die Inhalte überzubetonen.« (A. a. O., S. 109) Tatsächlich aber kann eine aus der Sache abgeleitete, methodisch stimmige Schrittfolge nicht die beziehungsspezifische Grundlage als Voraussetzung des Lernens im Unterricht ersetzen. Vielmehr gilt: »Je kongruenter und dialogischer Beziehungen gestaltet werden, je mehr kommunikative Kompetenzen aktiv entwickelt und geleistet werden, desto wahrscheinlicher ist auch eine gelungene Inhaltsvermittlung.« (A. a. O., S. 104) Ins Einzelne gehende vermeintliche Patentrezepte für die Beziehungsgestaltung haben wenig Wert, denn ohne persönlichen Einsatz funktionieren keine ›Tricks‹ im Umgang mit Schülern. Wie die Kultivierung aller zwischenmenschlichen Beziehungen kommt auch die Gestaltung einer erfreulichen Lehrer-Schüler-Beziehung nicht ohne persönliche Fantasie aus. »Ich will dich verstehen.« – »Ich habe dich verstanden.« – Als kommunikative Devisen bringen diese beiden Sätze zum Ausdruck, worauf es ankommt. Wer die ihnen entsprechende Haltung immer wieder als Grundbotschaft von seinem Gegenüber erfährt, dürfte sich wohlfühlen im Zusammensein mit ihm.

2. *Seine Schüler lieben.* In einem vor vielen Jahren geführten Interview fragte ich meine verehrte und höchst erfolgreiche Klavierlehrerin Edith Picht-Axenfeld zum Schluss: »Welche pädagogische Qualität halten Sie für die wichtigste?« Die Antwort

war: »Die Kraft, seine Schüler zu lieben.« (Mahlert 1984, S. 37) Auch diese Aussage bringt den Vorrang der Beziehungsarbeit vor allen inhaltlichen Erwägungen zum Ausdruck. Zugrunde liegt ihr die Überzeugung, dass die »Liebe«, um die es hier geht, nicht das Geschenk besonderer Sympathie, sondern eine zu übende Tätigkeit ist. Dies entspricht der Auffassung von Liebe, die Erich Fromm in seinem erstmals 1956 erschienenen berühmten Buch *Die Kunst des Liebens* (Fromm 1977) entfaltet hat: »Die Liebe ist eine Aktivität und kein passiver Affekt.« (A.a.O., S. 41) Die in pädagogischen Zusammenhängen zu übende Liebe beinhaltet vor allem: Zuwendung, Interesse (an der Persönlichkeit des Lernenden, seinen Lebensumständen, seinen Lernwegen usw.), Empathie (die Fähigkeit, sich in das Erleben und Denken des Lernenden hineinzuversetzen und einzufühlen) sowie Respekt (vor der Individualität des Lernenden und somit auch vor ihren Abweichungen von eigenen Wunschvorstellungen). Fromm beschreibt, wie durch das im Üben solcher Liebe geschehende *Geben* eine auf den Geber zurückwirkende Entwicklung in Gang kommt: »Er gibt von seiner Freude, von seinem Interesse, von seinem Verständnis, von seinem Wissen, von seinem Humor und von seiner Traurigkeit – kurz, von allem, was in ihm lebendig ist. Und dadurch, daß er von seinem Leben gibt, bereichert er den anderen, steigert er das Lebensgefühl des anderen in der Steigerung des eigenen Lebensgefühls. Er gibt nicht, um dafür etwas zu empfangen; aber durch sein Geben kann er nicht vermeiden, im anderen etwas zum Leben zu erwecken, das wiederum auf ihn zurückwirkt; weil er etwas gibt, kann er nicht umhin, das zu empfangen, was ihm zurückgegeben wird. Das Geben umschließt gleichzeitig, daß der andere ebenfalls zum Gebenden wird und daß beide sich an dem freuen, was zum Leben erweckt worden ist.« (A.a.O., S. 44) Diese Modellvorstellung ermutigt, das Üben der liebenden Zuwendung zu Lernenden auch dann zu wagen, wenn die Beziehung nicht von vornherein von Sympathie getragen ist. Wer diese Fähigkeit des Liebens übt und zu einer Grundhaltung entwickelt, lernt damit auch, sich vor Gefühlen der Entwertung durch das Verhalten anderer zu bewahren. Exemplarisch verkörpert ist diese Haltung in der Figur Aljoscha Karamasow aus Fjodor Dostojewskijs Roman *Die Brüder Karamasow*: Dieser »war überzeugt, daß auf der ganzen Welt kein Mensch ihn je willentlich kränken würde, und zwar, weil er es nicht nur nicht wollen, sondern auch nicht können würde.« (Dostojewskij 2006, S. 165)

In die Liebe zu begabten und erfolgreichen Schülern mischt sich leicht ein egoistisches Interesse. Solche Schüler erhöhen das eigene Selbstwertgefühl von Lehrenden. Diese lieben sie dann gewissermaßen als ihre persönlichen »Schöpfungen«, lieben sich also letztlich selbst in ihnen; die Lernenden fungieren als Renommierobjekte des eigenen pädagogischen Erfolgs. Zur Vermeidung solcher Fehlentwicklungen benötigen Lehrende Erfahrung und Reife. Die spontan sich einstellende pädagogische Liebe braucht als Gegengewicht die Selbstaufklärung des Lehrenden darüber, dass ein affektives Loslassen angebracht ist, um die Beziehung vor einer schädlichen, wachstumsfeindlichen Abhängigkeit zu bewahren.

3. *Das Ausmaß des eigenen Sprechens beobachten und kontrollieren; das Sprechen der Schüler fördern.* Diverse Untersuchungen zum quantitativen Verhältnis der Sprechdauer von Lehrenden und Lernenden im Unterricht an allgemeinbildenden Schulen haben ergeben, »daß der Lehrer zwei Drittel, die Schüler dagegen ein Drittel der Sprechanteile bestreiten« (Meyer 1987, S. 203). Im Instrumental- und Vokalunterricht dürfte der Sprechanteil der Lehrenden oft noch beträchtlich höher liegen. Gerade im Unterricht an Hochschulen, der eine starke Vorbildfunktion für das spätere Unterrichten von Absolventen hat, sprechen Lehrende als instruierende Meister häufig erheblich mehr als ihre Schüler. Leicht regredieren diese durch ihre faktische Unterlegenheit in ein stummes Bewundern von demonstrierten Lehrerfähigkeiten und ein beflissenes Aufnehmen ihrer Anweisungen. Mehr als an sprachlosem Bewundertwerden sollte Lehrern daran gelegen sein, ihren Schülern die Zunge zu lösen und sie zum Sprechen zu animieren: zum Ausdrücken von Wahrnehmungen, Gefühlen, Gedanken, zum Beschreiben und Reflektieren von Musik, zum Erfinden und Verbalisieren bildlicher Vorstellungen, zum Formulieren der eigenen Intentionen beim Spielen und zu Beobachtungen am eigenen Spiel, zum Fragen und Diskutieren. Im Sprechen vollzieht und vertieft sich Lernen. Förderlich sind vor allem offene Fragen, die das Denken anregen und dem Schüler Raum zum Formulieren eigener Überlegungen lassen; wogegen enge, punktgenau zu beantwortende Fragen oder gar das auf einen bestimmten Begriff gerichtete bohrende Nachfragen (von Meyer als »Nase-Pul-Fragen« bezeichnet, a. a. O., S. 208) den Schüler kommunikativ behindern. (Näheres zu förderlichem Sprachverhalten von Lehrenden s. Ernst 1991, Kapitel »Unterrichtssprache«, S. 152–164.)

Gewiss hängt es erheblich von der Unterrichtsform ab, wie viel Raum Lernende zum Sprechen haben. Einzelunterricht lässt viele Gesprächsanteile am Unterrichtsgeschehen zu, während Klassenunterricht eine starke Beschränkung erforderlich macht, wenn er nicht aus dem Ruder laufen soll. Um so wichtiger ist es gerade hier, dass Lehrende ihr eigenes Sprechen und dessen Ausmaß kontrollieren. Es sollte so knapp sein, dass die musikalischen Aktivitäten der Schüler den größten Anteil an der Lernzeit einnehmen und ihre Lust am Agieren nicht ständig durch langes Zuhörenmüssen behindert wird. Knappheit und Pointiertheit der Formulierungen, ein gutes Verhältnis von diskursiven und bildlichen Anteilen, eine klare und modulationsfähige Aussprache, ein maßvolles Tempo sowie angemessene Pausen zwischen Sinneinheiten erhöhen den Lerngewinn von Lehrermitteilungen.

4. *Differenzierte sprachliche Ausdrucksfähigkeiten entwickeln.* Lernende bewundern an Lehrenden, wenn sie »gut erklären« können. Die Fähigkeit, in einfachen Worten Sachverhalte klar, plastisch und gut nachvollziehbar darstellen zu können, gehört auf der Sachebene zu den wichtigsten Kompetenzen von Lehrenden. Wünschenswert ist darüber hinaus Variabilität im Sprachverhalten. Die Nutzung verschiedener Sprechweisen (insbesondere diskursiv-analytisches, bildlich-synthetisches Sprechen) ermög-

licht vielfältiges Lernen. Die Verwendung diverser »Sprachregister« belebt die Mitteilung und macht für den Schüler verschiedene Seiten der Lehrerpersönlichkeit erfahrbar. Einerseits gilt der schöne Satz von Heinrich Neuhaus: »Man kann von der Kunst nicht in einer allzu kunstlosen Sprache reden!« (Neuhaus 1967, S. 191) Andererseits tun mitunter eine pointierte »Knackigkeit« oder sogar Saloppheit sehr gut. Kontraste halten wach und beweglich – wenn sie echt und vor allem mit Sinn für Witz und Humor gepaart sind.

5. *Qualitäten des Zuhörens und des körpersprachlichen Mitteilens kultivieren.* Wie Sprechen ist auch Zuhören ein Akt der Kommunikation. Und ebenso wie das Sprechen kann auch das Zuhören sehr unterschiedlich gestaltet sein und sehr verschiedene Wirkungen haben. Es gibt Menschen, die durch ihre wohlwollende, aufmerksame und konzentrationsfördernde Art des Zuhörens den Gesprächspartner anregen und stimulieren, seine Gedanken zu entwickeln. Zuhören kann aber auch gleichgültig oder hemmend sein, Beklommenheit oder gar Angst verbreiten. Manche Menschen können kaum zuhören, sondern müssen selbst immerfort reden; im kurzfristigen Pausieren bereiten sie bereits ihre nächste Äußerung vor, sind also auch im Nicht-Sprechen mehr bei sich selbst als bei ihrem Gegenüber.

Gute Lehrer hören ihren Schülern gut zu – ihrem Sprechen wie ihrem Musizieren. Gutes Zuhören ist kein apathisches Schweigen, kein mehr oder minder geduldig vollzogenes Zurückhalten eigener Redeimpulse. Ersteres erzeugt Unbehagen, Letzteres verursacht Druck und Frustration, weil der Sprechende spürt, dass sein Gegenüber das Mitgeteilte nur als Impulsmaterial für den eigenen Ausdrucksdrang benutzt. Dagegen liegt die Qualität guten Zuhörens im Mitgehen mit den sprachlichen oder musikalischen Äußerungen des Partners. Wer gut zuhört, ist bemüht, das Mitgeteilte zu verstehen und dem Gegenüber sein Verstehen oder Noch-nicht-Verstehen zu signalisieren. Das geschieht zunächst körpersprachlich: durch eine aufgeschlossene, zugewandte, aber nicht aufdringliche Haltung, durch eine Mimik und Gestik, die das Mitvollziehen und -bedenken des Gehörten bekunden. Solche Signale fördern die Bereitschaft, sich mitzuteilen.

Kommunikation im Instrumental- und Vokalunterricht besteht zu einem beträchtlichen Teil darin, dass Lehrende verbal auf musikalische Mitteilungen von Lernenden reagieren oder diese vorbereiten: Der Schüler spielt – der Lehrer spricht (kommentiert, beurteilt, korrigiert) und fordert zum erneuten Spielen auf. Sprache und Musik sind verschiedene Medien, und daher bedarf der Wechsel zwischen ihnen besonderer Behutsamkeit. Dazwischenreden, sofortiges und womöglich lautes Lossprechen nach einer musikalischen Aktion sind keine guten Verhaltensweisen, denn sie behindern oder zerstören die Musik und ihre Wahrnehmung. Musik bedarf des Voraus- und des Nachhörens. Vor und nach ihrem Erklingen muss es zumindest einen Moment still werden. Daher sei Lehrenden empfohlen, nach dem Spiel ihrer Schüler ein paar Sekunden Zeit vergehen zu lassen, bevor sie anfangen zu sprechen.

Damit zeigen sie Respekt vor der Musik wie vor den Schülern. Vor allem hält das Innehalten nach der Spielaktion den Schüler an, seinem Spiel nachzuhören und zu überlegen, »wie es war«. Die kurze Zurückhaltung des Lehrenden fördert also die Selbstständigkeit des Lernenden.

Wolfgang Lessing hat eindrucksvoll beschrieben, wie wichtig es ist, dass Lehrende in der musikalischen Arbeit dem Musizieren ihrer Schüler intensiv zuhören. Lernende brauchen das empathische, auf die Ausdrucksabsichten des Schülers und die Botschaft der Musik gerichtete Zuhören des Lehrers für die Ausbildung der Fähigkeit, ihr Musizieren als Mitteilung zu gestalten, d. h. musizierend zu kommunizieren. »Die ›Lauschbereitschaft‹ (Jacoby 1984, S. 25) des Lehrers kann die Wahrnehmungs- und Gestaltungsbereitschaft des Schülers intensivieren und ihn damit in die Lage versetzen, sein Spiel auf diesen Erwartungshorizont hin zu beziehen.« (Lessing 2006, S. 331) Gute Lehrer verstehen es, »bereits durch minimale gestische und mimische Regungen Impulse auszusenden« (ebd.). Lessing macht deutlich, dass solche Fähigkeiten mehr sind als bloße Techniken: »Die gestische und emotionale Zugewandtheit eines Lehrers, seine Bereitschaft, sich auf das Spiel des Schülers ganz und gar einzulassen, bedarf gleichermaßen eines mitmenschlichen Interesses an der Person und dem Ausdrucksvermögen des Schülers sowie der Fähigkeit, musikalische Verläufe und Erwartungen körpersprachlich und verbal zu artikulieren.« (Ebd.)

Die Kultivierung körpersprachlicher Ausdrucksfähigkeit kann zu Phasen führen, in denen die Interaktion von Lehrer und Schüler tatsächlich eine Weile nonverbal geschieht (s. dazu Wüstehube 2009). Allerdings sollten Lehrende auf ein maßvolles körperliches Agieren achten. Ein ständiges »Rumgerudere« ist nervend; es stört mehr als dass es animiert. Besser sind kleine deutliche als große diffuse Aktionen.

6. *Kommunikativen Takt üben.* Lernende sind im Instrumental- und Vokalunterricht fast unvermeidlich mit vielen eigenen Defiziten konfrontiert. Musik wird körperlich ausgeübt. Besonders bei der Arbeit an der körperlichen Darstellung von Musik greift der Unterricht in einen sehr persönlichen, heiklen, leicht zu beschädigenden Bereich der Selbstwahrnehmung und -bewertung ein. Niemand erlebt gern, dass er sich ungeschickt, ungelenk, unelegant, schwerfällig, verkrampft (und was der negativen Befindlichkeiten mehr sind) verhält. Es macht den kommunikativen Takt eines Lehrenden aus, solche Gefühle nicht noch hervorzuheben und dadurch zu verstärken, sondern dem Lernenden mit Diskretion, womöglich auch mit einer Portion Humor darüber hinwegzuhelfen, seine Aufmerksamkeit auf bereits Gelingendes zu richten und so eine positive Selbstwahrnehmung zu fördern. Lernende sollten sich niemals beschämt fühlen.

7. *Projektionen und Übertragungen nachspüren.* Im Umgang von Lehrenden und Lernenden sind häufig Projektionen und Übertragungen im Spiel. Sie können auf beiden Seiten wirksam sein und das jeweilige Bild des einen Partners vom anderen erheblich

beeinflussen. Bezogen auf die Wahrnehmung von Schülern durch Lehrer bedeuten Projektion und Übertragung: Bei Projektionen erlebt der Lehrende eigene, häufig als problematisch empfundene Eigenschaften im Lernenden; bei Übertragungen ist unerkannt eine dritte Person im Spiel, an die und deren Verhalten der Lehrende sich im Umgang mit dem Lernenden erinnert fühlt. In beiden Fällen tritt eine Verzerrung und Fehldeutung der Wahrnehmung ein. Sie wirkt umso problematischer, je weniger sie vom Projizierenden bzw. Übertragenden durchschaut wird. Friedemann Schulz von Thun gibt folgende Selbstdirektive: »Wenn ich neue Menschen kennenlerne, versuche ich mich zu fragen, an wen sie mich erinnern. Indem ich mir solche Ähnlichkeiten bewußt mache, vermindere ich die allgegenwärtige Gefahr, die neue Beziehung mit alten ›unerledigten Geschäften‹ zu belasten. Ich bin dann in der Lage, eine Realitätsprüfung meiner unbewußten Phantasien vorzunehmen [...]. Auch als Empfänger ist die Kenntnis des Übertragungsmechanismus von entscheidender Bedeutung. Ich muß wissen, daß ich ›Übertragungen abkriege‹, d. h.: daß nicht jedes Gefühl, das mir entgegengebracht wird, wirklich mir gilt, sondern vielleicht einem ganz anderen.« (Schulz von Thun 1981, S. 177) Wie wichtig es gerade für Pädagogen ist, mit Projektionen und Übertragungen zu rechnen und ihnen auf die Spur zu kommen, betont die Psychologin Ruth Cohn: »Ich bin überzeugt, daß das Wissen von und das Umgehen mit den universellen Übertragungs-Phänomenen zu den wesentlichen Handwerkszeugen aller Pädagogen gehört [...]. Wieviel weniger Schmerz und Verletzlichkeit wären in Klassenzimmern und anderen Plätzen, wenn Menschen, die miteinander leben und arbeiten, in Gruppen erlernen könnten, daß nicht alle Reaktionen, denen sie begegnen, wirklich ihnen selbst ›zugelebt‹ sind, sondern früheren Gestalten (Eltern, Lehrer, Geschwister) im Leben der anderen gelten; und wieviel klarer könnte jeder Mensch erfahren, welche Illusionen und Vorurteile er selbst auf andere unbewußt überträgt!« (Cohn 1975, S. 196, zit. nach Schulz von Thun 1981, S. 177)

8. *Für repräsentative Kontakte zum Schüler sorgen.* Lehrende, die ihre Schüler immer nur in den (zeitlich häufig knapp bemessenen) Unterrichtsstunden erleben, laufen Gefahr, ein sehr begrenztes, einseitiges Bild von ihnen zu erhalten. In ihrer Diagnose von Schülereigenschaften werden Lehrer oft zu Gefangenen ihrer eigenen Betriebsblindheit. Unterrichtsstunden mit ihren ritualisierten Abläufen und geregelten Interaktionen prägen das Verhalten von Lernenden vor. Die Ausgrenzung des Unterrichts aus der sonstigen Lebenswelt der Lernenden bedingt, dass sie in ihm nur bestimmte Teile ihres Fühlens, Denkens und Handelns zeigen können. »Unter diesen Bedingungen der sozialen Distanz ist es nicht verwunderlich, wenn der Lehrer ein reduziertes, ungünstiges Schülerbild erhält. Der Kontakt ist unrepräsentativ. Unter anderen Lebensbedingungen, schon auf einer Klassenreise, hat der Schüler eher Gelegenheit, die vollwertigen Seiten seiner Person zur Entfaltung zu bringen. – *Und so ist die Achtung vor dem anderen viel weniger eine Frage der Moral als vielmehr eine Frage des wirklichen, repräsentativen Kontaktes.*« (Schulz von Thun 1981, S. 178) Lehrende

sollten daher dafür sorgen, dass sie mit ihren Schülern gelegentlich auch außerhalb des Unterrichts zusammen sind und diese in anderen sozialen Zusammenhängen erleben können. Dafür bieten sich mancherlei Möglichkeiten: Vorspiele und deren organisatorische Vorbereitung, eventuell unter Einbeziehung von Eltern, Feiern, Musikfreizeiten, Konzertbesuche usw. Schüler einmal »ganz anders« kennenzulernen, kann Lehrenden die Augen öffnen für Potenziale, die sie im Unterricht nie an ihnen wahrgenommen und die sie nicht für möglich gehalten hätten. Dies kommt der Lehrer-Schüler-Beziehung und der gemeinsamen Arbeit im Unterricht zugute.

9. *Konstruktiv mit der eigenen inneren Pluralität umgehen.* Viele Unterrichtssituationen lösen unterschiedliche, teilweise heftig widerstreitende Regungen aus. Dies gilt besonders im Umgang mit »schwierigen« Schülern. Durch irritierendes, nervendes oder gar provozierendes Verhalten etwa kommt es zu inneren Bewegungen und Pendelschlägen in einem oft weiten Radius von Gefühlen und Impulsen: Missbilligung, Verstehenwollen, Empörung, Begütigung, Nichtachtung, Bemühung um Gelassenheit, Klartextredenwollen, Missmut über eigenen Ärger usw. Hier ist die Fähigkeit gefragt, in kurzer Zeit eine Klärung der konträren Empfindungen zu erreichen und durch Austarierung der inneren Pluralität zu einem Verhalten zu finden, mit dem alle inneren Stimmen leben können (dazu ausführlich Schulz von Thun 1998). Ein unverzichtbares Mittel, das äußere und innere Konfliktpotenzial zu entschärfen, ist die Fähigkeit zur Metakommunikation. Das bedeutet: für eine kurze Weile aussteigen aus dem im Fluss befindlichen Interagieren und auf einer anderen Ebene ansprechen, was einen stört (z. B. «Ich möchte mal kurz etwas mit dir besprechen, was mich gerade stört. Mir fällt auf, dass …«). Oder, bezogen auf Irritationen, die durch bestimmte Botschaften des Schülers ausgelöst werden: »Versuche, in kritischen (Kommunikations-)Situationen die ›leisen‹ Selbstoffenbarungs-, Beziehungs-, und Appellbotschaften direkt anzusprechen bzw. zu erfragen« (Schulz von Thun 1981, S. 30). Metakommunikation ist besser zur Klärung geeignet als ein gereiztes Weiterwursteln. Ruth Cohn formulierte auf die Bitte um kommunikative Tricks: »Sag einfach, was mit dir ist, das ist ein ungeheurer Trick.« (zit. nach Schulz von Thun 1981, S. 116) Die Bekundung persönlicher Regungen ist klärender und hilfreicher als die Wahrung einer scheinbar souveränen Fassade, hinter der es brodelt.

10. *Die eigene jeweilige Lehrerrolle klären und individuell ausfüllen.* Widersprüchliche innere Pluralitäten ergeben sich nicht selten aus ungeklärten Konflikten innerhalb der Lehrerrolle (»Intrarollenkonflikte«). Dem Lernenden partner- oder gar freundschaftlich nahe sein und doch Autorität haben wollen, Spannungen zwischen innerer Ungeduld und verordneter Geduld, zwischen unabweisbaren Empfindungen (»saumäßige Leistung«) und dem, was »man« als schonungsvoller Pädagoge sagen darf, zwischen den Bedürfnissen, auf den Schüler und seine Wünsche einzugehen und seine eigenen musikalischen Ideale zu vertreten – solche Konflikte sollten Lehrende in sich

wahrnehmen und klären, damit sie nicht widersprüchliche Botschaften senden und die Kommunikation mit dem Schüler belasten. Rollen werden gespielt. Das soll nicht heißen, das Ausfüllen einer Rolle sei ein »So tun als ob«, ein unechtes Verhalten also. Gemeint ist vielmehr, dass das Realisieren von Rollen in pädagogischen Zusammenhängen (und auch andernorts) ein wechselseitiger Prozess ist. Jeder Lehrer fühlt sich in seiner Lehrerrolle mit jedem Schüler – mehr oder minder bewusst – anders. Zwei Fragen helfen bei der Klärung der jeweiligen Lehrerrolle:
- Welche Rolle spiele ich für den Schüler = Was bedeute ich ihm?
- Welche Rolle spiele ich selbst in meinem eigenen Bewusstsein, welche Rolle weise ich mir zu und wie spiele ich diese Rolle?

Sensibel sein für das, was Lernende in einem »abrufen« (z. B. Aktivitäten als Wegführer, Wegbegleiter, Coach, Mentor, Berater, Therapeut, Erzieher, Beobachter, Mitspieler u. a.), und imstande sein, die eigene Lehrerrolle demgemäß individuell zu gestalten und zu harmonisieren mit eigenen Auffassungen vom Lehrersein – dieses Balancieren ist für eine gute Lehrer-Schüler-Beziehung, für die Kommunikation im Unterricht und für eine produktive gemeinsame Arbeit von großer Bedeutung.

Zum guten Ausfüllen der Lehrerrolle gehört unverzichtbar die mit Empathie verbundene Grundbemühung, auf Lernende einzugehen und ihnen gerecht zu werden. Ebenso gehört aber auch die Fähigkeit dazu, die eigene innere Integrität zu bewahren, sich nicht zu überfordern und zu verhindern, dass durch unvermeidliches Nicht-Gelingen von unrealistischen Bemühungen das eigene Selbstwertgefühl Schaden nimmt. Unbefriedigende Kommunikation und misslingender Unterricht gehen nicht umstandslos auf das Konto des Lehrenden. Nicht jeder Lehrer kann jederzeit alles zum Besseren wenden. Trotz intensiver kommunikativer Bemühungen funktioniert »es« gelegentlich nicht im Unterricht. Wenn Störungen fortdauern, ist eine friedliche Beendigung wohl besser als ein langwieriges Angehen gegen innere Widerstände.

11. *Eine gute Atmosphäre ermöglichen.* Atmosphären sind primäre Gestaltqualitäten. Sie werden unmittelbar gespürt. Wer einen Raum betritt, in dem Unterricht stattfindet, nimmt sofort die spezifische Atmosphäre wahr: lebendig – müde, ernst – heiter, freundlich – kühl … Viele weitere Gegensatzpaare atmosphärischer Werte mit einem weiten Spektrum von Befindlichkeiten ließen sich aufstellen. Nicht nur die Art der Interaktion von Lehrer und Schüler, sondern auch äußere Umstände wie Raumgestaltung, Temperatur, Luftqualität beeinflussen die Atmosphäre. Atmosphärische Faktoren sind gestaltbar, gleichwohl ist Atmosphäre als Gesamtqualität nicht umstandslos »machbar«. Allerdings können Atmosphären analysiert werden. Die in den vorangegangenen Punkten dargelegten Prinzipien lassen sich verwenden als Kriterien für die Analyse und Veränderung von Atmosphären. Deren Wichtigkeit für den Unterricht steht außer Frage: Eine ungute Atmosphäre ist dem Lernen abträglich. Peter Sloterdijk verlangte daher zu Recht, dass Lehrende vordringlich gute »Sphärenbildner« und

»Atmosphärendidaktiker« sein müssen (Kahl 2004a, S. 13). Kommunikation und Atmosphäre gehören zusammen, »denn alles Lehren ist mehr Wärmen als Säen« (Jean Paul 1807/1963, S. 553).

Literaturhinweise

Friedemann Schulz von Thun: *Miteinander reden 1: Störungen und Klärungen. Allgemeine Psychologie der Kommunikation*, Reinbek 1981

In diesem Band werden Grundfakten und -probleme zwischenmenschlicher Kommunikation in vielen Bereichen – nicht zuletzt im Unterricht – in einer einfachen und prägnanten Sprache dargestellt. Im Zentrum steht dabei das »Nachrichtenquadrat«, dessen vier psychisch bedeutsame Seiten in jeder Äußerung zu finden sind: Selbstoffenbarung, Sachinhalt, Beziehungshinweis und Appell. Schulz von Thun gelingt es mit dem »Nachrichtenquadrat«, verschiedene Ansätze der Psychologie (vor allem die Konzepte von Carl Rogers, Alfred Adler, Ruth Cohn, Fritz Perls und Paul Watzlawick) »unter einen Hut« zu bringen. Das für »jedermann« geschriebene Buch enthält viele anregende Beispiele und Übungen.

Friedemann Schulz von Thun: *Miteinander reden 2: Stile, Werte und Persönlichkeitsentwicklung. Differentielle Psychologie der Kommunikation*, Reinbek 1989

In diesem Band geht es um unterschiedliche Arten, zwischenmenschlichen Kontakt zu gestalten. Mithilfe eines »Entwicklungs- und Wertequadrats« leitet Schulz von Thun dazu an, den eigenen Stil der Kommunikation deutlich wahrzunehmen, seine Chancen, Grenzen und Gefahren zu erkennen und Möglichkeiten zu finden, die eigene Persönlichkeit und die eigene Umgehensweise mit anderen Menschen weiterzuentwickeln.

Friedemann Schulz von Thun: *Miteinander reden 3: Das »Innere Team« und situationsgerechte Kommunikation*, Reinbek 1998

Jeder Mensch spürt in bestimmten Situationen verschiedene Regungen, Tendenzen, Stimmen, ›Teilpersönlichkeiten‹ in sich, die oft ein inneres Durcheinander verursachen und eine ›Übereinstimmung mit sich selbst‹ sowie ein klares Handeln nach außen verhindern. Friedemann Schulz von Thun leitet dazu an, diese inneren Stimmen zu einem ›Inneren Team‹ zu vereinen, in dem jede Stimme ihre Berechtigung hat. Aufgabe der ›Inneren Führung‹ eines Menschen ist es, die innere Pluralität in ›Teamkonferenzen‹ zu klären und Einklang mit sich selbst zu ermöglichen. Damit ist ein Leitziel persönlicher Entwicklung gegeben.

Anselm Ernst: *Lehren und Lernen im Instrumentalunterricht. Ein pädagogisches Handbuch für die Praxis*, Mainz 1991, Kapitel »Die Lehrer-Schüler-Beziehung«, S. 113–132; Kapitel »Körpersprache«, S. 133–151; Kapitel »Unterrichtssprache«, S. 152–164

Ernst bespricht die für eine fruchtbare Lehrer-Schüler-Beziehung erforderlichen psychischen Qualitäten und kommunikativen Fähigkeiten des Lehrers (positives Selbstkonzept, positive Erwartung und Einstellung, Offenheit u. a.), erörtert die gerade im Musikunterricht höchst wirksamen Komponenten der Körpersprache und leitet Lehrende dazu an, ihr kommunikatives Verhalten im Unterricht genauer wahrzunehmen und der Individualität des Schülers entsprechend sinnvoll und variabel einzusetzen.

Maya Hofer: *Nonverbale Kommunikation im Instrumentalunterricht*, in: Üben & Musizieren 5/2000, S. 12–19

Der Artikel verdeutlicht die vielfältigen Komponenten der Körpersprache (wozu auch räumliches Verhalten und Sprechweise gehören). Er klärt, welche körpersprachlichen Verhaltensweisen günstig und welche ungünstig sind.

Wolfgang Lessing: *Zuhören?!*, in: Ulrich Mahlert (Hrsg.), Handbuch Üben. Grundlagen – Konzepte – Methoden, Wiesbaden 2006, S. 312–335

Drei für das Musizieren und Unterrichten maßgebliche Fragen des Kommunizierens werden erörtert: »Wie erreiche ich meine Hörer?« – »Wie muss ich üben, damit ich meine Hörer erreiche?« – »Wie muss ich unterrichten, damit meine Schüler üben können, ihre Hörer zu erreichen?«

13. Improvisation

Didaktische Vorüberlegungen

Improvisation im Instrumentalunterricht ist Zweck und Mittel. Improvisation ist Zweck, weil sie eine von elementaren bis zu höchsten artifiziellen Ansprüchen kultivierbare künstlerische Ausdrucksform darstellt, die intensiven, persönlich geprägten Ausdruck ermöglicht. Improvisation ist Mittel, insofern sie sich hervorragend eignet, kompositorische Strukturen zu begreifen und komponierte Musik in ihrer Individualität als spezielle Ausformung bestimmter Formprinzipien wahrzunehmen. Improvisation ist ein besonders reichhaltiges Mittel einer umfassend verstandenen »Musiklehre«: Sie eröffnet ein weites Feld für instrumentalpraktisches Adaptieren und musikalisches Konkretisieren musiktheoretischer Lehrinhalte und eignet sich dadurch bestens zur Verbindung verschiedener musikalischer Lerngebiete: Musiklehre, Analyse, Hörbildung, Werkstudium, Interpretation, Spieltechnik. Eine auf das Begreifen von Musik und eine vielfältige Musikpraxis zielende Instrumentaldidaktik tut gut daran, Improvisation sowohl als Zweck als auch als Mittel zu pflegen und beide Ausrichtungen soweit wie möglich miteinander zu verbinden.

Improvisation lässt sich in allen Unterrichtsformen praktizieren. Da der Reiz und die Gestaltungsspielräume des Improvisierens sich besonders gut in der Interaktion mehrerer Spielpartner entfalten können, bieten Gruppen- und Klassenunterricht günstige Voraussetzungen. Aber auch im Einzelunterricht kann improvisiert werden. Dann kommt es darauf an, dass eine Spielpartnerschaft zwischen Schüler und Lehrer entsteht. Gemeinsames Erproben und Reflektieren improvisatorischer Ideen führen zu besseren Ergebnissen als das vom Lehrer aus passiver Distanz beobachtete Ausführen von Anweisungen.

Bis zur Romantik in Musikerkreisen weit verbreitet, geriet das Improvisieren im Verlauf des 19. Jahrhunderts durch die zunehmende Dominanz der Werkinterpretation ins Hintertreffen. Eine neue Aktualisierung erfuhr die Improvisation im 20. Jahrhundert durch die Impulse der Reformpädagogik. Diese trat der einseitigen Ausrichtung des Unterrichts auf die Reproduktion von Werken entgegen und rückte die Entfaltung »schöpferischer Kräfte« insbesondere von Kindern in den Vordergrund. Seither hat sich das Improvisieren vor allem im Anfangsunterricht Bahn gebrochen. Viele der in den letzten Jahrzehnten entstandenen Instrumentalschulen enthalten Anregungen zu elementarem Improvisieren. Ebenso wurden viele reichhaltige didaktische Lehrwerke und Materialien zum Improvisieren in Gruppen, in gemischten Ensembles wie auch zur Soloimprovisation in verschiedenen Stilistiken vorgelegt.

Problematisch bleibt die Situation der Improvisation in der Hochschulausbildung. Im Hauptfachunterricht spielt sie durchweg kaum eine Rolle; hier herrscht nach wie vor die Fixierung auf die Interpretation von Werken. Konzepte der elementaren Improvisation werden in der Regel im Fach Didaktik und Methodik des Hauptinstruments bzw. des Gesangs vermittelt. Hinzukommen in manchen Studiengängen Angebote im Bereich der Gruppenimprovisation, in denen die Teilnehmer Gelegenheit zur Entwicklung eigener experimenteller improvisatorischer Fähigkeiten, seltener auch für den Erwerb von Leitungsqualitäten in diesem Lehrgebiet erhalten. So bleiben die meisten Hochschulabsolventen der »klassisch«q orientierten Instrumental- und Vokalausbildung insbesondere im Feld stilistisch anspruchsvoller Improvisationspraktiken auf ihrem Hauptinstrument allenfalls Dilettanten. Die Folge ist, dass auch der von ihnen erteilte Unterricht im Praxisfeld der Improvisation selten über den Unterstufenbereich hinausgelangt. Die große Nachfrage nach Fortbildungsangeboten zu vielen Arten der Improvisation zeigt, dass Lehrende ihr Ausbildungsdefizit wahrnehmen und ausgleichen möchten.

Fortbildungskurse wie auch leiterlose Improvisationszirkel eignen sich für die Entwicklung improvisatorischer und auch improvisationsdidaktischer Fähigkeiten besonders deshalb, weil die »Live-Lehre« die Möglichkeit zum umweglosen interaktiven Lernen und zum Lernen durch Imitation bietet. »Imitate. Assimilate. Innovate.« So lauten die drei bündigen Ratschläge des Jazztrompeters Clark Terry zum Improvisierenlernen. Das Imitieren von Gehörtem, Erlebtem steht am Anfang – die Nachahmung des unmittelbaren, in unreduzierter sinnlicher Präsenz gegebenen Vorbilds. Die Aneignung, die im Imitieren geschieht, ist eine doppelte Assimilation: Der Spieler macht sein Spiel dem Gehörten ähnlich und passt das Übernommene in sein Ausdrucksrepertoire ein. Solches Anverwandeln ist eine produktive Grundlage für ein innovatives, neue Ausdrucksmöglichkeiten erkundendes Improvisieren, das sich am besten im interaktiven Handeln entwickelt.

Lehrende, die kontinuierlich das Improvisieren kultivieren und didaktisch reflektieren wollen, sollten einer bestehenden Improvisationsgruppe beitreten oder eine solche gründen. Es gibt kaum eine musikpädagogisch wirkungsvollere Gemeinschaft als einen Zirkel von neugierigen, experimentierfreudigen, zum Überschreiten tradierter Musizierformen bereiter Musiker.

Schwerer gelingt Improvisierenlernen mithilfe von gedruckten Anleitungen. Das didaktische Grundproblem solcher Materialien liegt darin, dass sich *mit* Noten nur begrenzt das »freie« Spiel *ohne* Noten erlernen lässt. Unwillkürlich verfestigt sich notenschriftlich Gelerntes zu einem »So und nicht anders«. Ihm fehlt von vornherein die Offenheit des Veränderbaren, das Anregungspotenzial zum Umgestalten, das dem hörend Erworbenen eigen ist. Um die Möglichkeiten gedruckter Materialien zum Improvisierenlernen und -lehren optimal zu nutzen, muss daher immer wieder strikt auf das alsbaldige Lösen vom Notentext und das vorlagenfreie Üben der notenschriftlich vermittelten Gestaltungsanregungen geachtet werden. Nur so ist das »Freischwimmerbecken« der Improvisation zu erreichen.

Mehr als in der Vorgabe von Abzuspielendem liegt der didaktische Nutzen der Notenschrift bei der Improvisation in der »Nachzeichnung«: Das hörende Aufnehmen, Verstehen und Adaptieren von Musik wird intensiviert durch das anschließende

Notieren des Gehörten. Der Jazzpianist und -didaktiker Mark Levine empfiehlt: »Sie lernen Stücke vor allem, wenn Sie selber von Aufnahmen transkribieren. Mit zunehmender Fähigkeit sollte dies Ihre hauptsächliche Quelle werden.« (Levine 1992, S. 8, zit. nach Klug 2009, S. 9)

Auch dann, wenn Lehrende sich auf dem Gebiet der Improvisation als Dilettanten fühlen, kann in ihrem Unterricht ein produktives Improvisieren gelingen. Didaktisch basaler als die Beherrschung bestimmter Improvisationstechniken ist die persönliche Einstellung zu diesem Lerngebiet. In erster Linie gefragt ist genau das, was einem gelingenden Improvisieren zugrunde liegt: eine Haltung der Offenheit, der Neugier, der Entdeckungsfreude, des Muts. Wie das Improvisieren selbst benötigt auch die Anleitung zum Improvisieren das Interesse, sich auf neues Terrain vorzuwagen, Schritte in Unvorhersehbares (so die Bedeutung des lateinischen Wortes »improvisus«) zu wagen. In diesem Sinne gilt prinzipiell, was Michael Dartsch im Hinblick auf den Unterricht mit Kindern ausführt: »Es lohnt sich, gegebenenfalls die eigene Scheu vor einer ungewohnt freien und am Spiel orientierten Umgangsweise mit Musik zu überwinden und mit den Kindern zusammen zu experimentieren. Die Schülerinnen und Schüler werden sich dann ebenfalls ungezwungener einbringen und so möglicherweise einen spielorientierten und unverkrampften Umgang mit Musik und Instrument für sich finden können, der gerade auch das individuelle Gestalten beinhaltet.« (Dartsch 2006a, S. 91)

Worin nun liegen nach dem Gesagten die hauptsächlichen improvisationsrelevanten methodischen Kompetenzen von Lehrenden? Nötig sind vor allem folgende Kenntnisse, Fähigkeiten und Bereitschaften:

- Anregungen, Vorgaben, Anweisungen diverser Art geben können; ein Repertoire von Improvisationsmöglichkeiten kennen, gute Spielregeln formulieren können und auf ihre Einhaltung achten;
- Mitspieler sein, d. h. mit dem oder den Lernenden gemeinsam improvisieren;
- eine angstfreie, offene, experimentierfreudige Atmosphäre schaffen können;
- zum Reflektieren von Gehörtem und Improvisiertem anleiten: Fragen stellen, die Wahrnehmung intensivieren und lenken, dadurch die Lernenden zur differenzierteren Ausführung von Improvisationsmodellen und zu deren Weiterentwicklung anregen;
- Improvisation mit Werkstudium, Analyse und Interpretation vermitteln können.

Diese wünschenswerten Kompetenzen sollen im Folgenden konkretisiert werden.

Methodische Prinzipien und Möglichkeiten

1. *Ausgiebige und vielfältige Kultivierung des Spiels ohne Noten.* (Viele wertvolle Anregungen dazu in Möllers 1997) Improvisation erfolgt im umweglosen Hin und Her zwischen Hören und Spielen. Beim Improvisieren vollziehen sich Erfinden und Ausführen nahezu gleichzeitig. Die Verbindung beider Aktivitäten ist ein komplexer

Vorgang. Sein Gelingen wird gefördert durch die Übung, bereits Bekanntes aus dem Gedächtnis zu spielen. Dies sollte im Unterricht in allen Könnensstufen immer wieder trainiert werden. Aus dem Nachspielen von Bekanntem kann sich das Hineinspielen in Unbekanntes entwickeln. Dabei wird der Spielgeist durch interaktives Musizieren beflügelt. Als Möglichkeiten bieten sich vor allem an:

- Bekannte Melodien aus dem Gedächtnis spielen: Das geduldige korrigierende Laborieren an auftretenden Schwierigkeiten entwickelt Klangvorstellung, Wahrnehmung der Strukturen und den Übertragungsprozess vom Hören ins Spielen.
- Vorspielen – nachspielen: Je nach Könnensstand werden kürzere oder längere, einfacher oder komplexer gebaute musikalische Einheiten (Motive, Phrasen, Melodien) gespielt. Vorstufen bzw. Varianten sind alle interaktiven Mischformen von Singen und Spielen, z. B. vorsingen oder vorspielen – nachsingen; vorsingen oder vorspielen – nachspielen; vorsingen oder vorspielen – nachsingen – nachspielen. Solche Übungen sind im Gruppen- und Klassenunterricht gut reihum durchführbar: Zunächst spielen alle Schüler gemeinsam das Vorgespielte nach, ggf. mit vorgemachten Varianten; wenn die Teilnehmer Sicherheit erlangt haben, kann zwischen Lehrer und einzelnen Schülern oder auch zwischen diesen hin und her gespielt werden. Förderlich und anregend kann sein, Rücken an Rücken zu spielen, sodass die Aufmerksamkeit sich ganz auf das hörende Wahrnehmen fokussiert.
- Alternierend Phrasen sequenzieren: Transponieren von Phrasen bzw. Melodien (auch sukzessiv: jeder reihum bzw. zu zweit alternierend einen Ton oder ein bestimmtes Intervall höher …).
- Ein noch unbekanntes Stück ohne Noten von einer mitgegebenen Aufnahme lernen (als Hausaufgabe); im Unterricht Erfahrungen nachbesprechen und Schwierigkeiten unter die Lupe nehmen.

2. *Schriftloses Vermitteln von Improvisationsmodellen.* Die Problematik des Improvisierenlernens nach Noten wurde bereits angesprochen. Sofern Lehrende für ihren Unterricht Anregungen aus didaktischen Materialien zur Improvisation beziehen, sollten sie daran arbeiten, sich selbst im improvisierenden Üben der erhaltenen Instruktionen »freizuschwimmen«, d. h. die Lehrwerke zuzuklappen und aus dem Gedächtnis zu spielen. Dies schafft die nötige Kompetenz, um dann im Unterricht auf direktem Wege, ohne Zwischenstation über Gedrucktes, Schülern Improvisationsaufgaben zu stellen und sie in ungeteilter Aufmerksamkeit interaktiv mit ihnen zu üben. Improvisationslehren werden am besten als Lehrerhandbücher verwendet. Guter Improvisationsunterricht kommt zumeist ohne sie aus, auch wenn Lehrende aus ihnen schöpfen.

3. *Aus Musikstücken Ideen und Modelle zum Improvisieren ableiten.* Hier findet die zuvor gegebene Forderung nach schriftloser Vermittlung von Improvisationsmöglichkeiten eine gewisse Einschränkung, denn in diesem Fall bilden notierte Kompositio-

nen die Grundlage für improvisatorische Gestaltung. Notentexte analytisch erschließen, die charakteristische Faktur wichtiger Stellen besprechen, sodann aus Momenten
dieser Faktur Anregungen für improvisatorische Ausgestaltungen entwickeln – dies
sind wichtige methodische Fähigkeiten sowohl zum Verstehenlehren von Musik als
auch zum Aufbau eines idiomatischen Repertoires für das Improvisieren. Fast jedes
komponierte Detail gibt Gelegenheit für improvisatorische Übungen. Einige Beispiele:
über einer komponierten Begleitstimme alternative Melodielinien erfinden (ggf. zunächst mit Begrenzungen von Tonmaterial und Rhythmus); melodisch improvisieren
über einem kontinuierlich wiederkehrenden Bass- bzw. Harmoniemodell (z. B. einem
Chaconne-Bass oder einer Walzer-Begleitung); mit dem Tonmaterial einer charakteristischen Stelle spielen; verschiedene melodische Ausformungen für den Rhythmus
einer bestimmten Stelle erfinden; verschiedene Möglichkeiten probieren, den gegebenen Beginn einer Phrase anders weiterzuführen, die Ergebnisse mit der kompositorischen Lösung vergleichen u. v. a. Die dem jeweiligen Improvisieren zugrunde liegenden Modelle können als Endlosschleife wiederholt werden. Auch hierbei ist es günstig, wenn der Übende sich bald von den Noten löst und aus der Hörvorstellung produziert. Viele instruktive Beispiele für das Ableiten von Improvisationsmöglichkeiten
aus Literaturbeispielen finden sich etwa bei Maute 2005 (für Melodieinstrumente)
und Wiedemann 2010 (für Klavier).

4. *Gute Spielregeln zum Improvisieren vermitteln können.* Spielregeln geben dem Improvisieren eine Struktur. Das gilt selbst dann, wenn die Spielregel denkbar unbestimmt lautet: »Improvisiert!« (Anregung von Reinhard Gagel) In diesem Fall bildet
nur dieses eine Wort die Spielregel. Alles Strukturbildende ist dann den Spielern
selbst ad hoc überlassen. Spielregeln lenken die Aufmerksamkeit der Improvisierenden und bewirken, dass ihr mentales Vorplanen, Spielen, Interagieren und Wahrnehmen eine gemeinsame Ausrichtung erhält. Spielregeln können konzeptuell offener
oder stärker festlegend sein. Methodisches Geschick des Leiters zeigt sich nicht zuletzt darin, Spielregeln zu formulieren, die auf die musikalischen Interessen und Leistungsmöglichkeiten der Teilnehmer abgestimmt sind.

Herwig von Kieseritzky und Matthias Schwabe haben einige »Merkmale sinnvoller
Spielregeln« für das Improvisieren in Gruppen formuliert (Kieseritzky / Schwabe
2001, S. 159 f.). Sie kreisen um die Balance von Realisierbarkeit, Offenheit und musikalischer Substanz. Hier einige wichtige Auszüge:

- »Spielregeln sollten in einem Wechselspiel zwischen innerer Klangvorstellung und
  praktischem Erproben unmittelbar zu realisieren sein. [...]
- Spielregeln sollten klare Freiräume definieren, die den Spielern ernst zu nehmende
  Entscheidungsmöglichkeiten bieten, Platz für ›Eigenes‹, für Kreativität gewähren.
- Improvisationsaufgaben sollten viele überzeugende Lösungsmöglichkeiten zulassen.
  Statt eines bloßen ›Falsch‹ oder ›Richtig‹ erleben die Spieler so qualitative Vielfalt.

• Sinnvolle Spielregeln ermöglichen den Teilnehmern Erfahrungen und Erkenntnisse, die ihre musikalische Weiterentwicklung fördern.«

Besondere Aufmerksamkeit beim Geben von Spielregeln verdient die Art der Ver-
mittlung. Gerade beim Improvisieren in Gruppen kommt es nicht selten zu lang-
atmigem, ermüdendem Reden der Teilnehmer über das, was denn nun genau als
Nächstes getan werden soll. Sofern der Lehrende als Spielleiter fungiert, benötigt er
die Fähigkeit, knapp, klar, ruhig und eindringlich Anweisungen zu formulieren. Durch
Unklarheit entsteht Palaver, das die zu gelingendem Improvisieren erforderliche
Bereitschaftsspannung abflauen lässt. Die methodische Direktive lautet also: Gib
Anweisungen zum Improvisieren so unmissverständlich, dass möglichst wenig Rück-
fragen nötig sind.

5. *Zu differenziertem Nachhören und Nachreflektieren anleiten.* Musizierende lernen
beim Improvisieren umso mehr, je genauer sie sich ihre Versuche nach dem jeweiligen Durchlauf mit dem inneren Ohr vergegenwärtigen, ihre Eigenheiten beschreiben,
beurteilen und »nacharbeiten«. Mit dieser Fähigkeit wächst die künstlerische Qualität
des Improvisierens. Bei Gruppenimprovisationen zeigt sich oft, dass die Wahrnehmungen der Ausführenden sehr verschieden sind. Oft erweisen sich die Differenzen
als aufschlussreich: Sie spiegeln die unterschiedlichen musikalischen Intentionen der
Akteure. Im Spiel selbst bleiben sie unausgesprochen, nun treten sie deutlicher hervor. Damit ergibt sich die Möglichkeit, dass die Improvisierenden an ihrem Produzieren zu arbeiten beginnen. In Nachgesprächen kann beispielsweise vereinbart werden,
dass die Improvisationsübung nach der zuvor formulierten Spielregel nun mit besonderer Aufmerksamkeit auf ein bestimmtes musikalisches Strukturmoment wiederholt
wird; auch neue Absprachen, Verfeinerungen oder Modifikationen der Spielregeln
sind möglich. Gute Dienste für die Nachbesprechungen leisten Aufnahmegeräte. Das
gemeinsame Anhören der Aufnahme versachlicht den Austausch, macht Eindrücke
nachprüfbar und erhöht die Genauigkeit der Analyse. Hilfreich ist oft ein mehrfaches
Anhören der Aufnahme mit der Möglichkeit, auf Zuruf an bestimmten Stellen anzu-
halten und Details des Improvisationsgeschehens unter die Lupe zu nehmen.

Zur methodischen Kompetenz von Lehrenden im Feld der Improvisation gehört,
substanzielle Fragen zu stellen, die die Aufmerksamkeit der Spieler auf wichtige Aspekte der ausgeführten Improvisationen richten. Reinhard Gagel hat aufgrund langjäh-
riger Praxis als Improvisator und Lehrender im Bereich Improvisation einen Katalog solcher Fragen zur Nachreflexion von Improvisationen zusammengestellt. Er versteht sie
als erweiterbare Vorschläge, die den Ausführenden erlauben, ihre Produktionen deutlich zu erfassen und ihre Qualität weiterzuentwickeln. Gagel thematisiert in seinen
Fragen vor allem die Adäquatheit der Ausführung zu vereinbarten Regeln, die Art des
Interagierens, die Selbst- und Fremdwahrnehmung beim Spielen, die fokussierten musikalischen Parameter. Hier einige der von Gagel formulierten Fragen:

- Wurde die vereinbarte Spielregel umgesetzt? »Welche Abweichungen haben sich ergeben und haben sie zu einer Struktur beigetragen? […]
- Wurden Klangmaterial und Spieltechniken eingebracht, die dem musikalischen Geschehen entsprachen? […]
- Waren explizite Interaktionsmuster zu erkennen? War jemand zurückhaltend? Hat jemand die Initiative ergriffen oder haben alle gewartet? Hat jemand die anderen dominiert […]? Gab es Spieler, die ›gestört‹ haben und so die anderen behindert haben? […]
- Welche Rollenverteilung[en] innerhalb entstehender musikalischer Strukturen waren zu hören? Wer war z. B. Haupt- oder Nebenstimme?
- Gab es Stille? Stille ist Chiffre für Empfangsbereitschaft für etwas Neues, z. B. bevor man überhaupt anfängt zu spielen. Sie schafft Konzentration und erhöht die Aufmerksamkeit. Gab es Pausen und wie sind sie entstanden?« (Gagel 2009, S. 18 f.; ausführlich zur Didaktik des Improvisierens in Gruppen s. auch Gagel 2010)

6. *Musikalische durch sprachliche Improvisation anbahnen.* Jedes gewöhnliche Sprechen ist ein Improvisieren: Wörter, Sätze, alle prosodischen Elemente des Sprechens (Tonfall, Satzmelodie, Tempo, Dynamik, Artikulation usw.) wie auch alle begleitenden körpersprachlichen Ausdruckselemente werden in der Regel spontan beim Kommunizieren mit anderen Menschen gebildet. Improvisieren ist somit eine alltägliche Aktivität. Vom aufmerksam betriebenen sprachlichen Erfinden eine Brücke zu musikalischem Improvisieren zu schaffen, kann anregend und befreiend wirken; es kann die gemeinsamen Mittel von Sprechen und Musizieren bewusst machen und das sprachlich beiläufig Praktizierte dem Musizieren zugutekommen lassen. Hier einige Möglichkeiten von sprachlichen Improvisationsübungen:
- Alternierend (im Einzelunterricht) bzw. reihum (bei mehreren Schülern) eine Geschichte erfinden: Jeder formuliert einen Satz, der den bisherigen Verlauf weiterführt. Varianten: Eine größere Sinneinheit (einige Sätze), ein Wort. Letzteres übt besonders das – musikalisch hoch relevante – simultane Denken in kleineren und größeren Sinnzusammenhängen.
- Einen Dialog zwischen zwei Menschen (festgelegt nach Rollen, Charakteren und Gesprächsgegenständen) improvisieren: Dabei mit Bedacht typische sprachliche wie musikalische Gestaltungsmittel anwenden: kultiviertes Timing im Wechsel der Gesprächsbeiträge, kleine und größere Pausen, aber auch: nicht ausreden lassen, ins Wort fallen … So können spannende Szenen entstehen. Möglich ist auch, im Vorhinein eine musikalisch definierte Verlaufsform festzulegen: ruhiger Beginn – dramatische Zuspitzung – allmähliche Beruhigung; heftiger Beginn – Beruhigung; ruhiger Beginn – Eskalation usw. Gestalten lassen sich auch sprachlich-musikalische Mischformen: Partner A »spricht« musikalisch auf seinem Instrument bzw. nonverbal mit der Stimme, Partner B drückt sich verbal aus, aufgreifend und fort-

führend, was er aus der musikalischen Äußerung verstanden hat. In diesem Spiel
gewinnt die Semantik musikalischer Äußerungen besondere Bedeutung.
- »Solistisch« kurz über einen Gegenstand bzw. ein Thema sprechen: Anschließend
kann versucht werden, »das Gleiche« auf dem Instrument mit musikalischen Mitteln zu tun.

All diese Übungen fördern das Vermögen, improvisierend beständig vor- und zurück-
zudenken, eigene und fremde Impulse und Regungen aufzugreifen und auf vielerlei
Weise fortzuspinnen. Sie entwickeln musizierrelevanten Gestaltungs- und Formsinn.

*7. Als methodisches Handwerkszeug des Improvisierenlehrens ist vor allem ein breites
Repertoire an Modellen erforderlich.* Modelle beziehen sich auf musikalische Materialien und ihnen entsprechende Verfahrensweisen. In Bezug auf die Ableitung von
Ideen aus Stücken und die Vermittlung guter Spielregeln wurden bereits verschiedene
Möglichkeiten angesprochen. Dieser und der nächste Punkt bündeln einige Grundmodelle. Sie reichen vom weitgehend Unbestimmten über diverse Anregungsquellen
bis hin zu konkreten musikalischen Materialvorgaben, die zu stilgebundenem Improvisieren führen können. Hier zunächst einige offenere Konzepte:
- »Ohne Vorgaben und Absprachen« improvisieren (Rüdiger 2009, S. 11): »Bei diesem Alles-Geschehen-Können [...] entwickelt sich zunehmend ein intensives Auf-
einanderhören und -reagieren, das in den folgenden Durchgängen immer mehr
Qualität gewinnt.« Statt das Ergebnis zu besprechen und Absprachen für neue Versuche zu treffen, kann auch »im Vertrauen auf die Selbstorganisationskräfte beim
gemeinsamen Improvisieren« (ebd.) einfach ohne weiteres Reden noch mal pro-
biert werden.
- Mitspielend improvisieren: »Komm, spiel mit!«-Improvisation (Heilbut 1993,
S. 323–327). Hier übernimmt der Lehrende zunächst eine Animations- und
Steuerungsfunktion. Heilbut stellt dieses Verfahren ganz an den Anfang seiner
»Zwanzig Einstiege« in das Improvisieren. Er beschreibt es so: »Ich sitze, quasi zum
Vierhändigspiel, mit dem Schüler am Klavier, beginne zu spielen, sparsam in der
Tastenwahl. Klänge, Pedal. Oder, bei wagemutigeren ›Partnern‹, munteres staccato-
Spiel, dabei auffordernd: ›Komm, spiel mit!‹ [...] Vertrauen beim Mitmachen wird
erreicht, Sicherheit durch Akzeptanz des Mitgespielten gegeben.« (A. a. O., S. 324)
Das »Komm, spiel mit!«-Modell ist mit allen Instrumenten praktizierbar. Es gibt
Gelegenheit, auch im elementaren Improvisierenlernen den erwähnten Ratschlä-
gen von Clark Terry zu folgen: »Imitate. Assimilate. Innovate.« Überdies bietet es
die Chance zu einem vorteilhaften Techniklernen: Im Interagieren mit dem Lehrenden kann der Lernende sich mimetisch, ohne weitere Erklärungen Grund-
elemente diverser Techniken des Spiels auf seinem Instrument erschließen.
- Improvisieren über bestimmte Gefühle, Befindlichkeiten, Eigenschaften, Aktivitäten, Atmosphären: »Alle unterschiedlichsten Gefühle können wir klanglich, melodisch, rhythmisch, dynamisch formulieren. Wie klingt unsere Freude oder Sehn-

sucht, Wut oder Zärtlichkeit, Angst, Stolz, Mut, Erstaunen oder Zufriedenheit?«
(Schneidewind 2010, S. 7) Reizvoll ist die Aufgabe, eine Reihe kurzer charakteristischer Skizzen über unterschiedliche Eigenschaften zu improvisieren: kühl –
witzig – ratlos; verlegen – albern – nachdenklich usw. Aktivitäten lassen sich ebenfalls musikalisch darstellen: suchen, staunen, genießen, einschlafen, aufwachen …
Viel Anregungspotenzial bieten bestimmte Atmosphären: Schneelandschaft,
schwüler Sommerabend, sternklare Nacht, unter Wasser, Felsenküste u. v. a. Methodisch empfiehlt es sich für jede solcher Vorgaben, sie zunächst gemeinsam als
inneres Bild zu imaginieren, sie danach im Blick auf adäquate musikalische Darstellungsmöglichkeiten (musikalisches Material, Verlaufsform) zu bedenken und
schließlich improvisatorisch auszuführen.

- Improvisieren über Bewegungen, Gesten, mimisch und pantomimisch dargestellte
  Ausdrucksverläufe: Alle körpersprachlichen Aktionen haben Suggestivkraft. Ihre
  Verlaufsform, ihre sprachlose Beredtheit machen sie zu einer Art von stiller Musik.
  Simultane Improvisationen, d. h. unmittelbare Transformationen von Bewegungs-
  äußerungen in Musik bzw. ein Interagieren zwischen den beiden Ausdrucksformen
  sind ebenso möglich wie die nachträgliche Umsetzung einer erlebten Bewegungs-
  sequenz. Solche Übungen haben nicht nur einen hohen ästhetischen Reiz, sie entwickeln überdies den auch für das Musizieren wichtigen gestischen und mimischen
  Sinn und das entsprechende Ausdrucksrepertoire.
- Improvisieren über eine Filmsequenz: eine atmosphärisch oder interaktiv anregende Filmszene genau betrachten, sodann ein Improvisationskonzept für eine
  Begleitmusik entwerfen und ausführen. Die simultane Musikalisierung erfordert
  und trainiert ein genaues Timing, ein »Drinbleiben« im visuell komponierten Zeit-
  verlauf. Neben den dargestellten Aktionen lassen sich Einstellungen der Kamera,
  Verlauf der Kameraführung, Lichtverhältnisse u. a. musikalisch aufgreifen.
- Improvisieren über grafische Notationen: Aus gutem Grund enthalten viele neuere
  Instrumentalschulen grafische Abbildungen als Anregungen zum Improvisieren.
  Sie bilden eine klare mediale Vorlage. Grafische Elemente (kleinere oder größere,
  kürzere oder längere Elemente wie Striche, Linien, Punkte, Abstände zwischen
  Zeichen usw.) können als eine Art Notenschrift aufgefasst werden. Gegenüber der
  traditionellen Notenschrift ist sie sinnfälliger und weniger komplex, da sie sich
  allein ikonischer (und nicht wie die traditionelle Notenschrift auch buchstäblicher)
  Zeichen bedient. Allerdings birgt der methodische Vorzug der Sinnfälligkeit die
  Gefahr, dass Schüler grafische Notationen wie traditionell notierte Stücke lediglich
  äußerlich umsetzen (»abfingern«). Lehrende sollten darauf achten, dass vor der
  Ausführung zunächst aus der grafischen Vorlage eine plastische Klangvorstellung
  gebildet wird.
- Improvisieren über Bilder, Zeichnungen, Fotos etc.: In abstrakten Werken der Bildenden Kunst gewinnt das Sichtbare eine ähnliche Funktion wie grafisch Notiertes. Solche Werke bieten einen Fundus an Möglichkeiten, visuelle in mehr oder

minder analoge musikalische Strukturen umzusetzen. Bei gegenständlichen Bildern ist die Transformation der wiedergegebenen Objekte in die Gegenstandslosigkeit musikalischer Gebilde zu leisten: Ein Porträt etwa veranlasst zu der Frage nach dem Charakter der Persönlichkeit und dem bildlich erfassten Ausdruck. Auch hier jedoch kann sich die improvisatorische Ausgestaltung primär auf Nichtgegenständliches wie Farbwirkungen und Atmosphäre beziehen.

- Improvisieren über literarische oder alltägliche Texte: Musikpädagogisch beliebt geworden sind besonders Improvisationen über japanische Haikus: kurze, aus wenigen Silben bestehende dreizeilige Gedichte, die blitzlichtartig eine poetische Situation erfassen. Ein Haiku lässt sich gut in eine knappe, plastisch charakterisierende musikalische Aktion umsetzen. – Vorlagen zum Improvisieren können auch Texte aus dem Alltagsleben sein. Der Klarinettist Giora Feidman berichtete, dass er als Lernender vorgelesene Zeitungsmeldungen musikalisch darzustellen hatte.
- Vielfältige Anregungen zum Improvisieren gibt nicht zuletzt das jeweilige Instrument selbst: Traditionelle wie experimentell zu erkundende Spieltechniken können die Fantasie zu Klanggeschichten wie zu musikalisch autonomen Improvisationen wecken. Auch diese Option wird in vielen neueren Instrumentalschulen improvisationsmethodisch genutzt. Im Improvisieren kann jeder Spieler lustvoll explorierend Möglichkeiten seines Instruments entdecken und seine Gestaltungsfähigkeiten üben.

Neben solchen strukturell offeneren Anregungen zum Improvisieren benötigen Lehrende einen Fundus an Möglichkeiten mit spezifischen musikalischen Materialvorgaben. Auch hierzu einige Beispiele:

- Eine musikalische Vorgabe steckt bereits in der oben erwähnten »Komm, spiel mit!«-Improvisation: Suggestiv ausgeführte Spielaktionen laden ein zu mimetischen Reaktionen.
- Improvisieren als Fortsetzen eines vorgegebenen Impulses: fragen – antworten, Nachsätze zu Vordersätzen ergänzen usw. Dies ist vielleicht eine der wirkungsvollsten Methoden, um das musikalische Sprechen in bestimmten Idiomen zu lernen. Die Musikpädagogik von Edwin E. Gordon (Gordon 1997 u.a.) und seinen Adepten (Azzara/Gordon/Grunow 2001, Süberkrüb 2007) nutzt systematisch diese Möglichkeit zum Aufbau von Hör- und Improvisationsfähigkeiten.
- Improvisieren über verbal vermittelte musikalische Anweisungen bzw. Anregungen: Auslöser für diese Art des Improvisierens war Karlheinz Stockhausen 1968 mit seiner »Intuitiven Musik« und dem im gleichen Jahr komponierten Werk *Aus den sieben Tagen* für Ensemble. Beispielsweise lautet die Anweisung des Stücks *Treffpunkt*: »Alle spielen denselben Ton / Führe den Ton, wohin deine Gedanken / Dich auch führen / Verlasse ihn nicht, bleibe bei ihm / Komme immer wieder / zum gleichen Ort zurück«. Die Produktivität solcher Ideen für das gemeinsame Improvisieren zeigte sich schon 1968 in der (ebenfalls allein aus verbalen Direktiven bestehenden) Kollektivkomposition *Musik für ein Haus*, die aus Stockhausens

Darmstädter Ferienkurs im Sommer 1968 erwuchs (ausführlich dazu Ritzel 1970). Musikpädagogen haben in manchen Werken an diese Modelle angeknüpft (z. B. Wiedemann 1991, Vetter 1996). Verbale Anweisungen können musikalisches Material bestimmen und Verlaufsformen vorgeben. Gleichzeitig stellen sie die konkrete Ausführung ins Ermessen der Spieler, sodass ein relativ weiter improvisatorischer Spielraum offenbleibt. Jeder Lehrende kann leicht Beispiele wie die folgenden erfinden: »Improvisiert charakteristische Dialoge: fragend – antwortend, befehlend – gehorchend, streitlustig, verlogen …« – »Improvisiert. Einer ist der musikalische Hauptakteur, der andere hört aufmerksam zu und spielt eine Begleitung.« Das Spektrum der verbal vermittelbaren musikalischen Ideen ist schier unbegrenzt.

- Improvisieren über »musikalische Kernideen« (Schneidewind 2010, S. 10): Solche Ideen »bestehen zum Beispiel aus bestimmten Rhythmen, melodischen Motiven, Harmoniefolgen, Formverläufen, aus Kontrastwirkungen wie Spannung-Entspannung, hoch-tief, schnell-langsam, kurz-lang, laut-leise, dicht-dünn etc.« (Ebd.) Auch Spielfiguren können gute Improvisationsanregungen bieten. Eine im Instrumentalunterricht besonders beliebte, im Jazz zentrale Praxis ist das melodische Improvisieren über einen Ostinato: Zugrunde liegen können ein einzelner Klang (Bordun, »Drone«, dazu Busch 1996, S. 61–64), eine Harmoniefolge, z.B. eine Kadenz wie das im Jazz allseits präsente II-V-I-Modell, ein Chaconne-Bass (dazu Maute 2005, Textband – S. 55–76) oder andere Bassmodelle (dazu etwa Wiedemann 2010, S. 87–135) u. a. Die Begrenzung des musikalischen Materials im Zusammenhang mit gestalterischen »Kernideen« kann nicht zuletzt das Tonmaterial betreffen: ein einziger Ton, wenige Töne, Tonfolgen, Skalen. Immer wieder ist ein fantasievoller Umgang gerade mit einem strikt begrenzten Material zu üben. Dies fördert die musikalische Fantasie mehr als eine freigebige Materialverschwendung. Wolfgang Rüdiger hat modellhaft gezeigt, wie enorm reich die Möglichkeiten des Improvisierens allein mit einem Ton sind (Rüdiger 2001). Ähnlich intensiv und geduldig wären andere musikalische Elemente improvisatorisch zu erkunden.

Bei vielen Übungen kann das Improvisieren zum Komponieren führen. Wer improvisierend »Live-Kompositionen« realisiert, wer sein Improvisieren plant und reflektiert, möchte möglicherweise die Gestaltungsweise noch weiter differenzieren, als es ad hoc im Improvisieren möglich ist. Dann wächst das Bedürfnis, dem Erfundenen bzw. zu Erfindenden eine verbindliche Gestalt zu geben. So wie das Improvisieren eine Art des Komponierens ist, so ist auch umgekehrt das Komponieren eine des Improvisierens: Jeder schriftlichen Fixierung gehen in der Regel viele (mental oder am Instrument) improvisierend vollzogene Alternativen der gewählten Gestaltungsweise voraus. Komponieren im Instrumentalunterricht überschreitet keineswegs dessen Grenzen. Vielmehr ist Komponieren eine wichtige Methode des Musiklernens. Für Michael Gielen ist es sogar die einzige: »Ich behaupte, daß man Musik überhaupt nur durch das Komponieren lernen kann […].« (Fiebig 1997, S. 91)

Literaturhinweise

Christian Möllers: *Üben ohne Noten*, in: Ulrich Mahlert (Hrsg.): Spielen und Unterrichten. Grundlagen der Instrumentaldidaktik, Mainz 1997, S. 156–180

Vielerlei Übungen, die die innere Klangvorstellung, das Spielen nach Gehör, und damit eine Grundvoraussetzung des Improvisierens trainieren.

Matthias Schwabe: *Musik spielend erfinden. Improvisieren in der Gruppe für Anfänger und Fortgeschrittene*, Kassel 1992

Ein »Spielebuch«, das mit vielen Ideen zum musikalischen Improvisieren in der Gruppe anregt und anleitet. Die Improvisationsmodelle sind größtenteils instrumentenübergreifend konzipiert.

Matthias Maute: *Blockflöte & Improvisation. Formen und Stile durch die Jahrhunderte. Spielen – Improvisieren*, Textband und Praxisheft, Wiesbaden 2005

Eine umfangreiche Sammlung von Improvisationsmodellen in verschiedenen Stilarten vom Mittelalter bis zum Jazz und Pop sowie im Bereich der Neuen Musik. Zu allen Übungen gibt es musiktheoretische, didaktische und methodische Hinweise. Für viele der überwiegend solistisch auszuführenden Improvisationen finden sich Begleitmodelle für Klavier. Die Improvisationsanregungen sind größtenteils auch für andere Melodieinstrumente geeignet.

Peter Heilbut: *Klavier spielen. Früh-Instrumentalunterricht. Ein pädagogisches Handbuch für die Praxis*, Mainz 1993

Peter Heilbut, im Unterrichten von Kindern erfahren wie nur wenige Pädagogen, gibt hier einen Überblick über »Möglichkeiten zum Improvisieren im Früh-Instrumentalunterricht«, indem er »Zwanzig Einstiege und ihre Weiterführungen« erläutert. Die meisten Einstiege lassen sich auch auf anderen Instrumenten realisieren.

Herbert Wiedemann: *Klavier spielend begreifen. Improvisatorisches Lernen – kreatives Spielen*, Kassel 2010

Eine für Lehrende und Lernende bestimmte, methodisch fundierte Sammlung von Improvisationsmöglichkeiten am Klavier, hauptsächlich basierend auf harmonischen Modellen aus verschiedenen Epochen und Stilen.

Sigi Busch: *Improvisation im Jazz. Ein dynamisches System*, Rottenburg/N. 1996

Sigi Busch lehrt Jazzimprovisation als ein offenes, dynamisches System der musikalischen Faktoren Rhythmus, Melodie, Harmonie, Form und Klang.

14. Technik

Didaktische Vorüberlegungen

Was bedeutet »Technik« im Zusammenhang von Instrumental- und Vokaldidaktik? Im Kern wohl vor allem: die Fertigkeit von Musizierenden, das Instrument (oder die Stimme) so zu handhaben, dass eine gute (klare, deutliche ...) Darstellung von Musik möglich wird. Mensch, Instrument und Musik stehen in dieser Vorstellung in enger Wechselwirkung. Das didaktische Grunderfordernis an eine gute Techniklehre liegt darin, das Zusammenwirken und die Interdependenzen von Mensch, Instrument und Musik zu berücksichtigen und zu nutzen. Eine Techniklehre, die die Individualität des jeweils Musizierenden vernachlässigt, ist ebenso unheilvoll wie eine, die die Musik aus dem Auge verliert.

Sehr oft ist in Lehrproben von Studierenden wie auch in Bewerbungsverfahren um Musikschul- und -hochschulstellen folgender Ablauf zu beobachten: Bei der Arbeit an der Interpretation eines Werks stellt der Lehrende alsbald »technische Probleme« des Schülers fest. Die Beschäftigung mit diesen Problemen verselbstständigt sich alsbald. Es werden Bewegungsabläufe demonstriert, erklärt, geübt. Die Aufmerksamkeit fixiert sich auf eine vermeintlich »korrekte« Ausführung bestimmter Muster, wogegen das klangliche Ergebnis in den Hintergrund tritt. Wird schließlich wieder die Musik ins Spiel gebracht, bleibt ihre Darstellung mithilfe des neu Gelernten unbefriedigend. »Technisch« Verbessertes und musikalische Anforderungen stimmen nicht zusammen.

Die Gefahr einer verfehlten Techniklehre ergibt sich wohl aus dem heute verbreiteten Verständnis des Wortes »Technik«. Leicht assoziieren wir mit ihm die Vorstellung von Mechanik und ihren physikalischen Gesetzen. Dementsprechend ist ein »guter Techniker« ein Musiker, der gleichsam mit der unfehlbaren Sicherheit einer Maschine auch die schwierigsten Anforderungen einer Musik meistert. Der griechische Grundbegriff des Wortes »Technik« hat jedoch keineswegs eine mechanistische Ausrichtung. »τέχνη bezeichnet ein zielgerichtetes, sachgemäßes Können, eine Fertigkeit, Geschicklichkeit oder Kunst (ars). [...] immer geht es dabei um ein regelgeleitetes, sachverständiges, also an bestimmtes Wissen gebundenes praktisches oder theoretisches Können.« (Ritter 1971–2007, Bd. 10, 1998, Artikel »Technik«, Sp. 940) In diesem Verständnis steht Technik nicht einer Sphäre von Kunst gegenüber bzw. ist ihr nicht als eine Voraussetzung vorgeordnet. Vielmehr ist Technik selbst ein künstlerisches Können und Handeln. Eine gute, der Wortbedeutung entsprechende Technik verhält sich nicht neutral gegenüber einem bestimmten Darstellungsobjekt sowie den Darstellungsintentionen und -möglichkeiten des Musizierenden, sondern sie erwächst aus diesen drei Faktoren und wird ihnen gerecht. Ohne Darstellungsobjekt, -intentionen und -möglichkeiten gibt es keine Technik. Auch technische Übungen sind also immer musikalische Darstellungsübungen individueller Spieler. Als solche bedürfen sie einer Gemeinsamkeit von musikalischer, sensumotorischer, physischer und psychischer Wahrnehmung im Spielvorgang.

Wolfgang Lessing hat festgestellt, dass der neuzeitliche Technikbegriff »immer in ein System binärer Oppositionen eingebunden war. Das gilt bis heute: Wer ›Technik‹ sagt, grenzt sich ab, schließt anderes aus. […] Auch der Begriff einer musikalischen Technik, der bis zum heutigen Tag zum selbstverständlichen Inventar ebenso des Instrumentalunterrichts wie auch des Feuilletons zählt und der nach wie vor als Beurteilungskriterium sowohl bei Aufnahmeprüfungen an Musikhochschulen wie auch bei internationalen Wettbewerben einen unangefochtenen Platz einnimmt, ist auf diese Weise binär konzipiert und folgt, wie immer man ihn jeweils konkret fassen mag, zumeist der Grundfigur ›Technik vs. Musik / Kunst‹.« (Lessing 2010, S. 1) Zu ergänzen wären die ebenfalls verbreiteten Oppositionen »Technik vs. Individualität«, »Technik vs. Geist«: In ihnen wird Technik begriffen als ein nach objektiven mechanischen bzw. physiologischen, von der Person des Handelnden unabhängigen Gesetzmäßigkeiten perfektioniertes Spiel.

Gleichzeitig ist »Technik« ein leicht adaptierbarer Begriff. Auch beim Musizieren lässt er sich auf vielerlei Faktoren beziehen: auf die Musik selbst und ihre Erfordernisse (z. B. Kompositionstechnik, Spieltechniken der Alten bzw. der Neuen Musik), auf das subjektive Vermögen des Spielers (»seine Spieltechnik lässt zu wünschen übrig«), auf tätigkeitsspezifisches Handeln (Übetechniken, Analysetechniken), auf einzelne Elemente des Spielvorgangs (Atem-, Pedal-, Bogentechnik) oder auf menschliches Grundvermögen überhaupt (Körpertechniken, Psychotechniken). Vielfach spielen beim Musizieren etliche solcher technischen Bezugsfelder ineinander.

Ein Leitfaden für ein produktives Techniklehren und -lernen liegt in der Bemühung, »binäre« Auffassungen von Technik zu vermeiden, nach Integration der jeweiligen Gegenbegriffe zu suchen und die Vielfalt der jeweils mitbetroffenen Techniken mit einzubeziehen. Musizierende sollten lernen, Technik als ein universelles Potenzial zu verstehen, das ihre verschiedenen musikalischen Kompetenzen zusammenführt und entwickelt.

Methodische Prinzipien und Möglichkeiten

1. *Technik in der Instrumental- und Vokalpädagogik ist vielfältig und nicht reduzierbar auf Spieltechnik im engeren Sinn.* Neben und zusammen mit der Spieltechnik gibt es auch Techniken des Lernens, des Übens, der Analyse von Musik, der Körperschulung (»Körpertechnik«) u. a. »Technik« ist also eine inhaltlich variable Größe. Je mehr das Lehren und Lernen im landläufig als »Technik« bezeichneten Bereich der Spieltechnik gestützt, ergänzt, vertieft wird durch Hinzuziehung weiterer Techniken wie der genannten, desto besser: Fertigkeiten in diesen Techniken kommen der Spieltechnik zugute. Franz Liszt sah deutlich die verschiedenen Bezugsmöglichkeiten des Wortes »Technik« und ging so weit, das Techniküben gegenüber der Übetechnik abzuwerten:

»Nicht auf das Üben der Technik kommt es an, sondern auf die Technik des Übens.« (Zit. nach Martienssen 1954, S. 162) Musik begreifen und analysieren zu können ist für den Ausbau der Spieltechnik ebenso wichtig wie das Verstehen des Ablaufs körperlicher Aktionen beim Singen und beim Instrumentalspiel. Zu vermeiden ist also insbesondere eine Trennung von Musik und Technik. Interpretation, Improvisation, Zusammenspiel usw. und Technik mögen als verschiedene Lernfelder begriffen werden. Diese Modellvorstellung darf aber weder dazu verführen, Technik als Lehr- und Lerngegenstand entmusikalisierend zu isolieren oder Technisches in anderen Lernfeldern zu vernachlässigen. Technik gehört in jedem Lernfeld zur Sache selbst: in Bezug auf Anforderungen, Verstehen des Auszuführenden und der Ausführung, Übeweisen usw.

2. *Techniklehren und -lernen ist zu einem guten Teil Arbeit an der musikalischen Vorstellung.* Das Erfassen der Musik und die Erarbeitung einer genauen Vorstellung ihrer Ausführung sollten Hand in Hand gehen und aufeinander bezogen bleiben. »Je größer die musikalische Sicherheit, desto geringer die technische Unsicherheit.« (Neuhaus 1967, S. 77) Eine exzellente Darstellung von Musik gelingt um so eher, je differenzierter die Musik als Sinngefüge erfasst ist und je plastischer die Details ihres intendierten Erklingens sowie ihrer Ausführung innerlich vorgestellt werden können. Technik lehren besteht demnach zu einem guten Teil darin, bei spieltechnischen Problemen mit dem Schüler nach musikalischen Ursachen zu suchen. Drei Beispiele: Die Klärung des Spannungsverlaufs in einem schwierigen Abschnitt vermag Verkrampfungen aufzulösen, die durch die Fixierung auf ein peripheres spieltechnisches Detail entstanden; das Verständnis des einfachen satztechnischen Grundmusters eines komplizierten Passagenwerks begünstigt die ruhige Wahrnehmung größerer Einheiten, was eine Steigerung von Sicherheit und Tempo ermöglicht; bei heiklen Stellen mit satztechnischen Übergängen und spieltechnischen Wechseln erleichtert oft ein präzises Konzept der zeitlichen Feingestaltung (»Microtiming«) einen geschmeidigen Ablauf.

3. *Zur Techniklehre gehört die Befähigung, Werke musikalisch stimmig und spielpraktisch vorteilhaft einzurichten.* »Musikalisch stimmig« meint, dass die Art der Einrichtung die plastische Wiedergabe musikalischer Strukturen (Rhythmen, Phrasen, Klangcharaktere etc.) erleichtert. Zur spielpraktischen Einrichtung zählen vor allem Fingersätze, Strichbezeichnungen, Atemzeichen – Hinweise, die Herausgeber von ›instruktiven Ausgaben‹ dem Musizierenden über das vom Komponisten Notierte hinaus vorgeben. Instruktive Ausgaben haben allerdings den gravierenden Nachteil, dass sie in der Regel Ausführungshinweise alternativlos festlegen. Eine bestimmte Art der Ausführung ist jedoch selten generalisierbar, sondern in beträchtlichem Maße von den physiologischen Voraussetzungen des jeweiligen Spielers abhängig. Fingersätze, die für die Hände eines bestimmten Spielers gut geeignet sind, passen für die eines anderen

schlecht. Die Erarbeitung von Prinzipien geeigneter Fingersätze und anderer Elemente spieltechnischer Einrichtungen bilden daher einen basalen Inhalt der Techniklehre. Das Entdecken, Erproben und Beurteilen verschiedener Möglichkeiten für die Darstellung bestimmter Stellen und das Herausfinden der jeweils optimalen Lösung sollten im Unterricht breiten Raum einnehmen. Claude Debussy hielt im Vorwort seiner *Douze Études* ein leidenschaftliches Plädoyer für fingersatzlose Ausgaben. Er betrachtete das selbstständige Finden passender Fingersätze als »un excellent exercice« und beendete seine Ausführungen mit den beiden Sätzen: »On n'est jamais mieux servi que par soi-même.‹ / Cherchons nos doigtés!« (»On wird nie besser bedient als von sich selbst.‹ / Suchen wir unsere Fingersätze!«) Zu den unverzichtbaren Utensilien im Unterricht gehört Korrekturflüssigkeit zum Überdecken ungeeigneter Fingersätze. Eigene Eintragungen sollten mit Bleistift erfolgen und so geschrieben werden, dass sie sich – beim Auffinden besserer Lösungen – gut ausradieren und korrigieren lassen. Je früher Schüler daran gewöhnt sind, Fingersätze und andere Bezeichnungen selbst in die Noten einzutragen, desto eher wird das spielpraktische Einrichten zu einem selbstverständlichen Teil ihres Übens. Die Hausaufgabe, spielpraktische Lösungen für Stücke zu erarbeiten, und die gemeinsame Diskussion der gefundenen Optionen schult das technische Denken von Schülern und entwickelt eine unverzichtbare instrumentaltechnische Grundfähigkeit.

4. *Technische Modelle.* Zum Aufbau der Spieltechnik gehört die Vermittlung eines Repertoires von technischen Modellen, die sich exemplarisch zur Entwicklung motorischer Leistungskomponenten eignen: Kraft, Schnelligkeit, Ausdauer, Beweglichkeit und Koordination (dazu Türk-Espitalier 2006, S. 14-17). Zwischen diesen Modellen bestehen vielerlei Zusammenhänge, sodass sie sich im Üben wechselseitig fördern lassen. Das Üben von spieltechnischen Grundmodellen sollte jedoch nicht mechanistisch erfolgen, sondern mit musikalischen Gestaltungsaufgaben verbunden werden. Das Streben nach Musikalisierung auch formelhafter Übungen trägt der Tatsache Rechnung, dass in Musikstücken Elemente wie Tonleitern, Sequenzfiguren, Arpeggien, Tonwiederholungen in der Tat stets Ausdrucksträger und nicht sinnleere Gestalten sind. Daher muss ein sinnvolles Technikstudium von Anfang an darauf angelegt sein, technische Grundmodelle musikalisch »aufzuladen«. Franz Liszt praktizierte dieses Prinzip intensiv in seinem eigenen Üben wie in seinem Klavierunterricht. Auguste Boissier schrieb über den Unterricht ihrer Tochter bei Liszt: »Valérie mußte verschiedene Fingerübungen machen und er empfahl ihr ein unablässiges Studium der Schattierungen. Hat man sich regelmäßig an ein solches gewöhnt, so fallen sie selbst beim Blattlesen ganz leicht. [...] Erfinden Sie Schattierungen und, wenn Sie können, neue Kombinationen, dann werden Sie jedem Ereignis gewachsen sein.« (Boissier 1930, S. 95) Technische Übungen werden hier als musikalische Gestaltungsaufgaben praktiziert. Nicht nur verschiedene Tempi, Metren, Betonungen, Rhythmisierungen, Artikulationen, dynamische Verläufe usw. beleben, fordern und

fördern ein musikalisiertes Üben technischer Modelle; auch Aufgaben, diverse Gefühlszustände, Atmosphären, Redeweisen, Charaktere etc. durch plastisch gestaltetes Spiel hervorzubringen, entwickeln die Spieltechnik zu dem, was sie sein soll: musikalische Darstellungsfähigkeit. Als Vorbilder können Schauspieler gelten, die imstande sind, durch charakteristische Aussprache bloßer Vokale (d.h. von Sprachelementen ohne Bedeutung) intensive Gefühle zum Ausdruck zu bringen.

Technische Grundübungen sollten ohne Noten vermittelt werden, damit der Lernende sich ganz auf die klangliche, kinästhetische und visuelle Wahrnehmung konzentrieren kann.

Besonders vorteilhaft sind spieltechnische Übungen, die vielerlei Wechsel von Spannung und Entspannung ermöglichen. Ein Alternieren von Tongruppen und Pausen ist vor allem in Anfangsstadien günstiger als eine lang durchgehaltene Figuration. Passagen ohne Stopps führen leicht zu Anspannungen, die sich während des Spiels schwer auflösen lassen. Das Kontrollieren von Spannungsgraden in den ausführenden Organen und das schnelle Umschalten zwischen Spannung und Entspannung gehören zu den wichtigsten spieltechnischen Fähigkeiten. Arbeit an spieltechnischer Verbesserung besteht vor allem im Explorieren der Zusammenhänge von musikalischen und physischen Spannungsverläufen sowie im Bestreben, nach und nach alle überflüssigen physischen Anspannungen zu vermeiden.

Lange Zeit wurden im Unterricht spieltechnische Übungen zunächst auf wenige Töne bzw. enge Tonräume begrenzt: auf dem Klavier mit Fünffingerübungen von diatonischen Nachbartönen, auf Streichinstrumenten mit dem Spiel in der ersten Lage, auf Blasinstrumenten mit einzelnen einfach auszuführenden Tönen. Damit erfolgte das Gehenlernen auf dem jeweiligen Instrument gleichsam in einem »Laufställchen«. Die Bewegungen blieben eng, und das so praktizierte Bewegungslernen widersprach der Tatsache, dass die Differenzierung des Bewegungsrepertoires von der Grob- zur Feinmotorik, von größeren zu kleineren Bewegungen geschieht. Die neuere Instrumentaldidaktik ist durchweg von solchen Verengungen abgekommen und sucht von Anfang an einen möglichst großen Bewegungsspielraum auf dem Instrument zu erschließen. Modellhaft für das Spiel auf hohen Streichinstrumenten und darüber hinaus anregend für instrumentales Bewegungslernen ist die Unterrichtslehre von Paul Rolland (Rolland/Mutschler 1971).

Neben traditionellen Spieltechniken sollten auch Modellelemente aus Jazz/Rock/ Pop und Neuer Musik als technisches Übungsmaterial gewählt werden. Dadurch erweitern und verfeinern sich das klangliche Vorstellungsvermögen und die körperlichen Mittel der Klangerzeugung in allen Stilbereichen. Das Üben etwa von Bluestonleitern und den Modi mit begrenzten Transpositionsmöglichkeiten von Olivier Messiaen wirkt sich positiv auf das Spielen von Skalen in Dur und Moll aus.

5. *Methodisch modellhaft ist das im Unterricht des 18. Jahrhunderts verbreitete Prinzip, dem Lernenden spieltechnische Basisübungen als idiomatische musikalische*

Vokabeln zu vermitteln. An anderer Stelle habe ich dazu ausgeführt: »Während ab dem 19. Jahrhundert bis heute Tonleitern das grundlegende Material zum Aufbau und zur Schulung der Spieltechnik bilden, favorisieren die Lehrwerke des 18. Jahrhunderts von Anfang an das Üben der ›Manieren‹. [...] Nicht nur das Improvisieren, sondern auch die Spieltechnik wurde durch die Lehre der ›Manieren‹, der melodischen Auszierungen also, gelehrt. Für beide Lernbereiche eignen sich Verzierungen in besonderer Weise. Als formelhafte Gebilde sind Verzierungen – modern gesprochen – ›Pattern‹, mit denen Melodien in charakteristischer Weise angereichert, variiert und umgebildet werden können. Mit ihrem Studium erwerben Schülerinnen und Schüler ein Repertoire an musikalischen Sprachformeln und somit ein Basismaterial des Improvisierenlernens./ Nicht minder günstig sind Manieren für die Entwicklung der Spieltechnik. Verzierungen (vor allem die von den freieren ›willkürlichen‹ zu unterscheidenden ›wesentlichen Manieren‹ wie Vorschlag, Schleifer, Mordent, Pralltriller, Doppelschlag, Triller u. a.) bestehen aus kurzen, rasch auszuführenden Tönen. Jede Gruppe kann und sollte aus einem einzigen, die jeweilige Tonfolge umgreifenden Bewegungsimpuls und nicht als Folge aneinander gereihter Einzeltöne gespielt werden – gewissermaßen als elegant und leicht ausgeführte Geste. Dabei bieten die vergleichsweise langen Töne vor und nach jeder Verzierung die Möglichkeit, die physische Gelöstheit zu kontrollieren bzw. reflexhaft wiederherzustellen, so daß jede ›Aktion‹ unverkrampft und geschmeidig sein kann. Die Freiheit von Fingern, Hand und Armen sowie die Kontrolle über eine durchlässige Körperhaltung lassen sich bei der Ausführung von Manieren viel besser üben als beim Trainieren von Endlos-Tonfolgen in Form von Tonleitern oder Passagen ohne ›Zwischenstopp‹. Das technische Ziel der Steigerung des Spieltempos ist mit Manieren leichter möglich als mit Tonleitern. [...] Zur physiologischen Eignung kommt schließlich ein musikalischer Vorzug: Wie bereits gesagt, sind Manieren keine abstrakten Tonformeln, sondern musikalische Sprachformeln. Daher wollen sie ›sprechend‹, mit charakteristischem Ausdruck, und nicht etwa mechanisch ausgeführt werden. [...] Das Üben der Verzierungen hat also zusammen mit dem technischen auch einen musikalischen Nutzen.« (Mahlert 2002, S. 35f.)

6. *Wiederfinden und Ableiten*. Zwei weitere Vorgehensweisen sind wünschenswert, um Technik in möglichst engem Zusammenhang mit Musik zu vermitteln bzw. zu üben: zum einen das Wiederfinden von bereits (notenlos) gelernten spieltechnischen Modellen in der Literatur, zum anderen das Ableiten technischer Übungen aus Stücken. Beide Praktiken verhalten sich komplementär zueinander. Wenn für technische Basisübungen, wie vorgeschlagen, nach Möglichkeit idiomatische Wendungen aus der Literatur gewählt werden, dann begegnen solche »Vokabeln« immer wieder in der zu spielenden Literatur. Eine sinnvolle spieltechnische Erschließung eines Stücks bestünde darin, es (hörend und / oder anhand des Notentexts) mit dem Schüler zunächst daraufhin zu betrachten, welche Elemente bereits aus der Beschäftigung mit

technischen Patterns bekannt und wie sie kompositorisch realisiert sind. Dadurch ermöglichte Déjà-vu-Erlebnisse fördern die Lernbereitschaft und erleichtern das Üben. In umgekehrter Weise ergibt sich ein musiknahes Techniklernen durch das Ableiten spieltechnischer Übungen aus schweren Stellen von Kompositionen. Das eigenständige Variieren und Fortspinnen von Spielformeln erhöht die Attraktion des Technikübens und öffnet es zur Improvisation. Robert Schumann hat im Vorwort zu seinen *Studien nach Capricen von Paganini* op. 3 Fortgeschrittenen dieses Verfahren empfohlen. Er rät ihnen, »nur selten Übungen aus Klavierschulen zu spielen, lieber eigene zu erfinden und etwa als Vorspiele im freien Phantasieren einzuflechten; da dann alles viel lebendiger und vielseitiger verarbeitet wird.«

7. Instrumente als »Organprojektion« begreifen, d. h. verstehen und handhaben. Dieses methodische Prinzip ist der Schlüssel für ein körperlich stimmiges, zuträgliches und hohe Leistungen ermöglichendes Lehren und Lernen von instrumentaler ›Technik‹. Der Pädagoge, Geograf und Philosoph Ernst Kapp erfasste 1877 Technik als »Organprojection« (Kapp 1877, S. VI). Er führte den Nachweis, »dass der Mensch unbewusst Form, Functionsbeziehung und Normalverhältniss seiner leiblichen Gliederung auf die Werke seiner Hand überträgt und dass er dieser ihrer analogen Beziehungen zu ihm selbst erst hinterher sich bewusst wird.« (A. a. O., S. V f.) Seine Ausführungen sind auch für Instrumentalpädagogen gleichermaßen aufschlussreich wie anregend: »Wie einerseits unter der Hand des ungeschickt Spielenden das Instrument misstönen, und wie eine Verhältnissstörung im Bau des Instrumentes auch den, der es handhabt, verstimmen kann, so dringt andererseits aus dem gegenseitigen Sicherkennen beider all jene Kraft und Weichheit der Harmonie, für deren Entstehen und Verstehen der leibliche Organismus allein den richtigen Aufschluss giebt. / Wo man einem Künstler nachrühmt, er sei gleichsam Eins mit seinem Instrument, da machen Arm und Handgelenk in schmiegsamer Beugung, die Finger in der Berührung der Saiten, ja des Künstlers ganze fügsam nachgiebige Haltung den Eindruck, als tönten auch sie. Und thun sie es nicht in Wahrheit? Die Klänge des Instrumentes, wer hat sie ihm eingesenkt, wer entlockt sie ihm, woher stammen sie? Ist es nicht die Macht und Schönheit des Organismus, die hier uns entgegenrauscht, die uns durch uns selbst ergreift?« (A. a. O., S. 260) Der Geigenbogen als ein den Arm verlängerndes Klangwerkzeug, die Blasinstrumente als charakteristische Projektionsgeräte des Atems und der Stimme, die Taste als Verlängerung der Hand bzw. der Finger – diese und viele weitere »organische« Zusammenhänge zwischen menschlichen Organen und »Klangkörpern« ermöglichen in der Tat eine musikalische Symbiose von Körper und Instrument. Jede Lehrkraft tut gut daran, das jeweilige Instrument und seine Teile als mögliche Organprojektion aufzufassen und daraus vielfältige spieltechnische Vorstellungen für sich und seine Schüler abzuleiten. Einerseits gilt es, das Instrument durch die Vorstellung als Organprojektion zu beleben, andererseits aber auch, den physikalischen Gesetzen des Instruments und seiner Klangerzeugung zu folgen. So kann Instrumentaltechnik in der Tat zum Modell eines nicht entfremdeten Verhältnisses von Mensch und Technik werden (vgl. Mahlert 2003, S. 16).

8. *Techniklehren besteht zu einem wesentlichen Teil in Wahrnehmungsanleitungen.* Techniklernen impliziert Musik- *und* Bewegungslernen. Es beinhaltet stets ein Balancieren zwischen musikalischer *und* körperlicher Wahrnehmung. Dabei beeinflussen sich die Arbeit an der musikalischen Vorstellung und an der Bewegungsausführung wechselseitig (vgl. Lessing 2010, S. 15). Nicht minder komplex wie die Musik mit all ihren für das Musizieren relevanten Parametern sind die körperlichen Faktoren und Abläufe beim Musizieren. Maßgeblich für die Wahrnehmung und Steuerung der körperlichen Abläufe ist das Bewegungsgefühl (Kinästhesie, auch Tiefensensibilität genannt). »Drei unterschiedliche Wahrnehmungsqualitäten liefert die Tiefensensibilität, nämlich die Fähigkeiten, 1. Gelenkstellungen zu empfinden und zu reproduzieren, 2. Bewegungen zu fühlen und zu kontrollieren und 3. die Kraft, die von der Muskulatur aufgebracht wird, zu spüren und zu dosieren und die Muskelspannung wahrzunehmen und zu beeinflussen.« (Klöppel 1993, S. 166) Techniklernen vollzieht sich als ein Explorieren, bei dem immer wieder Fragen wie die folgenden im Spieler kreisen: »Wie ändert sich mein Körper- und Bewegungsgefühl (bzw. bestimmte kinästhetische Empfindungen), wenn ich ein anderes Klangresultat erstrebe und hervorbringe?« – »Wie sind genau die kinästhetischen Empfindungen der Bewegungen, mit denen mir das beste Klangresultat gelingt?« – »Wie ändert sich mein Klang, wenn ich meine Bewegung (Haltung, Atmung usw.) auf bestimmte Art verändere?«

Die Wahrnehmung (ausgedrückt durch den im Wort »Kinästhesie« enthaltenen Begriff »aisthesis« = sinnliche Wahrnehmung) ist die entscheidende Fähigkeit für den Erwerb einer differenzierten Spieltechnik. Daher muss die Lehrweise auf die Entwicklung des Wahrnehmungs- und des daraus resultierenden Steuerungsvermögens gerichtet sein. Wahrnehmungsanleitungen geschehen durch Fokussierung der Aufmerksamkeit auf bestimmte Momente des Spielvorgangs in Relation zum intendierten Klangresultat. Sehr instruktiv ist in diesem Zusammenhang die von Barry Green und W. Thimothy Gallwey aufgebrachte Unterscheidung zwischen »Wahrnehmungsanleitungen« und »Tue-dies-Anweisungen« (Green / Gallwey 1993, S. 126–130). Letztere versuchen, körperliche Aktionen »deklarativ« zu vermitteln. Körpergefühle und kinästhetische Abläufe lassen sich jedoch nur sehr begrenzt verbal übertragen. Der Spieler gewinnt diese Vermögen in erster Linie prozedural: durch konkretes körperliches Agieren, Wahrnehmen und Explorieren von Zusammenhängen zwischen kinästhetischen Empfindungen und klanglichen Hervorbringungen. Green und Gallwey plädieren daher dafür, hauptsächlich mit Wahrnehmungsanleitungen zu arbeiten, und machen viele Vorschläge, »Tue-dies-Anweisungen« in »Wahrnehmungsanleitungen« umzuformulieren. Grundformulierungen für Letztere sind: »Sei dir bewußt ... / Höre auf den Klang ... / Wie fühlt es sich an, wenn du ... / Welchen Unterschied bemerkst du zwischen ... / Was hörst du, wenn ... / Achte auf die ... / Beachte, was du fühlst, wenn ...« (a.a.O., S. 129). Wahrnehmungsanleitungen lassen sich bestens verbinden mit dem von Gerhard Mantel dargelegten Prinzip der rotierenden Aufmerksamkeit (Mantel 1984): Die Wahrnehmung des Ausführenden richtet sich bei jeder Wiederholung (etwa einer schweren Stelle) auf einen anderen Aspekt des Spielvorgangs sowie der spieltechnisch-musikalischen Zusammenhänge.

Mit dem Votum für Wahrnehmungsanleitungen soll nicht in Abrede gestellt werden, dass es durchaus sinnvoll ist, physiologische Abläufe zu erklären (zur Rolle der Verbalität s. auch den nächsten Punkt). Selbstverständlich nützt das Wissen um motorische, lern- und wahrnehmungspsychologische Gesetzmäßigkeiten für den Erwerb spieltechnischer Fähigkeiten. Ein Beispiel: Das Wissen, dass bei langsamen und schnellen Spielbewegungen unterschiedliche motorische Programme (»closed-loop«- bzw. »open-loop«-Systeme s. Köppel 1993, S. 26 f.) gefordert sind, bewahrt vor der einseitigen Strategie, die Fähigkeit des Spielens in hohem Tempo allein durch graduelle Temposteigerung zu üben, bei der jeder Ton einzeln kontrolliert wird. Ein schneller Lauf muss *auch* schnell geübt werden: Es muss gelingen, in *einen* Bewegungsimpuls zusammenzufassen, was nur in schnellem Tempo möglich ist. Trotz der Wichtigkeit solcher Kenntnisse: Kinästhetische Erfahrungen als Voraussetzung technischen Lernens können nur durch kinästhetische Erfahrungen selbst erworben werden, und Wahrnehmungsleitungen eignen sich besonders gut, solche Erfahrungen gezielt zu ermöglichen.

9. *Weitere effiziente Mittel des Techniklehrens sind: Demonstration / Imitation, Verbalisierungsaufgaben stellen, Anknüpfung an bekannte und bereits beherrschte Bewegungen, bildliche bzw. sinnliche Vorstellungen.*
Kinästhetisches Empfinden ist zwar nicht umstandslos durch Imitation eines demonstrierten Bewegungsablaufs vermittelbar: Das visuell Wahrgenommene transformiert sich nicht ohne Weiteres in das vom Demonstrierenden intendierte Spielgefühl. Und doch können durch Demonstration wichtige Hinweise auf Auszuführendes gegeben werden. Ein lernförderndes Vormachen muss sehr sorgfältig erfolgen (ausführlich dazu Mahlert 1999). Zwei Möglichkeiten bestehen: sukzessiv oder simultan ausgeführtes Vor- und Nachmachen. Ersteres erlaubt dem Lernenden, sich vor der imitierenden Ausführung zunächst ganz auf das Beobachten und sein mentales Erfassen zu konzentrieren; Letzteres begünstigt ein vom Lehrer geführtes, energetisches Bewegungslernen, dessen unmittelbare Sogkraft geeignet ist, kinästhetische Empfindungen zu transportieren.

Das Erklären des Lehrenden, worauf es bei der Ausführung ankommt, wie auch das Beschreiben des Gesehenen und beim eigenen Ausführen Gefühlten durch den Lernenden unterstützen und vertiefen das Lernen durch Imitation.

Eine andere wichtige Funktion gewinnt die Sprache für das Techniklernen, indem Parallelen zwischen zu lernenden Bewegungen oder einem zu erwerbenden kinästhetischen Gefühl durch bildliche Beschreibungswörter oder durch Parallelisierungen zu bereits aus dem Alltag bekannten Bewegungsmustern vermittelt werden. Vokal- und Instrumentallehrer kennen und nutzen viele solcher instrumentenspezifisch wirksame Wörter und Bilder. Gerhard Mantel hat die Wirksamkeit dieser Lehr- und Lernstrategie unter der Formel »Als Ob« erörtert (Mantel 1998). In einer Tabelle stellt er die physiologischen Beschreibungen und die »Als-ob«-Assoziationen einigen streicherspezifischen Spielformen bzw. -bewegungen gegenüber (a. a. O., S. 9):

Bewegungszweck	Beschreibung	»Als-ob«-Assoziation
Vibrato	Oberarmrollung mit Achsenbildung: Doppelhebel mit gegenläufiger Bewegung Hand-Ellbogen	Schachtel Streichhölzer schütteln / Zähne (senkrecht) putzen / Fleck wegmachen
Bogenwechsel	Dorsal-Volar-Bewegung im Handgelenk	Winken zum Abschied
Bogenwechsel	Adduktion – Abduktion des Handgelenks	Winken seitlich bei Begrüßung / Abwinken
Bogenwechsel	Zeitverschobene Bewegung Arm-Hand	Putzlappen wischen, Pinselstriche, Ski wachsen
Staccato	Pronation-Supination	Schraubenzieher oder Schlüssel drehen
Saitenübergang	Doppelhebel mit Achse unterhalb des Ellbogens	Schlangenbewegung
Spiccato	Unterarm schnell im Kreis führen, Hand locker nachschütteln lassen	Hand vor Schmerz schütteln wegen Berührung eines heißen Gegenstands

Das Experimentieren mit solchen Vergleichen und das Erfinden eigener Vorstellungsbilder helfen Lernenden, ihre Fähigkeiten zur Wahrnehmung und Steuerung spieltechnisch relevanter neuronaler Abläufe zu entwickeln. Diese Strategie nützt oft mehr als ein differenziertes Beschreiben komplexer Bewegungsabläufe, denn es ist sehr schwer, aus physiologisch beschriebenen Details eine kinästhetische Gesamtvorstellung aufzubauen. – Eine weitere methodische Möglichkeit der Klärung spieltechnischer Vorgänge bei fortgeschritteneren Schülern ist das Nachfragen, wie eine bestimmte Gestaltungsweise realisiert werden kann. (»Was musst du mit dem Bogen machen, damit ein Crescendo entsteht?« – »Mehr Bogen und mehr Gewicht nehmen.«) Das gedankliche Mobilisieren des Gewussten macht es dem Können verfügbar.

10. *In engem Zusammenhang stehen drei weitere methodische Devisen: Zeit lassen! Fehler zulassen! Individualität ermöglichen!*
    Das Erlernen von (sich in ständigem Hin und Her zwischen musikalischer Vorstellung und spieltechnischer Ausführung vollziehenden) instrumentenspezifischen

Wahrnehmungs- und Steuerungsvorgängen, das Explorieren und Finden der geeigneten Bewegungen und Körperaktionen: Solche komplexen Vorgänge brauchen Zeit. Es ist daher kontraproduktiv, wenn Lehrende nach der Demonstration bzw. Erklärung technischer Details ihre Schüler bei der ersten nicht vollkommen gelungenen Umsetzung sofort unterbrechen und korrigieren. Zum Erlernen musikalisch adäquater Körperaktionen brauchen Schüler jeweils den Freiraum mehrerer probierender, erkundender Versuche. Kurze verbale oder nonverbale Verstärkungen von tendenziell oder partiell Gelingendem sind dabei nützlicher als fortwährendes »Verbessern« von Fehlerhaftem. Letzteres konditioniert die Aufmerksamkeit negativ auf eine Fehlervermeidungshaltung, statt positiv die Wahrnehmung von Stimmigkeit zwischen »Soll« und »Ist« zu fördern. Lehrende sollten also gerade bei spieltechnischem Lernen auf ein Klima der konzentrierten Ruhe und Geduld achten. Wenn Lernende in Ruhe probieren können und Lehrende ihre Versuche durch eine Haltung der Zuversicht unterstützen, entwickelt sich die unverzichtbare Qualität der Gelingensbereitschaft am besten.

Fehler sind lernpsychologisch unverzichtbar. Das wiederholende Ausloten von Bewegungsspielräumen schult den Sinn für günstigere oder weniger günstige Lösungen. Ohne das Erfahren von ungünstigen Aktionen (zu denen auch das Spielen »falscher Töne« gehört) kann sich die Wahrnehmung des Besseren bzw. »Richtigen« nicht bilden. »Fehler« enthalten ein hohes Lernpotenzial und sollten daher nicht verpönt werden. Für Gerhard Mantel ist eine »der wichtigsten Empfehlungen an einen auch nur einigermaßen fortgeschrittenen Spieler: Nicht sofort korrigieren, erst beim nächsten Durchgang! Spiele falsch, ›als ob‹ Du richtig spieltest, als sei es so gemeint gewesen!« (Mantel 1998, S. 9)

Erst die Verbindung von Instruktion mit den Freiräumen des Explorierens und Selbstfindenlassens macht es möglich, dass Lernende die ihnen gemäßen individuellen spieltechnischen Lösungen finden. Gerade weil »Technik« auf objektiven physikalischen Gesetzen beruht, muss jeder Musizierende für jede spieltechnische Aktion seine individuelle Lösung finden. Menschen und ihre Körper sind individuell. Eine gute Techniklehre verbindet objektive Gesetzmäßigkeiten mit subjektiver Adaption.

11. *Körpertechniken und Sport.* Zur Ergänzung eines musikbezogenen Techniklernens sollten verantwortliche Lehrer darauf achten, dass ihre Schüler körperliches Wohlbefinden auch unabhängig vom Instrument üben. Dazu eignen sich Körpertechniken und Sport. Verfahrensweisen aus diversen Körpertechniken (wie Alexandertechnik, Feldenkrais, Progressive Muskelentspannung etc.) lassen sich gut als vorinstrumentale Übungen in den Unterricht einbringen. (Ein Repertoire vorinstrumentaler Übungen für den Instrumental- und Vokalunterricht findet sich in: Görtz / Müller / Schmieder / Mahlert 2006.) Sportliche Betätigung dagegen findet außerhalb des Unterrichts statt. Zu beachten ist, welche Komponenten motorischer Fähigkeiten sich mit der jeweiligen Betätigungsform trainieren lassen und welche eher nicht. Bei den Körpertechni-

ken »stehen Körperwahrnehmung, Koordination und Beweglichkeit im Vordergrund. [...] Die Faktoren Kraft, Ausdauer und Schnelligkeit können hierbei nicht abgedeckt werden« (Türk-Espitalier 2006, S. 15). Für sie empfiehlt sich sportliches Training.

Literaturhinweise

Wolfgang Rüdiger: *Über einen Ausspruch Ernst Blochs und über die so genannte Technik in der Musik*, in: Martin D. Loritz u. a. (Hrsg.): Musik – Pädagogisch – Gedacht. Reflexionen, Forschungs- und Praxisfelder. Festschrift für Rudolf-Dieter Kraemer (= Forum Musikpädagogik, Bd. 100), Augsburg 2011, S. 219–240

> Rüdiger unterscheidet zwei »konträre Ansichten oder ›Kulturen‹ der Instrumentaltechnik, ihres Verständnisses und ihrer Vermittlung«: eine »enge, isolierte, entseelte und entfremdete Technik, reduziert auf einzelne Elemente wie Bogenführung oder Fingerfertigkeit ohne innere Anteilnahme; die andere als weite, vernetzte, physiologisch beseelte und musikalisch sinnerfüllte Technik, vielfältig eingebunden in das Wohnhaus von Mensch und Musik.« (S. 223) Als Konkretisierung der zweiten Auffassung entfaltet Rüdiger in sieben Punkten »eine kurzgefasste Didaktik sinnerfüllten Technik-Lernens im Instrumentalunterricht«. Sie lauten: 1. »Sich Fühlen beim Spielen – der Körper als erstes Instrument« – 2. »Etwas Fühlen beim Spielen – das Instrument als Erweiterung des Körpers« – 3. »Klänge Verkörpern, Zeigen, Darstellen – der Spieler als Schauspieler« – 4. »Sprechen, Singen, Musik Denken beim Spielen – das Instrument als äußere Stimme« – 5. »Musikalische Bewegungen Vorstellen beim Spielen – Das Körper-Klang-Pendel« – 6. »Musizieren beim Spielen – Technik musikalisch und improvisatorisch« – 7. »Denken beim Spielen – Mimetische Technik als Mitkomponieren am Instrument«.

Wolfgang Lessing: *Was ist Technik?*, in: Üben & Musizieren, 1/2007, S. 8–12

> Lessing erörtert die Entwicklungen der auf neuzeitlichem Begriffsverständnis basierenden instrumentalpädagogischen Auffassungen von Technik und macht deutlich, inwiefern sie von der Ursprungsbedeutung differieren.

Renate Klöppel: *Die Kunst des Musizierens. Von den physiologischen und psychologischen Grundlagen zur Praxis*, Mainz 1993

> Ein Kompendium des instrumentaldidaktisch relevanten physiologischen und psychologischen Basiswissens.

15. Unterrichtsformen

Didaktische Vorüberlegungen

Im Zusammenhang mit Unterrichtsformen sind drei Ebenen zu unterscheiden:
- die Anzahl und die Zusammensetzung der Beteiligten: Lehrende, Lernende, Eltern, Zuschauer (Hospitierende, Interessenten, Gäste);
- die Sozialform (Wer arbeitet mit wem zusammen?);
- die Arbeitsform (Wie wird in der jeweiligen Konstellation gearbeitet?).

Methodische Möglichkeiten folgen vor allem aus den jeweiligen Sozial- und Arbeitsformen. Aus ihnen ergibt sich die methodische Grundfrage: Wer arbeitet mit wem wie zusammen?

Mit der Anzahl der Lernenden vermehren sich die Lernbeziehungen sowie die möglichen Sozial- und Arbeitsformen. Mehrere Schüler lernen nicht nur vom Lehrer, sondern auch voneinander. Der Zuwachs an Lernbeziehungen, der mit der Vergrößerung von Gruppen entsteht, ist leicht ersichtlich:

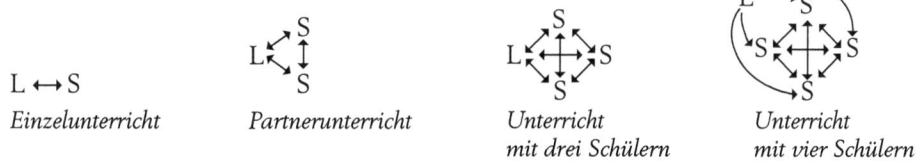

Einzelunterricht *Partnerunterricht* *Unterricht mit drei Schülern* *Unterricht mit vier Schülern*

Zudem ergeben sich beim Unterricht mit mehreren Lernenden diverse Sozial- und Arbeitsformen, die im Einzelunterricht nicht möglich sind. Die folgenden Zeichnungen demonstrieren einige davon am Beispiel einer Vierergruppe.

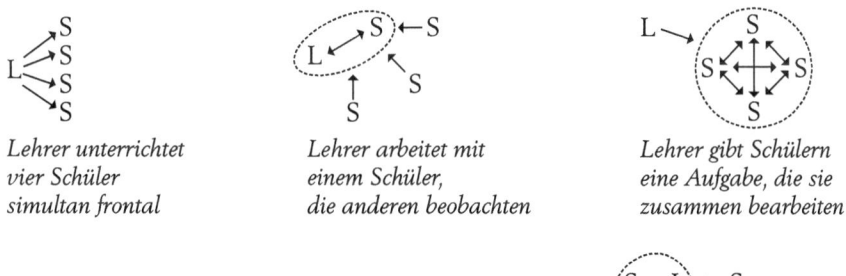

Lehrer unterrichtet vier Schüler simultan frontal

Lehrer arbeitet mit einem Schüler, die anderen beobachten

Lehrer gibt Schülern eine Aufgabe, die sie zusammen bearbeiten

Lehrer arbeitet mit zwei Schülern, während die anderen beiden in Partnerarbeit eine Aufgabe bearbeiten

Lehrer gibt einem Schüler die Aufgabe, einen anderen zu unterrichten; die anderen beiden beobachten

Die Vielfalt möglicher Lernverhältnisse im Unterricht ist die hauptsächliche methodische Herausforderung von Unterrichtsformen mit mehr als einem Schüler. Dafür benötigen Lehrende die Grundfähigkeit, gleichzeitig mehrere Schüler wahrzunehmen – als Individuen und als Gruppenmitglieder.

Immer wieder wird geargwöhnt, dass Unterricht mit mehreren Lernenden deren individuelle Potenziale vernachlässigt und Musizieren zwangsläufig gleichmacherisch vermittelt. Lange Zeit stand alles Musizierenlernen außerhalb des Einzelunterrichts unter dem Generalverdacht von jugendmusikbewegter Kollektivierung. Diese Sichtweise ist lernpsychologisch nicht haltbar. Mehr als enge Begrenztheit begünstigt Vielfalt von Lernbeziehungen eine wünschenswerte Individualisierung. Lernende profilieren sich wechselseitig in ihrer Individualität. Das gilt nicht nur für Kleingruppenunterricht, bei dem Lehrende die Besonderheiten der Lernenden noch deutlich wahrnehmen können, sondern selbst im Klassenunterricht, wo dies nicht mehr möglich ist. Natürlich sollte Lehrenden genügend Kapazität für die individuelle Zuwendung zu einzelnen Schülern bleiben. Unabhängig davon jedoch *ist* Lernen auch und gerade in Gruppen prinzipiell ein individualisierendes Geschehen.

Die Gegenüberstellung von (gewohntem) Einzelunterricht und allen anderen (für viele Lehrkräfte eher ungewohnten) Unterrichtsformen veranlasst mitunter zu der Vorstellung, Unterrichten in diesen Formen sei etwas völlig anderes als das Erteilen von Einzelunterricht. Diese Auffassung ist fragwürdig und wirkt kontraproduktiv, weil sie Angst erzeugt und die Bereitschaft Lehrender hemmt, sich aufgrund der im Einzelunterricht erworbenen Kompetenzen auch auf andere Unterrichtsformen einzulassen. Was Reinhart von Gutzeit 1994 über die Dauerdiskussionen zum »Reizthema Gruppenunterricht« schrieb, gilt inzwischen auch für weitere Unterrichtsformen, die in der musikpädagogischen Praxis an Musikschulen und für deren Kooperationen mit allgemeinbildenden Schulen immer wichtiger werden: »Bei alledem scheint die Schwierigkeit, einen guten Gruppenunterricht zu erteilen, ein wenig hochstilisiert. Die meisten Musikpädagogen trauen sich zu, ein Ensemble zu leiten oder eine Kammermusikgruppe zu unterrichten. Kann es soviel schwieriger sein, mit mehreren Kindern zu arbeiten, die alle das gleiche Instrument erlernen? [...] Ganz gewiß verlangt der Gruppenunterricht mehr an konsequenter und detaillierter Planung und Vorbereitung; einfach nur zu reagieren auf das, was ein Schüler im Unterricht ›anbietet‹, reicht nicht aus. Aber das ist nur ein gradueller Unterschied zu dem, was auch für einen ernsthaften Einzelunterricht unabdingbar ist.« (Gutzeit 1994, S. 2)

Die nachfolgenden Ausführungen verzichten auf eine Ziele und Inhalte betreffende didaktische Darstellung und Diskussion der verschiedenen Unterrichtsformen. Sie konzentrieren sich auf einige methodische Grundfähigkeiten im Unterricht mit mehreren Teilnehmern. Die Überlegungen hängen miteinander zusammen und überschneiden sich teilweise. Zunächst kommen einige übergreifende Prinzipien zur Sprache. Abschließend werden einige spezielle Hinweise zu einzelnen Unterrichtsformen gegeben.

Methodische Prinzipien und Möglichkeiten

1. *Dafür sorgen, dass Lernende von Lernenden lernen können.* »Schulet Kinder durch Kinder!« (Jean Paul 1963, S. 608) Dieser Appell des Dichters Jean Paul kann als eine methodische Leitidee für den Unterricht mit mehreren Lernenden gelten. Durch die »Dezentrierung« des Lehrers als ausschließliche pädagogische Instanz sollen Lernbedingungen entstehen, in denen Schüler miteinander arbeiten, aufeinander achten, einander helfen, sich Rückmeldungen geben und auch konstruktiv miteinander wetteifern können. Lehrende benötigen also die Fähigkeit, sich zurückzunehmen, Phasen der Interaktion von Schülern zu ermöglichen, in denen diese ohne ein ständiges »Dazwischenfunken« mit- und untereinander arbeiten können. Durch gute Arbeitsaufgaben an die Lernenden machen Lehrende sich zeitweise überflüssig und ermöglichen ein lehrerloses Lernen. Diese Lehrkunst des Geschehenlassens fällt Lehrern schwer, die gewohnt sind, Unterricht primär als Instruktion zu sehen, und die sich daher selbst als fortwährend antreibenden Motor des Lernens betätigen. Selbst im Frontalunterricht muss die Wahrnehmung der Lernenden nicht allein auf den Lehrenden ausgerichtet sein. Zu beobachten, wie andere etwas machen, kann mehr helfen als die alleinige Ausrichtung auf die Lehrerdemonstration.

2. *Alle Lernenden sinnvoll beschäftigen und unterschiedliche Beschäftigungen aufeinander abstimmen.* Wie ein Ensemble mit etlichen Stimmen mehr Möglichkeiten der musikalischen Interaktion bietet als ein Duo, so lässt sich Unterricht mit mehreren Lernenden interaktiv vielfältiger gestalten als Einzelunterricht. Letzterer besteht in der Regel aus einer zeitlichen Reihung verschiedener, einzeln oder zu zweit ausgeführter Tätigkeiten. Gruppen- und auch Klassenunterricht erlauben viele weitere Sozial- und Arbeitsformen. Dabei können die Schüler gemeinsam die gleiche Tätigkeit oder auch unterschiedliche, aufeinander abgestimmte Aufgaben ausführen. In vielfältiger Weise lassen sich diverse Aktivitäten miteinander verbinden: Hören, Singen, Spielen (solistisch und zusammen), Interpretieren, Improvisieren, Sich-Bewegen zur Musik, Dirigieren, Verbalisieren, Unterrichten, Notieren u. a. Ebenso ist es möglich, Spielaktivitäten alternierend, im Wechsel von einzelnen Spielern oder von Teilgruppen, von »Solo« und »Tutti« etc., auszuführen. In der Tat ergeben sich dadurch Entsprechungen zu musikalischen Strukturen: Homophonie, Polyphonie, »durchbrochene Arbeit«, Rondoformen und andere Formmodelle. Solche Verflechtungen von musikbezogenen Handlungsweisen steigern und vertiefen den Lerngewinn.

An Sozial- und Arbeitsformen kommen die meisten der in Kapitel 10 (»Spielen«) unter dem Stichwort »Das Lernspiel« genannten Arbeitsformen in Betracht. Hier einige weitere Möglichkeiten von Aktivitäten in Gruppen:
- Der Lehrer singt, deklamiert (Rhythmussprache) *oder* spielt einzelne Patterns vor – die Schüler wiederholen das Gehörte zusammen. Varianten: a) durch Blickkontakt aufgefordert, wiederholt jeweils ein Schüler aus der Gruppe das Gehörte;

b) Weitergabe des Modells mit Blickkontakt unter mehreren Schülern. Diese Vermittlungsweise kann bis zur Arbeitsform des von Jürgen Terhag entwickelten »Live-Arrangements« weitergeführt werden: »Im call-response-Verfahren werden sich wiederholende Pattern aufgebaut. Das Musizieren beginnt mit der gemeinsamen Körperbewegung; aus dieser heraus werden Rhythmen durch Bodypercussion und Vocussion erarbeitet und anschließend auf Rhythmusinstrumente übertragen. Es folgen Bass- und Akkordstimmen und am Schluss Melodiestimmen und Soli.« (Kraemer 2004, S. 197, Bezug nehmend auf Terhag 1997)

- Schüler und Lehrer singen, spielen, hören gemeinsam Musik und sprechen darüber.
- Ein Schüler spielt, die anderen« führen stumm die entsprechenden Griffe auf ihren Instrumenten aus.
- Ein Schüler spielt, andere beobachten und geben Feedback.
- Einer spielt, andere klatschen, singen oder spielen eine Begleitung dazu.
- Einer spielt, andere setzen das Gespielte in Bewegung um.
- Zwei Schüler sprechen in Partnerarbeit an einem Tisch ein zu lernendes Stück durch.
- Jeder Schüler übt in Stillarbeit ein Stück (bzw. einen Teil daraus) mental, danach wird das Stück reihum gespielt und das Gespielte besprochen.
- Eine Schülergruppe probt zusammen und berichtet über die Probenarbeit; evtl. wird einer der Schüler als Probenleiter bestimmt.
- Modelle bzw. Stücke werden im Kanon gespielt.
- Ein Schüler dirigiert die anderen.

Die Fähigkeit, Schüler in diversen aufeinander Bezug nehmenden Aktivitäten zu verbinden und ein didaktisch sinnvolles Gefüge zu »komponieren«, macht einen großen Teil der Lehrkunst im Unterricht mit mehreren Lernenden aus. In der Tat beschreiben Studierende »die sinnvolle Beschäftigung eines jeden Schülers im Gruppen- und sogar schon im Partnerunterricht als die für sie schwerste Aufgabe.« (Wüstehube 2008, S. 16) Die »Polyphonie« simultan ausgeführter unterschiedlicher Tätigkeiten verlangt sorgfältige Planung.

3. *Verschiedene »Aktionsräume« verwenden.* Je nach Größe und Ausstattung kann ein Unterrichtsraum für unterschiedliche Aktionsformen genutzt werden. Zum gemeinsamen Besprechen und auch zum Singen eignet sich der Sitzkreis am Boden; Notieren und Malen geschieht am besten an einem Tisch; bei Bewegungsaktionen stehen bzw. gehen die Schüler auf der Stelle oder nutzen den ganzen Raum. Die fantasievolle Verwendung verschiedener »Aktionsräume« (Wohlwender / Ehrenpreis 1995, S. 25 ff.) für verschiedene Aktivitäten ist ein wichtiges Mittel einer spannungsvollen Gestaltung und einer deutlichen Strukturierung von Unterricht. Das Wechseln von Lernorten in einem Raum belebt die Aufmerksamkeit und vertieft das Lernen. Unterschiedliche »Topoi« verbinden sich mit dem Gelernten und »verorten« es, sodass es leichter erinnert wird. Freilich müssen Aktionsräume und Akti-

vitäten gut abgestimmt sein. »Erfolgreicher Gruppenunterricht hängt […] nicht zuletzt davon ab, wie geschickt mit Aktionsräumen und Spielformen ›jongliert‹ wird, wie es gelingt, diese methodisch-organisatorischen Möglichkeiten auszuschöpfen.« (A. a. O., S. 28)

Noch günstigere Arbeitsbedingungen ergeben sich, wenn beim Unterrichten mehrere Räume zur Verfügung stehen. Dann können einzelne Schüler bzw. Schülergruppen für eine Weile nach vorheriger Instruktion eine Aufgabe bearbeiten, während die Lehrkraft sich mit einem anderen Schüler bzw. einer anderen Schülergruppe beschäftigt. Mit solchen phasenweise changierenden Aufteilungen kommt es zu Flexibilisierungen der Unterrichtsform.

4. *Möglichkeiten flexibler Gestaltung von Unterrichtsformen und -zeiten nutzen.* Aus gutem Grund sind etliche Musikschulen inzwischen dazu übergegangen, das für den Unterricht gezahlte Honorar nicht mit der Festlegung auf eine bestimmte Unterrichtsform (vor allem Einzel-, Partner- oder Gruppenunterricht) zu verbinden. Stattdessen besprechen Lehrende und Lernende zusammen, in welchen Konstellationen Unterricht stattfinden soll, um ein vielfältiges musikalisches Lernen zu fördern. So können Phasen von Einzelunterricht mit Partner-, Gruppen- und Klassenunterricht kombiniert werden. Die einfachste Form einer Ausweitung von Einzelunterricht ist die Überlappung zweier Einzelstunden: A – A / B – B. Mit organisatorischem Geschick lassen sich auch für Lernende in größerer Anzahl vielerlei Kombinationen und Konstellationen von Sozialformen finden, bei denen je nach Bedarf individuelle Instruktion mit dem Lernen und Musizieren in Gruppen verbunden wird (ausführlich dazu Gellrich 1994, Wolters / Stein / Bisle 1999). Die maßgebliche Frage lautet: Welche Potenziale von Lernenden können sich in welchen Unterrichtsformen am besten entwickeln? Die jeweiligen Antworten regen dazu an, Unterrichtsformen als ein flexibles System zu handhaben.

5. *Aufgaben delegieren.* Damit Schüler nicht nur vom Lehrer, sondern auch voneinander lernen können, müssen Lehrer lernen, Aufgaben an Schüler zu delegieren. »Gerade im Gruppenunterricht ist es wichtig, die Schüler zur selbsttätigen Auseinandersetzung mit der Musik zu erziehen. Die Schüler dürfen nicht auf die Lenkung durch den Lehrer angewiesen bleiben. Sobald er kann, sollte der Lehrer die Leitung der Stunde, die Initiative und die Kritik an die Schüler delegieren. Die Schüler sollten sich dabei abwechseln, so daß dem Lehrer schließlich die Rolle des Moderators bleibt.« (Bruhn 1994, S. 12) Alle möglichen üblicherweise vom Lehrenden übernommenen Aufgaben lassen sich an Schüler delegieren: vormachen, mitsingen, dirigieren, beschreiben, erklären, korrigieren, demonstrieren, aufschreiben … Nicht zuletzt das Unterrichten selbst kann zum großen Nutzen der Schüler delegiert werden: Wie Lehrer selbst in ihrem Unterrichten durch die Aufgabe deutlicher Vermittlung immer wieder bislang nicht oder nur undeutlich Wahrgenommenes dazulernen, vertieft und

differenziert sich bei Schülern Gelerntes durch die zeitweilige Übernahme von Lehr-funktionen. Das Agieren in wechselnden Lehrer- und Schülerrollen ist eine besonders ergiebige Form des Voneinander-Lernens.

6. *Methodisch vielfältig handeln, unterschiedliche Lehrfunktionen übernehmen und diese als Spielregel einhalten.* Mit der Anzahl der Lernenden vermehren sich nicht nur die möglichen Lernbeziehungen zwischen den am Unterricht Beteiligten. Die Aus-weitung der Sozial- und Arbeitsformen bedingt auch eine Zunahme der Handlungs-weisen, die Lehrende in der Interaktion mit den Lernenden ausführen können. Es profiliert die Struktur des Unterrichts und fördert das Lernen, wenn Lehrende Klar-heit haben über die jeweiligen Lehrfunktionen, die ihnen in verschiedenen Unter-richtsphasen zukommen. Diese sind vor allem:

• instruieren, demonstrieren;
• mitspielen;
• Ensembleleiter sein;
• Gespräche leiten;
• Aufgaben formulieren, koordinieren, delegieren;
• sich zurücknehmen, zuhören, beobachten;
• Feedback geben.

Unterricht mit mehreren Schülern erfordert klare, von Lehrenden und Lernenden einzuhaltende Spielregeln. Gerade Lehrende tun sich oft damit schwer, es bei der je-weils von ihnen übernommenen Funktion zu belassen. Nur so aber können Schüler die mit der jeweiligen Phase intendierte Aufgabe in der geplanten Weise ausführen und entsprechende Lerngewinne erzielen. Besonders im Gruppenunterricht müssen Lehrende immer wieder daran arbeiten, sich zurückzunehmen und nicht – in guter Absicht, aber unguter Wirkung – initiierte Arbeitsprozesse von Lernenden zu unter-brechen. Immer wieder ist »Inhibition« zu trainieren: innehalten, dem Impuls wider-stehen, sofort einzugreifen.

7. *Instruktionen knapp, klar und deutlich formulieren, kurze musikalische Sinnzu-sammenhänge gemeinsam wiederholen, Lernende »mitschwimmen lassen«.* Schüler überwinden viele Detailschwierigkeiten beim Musizierenlernen durch gemeinsames Wiederholen von Spielaktionen im Unterricht. »Das ›Mitschwimmen‹ mit anderen« (Lehmann 2008, S. 20) gehört durchaus zu den methodisch relevanten Lernprinzi-pien im Gruppen- und Klassenunterricht. Weder kann noch muss jeder Fehler bei jedem Schüler vom Lehrer ausdrücklich korrigiert werden. Es verhält sich ähnlich wie bei der Probenarbeit mit Orchestern: Gute Dirigenten wissen, dass manche Schwächen sich bei mehreren Durchläufen ohne Korrektur auflösen, und dement-sprechend verzichten sie darauf, die Musiker fortwährend zu unterbrechen. Beson-ders für Klassenunterricht sind die folgenden Hinweise von Regine Schultz-Greiner wohl zu beachten: »Unsere Instruktionen müssen […] unbedingt kurz und sehr

grundsätzlich gehalten sein, zugleich natürlich sehr klar und deutlich, damit möglichst viel Zeit zum Erproben der instrumentalen Möglichkeiten und zum Üben bleibt. Wichtiger als im Einzelunterricht ist der häufige Wechsel von kurzer, für alle Gruppenmitglieder formulierter Instruktion und dem darauffolgenden Probieren. Durch diese Wiederholungen regeln sich viele Fälle notwendiger Kritik sozusagen von selbst und vor allem, ohne daß die Lehrerin einen einzelnen aus der Gruppe herausgreift. Erreicht eine an alle gerichtete Instruktion wirklich einmal einen Schüler gar nicht, reicht oft Blickkontakt, wenn man die Instruktion wiederholt. Akzeptabel ist auch sicher jede Kritik, die zuerst bestätigt, was an Positivem schon erreicht ist und dann daran eine neue Aufgabe mit höherem Anspruch knüpft.« (Schultz-Greiner 1996, S. 17). Fruchtbarer als ein beständiges defizitorientiertes Fehlerkorrigieren wirkt sich bei Wiederholungen eine gelassene Haltung erfolgsmotivierender Zuversicht aus. Aus Zuversicht von Lehrenden erwächst Gelingensbereitschaft von Lernenden.

8. *Binnendifferenzierung ermöglichen.* »Binnendifferenzierung« meint die Förderung der individuellen Potenziale und die Bemühung um Ausgleich der Stärken und Schwächen verschiedener Schüler im Unterricht. Jeder Lernende soll Erfolgserlebnisse haben, sich gewürdigt fühlen und zeigen dürfen, was er besonders gut kann. Kein Schüler soll durch einseitige Aufgaben, die ihm nicht gemäß sind (während er andere gut kann), sich den übrigen Gruppenmitgliedern unterlegen fühlen. Vor allem darf kein Schüler den pauschalen Eindruck gewinnen, »schlechter« zu sein als andere. In der Regel haben Lernende unterschiedliche Leistungsfähigkeiten in verschiedenen Teilbereichen wie Rhythmus, ausdrucksvolles Spiel, spieltechnische Geschicklichkeit, Merkfähigkeit, Lesekompetenz u.a. Um Binnendifferenzierung bemühte Lehrende benötigen einen wachen Blick für die individuellen Leistungsprofile ihrer Schüler und das Geschick zu einer Unterrichtsgestaltung, deren Inhalte und Aufgaben jedem Lernenden Erfolge ermöglichen.

9. *Mittel der »vorinstrumentalen Erarbeitung« kennen und anwenden.* Je mehr Schüler am Unterricht teilnehmen, desto wichtiger wird die Vermittlung musikalischer Elemente ohne Instrument. Eine gründliche »vorinstrumentale Erarbeitung« (Schmidt-Köngernheim 2000, S. 58) entwickelt die musikalische Vorstellungs- und Merkfähigkeit und fördert das strukturierende Hören. Umso leichter fällt anschließend die Übertragung auf das Instrument. Wichtige methodische Mittel einer »vorinstrumentalen Erarbeitung« sind: Singen, Solmisation, Taktsprache, Bodypercussion, Vocussion, aber auch das sorgfältige gemeinsame Hören und Besprechen von Gehörtem. Als Verbindung zwischen vorinstrumentaler Erarbeitung und instrumentaler Ausführung bietet sich stummes Greifen von Tonfolgen an.

10. *Zum Schluss noch einige weiterführende Bemerkungen zu einzelnen Formen von Instrumental- und Vokalunterricht.* Teilweise sind diese Formen phasenweise in Gruppenunterrichtsstunden praktizierbar. Die Hinweise wollen die jeweiligen methodischen Bedingungen und Möglichkeiten verdeutlichen.

- Einzelunterricht: Streng genommen wäre der Begriff »Einzelunterricht« nicht wie üblich auf die Zusammenarbeit eines Lehrenden und eines Lernenden, sondern auf das Üben eines Einzelnen zu beziehen: Üben zeichnet sich dadurch aus, dass eine Person ihr eigenes Lernen strukturiert und betreibt. Üben ist in der Tat »Einzelunterricht«, nämlich ein Vorgang der Selbstinstruktion, d. h., Lernen und Lehren wird in Personalunion realisiert. – Einzelunterricht in der üblichen Bedeutung bietet die Möglichkeit, am intensivsten auf die individuellen Lernwünsche eines Lernenden einzugehen. Empathie, gute Beobachtungsfähigkeit, Wahrnehmung und Förderung der besonderen Potenziale des Lernenden sind die wichtigsten Grundlagen für ein förderliches methodisches Handeln. Wer Einzelunterricht erteilt, sollte sich allerdings klarmachen, dass er immer nur ein recht begrenztes Spektrum der Schülerpersönlichkeit kennenlernt. Das gilt besonders für Unterricht mit Kindern und Jugendlichen. Allein mit einem Lehrer »sind« Kinder und Jugendliche anders als in Anwesenheit weiterer Lernender. Wenn Schüler im Gruppenunterricht miteinander agieren, treten in der Regel mehr persönliche Eigenschaften an ihnen hervor als »im Bann« der Zweierbeziehung. Die Dyade zweier Persönlichkeiten definiert und begrenzt auf beiden Seiten das Verhalten von Lehrer und Schüler. Besonders im Einzelunterricht besteht daher die Gefahr, dass Lehrende sich ein einseitiges Bild vom jeweiligen Lernenden machen und ihr methodisches Handeln auf dieses Bild ausrichten – und damit mancherlei Potenziale verfehlen.
- »Meisterklassenunterricht«: Ein Lernender wird von einem Lehrenden unmittelbar unterrichtet, weitere Anwesende beobachten den Unterricht und lernen am Modell der wahrgenommenen Arbeit. Der Unterricht vollzieht sich somit gleichsam auf einer Bühne. Hier kommt es darauf an, dass der Lehrende beide Adressaten im Bewusstsein hat, d. h. so spricht und agiert, dass die nicht aktiv Spielenden alle Vorgänge gut beobachten und verstehen können. Es ist günstig, wenn er sein methodisches Handeln transparent macht und prinzipielle Aspekte der Arbeit benennt, damit den Beobachtenden der Transfer auf das eigene Lernen gelingt.
- Klassenstunden: Ein Schüler spielt oder singt vor dem Lehrer und der Klasse. Im Anschluss daran besprechen die Mitschüler unter der Moderation des Lehrers die gezeigte Leistung. Dieser muss vor allem fähig sein, für eine konstruktive Atmosphäre zu sorgen und Feedback-Kompetenzen bei ihren Schülern zu entwickeln. Das bedeutet für die Feedback-Geber, genaue, faire und zuträgliche Rückmeldungen zu geben; für den Feedback-Nehmer, Rückmeldungen aufmerksam zur Kenntnis zu nehmen und produktiv mit ihnen umzugehen. Auf diese Weise entwickeln sich im Unterricht wichtige pädagogische Qualitäten – die Instruktion anderer wie auch die Selbstinstruktion betreffend – und somit wertvolle soziale Kompetenzen.

- »Offener Unterricht« (Unterricht mit Hospitationsmöglichkeiten): Hier gilt Ähnliches wie das zum »Meisterklassenunterricht« Ausgeführte.
- Suzuki-Unterricht (ein Lehrer, ein oder mehrere Schüler, Eltern): Die Suzuki-Methodik arbeitet mit dem Prinzip, dass Kinder nicht nur durch den Unterricht, sondern vor allem auch das Vorbild der zu Hause musizierenden Mütter zum Musizieren motiviert und befähigt werden. Suzuki-Unterricht vermittelt daher zusammen mit den Kindern auch deren Müttern musikpraktische Fähigkeiten, damit diese zu Hause als Vorbild und Lernunterstützer wirken können. Lehrer benötigen dazu vor allem die Fähigkeit, mit wenig verbalen Erklärungen durch instruktives Modelllehren in spielerischer Form Kindern und Müttern instrumentale Grundlagen beizubringen. Die Unterrichtssprache muss für beide gut verständlich und daher einfach und knapp sein.
- »MultiDimensionaler InstrumentalUnterricht«: Dieses von Gerhard Wolters und anderen entwickelte Konzept (Wolters / Stein / Bisle 1999, Wolters 1999) weitet die mögliche Flexibilisierung von Unterrichtsformen in insgesamt sieben »Dimensionen« aus: 1. Lernen mit mindestens zwei Unterrichtspartnern, 2. Lernen in mehreren Räumen, 3. Lernen in flexiblen Zeiten, 4. Lernen mit mehreren Lehrkräften, 5. Lernen mit Unterrichtspartnern verschiedenen Alters, 6. Lernen mit Unterrichtspartnern verschiedenen Niveaus, 7. Lernen verschiedener Instrumente. Von diesen »Dimensionen« können entweder einzelne oder auch mehrere gewählt und praktiziert werden. Eine sinnvolle Wahl hängt ab von den Gegebenheiten vor Ort, aber natürlich auch davon, welches Maß an Mut und Experimentiergeist ein Lehrer aufbringt. Sein methodisches Geschick erweist sich dann besonders in seiner Aktivität als Organisator und Koordinator von Lernprozessen. Nicht mehr er allein fungiert als Lehrender, sondern potenziell werden alle an der Lernumgebung beteiligten Personen pädagogisch wirksam.
- Ensembleunterricht: Im Idealfall bestehen Ensembles aus Individuen, die gleichberechtigt miteinander Musik erarbeiten. Das Ziel von Ensembleunterricht liegt demnach darin, die Mitglieder zu eigenständiger Probentechnik in einem guten, von Wachheit und wechselseitiger Zuwendung getragenen Ensemblegeist zu befähigen. Das Erteilen von Ensembleunterricht verlangt methodische Flexibilität: Bisweilen ist direktive Führung erforderlich, häufiger aber noch die Fähigkeit, sich zurückzunehmen und in die Arbeit der Ensemblemitglieder nur als Moderator, Hinweisgeber oder Kurskorrektor einzugreifen (vgl. Mahlert 2001a, S. 76; zusammenfassend zu den Fähigkeiten eines guten Probenleiters s. Rüdiger 2006, S. 177 f.).
- Klassenunterricht: Mit »Klassenunterricht« ist hier das Musizierenlernen im Klassenverband gemeint. Durch Veränderungen in der musikalischen Bildungslandschaft Deutschlands, besonders durch die systematische Einführung von Ganztagsschulen, haben instrumentaler und vokaler Klassenunterricht sich in den zurückliegenden Jahren enorm verbreitet. Klassen*unterricht* als aufbauende Grundbefähigung zum Spielen von Instrumenten ist zu unterscheiden von Klassen*musizieren* als Teil-

bereich eines Musikunterrichts an allgemeinbildenden Schulen, der neben oder zusammen mit anderen musikbezogenen Aktivitäten (Musikhören, Sprechen über Musik, Kenntnisse erwerben in Musiklehre, Musikgeschichte usw.) betrieben wird. Gemeinsam ist den verschiedenen Konzepten von Klassenunterricht, dass sie eine elementare musikpraktische Breitenförderung, nicht dagegen eine individuelle Ausbildung erstreben. Schüler sollen allerdings durch Klassenunterricht möglichst zu einem anschließenden individuellen Instrumentalunterricht (an Musikschulen oder privat) angeregt werden. Zumeist ist Klassenunterricht eingebunden in den Lehrplan und die Lehrstruktur von allgemeinbildenden Schulen. Der Unterricht findet häufig in zwei nebeneinander bestehenden und aufeinander bezogenen Formen statt: Musikunterricht im gesamten Klassenverband und in Gruppen. Dabei kooperieren oft allgemeinbildende Schulen mit Musikschulen. Die Vermittlung der instrumentalen Fähigkeiten in Gruppen übernehmen häufig Musikschullehrer, während der Unterricht im Klassenverband oft als Teamteaching praktiziert wird. Das Erteilen von Klassenunterricht erfordert ein spezifisches didaktisches und methodisches Können. Dazu gehören Wissen, Fantasie und Flexibilität im Aufbereiten und Vermitteln von Musik sowie im Umgehen mit Gruppen. Sieben wichtige Kompetenzen seien genannt: 1. Fähigkeiten, Musik zu arrangieren, zu vereinfachen, zu elementarisieren, 2. Beherrschung eines Repertoires von musikalischen Basisübungen (Übungen mit Geräuschen und Stimme, mit einem Ton, mit elementaren Spielweisen auf dem betreffenden Instrument), 3. Kenntnisse vielfältiger Musikspiele und Aufgaben im Bereich Gruppenimprovisation, 4. Kompetenzen in den Bereichen »vorinstrumentaler Erarbeitung« (s. o., Punkt 9), 5. Bildung und Organisation von Gruppen und Verfahrensweisen, die den jeweiligen Bedingungen angepasst sind, Delegation von Aufgaben an Schüler (elementares Improvisieren, Komponieren, Einsatzgeben, Gruppenleiten …), 6. Kenntnis von Ritualen im Ablauf des Unterrichts zur Ermöglichung von Konzentration und möglichst diszipliniertem Unterrichtsverlauf, 7. Ausgleich von Leistungsdifferenzen der Lernenden durch Aufgabenstellungen, die den jeweils vorhandenen Fähigkeiten und Möglichkeiten gerecht werden (»Binnendifferenzierung«, s. o., Punkt 8). Ein mögliches methodisches Prinzip zur Realisierung des zuletzt genannten Punktes ist das »Schichten von leistungsheterogenen Patterns« (Meyer / Tiedemann 2010, S. 224). Dies erlaubt, dass »Kinder evtl. vorhandene instrumentale Vorerfahrungen einbringen. Kinder, die mehr üben, können mit denen, die weniger oder gar nicht üben, gemeinsam musizieren, ohne dass Über- oder Unterforderungen entstehen.« (Ebd.) Prinzipiell sollte »Klassenmusizieren […] nicht mit der Vorstellung geschlossener, tendenziell homogener Lerngruppen korrelieren, sondern die individuellen ästhetischen Erfahrungen der Lernenden einbeziehen.« (A. a. O., S. 223) Klassenunterricht muss nicht nivellierend wirken.

Literaturhinweise

Anselm Ernst: *Der instrumentale Gruppenunterricht. Ein fächerübergreifendes Konzept*, in: Ulrich Mahlert (Hrsg.): Spielen und Unterrichten. Grundlagen der Instrumentaldidaktik, Mainz 1997, S. 248–276

> Eine Gesamtdarstellung der didaktischen Grundlagen und methodischen Prinzipien des Gruppenunterrichts.

Claudia Ehrenpreis / Ulrike Wohlwender: *1 2 3 Klavier. Klavierschule für 2–8 Hände*, Lehrerkommentare (2 Hefte) zu Heft I und II, Wiesbaden 1995

> Die ausführlichen Lehrerkommentare bilden eine vorzügliche Methodik des Gruppenunterrichts. Viele der beschriebenen Arbeitsweisen sind nicht nur im Klavierunterricht, sondern auch im Gruppenunterricht mit anderen Instrumenten praktikabel.

Rudolf-Dieter Kraemer / Wolfgang Rüdiger (Hrsg.): *Ensemblespiel und Klassenmusizieren in Schule und Musikschule. Ein Handbuch für die Praxis* (= Forum Musikpädagogik, Bd. 41), Augsburg 2001

> In 21 Beiträgen kompetenter Autorinnen und Autoren lotet das Handbuch das weite Spektrum des Ensemble- und Klassenmusizierens in diversen Erscheinungsformen aus. Jeder Beitrag enthält neben allgemeinen theoretischen Überlegungen eine Fülle von praktischen Beispielen, Übungen und konkreten Handlungsanleitungen zum Ensemblespiel und Klassenmusizieren sowie zahlreiche Hinweise auf Materialien und Literatur.

Gerhard Wolters / Reinhard Stein / Christine Bisle: *Wege aus der Eintönigkeit. MultiDimensionaler InstrumentalUnterricht oder: Die Wiederentdeckung und Weiterentwicklung (fast) vergessener Unterrichtsformen*, Frankfurt/M. 1999

> »MultiDimensionaler InstrumentalUnterricht« ist eine didaktische Konzeption, die viele Möglichkeiten flexibler Unterrichtsformen und -gestaltungen verbindet. Das Buch beschreibt ausführlich die Prinzipien und Arbeitsweisen der Flexibilisierung in sieben »Dimensionen«. Eine Kurzform bietet: Gerhard Wolters, ... *von wegen eintönig! Die Wiederentdeckung vergessener Unterrichtsformen*, in: Üben & Musizieren 4/1999, S. 20–23

Verband deutscher Musikschulen (Hrsg.): *Neue Wege in der Musikschularbeit*, Bonn 1996

> Eine vielfältige und anregende Zusammenstellung von innovativen Unterrichtsformen, ihren didaktischen Schwerpunkten und Rahmenbedingungen in der Musikschulpraxis.

III. Glücksfähigkeit als Zielperspektive

In diesem Buch geht es um methodische Kompetenzen von Instrumental- und Vokallehrkräften. Wie im I. Teil gezeigt, sind Methoden unlösbar verbunden mit anderen didaktischen Faktoren wie Zielen, Inhalten, Formen, Medien und Materialien. Sie stehen in der Reihe dieser Faktoren und bilden damit eine Gruppe neben anderen. Durch ihre Interdependenz im didaktischen Gefüge sind Methoden (wie auch andere didaktische Kategorien) jedoch gleichzeitig universale Größen – zwar Faktoren *neben* anderen, aber auf alle beziehbar. Jeder didaktische Faktor, jeder Aspekt von Unterricht lässt sich in Bezug auf methodisches Handeln reflektieren. Denkbar wäre sogar, Methoden selbst methodisch zu reflektieren: Wie können sie gehandhabt werden? Welche Unterschiede bei der Verwendung sind möglich? Von welchen Umständen hängt ihr Gelingen ab? Usw.

Die Universalität der Kategorie »Methode« macht plausibel, dass im II. Teil didaktische Bereiche sehr unterschiedlicher Art im Hinblick auf entsprechende methodische Kompetenzen erörtert wurden. Gleichzeitig bedingt die Universalität der Kategorie »Methode«, dass nur ein sehr begrenztes Spektrum von didaktischen Phänomenen betrachtet werden konnte. Die Fülle von methodisch thematisierbaren Aspekten und Fragen ist uferlos.

Zum Schluss dieses Buchs soll nun im III. Teil noch einmal – zusammenfassend und perspektivisch erweiternd – die Zieldimension von Instrumental- und Vokalunterricht ins Blickfeld gerückt werden. Im I. Teil wurde die Ermöglichung musikalischer Bildung als ein Leitziel näher bestimmt (Kapitel 1). Später ging es unter der Frage »Wozu wird gelernt?« (Kapitel 2) um Motive und Funktionen, die Menschen zum Musizierenlernen veranlassen. Auch im Kapitel 5 des II. Teils (»Motivieren«) wurde auf solche Motive Bezug genommen. In diesen Zusammenhängen tauchte bereits der Wunsch nach »Glückserfahrung« als eine zum Musizieren motivierende Antriebskraft auf. Dieses Wort nannten Studierende auf die Frage, was ihnen fehlen würde, wenn es ihnen verwehrt wäre, zu musizieren. Die Frage, wie sich »Glückserfahrung« zu anderen Motiven verhält, unterblieb bisher. Sie lässt sich allerdings leicht beantworten. Glückserfahrung kann als eine übergreifende, alle anderen Motive einschließende Kategorie, als eine Art motivationale Superformel gelten. Jedes Motiv, das Menschen zum Musizieren veranlasst, lässt sich als ein Streben nach Glückserfahrung interpretieren.

Neurobiologische Forschungen zeigen, dass das Erleben von besonders geschätzter Musik euphorisierend und angstmindernd wirkt. Manfred Spitzer führt als Summe von Forschungen über »Gänsehaut-Effekte« beim Musikhören aus: »Musik bewirkt prinzipiell das Gleiche wie andere biologisch außerordentlich wichtige Reize, wie beispielsweise Nahrung oder soziale Signale. Sie stimuliert das körpereigene Belohnungssystem, das auch durch Sex oder Rauschdrogen stimuliert wird und das mit der Ausschüttung von Dopamin (aus Neuronen einer bestimmten Region des Frontalhirns in den Nucleus accumbens) und von endogenen Opioiden (aus Neuronen des Nucleus accumbens in weite Teile des Frontalhirns) einhergeht. Umgekehrt wird durch angenehm empfundene Musik die Aktivierung zentralnervöser Strukturen, die unangenehme Emotionen wie Angst und Aversion signalisieren, gemindert. Musik, die der Hörer mag, wirkt damit gleich auf doppelte Weise angenehm, schaltet sie doch im Gehirn Strukturen der Belohnung ein und Strukturen der Angst ab. Wen wundert es bei diesen Ergebnissen noch, dass ängstliche Menschen beim Gang in den dunklen Keller pfeifen oder singen?« (Spitzer 2005, S. 138) Die hier beschriebenen neurobiologischen Wirkungen von bevorzugter Musik bilden vermutlich ein starkes Motiv für das Streben nach Glück durch musikalische Betätigung.

1. Glück und Bildung

Bislang spielt das Phänomen »Glück« in der Musikpädagogik und -anthropologie kaum eine Rolle. Eine Ausnahme bildet in der Instrumentaldidaktik die übepraktische Konkretisierung des Flow-Konzepts von Mihály Csíkszentmihályi (1992 u. a.) durch Andreas Burzik (2006). Ist »Glück« im Vergleich zu dem musikpädagogisch vielfältig diskutierten, konkretisierten, in aktuellen politischen Verlautbarungen oft gleichsam wie eine Monstranz gehandhabten Begriff »Bildung« zu wenig seriös? Klingt er trivial? Ist er zu vage? Hat er negative Konnotationen? Lässt er an Hedonismus denken? Löst er damit Vorstellungen einer primären Ausrichtung auf Lust, egozentrisches oder gar dekadentes Wohlfühlenwollen aus? Wie auch immer: Eine Beschäftigung mit dem Begriff »Glück« im Zusammenhang mit dem Erleben von Musik, dem Musizieren und auch dem Unterrichten erscheint lohnend, weil das starke Motiv des Strebens nach Glück durch musikalische Betätigung kaum zu leugnen ist.

Der Begriff »Glück« ist geeignet, um die Orientierung auf musikalische Bildung als Ziel von Musikunterricht in einer bestimmten Weise zu akzentuieren und gleichzeitig zu erweitern: zu akzentuieren, indem die »Wahrnehmung von Glück« als ein Kriterium von Bildung betrachtet werden kann (so von Hentig 1996, S. 78–82); zu erweitern, indem Glück ein dem Streben nach Bildung übergeordnetes Ziel darstellt.

Besonders die Beschäftigung mit Methoden im Unterricht legt es nahe, Glück als Zielperspektive pädagogischen Handelns zu bedenken. Wie bereits im I. Teil ausgeführt, hängt der Begriff »Methode« in der griechischen Philosophie mit der Frage zusammen, welche »Wege« ein in persönlicher und sozialer Verantwortung geführtes glückliches Leben ermöglicht. Der Begriff »Methode« selbst ist also ursprünglich auf die Kategorie »Glück« hin angelegt.

Vielleicht ließe sich der Begriff »Glück« in das Zentrum eines Konzepts von Musikpädagogik und musikalischer Anthropologie stellen. Mehr als »Bildung« wird er motivationalen Impulsen gerecht. Glück *erfährt* man unmittelbar; von Bildung lässt sich dies nicht so ohne Weiteres sagen. Bildung *ermöglicht* vielerlei Erfahrungen, darunter zweifellos auch Glücksgefühle; gleichwohl ist Bildung selbst keine unmittelbare Erfahrungsgröße. Mit der umstandslosen positiven Erfahrbarkeit von Glück verbindet sich eine höhere Attraktion als mit derjenigen von Bildung.

Eine weitere Überlegung bestätigt die besondere Wichtigkeit der Glücksperspektive. Vermutlich wird ein Musikunterricht für den Lernenden kaum bildend sein können, wenn Lehrende ungebildet sind. Ebenso wenig kann wohl ein in seiner pädagogischen Arbeit unglücklicher Lehrer die Glücksfähigkeit seiner Schüler entwickeln. Zwar spielt das Glück des Lehrenden in seiner pädagogischen Arbeit in der Fachdiskussion kaum eine Rolle. Im Hinblick auf einen befriedigenden Unterricht ist es aber sehr wohl zu bedenken. Viele Erfahrungen zeigen: Die Glücksfähigkeit von Lernenden und Lehrenden verhält sich komplementär zueinander.

2. Glücksverheißung des Musizierens

Menschen jeden Lebensalters suchen im Musizieren Glück. Wenn Eltern mit ihren Kleinkindern an Mutter-Kind-Kursen teilnehmen, wenn sie sie später zu Kursen in Musikalischer Früherziehung anmelden, dann möchten sie wohl vor allem, dass musikalische Betätigung ihren Kindern gut tut. Sie sollen Glück erfahren und glückliche Menschen werden durch Musik. Möglicherweise ist dieser primäre Wunsch verbunden mit der Erwartung, dass ihren Kindern durch Musik früh die viel gepriesenen und oft als Legitimation musikalischer Frühförderung herangezogenen Segnungen von Transferwirkungen des Musizierens zuteilwerden. Ob aber wirklich detaillierte Hoffnungen auf Steigerung von Intelligenz, von sprachlichen, mathematischen, sozialen Kompetenzen, von motorischer Geschicklichkeit usw. *vor* dem großen Wunsch des Erlebens von Glück rangieren, wäre näher zu untersuchen. Das Glück ihrer Kinder fördern und mehren möchten Eltern, die ihre Kinder zum Musikunterricht bewegen (sofern Kinder nicht selbst den Wunsch dazu äußern). Auch viele Erwachsene haben den Wunschtraum, musizieren zu lernen, stimmlich oder instrumental, als Anfänger oder im Anknüpfen an eine frühere musikalische Betätigung. Sie sehen das Musikmachen als Teil eines glücklichen Lebens. Bei der »Suche nach der persönlich überdauernden Sinnerfüllung« erfahren sie »die mögliche identitätsstiftende Funktion des Musizierens«. »Neben dem Überwinden von Alltagssorgen kann der Unterricht durch die bereitgestellten Aufgaben für Körper und Seele Momente von Lebenshilfe an Übergangschwellen und Krisen im Leben bieten. [...] Die persönliche Vorstellung, noch bis ins hohe Alter hinein zu musizieren, wird manchmal auch als Hoffnungsmotiv für das eigene Leben verstanden, auf diese Weise den schwieriger werdenden Anforderungen des Alltags noch lange Zeit begegnen zu können.« (Kleinschnittger 2008, S. 24) Auch für alte Menschen ist das Streben nach Glück offenbar ein Hauptmotiv zum Musizieren. Eine von Heiner Gembris 2006 durchgeführte Studie mit Mitgliedern von Seniorenorchestern [...] ergab u. a., dass »gesteigerte Lebensfreude und Lebensqualität, die Erzeugung von Glück und Sozialkontakten, das Fitbleiben und das Gemeinschaftsgefühl als die weitaus wichtigsten Nutzeffekte des Musizierens genannt werden.« (Gembris 2008, S. 183) Glück scheint die übergreifende Formel für die mit dem gemeinsamen Musizieren einhergehenden Erstrebnisse zu sein. Wer musiziert, wird allgemein als ein glücklicher Mensch vorgestellt.

Mit der Vorstellung des Musizierens verbindet sich eine Verheißung von Glück – und zwar einem nicht nur kurzfristigen, sondern einem andauernden. So führte der ehemalige Bundespräsident Horst Köhler in seinem Grußwort zum 20. Musikschulkongress des Verbandes deutscher Musikschulen in Berlin am 14. Mai 2009 aus: »Ich kann mir vorstellen, dass die Aufgabe [Musikunterricht an Kinder und Jugendliche zu erteilen, U. M.] heute nicht leichter geworden ist als früher. Ich kann mir vorstellen, dass viele Kinder und Jugendliche erst einmal lernen müssen, sich zu konzentrieren, zuzuhören, bei der Sache zu bleiben. Aber dann machen sie, wenn es gut geht und der Unterricht erfolgreich ist, die unersetzliche Erfahrung, etwas gelernt zu haben und zu können, was ihnen niemand mehr nehmen kann. Und ich glaube, dass es gerade in unserer Zeit wichtig ist, unverlierbare Schätze zu haben. Musizieren oder Singen können – das sind solche unverlierbaren Schätze.« (Köhler 2009) Musizieren wird hier in eine Lebensperspektive eingebunden: Für Köhler liegt der Wert des Musikmachens offenbar weniger in der Ermöglichung kurzfristiger Glückserlebnisse, sondern in der lebenslangen Verfügung über eine Glück spendende Tätigkeit. Bereits hier wird die in der Glücksforschung getroffene Unterscheidung zwischen aktuellem Glückserleben (»state«) und Lebensglück (»trait«) greifbar (s. Mayring 1991, S. 87 ff.). Auch Jürgen Oelkers begründet den Wert des Musizierens ähnlich, wenn er schreibt: »Wer ein Instrument beherrscht, hat einen lebenslangen Begleiter« (Oelkers 2007, S. 11, vgl. Teil I, S. 14).

Nach all dem scheint es, dass das Phänomen »Glück« in seiner Beziehung zum Musizierenlernen besondere Beachtung verdient. Wenn Musik und Musizieren in besonderer Weise Glückserfahrungen ermöglichen, dann kann der Begriff »Glück« als ein Schlüssel für das Verständnis musikalischer Bedürfnisse, Erlebnisweisen und Handlungen gelten. Damit wäre er auch hilfreich für die Klärung, Begründung, Legitimation, Förderungswürdigkeit des Musizierens wie auch für die Beurteilung von Unterricht. Theorien über die Bildungsqualität des Musizierens, die bildungsspezifische Begründung dieser Tätigkeit könnten und sollten bereichert werden durch eine auf den Begriff »Glück« ausgerichtete Erörterung des Musizierens. Die Möglichkeit dazu besteht, denn die in diversen Wissenschaften betriebene Glücksforschung hat viele Theorien und Befunde zum Phänomen »Glück« erarbeitet. Und wenn Glück eine Zielperspektive für den Wunsch zum Musizieren und die Praxis des Musizierens ist, dann sollte auch in einer Arbeit über methodische Kompetenzen im Instrumental- und Vokalunterricht dieses Thema nicht fehlen. Zu fragen wäre dann: Welche Perspektive auf methodisches Handeln im Unterricht ergibt sich durch die Beschäftigung mit dem Thema »Glück« und durch das Verständnis des Musizierens als einem Streben nach Glück? Was bedeutet es für dieses Handeln, wenn Lehrende im Instrumental- und Vokalunterricht sich als Glücksförderer verstehen? Diese Fragen bilden den Bezugsrahmen der hier angestellten Überlegungen zur »Glücksfähigkeit« als einer Zielperspektive des Unterrichts. Wohl kann es keine glücksorientierte Methodenlehre mit Sicherheitsgarantie geben. Zwar ist Glück keineswegs ein Zufallsprodukt, sondern kann nach dem Konsens vieler Vertreter der Glücksforschung durchaus planvoll ermöglicht werden. Jedoch wäre es irrig, Glück als eine zielsicher von außen herbeiführbare Verfügungsmasse zu betrachten. Glücksermöglichung im und durch Musikunterricht setzt vor allem ein waches Bewusstsein voraus: Pädagogische Intuition, Spürsinn, Beobachtungsgabe und Fantasie sind auszubilden, um glücksfördernd wirken zu können. Eine breite Orientierung über die »Glücksfaktoren« von Musik und Musizieren hilft, Ansatzpunkte im Unterricht zu finden. Die Vermittlung einer solchen Orientierung ist daher die wichtigste Aufgabe einer glücksorientierten Methodenlehre.

3. Glückserfahrungen durch Musik und Musizieren

Vor einigen Einblicken in Gedanken und Ergebnisse wissenschaftlicher Erörterungen des Phänomens »Glück« sollen zunächst, gleichsam induktiv, einige typische musikalische Glückserfahrungen zur Sprache kommen. In ihnen begegnen manche Motive und Funktionen des Musizierens wieder, die bereits in vorangegangenen Teilen dieser Arbeit erwähnt wurden. Zu Beginn einige prinzipielle Erfahrungen, die auch für das Hören und Imaginieren von Musik gelten, sodann eine Reihe von Glücksempfindungen beim Ausführen von Musik.

1. *Das Glück, sich durch Musik lebendig zu fühlen, Musik als ein Leben spendendes Medium zu erfahren.* Imre Kertész schrieb in seiner autobiografischen Selbstbefragung *Dossier K. Eine Ermittlung:* »[...] *Tatsache ist, daß ich schon damals, als Kind, dieses Leben, mein Leben, ohne Musik nicht hätte aushalten können.*‹ [...] Später, als ich in Situationen geriet, die in meinen Augen jede Realität, selbst meine eigene Existenz in Frage stellten, genügte es, daß ich zum Beispiel leise das Nebenthema des ersten Satzes aus der Jupitersymphonie vor mich hin pfiff, damit wieder Leben in mich einkehrte.« (Kertész 2006, S. 108f.) Die Möglichkeit, sich durch die Imagination von Musik belebt zu fühlen, kann zur »Selbstmodulation« (Dartsch 2010, S. 186), also zum Hervorrufen bestimmter gewünschter Emotionen, Haltungen, gesteigert werden. Ein schönes Beispiel gibt Georg Christoph Lichtenberg in einem seiner *Sudelbücher* (*Jocoseria*, 1768-1771): »Ich verstehe von Musik wenig, spiele gar kein Instrument, außer daß ich gut pfeifen kann. Hiervon habe ich schon mehr Nutzen gezogen, als viele andere von ihren Arien auf der Flöte und auf dem Clavecin. Ich würde es vergeblich versuchen mit Worten auszudrücken, was ich empfinde wenn ich an einem stillen Abend *In allen meinen Taten* recht gut pfeife und mir den Text dazu denke, ich singe nicht gern alleine. Wenn ich an die Zeile komme *hast du es denn beschlossen* pp. was fühle ich da oft für Mut, neues Feuer in Menge, was für Vertrauen auf Gott, ich wollte mich in die See stürzen und mit meinem Glauben nicht ertrinken, mit dem Bewußtsein einer einzigen Guttat eine Welt nicht fürchten. Spüre ich einen Hang zum Scherzhaften, so pfeife ich: Sollt auch Ich durch Gram und Leid, oder When you meet a tender creature pp.« (Lichtenberg 1984, S. 45) Auch eine noch so kleine, kurze musikalische Imagination kann ein Leben spendendes »Glücksatom« (Safranski 2006, S. 100) sein. Menschen erleben ihre Lieblingsmusiken als regelrechte »Glücksspeicher«.

2. *Das Glück der Regression durch Musik.* In dem berühmten Film *Casablanca* (1942) bittet Ilsa Lund den Barpianisten Sam: »Play it once, Sam. For old times' sake.« (Die ungenaue deutsche Übersetzung »Spiel's noch einmal, Sam« wurde zum geflügelten Wort.) Das Wiedererklingen des Songs vergegenwärtigt Ilsa die Jahre zurückliegende gemeinsame Zeit mit ihrem damaligen Geliebten Rick in Paris, als sie beide den Song oft hörten. Auch Rick kann sich der gefühlsaktualisierenden Magie der

Musik nicht entziehen. Er möchte nicht schmerzvoll erinnert werden an das vergangene Glück und hat daher seinem Barpianisten verboten, den Song zu spielen. – Wie keine andere Kunst ist Musik imstande, durch ihr Wiedererklingen Erlebnisse, Befindlichkeiten, Atmosphären, Gedanken usw. früherer Zeiten zu revitalisieren. Es ist »wie damals« – mit aller Intensität des vormaligen Erlebens ist das Damals im Jetzt vorhanden, wenn man bestimmte Musikstücke hört. Gleichzeitig lässt die Wiederholung den Abstand erfahren, ermöglicht ein gedankliches und emotionales Hin und Her zwischen dem Damals und dem Jetzt und hilft so, das Erlebte durch Regression zu verarbeiten. – Peter Sloterdijk hat eine in der Tat radikale, entwicklungspsychologisch und psychoanalytisch geprägte Theorie der musikalischen Regression skizziert. In ihr reicht das Regredieren bis in die vorgeburtliche Phase des menschlichen Lebens. Sloterdijk begründet seine Auffassung damit, dass »das Hören eine sehr früh, nämlich im pränatalen Raum, erworbene Kompetenz bedeutet« (Sloterdijk 2007, S. 9). Alle spätere Musikwahrnehmung baue auf den »beiden Universalien der intrauterinen Gehörformung, dem kardialen basso continuo und dem Parlandosopran der Mutterstimme« auf, sodass »mit dem hörenden Weltbezug, sobald er musikalisch wird, immer auch das Register der tiefen Regressionen angesprochen werden kann« (a. a. O., S. 11). Sloterdijks Theorie gipfelt in der Auffassung: »Es gibt Musik, weil Menschen die Wesen sind, die darauf bestehen, das Beste wieder haben zu wollen. […] Wenn die Musik am meisten sie selbst ist, spricht sie uns an als *musique retrouvée*.« (A. a. O., S. 13) Das durch Musik ermöglichte Regredieren ist eine wesentliche Glücksquelle von Musik.

3. *Das Glück, sich von Musik verstanden zu fühlen.* Musik ist gegenstandslos. In der Regel bezeichnet sie keine außerhalb des Erklingenden liegenden Inhalte. Und doch besitzt sie eine ungeheure mimetische Kraft. Diese Kraft erweist sich darin, dass Musik die Erscheinungsweisen von Tonfällen, Gesten, Gefühlskurven, Atmosphären etc. evoziert. Gerade durch ihre Ungegenständlichkeit und Bedeutungsoffenheit animiert sie fortwährend zu einem ihrer jeweiligen Energetik entsprechenden Erleben; ständig regt sie Spieler und Hörer dazu an, im Musikerleben individuelle psychische Energien abzuführen. Wenn dies geschieht, fühlen sich Menschen in ihren ureigensten Befindlichkeiten und Empfindungen von Musik verstanden. Sie gibt diesen Befindlichkeiten und Empfindungen Gestalt – besser, als es der musikalisch Erlebende selbst tun könnte. Friedrich Nietzsche formulierte: »Jeder Liebende denkt bei der Musik: ›sie redet von mir, sie redet an meiner Statt, *sie weiss Alles!*‹ –« (Nietzsche, Bd. 3, 1988, S. 193) Theodor W. Adorno steigerte den Gedanken zu einer radikalen These: »Wir verstehen nicht die Musik – sie versteht uns.« (Adorno 1993, S. 15)

4. *Das Glück, durch Musik zeitweise in einer anderen Welt leben zu können.* Im Erleben von Musik »weg« zu sein, in einer musikalisch gestifteten Welt aufzugehen, die der Wahrnehmung Erfahrungsbereiche jenseits der begrenzten Alltagswelt er-

möglich – solche Transzendenzerlebnisse ermöglicht Musik von allen Künsten wohl am intensivsten. Die Zeitkunst Musik manifestiert sich in künstlerisch organisierten Zeitgefügen, die einer anderen Gesetzlichkeit folgen als die Alltagszeit und für deren Dauer diese gleichsam außer Kraft gesetzt ist. Von der stillen, unbewegten Ruhe meditativer Versunkenheit bis zu rauschhafter Ekstase reichen die durch Musik in verschiedensten kulturellen Ausprägungen gestifteten Transzendenzerfahrungen. Auch für dieses Glückserleben, freilich auf für die mit ihr verknüpfte Problematik, kann Friedrich Nietzsche als Kronzeuge gelten. Rüdiger Safranski beginnt sein Nietzsche-Buch mit den Sätzen: »Die wahre Welt ist Musik. Musik ist das Ungeheure. Hört man sie, gehört man zum Sein. So hat Nietzsche sie erlebt. Sie war ihm ein und alles. Sie sollte niemals aufhören. Doch sie hört auf, und deshalb hat man das Problem, wie man weiterleben kann, wenn die Musik vorbei ist.« (Safranski 2006, S. 9)

Zusammen mit solchen prinzipiellen Arten musikgenerierten Glücks ermöglicht das *Musizieren* als leibhaftiges und selbstgesteuertes musikalisches Aktivsein viele weitere Erlebnisweisen von Glück. Nur einige seien genannt:

5. *Das Glück der Symbiose mit dem Instrument bzw. beim Gesang das Glück, selbst Instrument zu sein.* Dass Instrumente als »Organprojektionen« einen Zusammenhang mit dem Körper des Spielers bilden, kam bereits im Kapitel über Technik zur Sprache. Das Glück der Symbiose liegt in einem Verschmelzungsgefühl mit dem Instrument. Im Kontakt mit dem Instrument, im Üben dieses Kontakts fühlt der Körper, wie er geschmeidig, wach und sensibel wird. Der Psychotherapeut und Musikwissenschaftler Mathes Seidl beschreibt seine Beziehung zu seinem Instrument, der Bratsche, als »Eins-im-andern-Sein, Verschmelzensseligkeit, Ein-Herz-und-eine-Seele-Sein oder auch Erfülltsein« (Seidl 2005, S. 8). Die Glückserfahrung, dass Instrumente »als Erweiterer und Entwickler unserer Lebendigkeit« (a. a. O., S. 10) fungieren, kennt jeder lustvoll Musizierende. Seidl gelangt von der Erlebnisintensität des Kontakts zum Instrument zu einer pädagogischen Konsequenz: »Der Spieler als erlebender Mensch weiß mehr über seine Situation mit dem Instrument als die Lehrerin. Aus dieser Erkenntnis folgt, dass es beim Unterrichten darauf ankommt, dem Schüler die Verbindung zu seinem inneren Erleben bewusst zu machen, ihn zu diesem inneren Dialog anzuleiten und zu unterstützen.« (Ebd.)

6. *Das Glück, sich intensiv ausdrücken und verwirklichen zu können.* Musizieren bietet die Möglichkeit, allen nach Ausdruck drängenden Regungen Raum und Gestalt zu geben. Auch das Unsagbare, sprachlich nicht Vermittelbare oder Tabuisierte, gleichwohl als psychische Energie Präsente, lässt sich im Musizieren in unzensierter Intensität bei gleichzeitiger vollständiger Diskretion ausdrücken: Jeder spürt den Charakter und die Eindringlichkeit des Ausgedrückten – und doch kann niemand die konkreten Inhalte benennen, die ein Spieler »abführt«.

7. *Damit verbunden das Glück der psychischen Stabilisierung.* Im (unbegrenzt wiederholbaren) gestaltenden Durchleben und Durcharbeiten von psychischen Potenzialen erfolgt eine Läuterung und Stärkung der Persönlichkeit. In der Tat kann Musizieren von inneren Spannungen und Konflikten befreien und »erlösend« wirken.

8. *Das Glück des »Durchspielens« von Erlebnisinhalten.* Im Musizieren eröffnet sich ein schier unendliches Areal von musikalisch realisierten Affekten, Gefühlen, Charakteren, Atmosphären. Alle dort begegnenden Gehalte können in differenziertesten Nuancierungen erlebt und gestaltet werden (ausführlich dazu Figdor / Röbke 2008).

9. *Das Glück »ganzheitlicher« Betätigung.* Gemeint ist das enorm dichte, darin mit kaum einer anderen Tätigkeit vergleichbare Zusammenwirken von »Kopf, Herz, Hand«. Qualitätvolles Musizieren stellt hohe Anforderungen an jedes dieser menschlichen Grundvermögen und an ihre Integration. Motorische Differenzierung, intelligentes Begreifen von Musik und von Vorgängen ihrer Ausführung, Fähigkeiten der mimetischen Einfühlung und ausdrucksstarken Realisierung ermöglichen das Glücksgefühl der wechselseitigen Steigerung und Vitalisierung aller Potenziale. Die Balance zwischen den zusammenwirkenden Tätigkeitsarten bleibt freilich eine anspruchsvolle Aufgabe – ebenso wie die Balance von Hingabe und Kontrolle beim engagierten Darstellen von Musik.

10. *Das Glück des Könnens.* Jedes Musizieren fasziniert Spieler und Hörer durch die Möglichkeit des Nicht-Gelingens. Der Ernstfall des Auftritts ist jeweils einmalig, hier und jetzt kommt es darauf an, dass es glückt. Bereits das Gefühl der durch sachkundiges Üben erworbenen Sicherheit bedeutet ein Glücksgefühl, sodann aber auch die Genugtuung, die Herausforderung des Musizierens vor anderen gemeistert zu haben.

11. *Daraus folgt das Glück, musizierend von anderen bewundert zu werden.* Sich musizierend zu präsentieren, ist ein glanzvoller ritueller Vorgang. Spieler und Sänger exponieren sich, wenn sie auftreten. Da Musizieren Mitteilung von Musik ist, sind Zuhörer keine akzidentiell Anwesenden, sondern als Adressaten der musikalischen Botschaft Mitspieler im Spielgeschehen. Ihr Hören und Zuschauen stimuliert die Spieler. Ein Publikum spürt das Risiko, das in jedem Auftritt liegt. Gelingendes Musizieren erzeugt daher Beifall und Bewunderung. Solches Resonanzerleben ist ein Lebenselixier für jeden Musizierenden und steigert sein Selbstwertgefühl.

12. *Das Glück der musikalischen Kommunikation.* Gemeint ist das Kommunizieren der Mitspieler im Spiel. Es geschieht nonverbal, aber in unbegrenzt differenzierbarer klanglicher Gestaltung. In vielfältigen mimetischen Aktionen entfaltet sich ein dichtes Netz von Botschaften, in denen Musik und Persönlichkeiten der Spieler eine faszinierende Einheit bilden. Die feinsten Regungen werden mimisch, gestisch und

klanglich gesendet und aufgenommen, eingewoben in ein musikalisches Geschehen, bei dessen Durchführung alle Beteiligten um Stimmigkeit bemüht sind. Haltungen, Energieströme, Impulse, Gesten, Atembewegungen, Klangfarben u. v. a. aufzunehmen und weiterzugeben, in unterschiedlichen von der Musik vorgegebenen Rollen sensibel aufeinander zu reagieren – in solchen Aktionen erfüllt sich das Glück musikalischer Kommunikation. In der Welt des Spiels entsteht ein zweites Leben, in dem so tief und intensiv kommuniziert wird, wie es im gewöhnlichen Leben mit Worten nicht möglich ist. Auch hier können Spieler in ihre musikalische Botschaft alles hineingeben, was sie sich vielleicht mit Worten nicht zu sagen getrauen würden. Deutlichkeit verbindet sich mit vollkommener Diskretion.

13. *Das Glück der durch gemeinsames Musizieren wachsenden sozialen Beziehungen.* Musikmachen im Ensemble verbindet. Zwar sind nicht alle Musiziergemeinschaften Horte problemlosen zwischenmenschlichen Glücks. Auch in Berufsorchestern etwa kommt es zu Spannungen, Animositäten, Feindschaften bis hin zum Mobbing. Gleichwohl erleben viele Menschen – Laien und Profis –, dass Ensembles nicht nur musikalische, sondern auch soziale Einheiten mit engen zwischenmenschlichen Beziehungen bilden. Für viele Menschen ist die im gemeinsamen Spiel wie darüber hinaus im Zusammensein mit den Musizierpartnern erfahrbare Gemeinschaft ein wichtiger Beweggrund zum Musizieren.

14. *Das Glück des Flow.* Nicht müßige »Entspannung«, sondern konzentrierte Aktivität erweist sich als glücksfördernd. Jean Paul formulierte in seiner Erziehlehre *Levana* den schönen Satz: »Was heiter und selig macht und erhält, ist bloß Tätigkeit.« (Jean Paul 1963, S. 602) Auch der Psychologe Mihály Csíkszentmihályi ging der Frage nach: »Wann fühlen sich Menschen am glücklichsten?« (Csíkszentmihályi 1992, S. 13) Seine Antwort bestätigte und präzisierte den genannten Befund. Sie lautete: im vollständigen sinnlichen und mentalen Aufgehen in einer klar strukturierten, hingebungsvoll ausgeführten Tätigkeit. Diesen Zustand nannte er »Flow««, weil viele der von ihm befragten Personen, die in durchaus unterschiedlichen Bereichen mit einer solchen hingebungsvollen Versunkenheit arbeiten, die Empfindung bei ihrem Tun als ein Gefühl ruhigen Fließens beschrieben hatten. Csíkszentmihályi bemerkte überdies, »daß Glück nicht etwas ist, das einfach geschieht. Es ist keine Folge von angenehmen Zufällen. Es ist nichts, was man mit Geld kaufen oder mit Macht bestimmen kann.« Glück sei vielmehr »ein Zustand, für den man bereit sein muß, den jeder einzelne kultivieren und für sich verteidigen muß« (a. a. O., S. 14). Flow-Erfahrungen zeichnen sich nach Csíkszentmihályi durch folgende Komponenten aus: Klarheit der Ziele und unmittelbare Rückmeldungen, Konzentration auf ein begrenztes Feld, ein stimmiges Verhältnis von Anforderungen und Fähigkeiten, ein Gefühl von Kontrolle, Mühelosigkeit des Handlungsablaufs, Aufhebung des normalen Zeitgefühls in einer tranceartigen Befindlichkeit, ein Verschmelzen von Handlung und Bewusstsein (vgl.

Burzik 2006, S. 266 ff., wo diese Punkte näher erläutert werden). Im Musizieren sieht Csíkszentmihályi eine für Flow-Erleben besonders geeignete Tätigkeit. Andreas Burzik hat die Spezifik des Flow beim Musizieren und insbesondere beim Üben eingehend untersucht. Er gelangt zu vier Prinzipien, auf denen ein Üben im Flow basiert: 1. »Der Kontakt zum Instrument« (»die Konzentration auf die *Qualität des Berührungskontaktes* – in der Praxis das konsequente Herstellen eines Wohlgefühls an den Kontaktpunkten«, wobei »eine möglichst genaue Beschreibung der an diesen Punkten angestrebten taktilen Empfindungen« förderlich ist); 2. die »Entwicklung des Klangsinnes« (eine »auf die Tonqualität gerichtete Konzentration fördert [...] ein äußerst genussreiches Aufgehen in den selbst erzeugten Klängen«); 3. das »Gefühl der Anstrengungslosigkeit«; 4. der »spielerische Umgang mit dem Übematerial« (a. a. O., S. 273–276). Diese Prinzipien geben Lehrenden wichtige methodische Orientierungen zur Vermittlung von Flow-Empfindungen beim Üben.

15. *Das Glück des Übens.* Die durch instrumentales und vokales Üben möglichen Erfahrungen von Glück gehen weit hinaus über Flow-Empfindungen. Sie erweitern die musikbezogenen Erfahrungen um eine philosophische Dimension. Wie das Wort »Methode« ursprünglich auf die Frage nach einem »guten«, tugendhaften und glücklichen Leben ausgerichtet war, lässt sich auch das Üben im Allgemeinen und das Üben von Musik im Besonderen auf das in der antiken griechischen Philosophie zu findende Verständnis von Glück als »eudaimonia« (»einen guten Dämon habend«) beziehen (dazu Mahlert 2006, S. 32–35). Diesem von den Göttern geschenkten Glück bereiten Menschen den Boden, indem sie »Selbstsorge« betreiben und durch ein als Lebenskunst betrachtetes stetes Üben von tugendhaftem Verhalten dem Ideal eines glücklichen Lebens folgen (s. Mahlert 2006, S. 32–35). Die Beziehung von instrumentalem bzw. vokalem Üben auf tugendhaftes Verhalten mag zunächst befremden. Einen wichtigen Fingerzeig gibt das Wort »Virtuose«. In ihm, das vor allem in der Musik zur Bezeichnung von Exzellenz verwendet wird, steckt das lateinische »virtus« (Mannhaftigkeit, Tüchtigkeit, Tugend). »Virtuose« meint in seiner Grundbedeutung »einen durch ungewöhnliche intellektuelle, künstlerische, physische oder ethische Fähigkeiten sich Auszeichnenden« (Reimer 1972, S. 1). Virtuosität ist nicht möglich ohne intensive Übung, und Übung ist immer auch Arbeit an sich selbst. Im Üben eines Metiers wird die Persönlichkeit des Übenden »geübt«: Geduld, Disziplin, Sorgfalt, Genauigkeit, Selbstwahrnehmung, Selbstkritik verdichten sich zum planvollen Handeln der »deliberate practice«, durch die erst exzellente Leistungen möglich werden. Die zu übenden Persönlichkeitsqualitäten, ohne die kein instrumentales und vokales Üben auskommt, sind die Grundlagen einer nach Exzellenz strebenden Lebenskunst. Und so finden sich auch in diesem Üben alle zehn Aspekte realisiert, die Wilhelm Schmid im Rückgriff auf die griechische Philosophie als Merkmale einer solchen Lebenskunst verdeutlicht: Üben ist 1. selbstrezeptiv (wer übt, fördert seine Selbstwahrnehmung); 2. selbstreflexiv (Üben beinhaltet Selbstkritik); 3. selbstpro-

duktiv (Üben entwickelt persönliche Potenziale); 4. therapeutisch (Üben ermöglicht ein Durcharbeiten und Klären von Affektenergien); 5. asketisch (»askesis« bedeutet Übung: die konzentrierte Ausrichtung auf eine Sache und das Ausblenden von Ablenkendem); 6. parrhesiastisch (Üben ermöglicht, sich ungeschminkt selbstkritisch zu sehen); 7. mutativ (Üben impliziert Selbstveränderung); 8. prospektiv und präventiv (Üben ist auf Künftiges bezogen, erstrebt Selbstoptimierung und Bewahrung vor Schädigungen); 9. pädagogisch (Üben ist Selbsterziehung, Übenlehren ein Ermöglichen und Findenlassen eines zuträglichen übenden Umgangs mit sich selbst); und schließlich auch 10. eine politisch relevante Tätigkeit (die individuell zu übenden »Tugenden« sind von hoher sozialer Bedeutung, da sie den Umgang nicht nur mit sich selbst, sondern auch mit anderen Menschen prägen). (Vgl. Schmid 1995, Sp. 529 f., s. dazu Mahlert 2006, S. 33 ff.)

All diese Arten von Glück, die durch Musik und insbesondere durch das Musizieren erfahrbar sind, stehen in engem Zusammenhang. Sie stützen, befördern und vertiefen sich wechselseitig.

4. Was ist Glück?

Der vorangegangene Versuch, Erfahrungen von Glück musikspezifisch zu differenzieren, folgte einem nicht weiter reflektierten Alltagsverständnis von Glück. Was aber ist Glück? Welche Anregungen bietet die Glücksforschung zur Konzeption einer glücksfördernden Pädagogik und eines auf Glücksermöglichung gerichteten methodischen Handelns im Instrumental- und Vokalunterricht?

»Glück« ist ein überaus traditionsreicher und vielfältig thematisierter Begriff. Die intensive philosophische und theologische Beschäftigung mit dem Phänomen »Glück« und der Frage nach einem erstrebenswerten glücklichen Leben reicht, wie bereits angedeutet, bis in die griechische Antike zurück (dazu Spaemann 1974). In neuerer Zeit haben diverse Fachgebiete wie Psychologie, Physiologie, Biologie, Wirtschafts- und Sozialwissenschaften, Gerontologie das Phänomen »Glück« von sehr unterschiedlichen Seiten zu erforschen gesucht. (Knappe Überblicke geben Mayring 1991 und Thierbach 2009.)

Entstehungsgeschichtlich scheint das deutsche Wort »Glück« mit dem Wort »Luke« (Öffnung bzw. Verschluss, z. B. im Schiffsdeck) zusammenzuhängen. »*Glück* wäre aus ›Art wie etwas schließt, endigt, ausläuft‹ zu ›was gut ausläuft, sich gut trifft‹ geworden.« (Kluge 1967, S. 262) Das Grimm'sche Wörterbuch kommt zu dem Ergebnis: »glück ist ursprünglich ›*schicksal, geschick, ausgang* einer sache‹.« (Grimm, Bd. 8, Sp. 227) Eine Doppelheit zeichnet sich ab: glücklicher Zufall im Jetzt und Erfüllung in der Dimension eines längeren Zeitraums. Dem entspricht die Tatsache, dass in vielen Sprachen anders als im Deutschen unterschiedliche Begriffe für das Zufallsglück und das Glück der Erfüllung vorhanden sind: »luck-happiness«, »fortuna-beatitudo«, »fortune-bonheur«, »fortuna-felicitá«, »fortuna-felicidad« (s. Mayring 1991, S. 12). Für das menschliche Streben nach Glück scheint die längerfristige Dimension wichtiger zu sein. Hier regiert nicht der blinde Zufall, sondern planvolles glücksorientiertes Handeln wirkt sich aus – gemäß der sprichwörtlichen Auffassung, dass jeder »seines Glückes Schmied« ist. Das – gerade im Erleben von Kunst häufige und starke – »Glück des Augenblicks« braucht deswegen nicht gering geschätzt zu werden. Glücksfähigkeit beinhaltet beides: die Offenheit und Sensibilität für das Glück des momentanen Geschehens und die Kompetenz, das eigene Leben glücklich zu »führen«. Glück lässt sich demgemäß sehr allgemein definieren als ein kurz- und vor allem längerfristig vorhandenes positives emotionales Erleben, das auf Wahrnehmungs- und Gestaltungsfähigkeit beruht. Das längerfristige Bestehen von Empfindungen kann als ein spezifisches Moment von Glück gelten. So schreibt die Glücksphilosophin Dagmar Fenner: »Während Gefühlsregungen wie Freude oder Furcht von kurzer Dauer sind und einen engen situativen Bezug aufweisen, sind Stimmungen wie Glück oder Angst diffuse, atmosphärische Dauertönungen unseres gesamten Gefühlslebens.« (Fenner 2003, S. 602) Im Erleben von Glück ist auch das momentane Glück in einem übergreifenden, lebensperspektivisch geweiteten Zusammenhang aufgehoben: »Wo das

Tier mit seiner Lust und Unlust kurz angebunden ist an den Pflock des Augenblicks, weist menschliches Erleben genuin vektoriellen Charakter auf, so dass selbst das sogenannte ›Glück des Augenblicks‹ keineswegs der Zeit entrückt ist, sondern einen Richtungssinn aufweist und in einem Horizont übergreifender Glückserwartung steht. Eine Sammlung von Lustaugenblicken hingegen, die mit nichts über sich hinausweisen, kann niemals zu Glück gerinnen.« (A. a. O., S. 592 f.)

In der psychologischen Glücksforschung wurden die Besonderheiten des kurzfristigen Erlebens von Glück (»state«) und von lebensperspektivischem Glück (»trait«) näher untersucht. Mayring (1991, S. 91) fasst die Befunde in folgender Übersicht zusammen:

Glückserleben (state)	Lebensglück (trait)
• extrem positive Emotion,	• Erhöhte Wahrscheinlichkeit von Glückserleben,
• in konkreter Situation,	
• höhere Sensibilität, Bewußtheit, Öffnung der Sinne	• im Lebenslauf entwickelt,
• positive Sicht,	• auf grundlegender Lebenszufriedenheit aufbauend,
• von abstrakten ›idealen‹ Vorstellungen begleitet,	• Hinausgehen über Ich-Bezogenheit
• gesteigertes Selbstwertgefühl,	
• soziale Aufgeschlossenheit,	
• Spontaneität,	
• Produktivität	

Das »state-trait-Modell« von Glück erweist sich dann als produktiv, wenn die beiden »Glücksarten« als vermittelt und zu vermitteln betrachtet werden. »State«-Ereignisse bilden einen Erfahrungsschatz, der die Offenheit für das wiederholte Erleben vergleichbarer Glücksgefühle fördert. Gleichzeitig motivieren sie zur Entwicklung längerfristiger Strategien, Lebenswege so zu planen, dass Glück – ›trait‹ und ›state‹ – wahrscheinlich wird. Musizierenlernen ist eine solche Strategie. Denn Musizieren kann als ein »Übungsfeld für Glück« (Fenner 2003, S. 608) gelten.

Sind die oben beschriebenen Glückserfahrungen beim Hören und Imaginieren von Musik sowie besonders beim Musizieren dem Glück als »state« oder als »trait« zuzuordnen? Großenteils lassen sie sich auf beide Arten beziehen. Gewiss erfüllt sich musikspezifisches Glück jeweils im Augenblick des Geschehens. Gleichzeitig aber haben die im Umgehen mit Musik sich einstellenden Glücksfaktoren eine weiter reichende Bedeutung. Es sind »Skills«, die der musikalisch Lernende und Übende zunächst als Möglichkeit entdeckt, als Wirklichkeit praktiziert und die ihm schließlich als exzellentes Können zu Gebote stehen (zu diesen drei Schritten s. Schmid 2004,

S. 48). Damit hängen sie nicht mehr vom zufälligen Eintreten ab, sondern sind über-
dauernde Potenziale geworden – Glückstechniken, die Menschen ermöglichen, ihr
Leben glücklich zu gestalten. Das Glück der Symbiose mit dem Instrument, das
Glück der psychischen Stabilisierung, das Glück, im Musizieren ein schier unendliches Areal von musikalisch realisierten Affekten, Gefühlen, Charakteren, Atmosphären als »Spielfeld« zu haben, das Glück »ganzheitlicher« Betätigung, das Glück des
Könnens, das Glück, musizierend von anderen bewundert zu werden, das Glück der
musikalischen Kommunikation, das Glück der durch gemeinsames Musizieren wachsenden sozialen Beziehungen, das Glück des Flow, das Glück des Übens – all diese
mit einem lustvollen Musizieren verbundenen Glückserfahrungen werden zu persönlichen Qualitäten, die jeweils individuell und kontinuierlich Glück als »trait« stiften.

Eine andere wichtige, heute allgemein anerkannte Glücksauffassung liefert das
»transaktionale Modell« (zurückgehend auf Lazarus / Folkman 1984). Es sieht die objektiven und die subjektiven Bedingungen von Glückserfahrungen im Erleben des
nach Glück Strebenden vermittelt. So garantiert etwa Reichtum als objektive Größe
noch kein Glück – wie andererseits subjektive Glücksfähigkeit objektiver Umstände
bedarf, um sich entfalten zu können. Glück ist demnach eine Relation zwischen dem
Einzelnen und seiner Lebenswelt. So kann »glückhaftes« Musizieren sich in vielerlei
Arten, Lebensaltern und Umweltbedingungen ereignen: vom Hören und Agieren im
Säuglings- und Kleinkindalter über den späteren Instrumental- und Vokalunterricht
bis zu einem möglicherweise wiederum elementaren Musizieren im höchsten Seniorenalter. Aufgabe von Musikpädagogen ist es, Menschen auch unter sozialem Aspekt
ein Glück stiftendes Musizieren zu ermöglichen.

Seit der Formulierung »pursuit of Happiness« in der Präambel der amerikanischen Un-
abhängigkeitserklärung vom 4. Juli 1776 ist das »Streben nach Glück« bzw. nach
»Glückseligkeit« auch ein Politikum. Der betreffende Satz lautet: »We hold these
truths to be self-evident, that all men are created equal, that they are endowed by
their Creator with certain unalienable Rights, that among these are Life, Liberty and
the pursuit of Happiness.« Zwar wurde das Streben nach Glück nicht allgemein als
Verfassungsinhalt etabliert, jedoch steht dem Recht auf individuelle Entfaltung der
Persönlichkeit ideell durchaus »the pursuit of Happiness« nahe. Menschen haben nicht
nur ein Recht darauf, sich zu bilden; vielmehr ist auch ihr Streben nach persönlichem
Glück – soweit es nicht in irgendeiner Weise gesellschaftlich Schaden verursacht –
vom Staat zu respektieren und nach Möglichkeit zu fördern.

5. Methodische Impulse zur Ermöglichung von Glück

Wie kann nun Unterricht gestaltet werden, damit Musizieren als Glück erfahren wird? Nach der Beschäftigung mit Glück als Zielperspektive, mit den spezifischen Glücksmomenten des Musizierens und dem Phänomen »Glück« selbst gerät mit dieser Frage wiederum die Methodik, der Hauptgegenstand dieses Buchs, ins Blickfeld. Naiv wäre die Hoffnung, Glück ließe sich durch effektives Handeln von Lehrenden umstandslos bei Schülern herstellen. Glück (als »trait«) ist kein passiv zu erlangendes Geschenk, sondern setzt Aktivität, Umsicht und Zielstrebigkeit des Glücksuchenden voraus. Eine auf Glücksfähigkeit hin orientierte Pädagogik muss also bemüht sein, diese Eigenschaften zu mobilisieren, d.h. Glückserfahrungen zu ermöglichen und dadurch zum Ausweiten von Glück als »state« in Glück als »trait« zu motivieren. Glücksorientierung des Unterrichts zielt einerseits auf die Lebensperspektive der Lernenden, reicht also weit über die Stunde selbst hinaus; gleichzeitig aber ist in Unterrichtsstunden selbst Glück anzustreben, denn der Erwerb und die Vertiefung von Glücksfähigkeit kristallisieren sich um real empfundene Glücksmomente. Etwas von der Glücksorientierung des Unterrichts sollte sich also in ihm selbst erfüllen. Und wiederum wären die hier stattfindenden Glückserfahrungen auf Glück als »state« und »trait« auszurichten: als leuchtende Augenblicke tiefen Empfindens, Gelingens und Genießens, sodann aber auch als eine jeweils mit Vorfreude verbundene und in die Lebenswirklichkeit abstrahlende periodisch wiederkehrende Zeiten intensiven musikalischen Erlebens und Lernens, praktiziert in einem lustvollen interaktiven Handeln auf der Basis eines persönlich geprägten, vertrauensvollen zwischenmenschlichen Umgangs.

Philipp Mayring hat versucht, aus verschiedenen Glückstheorien eine Summe von »Kriterien für eine Erziehung zum Glück« (Mayring 1991, S. 177) abzuleiten. Seine knappe Auflistung eignet sich als Vorbereitung einer Reihe von Überlegungen zu einem auf Glücksermöglichung orientierten methodischen Handeln im Instrumental- und Vokalunterricht. Mayring nennt folgende Stichpunkte (Mayring 1991, S. 177 f.):

- »Erziehung zu Sensibilität und Bewußtheit;
- Erziehung zur Offenheit;
- Vermitteln von Grundkategorien wie Schönheit, Harmonie, Frieden, Einheit, Erhabenheit, Tiefe, Freiheit, Sinn, Transzendenz, Unendlichkeit;
- Vermittlung von Selbstwertgefühl;
- Unterstützung der sozialen Entwicklung;
- Vermittlung von Spontaneität und Produktivität;
- Erziehung zum Einsatz für bessere objektive Lebensbedingungen;
- Kritikfähigkeit von Glücksideologien;
- Entwicklung von langfristigen Zielen und Interessen;
- Vermitteln eines Lebenssinnes;
- Entwickeln von glücksbezogenen Handlungen (sozial, aktiv, autotelisch);
- Erziehung zur sinnvollen Bewältigung von Belastungen.«

Jedes dieser Kriterien lässt sich im Unterricht verwirklichen, und jedes von ihnen wäre differenziert zu bedenken. Für etliche Kriterien scheint Instrumental- und Vokalunterricht geradezu prädestiniert: Die »Erziehung zu Sensibilität und Bewusstheit«, »zur Offenheit«, die Vermittlung der genannten »Grundkategorien wie Schönheit, Harmonie«, aber auch etwa von »Spontaneität und Produktivität« gehört zu den Fundamenten jedes ästhetischen, d.h. auf Entwicklung sinnlicher Wahrnehmungsfähigkeiten und künstlerischer Aktivitäten gerichteten Unterrichts. Musizierenlernen eignet sich hervorragend für die Vermittlung von »Selbstwertgefühl«, und eine Erziehung »zur sinnvollen Bewältigung von Belastungen« ist unentbehrlich für das Auftreten vor Publikum. Die bereits geforderte und noch näher zu betrachtende Ausrichtung des Unterrichts auf das Glück als »state« zeigt sich im Stichpunkt »Entwickeln von glücksbezogenen Handlungen«, die auf das Glück als »trait« in den Punkten »Entwicklung von langfristigen Zielen und Interessen« sowie »Vermitteln eines Lebenssinnes«. »Unterstützung der sozialen Entwicklung« erwächst aus der Anleitung zum Zusammenspiel, das für jedes Musizieren konstitutiv ist und als Ziel und Methode unverzichtbar zum Instrumental- und Vokalunterricht gehört. Selbst »der Einsatz für bessere objektive Lebensbedingungen« spielt eine Rolle, wenn es etwa um Ermöglichung von musizieradäquaten räumlichen Gegebenheiten geht. Und kritisch gegenüber Glücksideologien zu werden, ergibt sich leicht aus einem Unterricht, der die spezifischen Glückserfahrungen des Musizierens ermöglicht, bedenkt und sie mit anderen, z.B. konsumorientierten Glücksstrategien vergleicht.

Die nachfolgende Sammlung von Anregungen will aus den vorangegangenen Überlegungen zur Glücksfähigkeit als Zielperspektive des Unterrichts methodische Konsequenzen ziehen und methodische Impulse geben. Freilich lässt sich konkretes Handeln ohne Berücksichtigung der jeweiligen Umstände des Unterrichts kaum bestimmen. Trotzdem kann Glücksermöglichung methodisch reflektiert werden. Entscheidend ist, dass Lehrende ein Bewusstsein für die Glücksrelevanz ihres Unterrichtens gewinnen. Darauf zielen die folgenden Gedanken. Sie basieren auf der Überzeugung, dass zu einer Didaktik und Methodik der Glücksermöglichung nicht nur das Glück von Lernenden, sondern auch das von Lehrenden gehört. Zwischen beiden besteht ein systemischer Zusammenhang. Ohne Glück des Lehrers als Musizierender und Lehrender kann aus einem Unterricht schwerlich ein Glück für Schüler erwachsen. Auch für pädagogische Glücksförderung ist das aus der griechischen Antike überkommene Lebenskunst-Motiv der Selbstsorge wichtig. Daher wird im Folgenden dem Glück *beider* Partner Rechnung getragen. Um die Ausführungen zuzuspitzen, beginnt jeder der zehn Gedanken mit einer in Anredeform an Lehrende gerichteten Empfehlung.

1. *Kultiviere das Glück, das dir dein eigenes Musizieren verschafft.* Instrumental- und Vokallehrkräfte sind Künstler und Pädagogen. Ihre im Musizieren erlebte künstlerische Begeisterungsfähigkeit ist ein unverzichtbares Kapital auch für den Unterricht,

den sie erteilen. Nur Lehrenden, die das Glück des Musizierens in sich tragen und verkörpern, wird es auf Dauer gelingen, Lernende künstlerisch zu begeistern und sie Glück im eigenen Musizieren finden zu lassen. Zudem ermöglicht Lehrenden bei Frustrationen in der pädagogischen Arbeit die fortdauernd gepflegte Erfahrung von Glück in der eigenen künstlerischen Tätigkeit Kompensation und Ausgleich. Lehrende, die etwas vom Glück des Musizierens ausstrahlen, wirken glaubwürdig und überzeugend. Dieses Glück steigert ihr persönliches Selbstwertgefühl. Den individuell bedeutsamen Glücksfaktoren beim Musizieren nachzuspüren, regt Lehrende dazu an, die spezifischen musikalischen Glücksfähigkeiten von Lernenden wahrzunehmen und zu kultivieren.

2. *Lebe deinen Schülern etwas vom Glück deines Musizierens und deiner Beschäftigung mit Musik vor.* Unterricht in den geordneten Bahnen von knapp bemessenen wöchentlichen Zeiteinheiten verlangt Planung und Konsequenz, wenn er nicht aus dem Ruder laufen soll. Kaum Zeit bleibt dabei für alles Informelle, nicht unmittelbar Instruktive: für ein Erzählen des Lehrers von eigenen musikalischen Aktivitäten, für Einblicke in die eigene künstlerische Werkstatt, für die persönliche Begeisterung über Musik, für einen Austausch über musikalische Vorlieben, für gemeinsames Hören von Musik (auch solcher, die nicht unmittelbar zum Unterrichtsrepertoire gehört), für Gespräche über diese Musik … Die Gefahr pädagogischer Fließbandarbeit liegt nicht zuletzt darin, dass Lehrende in ihrer musikalischen Identität ihren Schülern unkenntlich bleiben. Sie erfahren dann nicht, wofür das Herz der Lehrenden schlägt, worin ihr eigenes Glück des Musizierens besteht. Damit bleibt ein wichtiger Glücksfaktor unfruchtbar. Wenn eine Lehrer-Schüler-Beziehung sich gut entfalten kann, erscheint das aus dem Musizieren resultierende Glück von Lehrenden in der Regel auch attraktiv für Lernende. Es wirkt ansteckend. Einen Lehrer zu erleben, der in seiner Materie glücklich ist, regt an, diesem Glück nachzustreben. Lehrende sollten daher nach Möglichkeiten suchen, ihren Schülern etwas von ihrem eigenen Musizierglück zu zeigen: in privaten und öffentlichen Konzerten, Klassenabenden, in gemeinsamen Konzertbesuchen, zumindest hin und wieder auch im Unterricht (selbst dann, wenn dadurch die Stringenz der Unterrichtsplanung aufgeweicht wird) usw. Es gehört zu einer glücksfördernden Lernkultur, dass die Formalität des Unterrichts sich gelegentlich in andere, mehr oder minder informelle musikalische Zonen ausweitet.

3. *Mach dir das Glück und die Glücksmomente deines Unterrichtens bewusst.* Unterrichten ermöglicht vielerlei Glückserfahrungen. Manche davon hängen zusammen mit dem Gefühl, der Musik im Unterrichten bisweilen noch näher zu kommen als im eigenen Musizieren. Die im Unterricht zu leistenden Vermittlungsaufgaben sind inhaltlich und methodisch noch weiter dimensioniert als es die rein klangliche Darstellung erfordert. Vormachen ist im Unterricht *ein* Mittel neben etlichen anderen. Zum Demonstrieren kommt das Beschreiben, Analysieren, deutendes und verbildlichendes

Verbalisieren, gestisches und mimisches Darstellen, energetisches Übertragen – all diese methodischen Kompetenzen machen das Unterrichten zu einer hochkomplexen Tätigkeit, in der mimetisches und diskursives sowie pädagogisches und künstlerisches Handeln eine unauflösbare Einheit bilden. Jeder gründlich Lehrende kennt die Erfahrung, im Unterrichten neue Entdeckungen an Musikstücken zu machen, die durch eigenes Üben lange vertraut sind. Die Anforderungen der Vermittlungsaufgaben im Unterricht wecken und schärfen die Wahrnehmung; die doppelte Ausrichtung auf den Lernenden und auf die Musik hat eine ungeheuer belebende Wirkung, die einen »Begeisterungszusammenhang« (Peter Sloterdijk) zwischen den pädagogischen Partnern und der Musik erzeugt. So sind die kommunikative Vielfalt und die Intensität der gemeinsamen Beschäftigung mit Musik im Unterricht kostbare Quellen von Glückserfahrungen. Ebenso entsteht Glück beim Unterrichten dann, wenn Vermittlungsbemühungen bei Lernenden »zünden«. In der Tat »glückt« dann etwas: Eine Bemühung erfüllt sich, die auch misslingen könnte, da künstlerische Gestaltungsqualitäten sich nie direkt und eindeutig, sondern nur andeutend, beschreibend, mimetisch vermitteln lassen.

Unterrichten ist für Lehrende immer auch eine Herausforderung an einen »lebenskünstlerischen« Umgang mit Frustrationen. Viele Anstrengungen bleiben scheinbar erfolglos. Umso mehr ist die Wahrnehmung von Lehrenden für all das gefordert, was »hinter« dem Nicht-Erreichten gelernt wurde oder auch nur gelernt worden sein könnte. Zur Glücksförderung bzw. zur Unglücksvermeidung von Pädagogen gehört die Einsicht in die Tatsache, dass Lehrende ihre Erfolge stets nur begrenzt zu Gesicht bekommen. Viele pädagogische Anstrengungen entfalten sich erst in Langzeitwirkungen erheblich später, oft sogar erst in Lebensphasen nach Beendigung des Unterrichts. Mitunter erfahren Lehrende zu ihrem Erstaunen nach Jahren von ehemaligen Schülern, wie bedeutungsvoll bestimmte Inhalte oder Impulse des Unterrichts geworden sind, an die sie (die Lehrenden) sich selbst oft nicht mehr erinnern. Auch solche Erfahrungen sind kostbare Glücksfaktoren des Unterrichtens. Zur Glücksfähigkeit von Lehrenden gehört daher der Erwerb eines klugen pädagogischen Bewusstseins, das das eigene Selbstwertgefühl nicht ausschließlich an den momentanen pädagogischen Erfolg knüpft, vielmehr um Langzeitwirkungen von engagierter pädagogischer Arbeit weiß und diese Wirkungen in die Perspektive des Lebensdauerglücks (»trait«) einbezieht. Aus gutem Grund rechnet Dagmar Fenner die Charakterqualitäten »der Gelassenheit, der Frustrations- und Leidtoleranz sowie eines gesunden Welt- und Selbstvertrauens« zu den »unmittelbar glücksförderlichen Qualifikationen« (Fenner 2003, S. 621). Für eine glücksorientierte, auch das Glück des Lehrenden erstrebende Kunst des Unterrichtens sind sie unverzichtbar.

4. *Lass dich von deinen Schülern inspirieren*. Lehrende sollen ihre Schüler inspirieren – eine fast triviale Forderung. Weniger selbstverständlich ist die Fähigkeit von Lehrenden, sich von ihren Schülern inspirieren, anregen, begeistern zu lassen. Leicht gelingt

dies, wenn Schüler besonders talentiert sind und durch ihr hohes Potenzial bei Lehrenden eine enthusiastische Lust am Unterrichten wecken. Was aber, wenn der Unterricht mit Schülern schwerfällt, wenn die Leistungen schwach sind, wenn es zu Motivationsproblemen kommt und bewährte Verfahrensweisen nicht oder nur wenig fruchten? Dann entstehen auch bei Lehrenden leicht Verdruss und Unmut. Genau dann aber wäre eine pädagogische Haltung zu üben, ohne die der Unterricht auf beiderseitiges Unglück zuläuft. Sie basiert auf dem Gedanken, sich durch Defizite zu vermehrter pädagogischer und methodischer Fantasie inspirieren zu lassen. Selbst dann, wenn die Ergebnisse bescheiden bleiben, ermöglicht diese Haltung Glückserfahrungen. Sie regt die Wahrnehmung und das Denken an, macht alternatives Handeln zu spannenden Experimenten und verschafft die Genugtuung, neue Wege gesucht und erprobt zu haben. Sie manifestiert sich in einer gelassenen, menschenfreundlichen Neugier, die auf Erfolgszwang verzichtet und aufmerksam darauf achtet, womit und auf welche Weise der jeweilige Lernende gefördert werden kann – darauf, was ihm gut tut und wo eine positive Resonanz entsteht. Schwächen von Lernenden als Herausforderungen der eigenen Glücksermöglichungskünste zu betrachten, bewahrt vor Verbitterung und ermöglicht Lernenden wie Lehrenden persönliches Wachstum.

Inspirierend können auch spezifische, von musikalischen Präferenzen des Lehrers abweichende musikalische Interessen des Schülers sein. Es mag geschmackliche Grenzen geben, die Lehrende nicht gern überschreiten. Jedenfalls ist die Bereitschaft, sich auf Neuland einzulassen, den Lernwünschen von Schülern zu folgen und dadurch den eigenen Horizont auszuweiten, eine mögliche Quelle von pädagogischem Glück.

5. *Unterrichte ressourcen- und nicht defizitorientiert.* Mit dieser Anregung ist ein Grundgedanke der Positiven Psychologie gemeint. Er besteht darin, die Verbesserung von Fähigkeiten nicht primär durch die Kompensation von Defiziten, sondern durch Bewusstmachung und Stärkung positiver Potenziale zu betreiben. Auch die mit dieser Auffassung verbundene pädagogische Haltung ist mehr als eine Strategie. Sie hängt zusammen mit einem bestimmten Menschenbild. In diesem Bild erscheinen Menschen nicht primär als Mängelwesen, sondern im Vordergrund stehen ihre vorhandenen Kräfte und Fähigkeiten. Die instrumental- und vokalpädagogische Praxis ist oft eine andere. Instrumental- und Vokalpädagogen neigen häufig zu einer defizitorientierten Sichtweise und richten entsprechend ihre Arbeit vorwiegend auf das Nochnicht bzw. die Beseitigung von Mängeln aus. Die ehemalige Sportlerin Ulrike Klees, die Musiker zu Mentalem Training anleitet, sieht darin eine gravierende Differenz zur Sportpädagogik: »Im Sport ist es so, dass ein Trainer, der einen neuen Athleten bekommt, sich genau dessen Stärken und Schwächen ansieht. Er arbeitet massiv an den Stärken weiter und baut ganz gemütlich die Schwächen ab. / In der Musik habe ich oft das Gefühl, wenn jemand zu einem neuen Lehrer kommt, schaut der sich zwar auch die Stärken und Schwächen an, arbeitet dann aber häufig nur an den Schwächen, weil er die Stärken für selbstverständlich hält.« (Liepold / Klees 2006, S. 10) So kommt es

zu einem Lehrertyp, wie ihn Armin Mueller-Stahl als Jugendlicher in seinen beiden Geigenlehrern erlebte: »Das Talent beider Professoren bestand im Wesentlichen darin, mit ihren Schülern nicht zufrieden sein zu müssen.« (Mueller-Stahl 2010, S. 227)

Die Entwicklung des positiven Blicks soll nicht zu einer Verleugnung oder einem Schönfärben von Verbesserungswürdigem führen. Er soll jedoch von dominierenden mängelorientierten Wahrnehmungsmustern befreien und ein Glück erzeugendes Lernen auf der Grundlage eines positiven Selbstbildes fördern. Musizierenlernen als Erweiterung vorhandener Möglichkeiten bewirkt eher Glück als ein mit ängstlicher Fehlervermeidungshaltung einhergehendes und daher in starkem Maße frustrationsgefährdetes Lernen. Denn der Ausbau noch so kleiner positiver Potenziale fällt leichter als das Ummünzen von Negativem in Positives.

6. *Achte auf erfüllte Augenblicke (Glück als »state«) und gib ihnen Raum im Unterricht.* Unterrichtsstunden sind im Verhältnis zum sonstigen Leben kurz bemessene Zeiträume. Umso wichtiger ist es, dass diese Stunden auch in das außerhalb des Unterrichts geführte Leben abstrahlen. Viele Musiker und Musikliebhaber berichten aus ihrer früheren Unterrichtszeit von bestimmten Stunden, in denen sie blitzartige Erhellungen erlebten. Oft waren es nur kurze Momente, hervorgebracht etwa durch eine – im Zusammenhang einer spezifischen Atmosphäre vom Lernenden besonders tief empfundenen – Bemerkung oder eine erhellende Demonstration der Lehrkraft. In solchen Situationen gingen »Lichter auf«, die weit über die Stunde hinaus erinnert wurden und nach Aussage der Betroffenen mitunter sogar ihr Leben veränderten. Erfüllte Augenblicke zeichnen sich aus durch eine gesteigerte Präsenz des Fühlens und Denkens. In ihr erschließen sich blitzartig Zusammenhänge, die im »normalen« Leben nicht überblickt werden können. Die momentane Empfindung ist so umfassend, dass sie Vergangenheit und Zukunft integriert und in einem Gegenwartsmoment das ganze Leben aufscheinen kann. Ein solch erfüllter Augenblick kann in der Tat als »Glücksatom« (Safranski 2006, S. 100) gelten – oder gar, wie von Friedrich Nietzsche hinreißend formuliert, als »Verzückungsspitze der Welt« (Nietzsche, Bd. 7, 1988, zit. nach Safranski 2006, S. 101).

Im Instrumental- und Vokalunterricht geht es um musikalische Spielfähigkeiten. Mit der Tätigkeit des Spielens verknüpfen sich in besonderer Weise die »Glücksatome« von ästhetischen Augenblicken, denn in der Tat steht »das Spielen in einer besonderen Nähe zur Erfahrung des Augenblicks« (Seel 1995, S. 163). Mit den im Musizierenlernen zu erwerbenden Spielfähigkeiten bildet sich die Glücksfähigkeit der Erfahrung von erlebnistiefen Augenblicken heraus, und zwar so, dass sie über den Augenblick hinausreicht. Für Martin Seel gehört diese übergreifende Dimension wesentlich zu einer entwickelten Spielfähigkeit: »So ist das für das Spielenkönnen wichtige Kriterium, ob einer in der Spielsituation das Geschenk des Augenblicks annehmen kann, kein Kriterium des Spielenkönnens allein, sondern eines existenzieller Aufgeschlossenheit generell.« (Ebd.)

»Erfüllte Augenblicke« sind nicht direkt »machbar«, vielmehr stellen sie sich in glücklichen Momenten spontan ein. Trotz ihrer Unverfügbarkeit jedoch kann ihnen ein Boden bereitet, kann ein Bewusstsein kultiviert werden, das ihnen günstig ist. Was Martin Seel in Bezug auf Lebenspläne von Menschen aussagt, gilt ebenso für die pädagogische Haltung von Lehrenden: Wünschenswert ist, »daß sie für solche überschreitenden Erfüllungen *offen* sind« (a. a. O., S. 112). Eine solche Einstellung aber bedarf der Übung: »Die Konsequenz, eine Haltung zu kultivieren, die für die Erfahrung des Augenblicks offen ist, liegt selbst nicht im Augenblick, sondern ist Sache der Lebensführung über den Augenblick hinaus.« (A. a. O., S. 117) Aufmerksamkeit, Wachheit, Sensibilität, gelassene Konzentration auf das Hier und Jetzt gehören zu den Qualitäten, die die Erfahrungen von erfüllten Augenblicken ermöglichen. Als spezifisch pädagogische Tugenden verdienen sie besondere Pflege.

7. *Achte in deinem Unterricht immer wieder auf eine Integration von körperlicher Sensibilisierung, Begreifen (von Musik und Spielvorgängen) und emotionaler Beteiligung.* Hier ist die fortwährend beschworene Verbindung der auf Pestalozzi zurückgehenden Dreiheit von »Kopf, Herz und Hand« gemeint. Für Pestalozzi waren es primär nebeneinanderstehende Ausbildungsfelder: Intellekt, sittliches Empfinden und handwerkliche Fähigkeiten sollten in verschiedenen Arten von Beschäftigungen entwickelt werden. Musizieren nun bietet wie kaum eine andere Aktivität die Möglichkeit, die drei Potenziale in *einer* Tätigkeit so zu verdichten, dass sie sich wechselseitig anregen und steigern. Ein spezifisches Glück befriedigenden Musizierens liegt im Gefühl der intensiven Mobilisierung, Absorption und Integration mentaler, emotionaler und körperlicher Vermögen; es ist das Glücksgefühl einer besonderen Wachheit und Präsenz. Somit bildet die *Einheit* von »Kopf, Herz und Hand« ein pädagogisches Grundprogramm des Instrumentalunterrichts. Als methodische Devise verdeutlicht die Trias die Aufgabe, eine beständige Vernetzung der Potenziale zu erstreben: körperlich Ausgeführtes zu empfinden und zu begreifen, Empfundenes körperlich intensiv umzusetzen und es in der Umsetzung womöglich noch tiefer zu empfinden, Verstandenes sinngemäß und mit dem erfassten Ausdrucksgehalt darzustellen.

8. *Vergegenwärtige dir, dass du zusammen mit dem Musizieren auch »Lebenskunst« unterrichtest und dadurch zum Lebensglück deiner Schüler beitragen kannst.* Lebenskunst lässt sich verstehen als Fähigkeit, reflektiert und planvoll das eigene Lebensglück zu befördern, es in Ausrichtung auf eine übergreifende Glücksperspektive zu gestalten. Die oben angedeutete Spezifik von Lebensglück (»trait«) hängt zusammen mit »individuellen Erfahrungen, Gewohnheiten, Lebensplänen und Daseinsthemen« (Mayring 1991, S. 90).

Dagmar Fenner betont den Modellcharakter von künstlerischen Tätigkeiten wie dem Musizieren für den Erwerb von transaktionalem Glück. Vor allem die Verschränkung von zielgerichtetem und selbstzweckhaftem Tätigsein, wie es für künstlerische Tätigkeiten charakteristisch ist, ermöglicht ein »gelingendes Welt-Selbst-Verhältnis« (Fenner 2003, S. 597): »Eine geeignete Verschränkung der beiden nur scheinbar kontradiktorischen Motivarten extrinsischer Erfolgsorientiertheit und intrinsischer Selbstzweckhaftigkeit scheint geradezu der Schlüssel zu einem flowartigen transaktionalen Lebensdauerglück zu sein, indem wir durch kreative Umgestaltung des Handlungskontextes etwa im beruflichen Bereich die Aufmerksamkeit von der pflichtgemäßen Aufgabe auf den Handlungsvollzug zu verlagern vermögen und damit den von uns geforderten teleologischen Handlungsvollzug gleichsam ästhetisch überhöhen.« (A. a. O., S. 608) Als Resultat dieser Überlegung gelangt Fenner zu dem bereits zitierten Gedanken: »[D]ie Kunst bzw. das Spiel im Allgemeinen könnten zu einem Übungsfeld für Glück avancieren.« (Ebd.)

Wie sehr gerade im musikalischen Üben die Aktivitäten einer auf Selbstsorge gerichteten Lebenskunst vorhanden sind, wurde oben unter dem Stichwort »das Glück des Übens« angedeutet. Üben ist prinzipiell praktizierte Lebenskunst. Indem Lehrende und Lernende im Instrumental- und Vokalunterricht sich beständig und auf allen Stufen des Könnens mit Möglichkeiten, Techniken, Problemen, Frustrationen, Glücksmomenten und Erfolgen des Übens beschäftigen, geht es in diesem Unterricht – modellhaft und real – fortwährend um Lebenskunst. Musikalische Glücksperspektiven und konkrete Ziele zu entwerfen, ihr Erreichen zu strukturieren, Erfolge bewusst zu machen, mit Frustrationen umgehen zu lernen, ohne sich entmutigen zu lassen, »dranzubleiben« (dazu Schmidbauer 2002) an der Realisierung von kurz-, mittel- und langfristigen Zielen und auf den Wegen dorthin Ziel- und Kurskorrekturen vorzunehmen – all das sind Lebenskunst-Techniken, die im Instrumental- und Vokalunterricht mit dem Aufbau musikalischer Fähigkeiten entwickelt werden.

Zu wünschen ist, dass Lehrende sich dieser Tatsache bewusst sind und die Lebenskunst-Orientierung in ihr didaktisches Handeln einbeziehen. Es gibt keine starren Grenzen zwischen dem Üben von Musik und dem Üben von Lebenskunst. Vielmehr gilt: »Im Gestaltenlernen einer Musik wird geübt, sich selbst und sein eigenes Leben zu gestalten.« (Mahlert 2006, S. 35) Daher ließe sich für Instrumental- und Vokalpädagogen der kategorische Imperativ formulieren: Handle so, dass deine Schüler musikalisches Üben tatsächlich als Modell von Lebenskunst praktizieren lernen.

Auch über das Üben hinaus kann Instrumental- und Vokalunterricht Lernenden wichtige Impulse zur Lebenskunst vermitteln. Musizierende, die sich rückschauend begeistert über ihre ehemaligen Lehrer im Instrumental- und Vokalunterricht äußern, erwähnen neben fachlichen Qualitäten oft, wie wichtig für ihre Entwicklung bestimmte Lehrerpersönlichkeiten bei der Klärung von aktuellen Lebensproblemen und dem Reflektieren von Lebensperspektiven waren. Immer wieder fungieren Instrumental- und Vokalpädagogen sehr wohl auch als Mentoren oder Coachs und befördern auf diese Weise das Lebensglück ihrer Schüler.

9. *Verbinde in deinem Unterricht auf möglichst vielfältige Weise »Musik und Leben«.*
Dieser Gedanke knüpft an den letzten Punkt an. Die Formel »Musik und Leben« beinhaltet hier zweierlei. Zum einen meint sie die Verfügung des Musizierens mit der sozialen Welt von Lernenden: Musik und Musizieren sollen transaktionales Glück ermöglichen, indem sie das persönliche und soziale Leben der Lernenden bereichern. Für Letzteres sollte das Musikmachen sozial eingebunden sein und die sozialen Bedürfnisse aufgreifen, die Menschen haben bzw. die sie sich von ihrer musikalischen Tätigkeit erhoffen. Zum anderen meint die Formel »Musik und Leben« die Vielfalt der Bezüge zwischen diesen beiden Phänomenen. Man kann so weit gehen wie Hans-Peter Schmitz, der das Musizieren als »ein Gleichnis des menschlichen Lebens, des Menschseins« auffasste; für ihn stellen beide die »Forderung, das Leibliche mit dem Geistigen und mit dem Seelischen in Einklang zu bringen, zwischen diesen drei wechselwirkenden Bereichen Harmonie herzustellen« (Schmitz 1958, S. 7). Beide, Musik bzw. Musizieren und Leben, sind komplexe, hochdifferenzierte Gestaltungen von *Zeit*. Hans Heinrich Eggebrecht nennt die Zeit »das am meisten Existentielle des Menschen; das einzige, dem er nicht entrinnen kann; von allem Wirklichen das Wirklichste, in jedem Augenblick tickt die Uhr. Unser Leben ist in die Zeit gestellt, in die geschichtliche Zeit, viel mehr aber, viel wirklicher ins Dasein als Ich, als Begrenztheit, als Tod.« (Eggebrecht 1985, S. 186) Somit impliziert und »übt« Musizieren als intensive Zeitgestaltung letztlich immer auch Techniken des Umgehens mit Lebenszeit (z. B. wiederholen, beschleunigen, verlangsamen, pausieren, verdichten, überlappen u. v. a.). In vielerlei Analogien und Deutungen lassen sich Lebensvorgänge und Verläufe in der Musik sowie beim Musizieren wechselseitig aufeinander beziehen. Die ungegenständliche Erlebnisintensität von Musik und die in diskursiver Sprache nur begrenzt vermittelbaren Feinheiten ihrer Ausführung regen ständig dazu an, Musik und Musizieren auf »außermusikalische« Vorgänge, Erfahrungen, Erlebnisweisen etc. zu beziehen und Elemente beider Bereiche analog zu verstehen. Das Deuten musikalischer bzw. musizierspezifischer Phänomene als Lebensphänomene einerseits und das Wiederfinden von musikalischen Erfahrungen in Lebensvollzügen andererseits bewirken einen weiten Horizont möglicher wechselseitiger Interpretationen. In Musik wird »Leben« gefunden und verstanden, im Leben werden musikanaloge Strukturen wahrnehmbar, die neue Perspektiven auf Lebenszusammenhänge ermöglichen. In diesen Deutungsmustern liegen vielfältige Glücksmöglichkeiten: Sie können ein Aufblitzen von erleuchtenden Einsichten bewirken und Impulse geben, das eigene Leben bewusster, »lebenskünstlerisch« auf Lebensglück orientiert zu führen. Musik und Musizieren bieten dazu eminente Möglichkeiten. In einem Buch mit dem programmatischen Titel *Klang ist Leben* führt Daniel Barenboim aus, dass Musik noch mehr ist »als etwas, das uns beim Zuhören ein höchst angenehmes oder sogar erregendes Gefühl vermitteln kann – ist sie nicht mehr als ein durch pure Intensität wirksames Mittel, das uns dabei hilft, unsere Existenz zu erleichtern und die Mühen des täglichen Lebens zu vergessen? [...] Ich behaupte jedoch, dass die Musik für uns noch

viel Wertvolleres zu leisten vermag: dass wir nämlich mit ihrer Hilfe etwas über uns selbst, unsere Gesellschaft, die Politik – kurz gesagt etwas über uns als Menschen erfahren können.« (Barenboim 2008, S. 12) Lehrer, denen es gelingt, in ihrem Unterricht Musikverstehen mit lebensperspektivischer Reflexion und Deutung zu verbinden, fördern die Glücksfähigkeit ihrer Schüler. Nicht zuletzt diese über die Musik hinauswirkende Anregungskraft zeichnet »große« Lehrerpersönlichkeiten aus.

Immer wird im Musizierenlernen vieles beiläufig mitgelernt: Körpergefühl, Wahrnehmungsfähigkeit, Empfindungsintensität, Ausdruckskraft u. v. a. Dies bewusst zu machen, gehört ebenfalls zu einer Lehre im Instrumental- und Vokalunterricht, der Musik und Leben miteinander verbinden will.

Martin Seel erörtert in seinem Buch *Versuch über die Form des Glücks* vier »Dimensionen« eines glücksorientierten »guten Lebens«: Arbeit, Interaktion, Spiel, Betrachtung (Seel 1995, S. 139–170). Dass Arbeit, Interaktion und Spiel wichtige Bereiche wie auch methodische Prinzipien im Instrumental- und Vokalunterricht darstellen, ist offenkundig. Die Ausrichtung auf Zusammenhänge von Musik und Leben verstärken ihr methodisches Gewicht. »Betrachtung« ist bei Seel eine Tätigkeit, die der Einzelne für sich allein betreibt. Im Blick auf die hier angesprochene Lebensdimension von Musik gewinnt »Betrachtung« auch als interaktive Tätigkeit in der pädagogischen Praxis eine besondere Bedeutung.

10. *Sorge für dein Glück als Pädagoge: Arbeite an der Klärung und Verwirklichung deiner persönlichen Leitziele.* Das Ziel der Glücksfähigkeit betrifft Lernende und Lehrende: Unterricht soll nicht nur das Glück von Lernenden, sondern auch das von Lehrenden befördern. Das Prinzip der Selbstsorge ist für Lehrende eine Vermittlungsaufgabe *und* ein selbstreflexives Prinzip.

Um die Arbeitsbedingungen vieler Instrumental- und Vokallehrkräfte steht es nicht zum Besten: Niedrige Honorierung, hohe Stundenzahlen, defizitäre Raumausstattung, wenig motivierte Schüler, geringes Sozialprestige u. a. machen es nicht leicht, den eigenen Beruf immer als erfreulich zu erleben. Den Vorzug, beruflich eine allgemein in hohem Maße als Glück spendend betrachtete Tätigkeit wie das Musizieren zu vermitteln, kontrastiert mit vielen desolaten Umständen dieser Aufgabe. Umso wichtiger ist es, an den persönlichen Perspektiven für mögliche Zufriedenheit unter den jeweils vorhandenen Umständen zu arbeiten. Die Verfestigung einer negativen Sichtweise auf die eigenen Wirkungsmöglichkeiten führt leicht zu dauerhafter Frustration und verursacht womöglich einen Teufelskreis, in der Unzufriedenheit nachlassende Leistungsbereitschaft bewirkt und diese die pädagogische Arbeit weiter verschlechtert.

Um trotz der angedeuteten Missstände berufliches Glück zu erreichen, erscheint eine Klärung von Fragen des persönlichen Berufsverständnisses und der persönlichen Leitziele unverzichtbar. Berufliche Identität im Bereich der Instrumental- und Vokalpädagogik ist keineswegs einfach gegeben, sondern eine vertrackte und nur individuell zu lösende Aufgabe. Das Problem der Berufsidentität vieler Instrumental- und Vokalpädagogen hat vor allem zwei Ursachen: einmal das in diesem Berufsfeld seit Jahrhunderten zu beobachtende Spannungsverhältnis von pädagogischem und künstlerischem Wirken, zum anderen die Häufigkeit von Mischberufen, die mit der doppelten Ausrichtung auf die beiden genannten Tätigkeitsfelder wie auch mit labilen, zu mehreren Berufstätigkeiten nötigenden Arbeitsverhältnissen zusammenhängt. Hier persönliche Klarheit über ein zuträgliches Selbstverständnis und realitätsgerechte Leitziele zu entwickeln, ist eine heikle Aufgabe. Eine Lösung, die tragfähig ist für eine dauerhafte berufliche Glücksperspektive, muss so beschaffen sein, dass sie ein integratives Verständnis der Teiltätigkeiten, sodann Selbstwertgefühl in den ausgeübten Tätigkeiten, Wahrnehmung eigener Erfolge und daraus resultierende Zufriedenheit ermöglicht.

Zieltheorien von Lebensglück konvergieren in dem Appell, »klare konkrete Ziele mit deutlichen Rückmeldungen und auf einem geeigneten Anspruchsniveau zu wählen und wo immer möglich die instrumentellen Zwecke zu intrinsischen Tätigkeiten zu transformieren. Glücklich wird der Mensch aber nicht bei einer planlosen Erfüllung unzusammenhängender Ziele, sondern nur dank der Koordination aller Einzelziele in einem transzendentalen Lebenskonzept als umfassendem Sinnentwurf, weshalb das glückliche Leben immer auch ein sinnvolles Leben ist.« (Fenner 2003, S. 621 f.) Die auf dem Weg zu einem solchen Leben erforderliche Selbstklärung liegt in Antworten auf Fragen wie den folgenden:

- Wie sehe ich mein Wirken im Spannungsfeld von künstlerischer und pädagogischer Tätigkeit? Wie kann ich deren Verhältnis integrativ gestalten?
- Worin vor allem liegt mein persönliches Glück in meiner Arbeit als Instrumental- bzw. Vokalpädagoge? Woraus kann ich das Selbstwertgefühl und das positive Selbstbild einer beruflich erfolgreichen Persönlichkeit beziehen?
- Wie bewahre ich mich vor Routine und Abstumpfung?
- Welche realistischen, mich bei Erreichung befriedigenden Ziele setze ich mir für meine pädagogische Arbeit?
- Wie kann ich sie methodisch planvoll erreichen?

Diesen Fragen nachzugehen, bleibt für jeden Instrumental- und Vokalpädagogen eine lebenslange Aufgabe. Vielleicht ist es die methodisch wichtigste.

Literaturverzeichnis

Abel-Struth, Sigrid: *Grundriß der Musikpädagogik*, Mainz 1985

Adam, Louis: *Méthode de Piano du Conservatoire*, Paris 1805

Adorno, Theodor W.: *Zur Musikpädagogik* (1957), in: ders.: Dissonanzen. Musik in der verwalteten Welt, 2. Ausgabe, Göttingen 1958, 5. Auflage 1972, S. 102–119

Adorno, Theodor W.: *Beethoven. Philosophie der Musik, Fragmente und Texte*, hrsg. von Rolf Tiedemann, Frankfurt/M. 1993

Altenmüller, Eckart: *Hirnphysiologische Grundlagen des Übens*, in: Ulrich Mahlert (Hrsg.): Handbuch Üben. Grundlagen – Konzepte – Methoden, Wiesbaden 2006, S. 47–66

Andersen, Tom: *Das reflektierende Team. Dialoge und Dialoge über die Dialoge*, Dortmund 1990

Anz, Gabriele: *Von Schauspielern lernen. Über den Umgang mit »Vorstellungsbildern« im Instrumentalunterricht*, in: Üben & Musizieren 1/2006, S. 10–15

Ardila-Mantilla, Natalia: *Kochen nach Rezept? Über Pedanten und Experten – in der Küche und beim Lehrerwerden*, in: Üben & Musizieren 5/2009, S. 12–17

Ardila-Mantilla, Natalia: s. Röbke, Peter

Arnold, Rolf / Müller, Hans-Joachim / Schüßler, Ingeborg: *Lebendiges Lernen. Auf dem Weg zu einer neuen Lernkultur in der LehrerInnenausbildung*, in: GEW-Zeitung Rheinland-Pfalz, 7–8/1997, S. 12–19

Azzara, Christopher D. / Gordon, Edwin E. / Grunow, Richard F.: *Jump Right In. The Instrumental Series. For Winds and Percussion*, revidierte Ausgabe, Chicago 2001

Balgo, Rolf: *Wie können wir etwas über das Wissen wissen, über das Lernen lernen und über das Lehren lehren?*, in: DGSL-Magazin 4/2008, S. 23–30

Barenboim, Daniel: *Klang ist Leben. Die Macht der Musik.* Unter Mitarbeit von Elena Cheah, München 2008

Bastian, Hans Günther: *Leben für Musik. Eine Biographie-Studie über musikalische (Hoch-)Begabungen*, Mainz 1989

Behne, Klaus-Ernst: *Musikalisches Lernen*, in: Ulrich Mahlert (Hrsg.): Spielen und Unterrichten. Grundlagen der Instrumentaldidaktik, Mainz 1997, S. 61–70

Böhm, Winfried: *Wörterbuch der Pädagogik*, 15., überarbeitete Auflage, Stuttgart 2000

Böhme, Gernot: *Aisthetik. Vorlesungen über Ästhetik als allgemeine Wahrnehmungslehre*, München 2001

Boissier, Auguste: *Franz Liszt als Lehrer. Tagebuchblätter von Auguste Boissier.* Deutsch hrsg. von Daniela Thode von Bülow, Berlin, Wien, Leipzig 1930

Bollnow, Otto Friedrich: *Vom Geist des Übens. Eine Rückbesinnung auf elementare didaktische Erfahrungen*, Freiburg/Br. 1978, 3. durchgesehene und erweiterte Auflage, Stäfa (Schweiz) 1991

Brandstätter, Ursula: *Grundfragen der Ästhetik. Bild – Musik – Sprache – Körper*, Köln, Weimar, Wien 2008

Brecht, Bertolt: *Nachträge zum »Kleinen Organon«* (1954), in: ders.: Schriften 3, hrsg. von Werner Hecht / Jan Knopf / Werner Mittenzwei / Klaus-Detlef Müller (= Werke. Große kommentierte Berliner und Frankfurter Ausgabe, Bd. 23), Berlin, Weimar, Frankfurt/M. 1993, S. 289 ff.

Bruhn, Herbert: *Instrumentalunterricht in Gruppen. Aspekte der Interaktion zwischen Lehrer, Schüler und Musik*, in: Üben & Musizieren 5/1994, S. 9–12

Burzik, Andreas: *Üben im Flow. Eine ganzheitliche, körperorientierte Übemethode*, in: Ulrich Mahlert (Hrsg.): Handbuch Üben. Grundlagen – Konzepte – Methoden, Wiesbaden 2006, S. 265–286

Busch, Barbara: *Von musikalischen Mäusen, Bären und Hasen. Zur visuellen Gestaltung von Instrumentalschulen*, in: Üben & Musizieren 4/2003, S. 15–23

Busch, Sigi: *Improvisation im Jazz. Ein dynamisches System*, Rottenburg/N. 1996

Cada, Sibylle: *Wie fange ich an? Einstieg in ein neues Stück*, in: Üben & Musizieren 4/2005, S. 52–55

Caillois, Roger: *Les jeux et les hommes*, Paris 1958; deutsche Ausgabe: *Die Spiele und die Menschen. Maske und Rausch*, München, Wien, Stuttgart 1961

Cohn, Ruth: *Von der Psychoanalyse zur themenzentrierten Interaktion*, Stuttgart 1975

Cortot, Alfred: *Principes Rationnels de la Technique Pianistique*, Paris 1928

Csíkszentmihályi, Mihály: *Flow. Das Geheimnis des Glücks*, Stuttgart 1992

Czerny, Carl: *Von dem Vortrage* (1839). Dritter Teil aus: Vollständige theoretisch-practische Pianoforte-Schule op. 500, Faksimile-Ausgabe [der 2. Auflage, Wien um 1846], hrsg. u. mit einer Einleitung versehen von Ulrich Mahlert, Wiesbaden 1991

Dartsch, Michael: *Der Geigenkasten. Materialien für den Violinunterricht*,
Heft 1: *Streichen, Greifen, Spielen – die ersten Schritte*, Wiesbaden 2004
Heft 2: *Lagenspiel, Spiccato, Vibrato – die nächsten Schritte*, Wiesbaden 2006

Dartsch, Michael: *Vom Kern des Musizierens. Prinzipien und Inhaltsbereiche der Elementaren Musikpädagogik im Instrumentalunterricht*, in: Üben & Musizieren 5/2006, S. 8–15 (= 2006b)

Dartsch, Michael: *Mensch, Musik und Bildung. Grundlagen einer Didaktik der Musikalischen Früherziehung*, Wiesbaden 2010

Doerne, Andreas: *»... es hat so ganz viele Töne«. Die Arbeit mit Lieblingsstücken als Ansatz für eine innovative Unterrichtspraxis*, in: Üben & Musizieren 3/2005, S. 6–12

Doerne, Andreas: *»Vernetzter« Unterricht. Digitale Medien im Instrumentalunterricht. Inhaltliche Herausforderung und methodisches Potenzial*, in: Üben & Musizieren 5/2009, S. 24–29

Doflein, Erich u. Elma: *Das Geigen-Schulwerk* I–III (1. Lage), Mainz 1932; *Das Geigen-Schulwerk* I–IV (1.–3. Lage), neue umgearbeitete Ausgabe, Mainz 1940–1943; *Das Geigen-Schulwerk* V (4.–10. Lage), Mainz 1950; *Das Geigen-Schulwerk* I–IV, 3., verbesserte Ausgabe, Mainz 1950 f.; *Das Geigen-Schulwerk* Ia (= erweiterte Ausgabe von Heft 1/1951), Mainz 1973. Engl. Ausgabe als *Doflein Method. The Violinist's Progress*, 4 Bde., Mainz 1957 f.

Dostojewskij, Fjodor: *Die Brüder Karamasow*. Aus dem Russischen von Swetlana Geier, Frankfurt/M. 2006

Dürr, Alfred: *Das Wohltextirte Clavier*, in: Musik und Kirche, Bd. 53, 1983, S. 166 f.

Eggebrecht, Hans Heinrich: *Musik und Zeit*, in: Carl Dahlhaus / Hans Heinrich Eggebrecht: Was ist Musik? (= Taschenbücher zur Musikwissenschaft, Bd. 100), Wilhelmshaven 1985, S. 181–186

Ehrenpreis, Claudia / Wohlwender, Ulrike: *1 2 3 Klavier. Klavierschule für 2–8 Hände*, Lehrerkommentare (2 Hefte) zu Heft I und II, Wiesbaden 1995

Ehrenpreis, Claudia: s. Wohlwender, Ulrike

Epstein, Helen: *Der musikalische Funke. Von Musik, Musikern und vom Musizieren – Begegnungen und Gespräche mit berühmten Interpreten*, Bern, München, Wien 1988

Ernst, Anselm: *Lehren und Lernen im Instrumentalunterricht. Ein pädagogisches Handbuch für die Praxis*, Mainz 1991

Ernst, Anselm: *Der instrumentale Gruppenunterricht. Ein fächerübergreifendes Konzept*, in: Ulrich Mahlert (Hrsg.): Spielen und Unterrichten. Grundlagen der Instrumentaldidaktik, Mainz 1997, S. 248–276

Ernst, Anselm: *Didaktik des Übens*, in: Ulrich Mahlert (Hrsg.): Handbuch Üben. Grundlagen – Konzepte – Methoden, Wiesbaden 2006, S. 98–117

Ernst, Anselm: *Was ist guter Instrumentalunterricht? Beispiele und Anregungen*, Aarau 2007

Fenner, Dagmar: *Glück. Grundriß einer integrativen Lebenswissenschaft*, Freiburg/Br., München 2003

Feyerabend, Paul: *Über Erkenntnis. Zwei Dialoge*, Frankfurt/M. 1995

Fiebig, Paul (Hrsg.): *Michael Gielen. Dirigent, Komponist, Zeitgenosse*, Stuttgart, Weimar 1997

Figdor, Helmuth / Röbke, Peter: *Das Musizieren und die Gefühle. Instrumentalpädagogik und Psychoanalyse im Dialog*, Mainz 2008

Flesch, Carl: *Die Kunst des Violinspiels*, Berlin 1923, 2. erweiterte Auflage, Berlin 1929

Folkman, Susan: s. Lazarus, Richard S.

Fromm, Erich: *Die Kunst des Liebens*, Frankfurt/M., Berlin, Wien 1977

Gadamer, Hans-Georg: *Wahrheit und Methode. Grundzüge einer philosophischen Hermeneutik* (= Gesammelte Werke, Bd. 1), Tübingen 1990

Gagel, Reinhard: *Hohes Niveau und Tiefe sind zweierlei. Einige Gedanken zur musikalischen Qualität improvisatorischer Prozesse*, in: Üben & Musizieren 4/2009, S. 16–19

Gagel, Reinhard: *Improvisation als soziale Kunst. Überlegungen zum künstlerischen und didaktischen Umgang mit improvisatorischer Kreativität*, Mainz 2010

Gallus, Hans-Ulrich: *Eine Goldgrube an Ideen. Aspekte des Rhythmuslernens in Gordons »Music Learning Theory«*, in: Üben & Musizieren 1/2001, S. 52–55

Gallwey, W. Timothy: s. Green, Barry

Gellrich, Martin: *Motivationsprobleme des Instrumentalunterrichts*, in: Üben & Musizieren 2/1986, S. 132–138 (= 1986a)

Gellrich, Martin: *Ursachen von Motivationsproblemen im Instrumentalunterricht*, in: Üben & Musizieren 3/1986, S. 266–272 (= 1986b)

Gellrich, Martin: *Selbständig Üben lernen. Hilfestellungen für Kinder*, in: Üben & Musizieren 5/1991, S. 7–12

Gellrich, Martin: *Aspekte des kombinierten Einzel- und Gruppenunterrichts. Strukturen und Organisation flexibler Unterrichtsmodelle*, in: Üben & Musizieren 6/1994, S. 1620

Gellrich, Martin: *Woher kommt die Lust zum Üben? Ein Überblick über die Faktoren, welche die Übemotivation beeinflussen*, in: Ulrich Mahlert (Hrsg.): Spielen und Unterrichten. Grundlagen der Instrumentaldidaktik, Mainz 1997, S. 101–127

Gembris, Heiner: *Grundlagen musikalischer Begabung und Entwicklung*, Augsburg 1998

Gembris, Heiner: *Musikalische Entwicklung im Erwachsenenalter*, in: Herbert Bruhn / Reinhard Kopiez / Andreas C. Lehmann (Hrsg.): Musikpsychologie. Das neue Handbuch, Reinbek 2008, S. 162–189

Genari, Eva: *Ein bisschen Spaß muss sein?! Über die zunehmende Spaß-Orientierung des Instrumentalunterrichts*, in: Üben & Musizieren 5/2010, S. 46–49

Gerber, Ernst Ludwig: *Historisch-Biographisches Lexicon der Tonkünstler, welches Nachrichten von dem Leben und Werken musikalischer Schriftsteller, berühmter Componisten, Sänger, Meister auf Instrumenten, Dilettanten, Orgel- und Instrumentenmacher enthält*, 2 Bde., Leipzig 1790–1792

Giger, Peter: *Die Kunst des Rhythmus. Professionelles Know How in Theorie und Praxis*, Mainz 1993, 6. Auflage 2009

Giger, Peter: *Von der Sprache zur Rhythmoglyphe. Eine kurze Geschichte des Rhythmus*, in: Üben & Musizieren 1/2001, S. 14–21

Gordon, Edwin E.: *Learning Sequences in Music. Skill, Content, and Patterns. A Music Learning Theory*, Chicago 1997

Görtz, Heide / Müller, Alexandra / Schmieder, Birgit / Mahlert, Ulrich: *Wahrnehmung, Wachheit, Balance. Übungen zur Förderung körperlicher und mentaler Bewusstheit beim Musizieren*, in: Ulrich Mahlert (Hrsg.): Handbuch Üben. Grundlagen – Konzepte – Methoden, Wiesbaden 2006, S. 383–410

Green, Barry / Gallwey, W. Timothy: *Der Mozart in uns. The Inner Game of Music oder eine Anleitung zum Musizieren*, Frauenfeld 1993

Greiner, Ulrich: *Welch ein Sommer hätte sein können, wenn einer gewesen wäre!*, in: ZEIT LITERATUR Nr. 27 (Juni 2009), S. 26

Grimm, Jacob u. Wilhelm: *Deutsches Wörterbuch*, Nachdruck der Ausgabe 1854–1971, 33 Bde. (Bd. 8: 1958), Leipzig 1985

Großmann, Linde: *Über die Arbeit an musikalischer Zeitgestaltung. Erfahrungen aus dem Klavierunterricht*, in: Üben & Musizieren 1/2001, S. 28–35

Großmann, Linde: *»Zur Hölle mit dem Metronom!« Über den Nutzen des Metronoms und Irrtümer bei seiner Verwendung*, in: Üben & Musizieren 5/2010, S. 24–27

Gruhn, Wilfried / Wittenbruch, Wilhelm: *Wege des Lehrens im Fach Musik. Ein Arbeitsbuch zum Erwerb eines Methodenrepertoires*, Düsseldorf 1983

Gruhn, Wilfried: *Wahrnehmen und Verstehen. Untersuchungen zum Verstehensbegriff in der Musik* (= Taschenbücher zur Musikwissenschaft, Bd. 107), Wilhelmshaven 1989

Gruhn, Wilfried: *Wie entsteht musikalische Bildung? Von den Chancen und Schwierigkeiten des Musikunterrichts heute*, in: Musik & Ästhetik 12/1999, S. 52–62

Gründer, Karlfried: s. Ritter, Joachim

Grunenberg, Manfred: s. Heygster, Malte

Gülke, Peter: *Fluchtpunkt Musik. Reflexionen eines Dirigenten zwischen Ost und West*, Kassel, Stuttgart 1994

Gutzeit, Reinhart von: *Reizthema Gruppenunterricht*, Üben & Musizieren 5/1994, Editorial, S. 2

Hallam, Susan: *Enhancing motivation and learning throughout the lifespan. Professorial Lecture*, London 2005

Hanke, Ulrike: s. Macke, Gerd

Harnoncourt, Nikolaus: *Musik als Klangrede. Wege zu einem neuen Musikverständnis. Essays und Vorträge*, Salzburg, Wien 1982

Heckhausen, Heinz: *Bessere Lernmotivation und neue Lernziele*, in: Franz E. Weinert / Carl Graumann / Heinz Heckhausen / Manfred Hofer (Hrsg.): Funk-Kolleg Pädagogische Psychologie, Bd. 1, Frankfurt/M. 1974, S. 575–601

Heilbut, Peter: *Improvisieren im Klavierunterricht. Wege zum aktiven Hören*, Wilhelmshaven 1976

Heilbut, Peter: *Klavier spielen. Früh-Instrumentalunterricht. Ein pädagogisches Handbuch für die Praxis*, Mainz 1993

Hentig, Hartmut von: *Ergötzen, Belehren, Befreien. Schriften zur ästhetischen Erziehung*, München 1985 (= 1985a)

Hentig, Hartmut von: *Wie frei sind Freie Schulen? Gutachten für ein Verwaltungsgericht*, Stuttgart 1985 (= 1985b)

Hentig, Hartmut von: *Bildung. Ein Essay,* München 1996

Hentig, Hartmut von: *Mein Leben – bedacht und bejaht. Kindheit und Jugend. Schule, Polis, Gartenhaus,* Weinheim, Basel 2009

Heygster, Malte / Grunenberg, Manfred: *Handbuch der relativen Solmisation,* Mainz 1998

Hofer, Maya: *Nonverbale Kommunikation im Instrumentalunterricht,* in: Üben & Musizieren 5/2000, S. 12–19

Hoffmann, Freia: *Panische Gefühle. Sexuelle Übergriffe im Instrumentalunterricht,* Mainz 2006

Hövker, Robert: *Der Klavierunterricht nach den Forderungen der modernen wissenschaftlichen Pädagogik. Für Seminare, Musikinstitute und Lehrer des Klavierspiels,* Leipzig 1896

[Humboldt, Wilhelm von:] *Wilhelm von Humboldt.* Auswahl und Einleitung von Heinrich Weinstock, Frankfurt/M. 1957

Jacob, Peter: *Die Methode von Edgar Willems – ein fruchtbarer Weg der Musikpädagogik,* in: Üben & Musizieren 6/1990, S. 338–343

Jacoby, Heinrich: *Jenseits von »Musikalisch« und »Unmusikalisch«. Die Befreiung der schöpferischen Kräfte dargestellt am Beispiele der Musik,* hrsg. von Sophie Ludwig, Hamburg 1984

Jank, Werner / Meyer, Hilbert: *Didaktische Modelle,* Berlin 1991, 3. Auflage 1994

Jean Paul: *Levana oder Erziehlehre* (1. Auflage 1807), in: ders.: Werke. Fünfter Band, hrsg. von Norbert Miller, München 1963

Jelinek, Elfriede: *Die Klavierspielerin.* Roman, Reinbek 1983

Jenne, Michael: *Sich zusammen auseinander setzen. Ensemblespiel ist die hohe Schule der Musik und der Kommunikation,* in: Üben & Musizieren 4/2005, S. 6–10

Kahl, Reinhard: *»Lehrer sollen Verführer sein.« Der Philosoph Peter Sloterdijk über die Sinnlichkeit des Lernens und warum die Schule zu autodidaktischen Experimenten anleiten soll,* in: Üben & Musizieren 6/2004, S. 10–13 (= 2004a)

Kahl, Reinhard: *Treibhäuser der Zukunft. Wie in Deutschland Schulen gelingen,* mit 3 DVDs, Weinheim 2004, S. 3 f., 3. überarbeite Auflage 2006. Text des Gesprächs mit Hartmut von Hentig im Internet unter: http://www.archiv-der-zukunft.de/downloads/materialien/th/hentig_dvd.pdf (Zugriff am 8. 6. 2011) (= 2004b)

Kaiser, Hermann-Josef: *Die Bedeutung von Musik und musikalischer Bildung,* in: Musikforum 83/1995, S. 17–26

Kaiser, Hermann-Josef: *Kompetent, aber wann? Über die Bestimmung von »musikalischer Kompetenz« in Prozessen ihres Erwerbs*, in: Musik und Bildung 3/2001, S. 5–10

Kalle, Matthias / Stelzer, Tanja: *»Ich kämpfe täglich mit deutschen Müttern«* [Gespräch mit Jesper Juul], in: ZEIT MAGAZIN Nr. 9 (25. 2. 2010), S. 15

Kapp, Ernst: *Grundlinien einer Philosophie der Technik. Zur Entstehungsgeschichte der Cultur aus neuen Gesichtspunkten*, Braunschweig 1877

Kertész, Imre: *Dossier K. Eine Ermittlung*, Reinbek 2006

Kieseritzky, Herwig von / Schwabe, Matthias: *Gruppenimprovisation als musikalische Basisarbeit*, in: Rudolf-Dieter Kraemer / Wolfgang Rüdiger (Hrsg.): Ensemblespiel und Klassenmusizieren in Schule und Musikschule (= Forum Musikpädagogik, Bd. 41), Augsburg 2001, S. 156–174

Kinkel, Johanna: *Acht Briefe an eine Freundin über Clavier-Unterricht*, Stuttgart, Tübingen 1852, reprotechnischer Nachdruck, Straubenhardt 1989

Klees, Ulrike: s. Liepold, Martina

Kleinschnittger, Mareike: *Mit der Gruppe etwas Neues wagen. Wege in den Instrumentalunterricht mit Erwachsenen*, in: Üben & Musizieren 5/2008, S. 23–27

Klöppel, Renate: *Die Kunst des Musizierens. Von den physiologischen und psychologischen Grundlagen zur Praxis*, Mainz 1993

Klug, Heiner: *»Das ist recht hübsch, aber eingelernt.« Von der Improvisation zur Komposition – und zurück?*, in: Üben & Musizieren 4/2009, S. 6–9

Kluge, Friedrich: *Etymologisches Wörterbuch der deutschen Sprache*, 20. Auflage, bearbeitet von Walther Mitzka, Berlin 1967 (1. Auflage 1883)

Knodt, Peter: *»Neues« vom Üben. Mit dem Lernspiel »Praktissimo« können SchülerInnen beim Üben selbst Regie führen*, in: Üben & Musizieren 6/2009, S. 28–31

Köhler, Horst: *Ein fester Platz für musikalische Bildung.* Grußwort von Bundespräsident Horst Köhler zum 20. Musikschulkongress des Verbandes deutscher Musikschulen am 15. Mai 2009 in Berlin, im Internet unter: http://www.bundesregierung.de/nn_1514/Content/DE/Bulletin/2009/05/58-1-bpr-musikschulkongress.html (Zugriff am 8. 6. 2011)

Kraemer, Rudolf-Dieter / Rüdiger, Wolfgang (Hrsg.): *Ensemblespiel und Klassenmusizieren in Schule und Musikschule. Ein Handbuch für die Praxis* (= Forum Musikpädagogik, Bd. 41), Augsburg 2001

Kraemer, Rudolf-Dieter: *Musikpädagogik – eine Einführung in das Studium* (= Forum Musikpädagogik, Bd. 55), Augsburg 2004

Krones, Hartmut / Schollum, Robert: *Vokale und allgemeine Aufführungspraxis*, Wien, Köln 1983

Krones, Hartmut: *Mutter und Tochter. Was Instrumentalisten von Sängern lernen können (sollten)*, in: Üben & Musizieren 3/2007, S. 16–21

Kruse-Weber, Silke: *Klavierpädagogik im ersten Drittel des 20. Jahrhunderts* (= Beiträge zur Geschichte der Musikpädagogik, Bd. 13), Frankfurt/M. 2005

Küntzel-Hansen, Margret: *Musikspiele*, Seelze 1993

Kurtág, György: *Játékok*, Bd. I, Budapest 1979

Lazarus, Richard S. / Folkman, Susan: *Stress, Appraisal, and Coping*, New York 1984

Lebert, Sigmund / Stark, Ludwig: *Grosse theoretisch-praktische Klavierschule, für den systematischen Unterricht*, 4 Bde., Originalausgabe Stuttgart 1858, neu bearbeitet von Max Pauer, 23. Auflage, Stuttgart, Berlin 1904

Lehmann, Silke: *Bewegung und Sprache als Wege zum musikalischen Rhythmus* (= Osnabrücker Beiträge zur Musik und Musikerziehung, Bd. 5), Osnabrück 2007

Lehmann, Silke: *Zwischen Lust und Leistung. Rhythmus im instrumentalen Gruppenunterricht*, in: Üben & Musizieren 5/2008, S. 18–22

Leimer, Karl: *Modernes Klavierspiel nach Leimer-Gieseking*, Mainz 1931

Leiser-Maruhn, Holmrike: Artikel *Rhythmik*, in: Die Musik in Geschichte und Gegenwart, Sachteil, Bd. 8, 2., neu bearbeitete Ausgabe, Kassel 1998, Sp. 252–257

Lessing, Wolfgang: *Bildersprache im Instrumentalunterricht*, in: Üben & Musizieren 4/2001, S. 30–37

Lessing, Wolfgang: *Zuhören?!*, in: Ulrich Mahlert (Hrsg.): Handbuch Üben. Grundlagen – Konzepte – Methoden, Wiesbaden 2006, S. 312–335

Lessing, Wolfgang: *Was ist Technik?*, in: Üben & Musizieren 1/2007, S. 8–12

Lessing, Wolfgang: *Versuch über Technik*. Unveröffentlichtes Typoskript (2010), Veröffentlichung geplant in: Jörn-Peter Hiekel / Wolfgang Lessing (Hrsg.): *Musik und Körper*

Levine, Mark: *Das Jazz Piano Buch*, Rottenburg/N. 1992

Lichtenberg, Georg Christoph: *Sudelbücher*, hrsg. von Franz H. Mautner, Frankfurt/M. 1984

Liepold, Martina: *Was eine Geigerin von einem Slalomläufer lernen kann. Sportspezifische Strategien des Mentalen Trainings beim Musizieren.* Martina Liepold im Gespräch mit Ulrike Klees, in: Üben & Musizieren 3/2006, S. 8–12

Loebenstein, Frieda: *Der erste Klavierunterricht. Ein Lehrgang zu Erschließung des Musikalischen im Anfangs-Klavierunterricht,* Berlin 1927

Lohmann-Becker, Hildegund: *Handbuch Gesangspädagogik. Stichworte zu Theorie und Praxis,* Mainz 2008

Losert, Martin: *Die didaktische Konzeption der Tonika-Do-Methode. Geschichte – Erklärungen – Methoden* (= Forum Musikpädagogik, Bd. 95), Augsburg 2011

Macke, Gerd / Hanke, Ulrike / Viehmann, Pauline: *Hochschuldidaktik. Lehren, vortragen, prüfen,* Weinheim 2008

Mahlert, Ulrich: *Die Einheit der Tasteninstrumente. Gespräch mit Edith Picht-Axenfeld,* in: Üben & Musizieren 1/1984, S. 33–37

Mahlert, Ulrich: *Die Suzuki-Methode im Vergleich mit anderen musik- und allgemeinpädagogischen Konzepten,* in: Üben & Musizieren 1/1988, S. 14–19

Mahlert, Ulrich: *Einige Gedanken über Bildung und Instrumentalunterricht,* in: Üben & Musizieren 1/1992, S. 11–18

Mahlert, Ulrich: *Historische Aufführungspraxis im Instrumental- und Vokalunterricht,* in: Christoph Richter (Hrsg.): Instrumental- und Vokalpädagogik 1: Grundlagen (= Handbuch der Musikpädagogik, Bd. 2), Kassel 1993, S. 235–267

Mahlert, Ulrich: *Elternpädagogik im Bereich des Instrumentalunterrichts,* in: ders.: (Hrsg.): Spielen und Unterrichten. Grundlagen der Instrumentaldidaktik, Mainz 1997, S. 304–334 (= 1997a)

Mahlert, Ulrich: Abschnitt *Pädagogik des Instrumentalspiels und des Instrumentalunterrichts* (= Artikel *Musikpädagogik,* Teil C), in: Die Musik in Geschichte und Gegenwart, Sachteil, Bd. 6, 2., neu bearbeitete Ausgabe, Kassel 1997, Sp. 1499–1519 u. 1530–1534 (= 1997b)

Mahlert, Ulrich: *Nachahmungslernen im Instrumentalunterricht – Möglichkeiten und Probleme,* in: Hans Günther Bastian (Hrsg.): Musik be-greifen. Künstlerische Ausbildung und Identitätsfindung, Mainz 1999, S. 54–71. Gekürzte Version unter dem Titel: *Mimesis und Imitatio. Nachahmungslernen im Instrumentalunterricht,* in: Üben & Musizieren 5/1998, S. 12–19

Mahlert, Ulrich: *Wie wird man ein guter Instrumentallehrer? Zum Verhältnis von instrumentalpädagogischer Praxis und Theorie im Musiklehrerstudium,* in: Diskussion Musikpädagogik, 3/1999, S. 30–44

Mahlert, Ulrich: *Zur Didaktik und Methodik des Ensemblespiels in der Musikschule*, in: Rudolf-Dieter Kraemer / Wolfgang Rüdiger (Hrsg.): Ensemblespiel und Klassenmusizieren in Schule und Musikschule. Ein Handbuch für die Praxis (= Forum Musikpädagogik, Bd. 41), Augsburg 2001, S. 65–93 (= 2001a)

Mahlert, Ulrich: *Imaginäre Ensembles. Fantasierte Interaktionen beim Musizieren und Unterrichten*, in: Üben & Musizieren 5/2001, S. 30–38 (= 2001b)

Mahlert, Ulrich: *Historische Instrumentalschulen heute. Einige Beobachtungen und Anregungen*, in: Üben & Musizieren 3/2002, S. 28–36

Mahlert, Ulrich: *Musizieren – was ist das?*, in: Üben & Musizieren 6/2003, S. 8–16

Mahlert, Ulrich: *Instrumentalschulen zwischen Edutainment und Handwerkslehre*, in: Frauke Heß (Hrsg.): Qualität von Musikunterricht an Schule und Musikschule. Ergebnisse und Methoden aktueller Unterrichtsforschung (= Musik im Diskurs, Bd. 19), Kassel 2004, S. 105–120

Mahlert, Ulrich: *Notenschrift und Lesekunst. Über die Bedeutsamkeit der Notenschrift und die Schwierigkeiten, sie richtig zu verstehen*, in: Üben & Musizieren 2/2005, S. 13–18

Mahlert, Ulrich: *Was ist Üben? Zur Klärung einer komplexen künstlerischen Praxis*, in: ders. (Hrsg.): Handbuch Üben. Grundlagen – Konzepte – Methoden, Wiesbaden 2006, S. 9–46

Mahlert, Ulrich: *Hier Kunst – dort Pädagogik? Zur Einheit künstlerischen und pädagogischen Wirkens*, in: Üben & Musizieren 5/2007, S. 8–13

Mahlert, Ulrich: *Didaktische Polyphonie. Kommunikationspsychologische Überlegungen zu Sprechweisen in Instrumentalschulen*, in: Frauke Grimmer / Wolfgang Lessing (Hrsg.): Künstler als Pädagogen. Grundlagen und Bedingungen einer verantwortungsvollen Instrumentaldidaktik, Mainz 2008, S. 155–172

Mahlert, Ulrich: *Die Frage nach dem Wie. Einige übergreifende Überlegungen zu Methoden im Instrumental- und Vokalunterricht*, in: Üben & Musizieren 5/2009, S. 6–11

Mahlert, Ulrich: *Medien und Materialien*, in: Üben & Musizieren 5/2010, Editorial, S. 1

Mantel, Gerhard: *Üben nach dem Prinzip der rotierenden Aufmerksamkeit*, in: Üben & Musizieren 3/1984, S. 147–150

Mantel, Gerhard: *»Als ob«. Vergleiche, Analogien und Assoziationen in der Übe-Praxis*, in: Üben & Musizieren 5/1998, S. 6–11

Mantel, Gerhard: *Einfach üben. 185 unübliche Überezepte für Instrumentalisten*, Mainz 2001

Mantel, Gerhard: *Üben und Sprechen*, in: Ulrich Mahlert (Hrsg.): Handbuch Üben. Grundlagen – Konzepte – Methoden, Wiesbaden 2006, S. 336–346

Mantel, Gerhard: *Interpretation. Vom Text zum Klang*, Mainz 2007

Mantel, Gerhard: *Kunst und Pädagogik – ein Widerspruch? Auf der Suche nach künstlerischen Kriterien*, in: Frauke Grimmer / Wolfgang Lessing (Hrsg.): Künstler als Pädagogen. Grundlagen und Bedingungen einer verantwortungsvollen Instrumentaldidaktik, Mainz 2008, S. 25–38 (= 2008a)

Mantel, Gerhard: *Ich spiele Cello. Wieso »spiele« ich eigentlich? Wieso »arbeite« ich nicht Cello?*, in: Üben & Musizieren 1/2008, S. 18–22 (= 2008b)

Marpurg, Friedrich Wilhelm: *Versuch über die musikalische Temperatur, nebst einem Anhang über den Rameau- und Kirnbergerschen Grundbaß*, Breslau 1776

Martienssen, Carl Adolf: *Schöpferischer Klavierunterricht*, Leipzig 1954

Maute, Matthias: *Blockflöte & Improvisation. Formen und Stile durch die Jahrhunderte. Spielen – Improvisieren*, Textband und Praxisheft, Wiesbaden 2005

Mayring, Philipp: *Psychologie des Glücks*, Stuttgart, Berlin, Köln 1998

Menrath, Thomas: *Das Unlehrbare als methodischer Gegenstand. Studien zu Grundbegriffen der Klaviermethodik von Carl Adolf Martienssen* (= Forum Musikpädagogik, Bd. 57), Augsburg 2003

Meyer, Claudia / Tiedemann, Ulrike: *Klassenstreicher. Ein Beitrag zur Integration elementarer Musikpraxis mit Streichinstrumenten in den Musikunterricht an allgemeinbildenden Schulen*, in: Claudia Meyer / Barbara Stiller / Michael Dartsch (Hrsg.): Musizieren in der Schule. Modelle und Perspektiven der Elementaren Musikpädagogik, Regensburg 2010, S. 217–236

Meyer, Hilbert: *Unterrichts-Methoden II: Praxisband*, Frankfurt/M. 1987

Meyer, Hilbert: *Was ist guter Unterricht?*, Berlin 2004

Meyer, Hilbert: s. Jank, Werner

Möllers, Christian: *Üben ohne Noten*, in: Ulrich Mahlert (Hrsg.): Spielen und Unterrichten. Grundlagen der Instrumentaldidaktik, Mainz 1997, S. 156–180

Montada, Leo: s. Oerter, Rolf

Motte, Diether de la: *Musik ist im Spiel. Geschichten – Spiele – Zaubereien – Improvisationen*, Kassel 1989

Motte, Diether de la: *Gedichte sind Musik. Musikalische Analysen von Gedichten aus 800 Jahren*, Kassel 2002

Mueller-Stahl, Armin: *Das Geheimnis bewahren*, in: Elke Heidenreich (Hrsg).: Ein Traum von Musik. 46 Liebeserklärungen, München 2010, S. 225–230

Müller, Alexandra: s. Görtz, Heide

Nagano, Kent: *Musik – was ist das?*, in: Elke Heidenreich: Ein Traum von Musik. 46 Liebeserklärungen, München 2010, S. 226–236

Neuhaus, Heinrich: *Die Kunst des Klavierspiels*, hrsg. von Astrid Schmidt-Neuhaus, Köln 1967

Neuweg, Georg Hans: *Könnerschaft und implizites Wissen. Zur lehr-lerntheoretischen Bedeutung der Erkenntnis- und Wissenstheorie Michael Polanyis*, Münster 1999, 3. Auflage 2004

Nicolet, Aurèle / Mahlert, Ulrich: *Der Interpret als Pädagoge. Gespräch mit Aurèle Nicolet*, in: Üben & Musizieren 1/1983, S. 18–22

Niermann, Franz / Stöger, Christine (Hrsg.): *Aktionsräume Musik. Künstlerische Tätigkeiten in der Begegnung mit Musik. Modelle – Methoden – Materialien aus »Die Kunst der Stunde«*, Wien 1997

Nietzsche, Friedrich: *Morgenröthe. Gedanken über moralische Vorurteile*, in: ders.: Morgenröte. Idyllen aus Messina. Die fröhliche Wissenschaft, hrsg. von Giorgio Colli u. Mazzini Montinari (= Kritische Studienausgabe, Bd. 3), 2., durchgesehene Auflage, München, Berlin, New York 1988

Nietzsche, Friedrich: *Nachgelassene Fragmente 1869–1874*, hrsg. von Giorgio Colli u. Mazzini Montinari (= Kritische Studienausgabe, Bd. 7), 2., durchgesehene Auflage, München, Berlin, New York 1988

Oelkers, Jürgen: *Gehört Musik in die Schule der Zukunft?*, Vortrag beim Musikschulkongress am 12. Mai 2007 in Mannheim, im Internet unter: http://paed-services.uzh.ch/user_downloads/601/265_MannheimMusik.pdf (Zugriff am 8. 6. 2011)

Oerter, Rolf / Montada, Leo (Hrsg.): *Entwicklungspsychologie*, 5., vollständig überarbeitete Auflage, Weinheim 2002

Orloff-Tschekorsky, Tatajana: *Mentales Training in der Musik. Das Orloff-Mentalsystem. Einführung von Erich Vanecek*, Aarau 1996

Petrat, Nicolai: *Kinder machen gerne Musik. Was Eltern wissen sollten*, Freiburg/Br. 2003

Petrat, Nicolai: *Motivieren zur Musik. Grundlagen und Praxistipps für den erfolgreichen Instrumentalunterricht*, Kassel 2007

Picht, Georg: *Die Idee des Landerziehungsheims* (1950), in: ders.: Die Verantwortung des Geistes. Pädagogische und politische Schriften, Olten, Freiburg/Br. 1965, S. 21–39

Picht, Georg: *Die Stellung der Musik im Aufbau unserer Bildung* (1963), in: ders.: Die Verantwortung des Geistes. Pädagogische und politische Schriften, Olten, Freiburg/Br. 1965, S. 151–172

Picht-Axenfeld, Edith: *Gedanken und Anregungen zum Üben*, in: Üben & Musizieren 2/1992, S. 3–8

Pohl, Christian A.: *Mentales Üben*, in: Ulrich Mahlert (Hrsg.): Handbuch Üben. Grundlagen – Konzepte – Methoden, Wiesbaden 2006, S. 287–311

Polt, Gerhard: *Kinderdämmerung. Drama um begabte Kinder* (CD), Zürich 1996

Rehmann, Ruth: *Abschied von der Meisterklasse.* Roman, München 1987

Reich, Kersten: *Thesen zur konstruktivistischen Didaktik*, in: Pädagogik 7–8/1998, S. 43–46

Reich, Kersten: *Konstruktivistische Didaktik. Lehr- und Studienbuch mit Methodenpool*, 4., durchgesehene Auflage, Weinheim, Basel 2008

Reimer, Erich: Artikel *Virtuose*, in: Handwörterbuch der musikalischen Terminologie, Wiesbaden 1972

Rhode-Jüchtern, Anna-Christine: *Die »Kestenbergerianerinnen«. Eine vergessene Gruppe innovativer Berliner Musikpädagoginnen*, in: Susanne Fontaine / Ulrich Mahlert / Dietmar Schenk / Theda Weber-Lucks (Hrsg.): Leo Kestenberg. Musikpädagoge und Musikpolitiker in Berlin, Prag und Tel Aviv (= Rombach Wissenschaften: Reihe Litterae, Bd. 144), Freiburg/Br. 2008, S. 119–144

Ribke, Juliane: *Anwerfen und laufen lassen. Motivation als Motor des Instrumentalunterrichts*, in: Üben & Musizieren 6/2000, S. 6–11

Richter, Christoph: *Anregungen zum Nachdenken über das eigene Tun. Anthropologische Grundlagen der Instrumental- und Vokalpädagogik*, in: ders. (Hrsg.): Instrumental- und Vokalpädagogik 1: Grundlagen (= Handbuch der Musikpädagogik, Bd. 2), Kassel 1993, S. 65–116

Richter, Horst-Eberhard: *Patient Familie. Entstehung, Struktur und Therapie von Konflikten in Ehe und Familie*, Reinbek 1972

Ritter, Joachim / Gründer, Karlfried (Hrsg.): *Historisches Wörterbuch der Philosophie*, 13 Bde., Basel 1971–2007

Ritter, Joachim: Erster Abschnitt des Artikels *Methode*, in: Joachim Ritter / Karlfried Gründer (Hrsg.): Historisches Wörterbuch der Philosophie, Bd. 5, Basel 1980, Sp. 1306–1332

Ritzel, Fred: *Musik für ein Haus. Kompositionsstudio Karlheinz Stockhausen.* Internationale Ferienkurse für Neue Musik Darmstadt 1968, Mainz 1970

Röbke, Peter: *Der Instrumentalschüler als Interpret. Musikalische Spielräume im Instrumentalunterricht*, Mainz 1990

Röbke, Peter: *Instrumente lernen im Spiel. Theorie und Praxis eines Modells für den instrumentalen Anfangsunterricht*, in: Musikunterricht zwischen Lust und Frust, Wien 1991, S. 57–91

Röbke, Peter: Abschnitt *Musikspiele*, in: Rainer Mehlig (Hrsg.): Gemeinsam musizieren. Wege aus der Vereinzelung. Dokumentation zum Musikschulkongress Braunschweig vom 14.–16. Mai 1993, Bonn 1993, S. 80–84

Röbke, Peter: *Der Beitrag des Instrumentalunterrichts und der Musikschulen zur musikalischen Bildung*, in: Musikforum 83/1995, S. 72–79

Röbke, Peter: *Vom Handwerk zur Kunst. Didaktische Grundlagen des Instrumentalunterrichts*, Mainz 2000

Röbke, Peter: *Didaktische Professionalität oder: Welcher Instrumentallehrer plant eigentlich seinen Unterricht?*, in: Üben & Musizieren 6/2001, S. 38–39

Röbke, Peter: *Pädagogik und Charisma. Professionelle Didaktiker versus begeisterte Pädagogen?*, in: Üben & Musizieren 2/2004, S. 18–23

Röbke, Peter / Ardila-Mantilla, Natalia (Hrsg.): *Vom wilden Lernen. Musizieren lernen – auch außerhalb von Schule und Unterricht*, Mainz 2009

Röbke, Peter: s. Figdor, Helmuth

Rolland, Paul / Mutschler, Marla: *The Teaching of Action in String Playing*, New York 1971

Rolle, Christian: *Musikalisch-ästhetische Bildung. Über die Bedeutung ästhetischer Erfahrung für musikalische Bildungsprozesse*, Kassel 1999

Ronca, Erna: *Fis, Schätzchen! 6 Klaviergeschichten*, Einsiedeln 1995

Rüdiger, Wolfgang: *Der musikalische Atem. Atemschulung und Ausdrucksgestaltung in der Musik.* Mit Texten von Heinz Holliger und Nicolaus A. Huber (= Wege. Musikpädagogische Schriftenreihe, Bd. 7), Aarau 1995

Rüdiger, Wolfgang: ... *von einem einzigen Geist beseelt. Grundlagen des instrumentalen Ensemblespiels*, in: Ulrich Mahlert (Hrsg.): Spielen und Unterrichten. Grundlagen der Instrumentaldidaktik, Mainz 1997, S. 220–247

Rüdiger, Wolfgang: *Improvisieren mit einem Ton. Workshop*, 2 Teile, in: Musik und Bildung 3/2001, S. 50–53 u. 4/2001, S. 56 ff.

Rüdiger, Wolfgang: *Üben im Ensemble*, in: Ulrich Mahlert (Hrsg.): Handbuch Üben. Grundlagen – Konzepte – Methoden, Wiesbaden 2006, S. 156–187

Rüdiger, Wolfgang: *Der musikalische Körper. Ein Übungs- und Vergnügungsbuch für Spieler, Hörer und Lehrer*, Mainz 2007

Rüdiger, Wolfgang: *Hin und weg. Wege der Improvisation in gemischten Ensembles*, in: Üben & Musizieren 4/2009, S. 10–15

Rüdiger, Wolfgang: *Über einen Ausspruch Ernst Blochs und über die so genannte Technik in der Musik*, in: Martin D. Loritz u. a. (Hrsg.): Musik – Pädagogisch – Gedacht. Reflexionen, Forschungs- und Praxisfelder. Festschrift für Rudolf-Dieter Kraemer (= Forum Musikpädagogik, Bd. 100), Augsburg 2011, S. 219–240

Rüdiger, Wolfgang: s. Kraemer, Rudolf-Dieter

Rüdiger, Wolfgang: s. Twelsiek, Monika

Safranski, Rüdiger: *Nietzsche. Biografie seines Denkens*, Hamburg 2006

Sáry, László: *Übungen zum kreativen Musizieren*, hrsg. von Martin Tchiba, Saarbrücken 2006

Saßmannshaus, Kurt: *Die Anwendung der Stanislawski-Methode in der Musik*, in: Hans Günther Bastian (Hrsg.): Musik be-greifen. Künstlerische Ausbildung und Identitätsfindung, Mainz 1999, S. 51 ff.

Saxer, Marion: *Lisas Problem oder: Die Schüler sind immer noch die besten Lehrer der Lehrer*, in: Üben & Musizieren 6/1997, S. 8–14

Schatt, Peter W.: *Einführung in die Musikpädagogik*, Darmstadt 2007

Schatt, Peter W.: *Musikpädagogik und Mythos. Zwischen mythischer Erklärung der musikalischen Welt und pädagogisch geleiteter Arbeit am Mythos*, Mainz 2008

Scheuerl, Hans: *Das Spiel. Untersuchungen über sein Wesen, seine pädagogischen Möglichkeiten und Grenzen*, Bd. 1, Weinheim, Basel 1979, 11. überarbeitete Auflage 1990

Schmid, Wilhelm: Artikel *Selbstsorge*, in: Joachim Ritter / Karlfried Gründer (Hrsg.): Historisches Wörterbuch der Philosophie, Bd. 9, Basel 1995, Sp. 527–535

Schmid, Wilhelm: *Mit sich selbst befreundet sein. Von der Lebenskunst im Umgang mit sich selbst*, Frankfurt/M. 2004

Schmidbauer, Wolfgang: *Dranbleiben – die gelassene Art, Ziele zu erreichen*, Freiburg/Br., Basel, Wien 2002

Schmidt-Köngernheim, Wolfgang: *Gruppenunterricht ja – aber wie? Zur Problematik der Gruppendidaktik und des Anfangsunterrichts*, in: Üben & Musizieren 6/2000, S. 56–61

Schmieder, Birgit: s. Görtz, Heide

Schmitz, Hans-Peter: *Singen und Spielen. Versuch einer allgemeinen Musizierkunde*, Kassel 1958

Schnabel, Artur: *Aus dir wird nie ein Pianist*, Hofheim 1991

Schneidewind, Ruth: *Von den Quellen zum Klang der Musik. Der Weg zum Elementaren Musizieren*, in: Üben & Musizieren 2/2010, S. 6–10

Schollum, Robert: s. Krones, Hartmut

Schönberg, Arnold: *Harmonielehre*, 1. Auflage, Leipzig, Wien 1911, 3. vermehrte und verbesserte Auflage, Wien 1922

Schultz-Greiner, Regine: *Streicherklassenunterricht. Ein Beitrag zur Methodik des instrumentalen Gruppenunterrichts*, in: Üben & Musizieren 4/1996, S. 12–18

Schulz, Johann Peter Abraham: Artikel *Vortrag* (1774), in: Johann Georg Sulzer: Allgemeine Theorie der schönen Künste, 2. vermehrte Auflage, Teil 4, Leipzig 1794, Reprint, Hildesheim 1967, S. 700–715

Schulz von Thun, Friedemann: *Miteinander reden 1: Störungen und Klärungen. Allgemeine Psychologie der Kommunikation*, Reinbek 1981

Schulz von Thun, Friedemann: *Miteinander reden 2: Stile, Werte und Persönlichkeitsentwicklung. Differentielle Psychologie der Kommunikation*, Reinbek 1989

Schulz von Thun, Friedemann: *Miteinander reden 3: Das »Innere Team« und situationsgerechte Kommunikation*, Reinbek 1998

Schulze, Hans-Joachim: *Johann Sebastian Bach. Leben und Werk in Dokumenten*, Kassel 1975

Schumann, Clara u. Robert: *Briefwechsel*. Kritische Gesamtausgabe, hrsg. von Eva Weissweiler, Bd. 1, 1832–1838, Frankfurt/M. 1984

Schumann, Robert: *Gesammelte Schriften über Musik und Musiker*, 4 Bde., Leipzig 1854, Reprint in zwei Bänden (I: Bd. 1 u. 2, II: Bd. 3 u. 4), mit einem Nachwort von Gerd Nauhaus, Wiesbaden 1985

Schwabe, Matthias: *Musik spielend erfinden. Improvisieren in der Gruppe für Anfänger und Fortgeschrittene*, Kassel 1992

Schwabe, Matthias: *Intensiv, ernsthaft, hingegeben, lustvoll. Lernen im Spiel*, in: Üben & Musizieren 1/2008, S. 12–17

Schwabe, Matthias: s. Kieseritzky, Herwig von

Seel, Martin: *Versuch über die Form des Glücks. Studien zur Ethik*, Frankfurt/M. 1995

Seel, Norbert M.: *Psychologie des Lernens. Lehrbuch für Pädagogen und Psychologen*, 2., aktualisierte und erweiterte Auflage, München 2003

Seidl, Mathes: *Mein Instrument. Das Instrument, das mein Körper braucht*, in: Üben & Musizieren 5/2005, S. 6–10

Spaemann, Robert: Artikel *Glück, Glückseligkeit*, in: Joachim Ritter (Hrsg.), Historisches Wörterbuch der Philosophie, Bd. 3, Basel 1974, Sp. 679–707

Spitzer, Manfred: *Vom Sinn der Sinnlichkeit. Zur Neurobiologie der Musik*, in: Gerhard Kilger (Hrsg.): Macht Musik. Musik als Glück und Nutzen für das Leben, Köln 2005, S. 133–139

Spohr, Louis: *Violinschule*, Wien 1831

Steffen-Wittek, Marianne: *I got rhythm? Rhythmik-Übungen im Instrumentalunterricht*, in: Üben & Musizieren 5/2006, S. 38–43

Steffen-Wittek, Marianne: *Deutsche Freude kennt keinen Spaß. Spaß zwischen Geschäft und Ideologie*, in: Üben & Musizieren 5/2010, S. 50 ff.

Stelze, Tanja: s. Kalle, Matthias

Stierlin, Helm: *Delegation und Familie*, Frankfurt/M. 1978

Stöger, Christine: s. Niermann, Franz

Süberkrüb, Almuth: *Patternspiele 1*, Oberbiel 2007

Süskind, Patrick: *Die Geschichte vom Herrn Sommer*. Mit Bildern von Sempé, Zürich 1994

Suzuki, Shinichi: *Erziehung ist Liebe. Eine neue Erziehungsmethode*, Hallaar 1975

Szönyí, Erzsébet: *Aspekte der Kodály-Methode*, Frankfurt/M., Berlin, München 1973

Terhag, Jürgen: *Formen, Probleme und Perspektiven des Klassenmusizierens*, in: Johannes Bähr / Volker Schütz (Hrsg.): Musikunterricht heute. Beiträge zur Praxis und Theorie, Bd. 2, Oldershausen 1997, S. 77–84

Thierbach, Paul: *Auf dem Weg zu einer allgemeinen Theorie des Glücks. Eine Bestandsaufnahme der Glücksforschung*, o. O. 2009

Tiedemann, Ulrike: s. Meyer, Claudia

Türk-Espitalier, Alexandra: *Musiker üben – Sportler trainieren?! Ergänzung des instrumentalen Übens durch sportliches Training – Auswirkungen, Möglichkeiten und Grenzen*, in: Üben & Musizieren 3/2006, S. 13–17

Twelsiek, Monika: *Auf ins nächste Jahrtausend! Instrumentalpädagogik als Schlüsselkompetenz einer künftigen Gesellschaft*, in: Üben & Musizieren 2/2000, S. 30–33

Twelsiek, Monika / Rüdiger, Wolfgang: *Zur Methodik der Methodik. Wie aus jungen Musikern gute Instrumentallehrer werden*, in: Üben & Musizieren 2/2004, S. 40–46

Uhde, Jürgen / Wieland, Renate: *Denken und Spielen. Studien zu einer Theorie der musikalischen Darstellung*, Kassel 1988

Uhde, Jürgen: s. Wieland, Renate

Varró, Margit: *Der lebendige Klavierunterricht. Seine Methodik und Psychologie*, Berlin 1929, 4. erweiterte Auflage, Hamburg o. J. [Vorwort datiert 1958]

Verband deutscher Musikschulen (Hrsg.): *Neue Wege in der Musikschularbeit*, Bonn 1996

Vetter, Michael: *Pianissimo. Improvisieren am Klavier. Eine Rezeptsammlung*, Zürich, Mainz 1996

Viehmann, Pauline: s. Macke, Gerd

Wehmeyer, Grete: *In einem Wolkenbruch von klassischer Musik. Über Klavierpädagogik in Japan*, in: Rudolf Klinkhammer (Hrsg.): Schnittpunkte Mensch Musik. Beiträge zur Erkenntnis und Vermittlung von Musik. Walter Gieseler zum 65. Geburtstag, Regensburg 1985, S. 248–257

Welte, Andrea: *Musikalisches Geschichtsbewusstsein. Geschichtlichkeit von Musik als didaktische Herausforderung im Instrumentalunterricht*, Phil. Diss. Universität der Künste Berlin 2008, im Internet unter: http://opus.kobv.de/udk/volltexte/2008/31/ (Zugriff am 8. 6. 2011)

Wiedemann, Herbert: *Impulsives Klavierspiel. Elementare Improvisation – Jazz – Pop – Kunstmusik*. Unter Mitarbeit von W. Mayer und K. Obermayer, Kassel 1988

Wiedemann, Herbert: *Meditatives Klavierspiel. Horchen – Spielen – Improvisieren*, Aarau 1991

Wiedemann, Herbert: *Klavier Improvisation Klang – ein Grundwortschatz. Klassik – Popularmusik – Blues-Boogie – Jazz*. Unter Mitarbeit von W. Mayer und K. Obermayer, Kassel 1992

Wiedemann, Herbert: *Klavier spielend begreifen. Improvisatorisches Lernen – kreatives Spielen*, Kassel 2010

Wieland, Renate / Uhde, Jürgen: *Forschendes Üben. Wege instrumentalen Lernens. Über den Interpreten und den Körper als Instrument der Musik*, Kassel 2002

Wieland, Renate: s. Uhde, Jürgen

Wittenbruch, Wilhelm: s. Gruhn, Wilfried

Wohlwender, Ulrike / Ehrenpreis, Claudia: *Aktionsräume und Spielformen. Methodisch-organisatorische Möglichkeiten im Gruppenunterricht an zwei Klavieren*, in: Üben & Musizieren 2/1995, S. 25–28

Wohlwender, Ulrike: s. Ehrenpreis, Claudia

Wolff, Konrad: *Interpretation auf dem Klavier. Was wir von Artur Schnabel lernen können*. Einführung von Alfred Brendel, München 1972

Wolters, Gerhard / Stein, Reinhard / Bisle, Christine: *Wege aus der Eintönigkeit. Multi-Dimensionaler InstrumentalUnterricht oder: Die Wiederentdeckung und Weiterentwicklung (fast) vergessener Unterrichtsformen*, Frankfurt/M. 1999

Wolters, Gerhard: *... von wegen eintönig! Die Wiederentdeckung vergessener Unterrichtsformen*, in: Üben & Musizieren 4/1999, S. 20–23

Wüstehube, Bianka: *Auch Vorbilder müssen hinterfragt werden. Zur Beziehung von didaktischen Theorien und instrumentalpädagogischer Praxis*, in: Üben & Musizieren 4/2002, S. 53–56

Wüstehube, Bianka: *Achtung: Auftritt! Ideen zum Klassenvorspiel an der Musikschule*, in: Üben & Musizieren Spezial, Mainz 2005

Wüstehube, Bianka: *Wie im Himmel ... Prinzipien der Elementaren Musikpädagogik bereichern den Instrumentalunterricht für Kinder, Jugendliche und Erwachsene*, in: Üben & Musizieren 5/2006, S. 16–21

Wüstehube, Bianka: *Wie samma? Guat samma! Die vier Saiten des Gruppenunterrichts*, in: Üben & Musizieren 5/2008, S. 12–17

Wüstehube, Bianka: *Ohne Worte. Zu viel Reden im Instrumentalunterricht raubt wertvolle Zeit für das Musizieren*, in: Üben & Musizieren 4/2009, S. 26–29

Zimmermann, Jürgen: *Juba. Die Welt der Körperpercussion. Techniken – Rhythmen – Spiele*, Boppard/Rh. 1999

Zwetajewa, Marina: *Mutter und die Musik*. Autobiographische Prosa. Aus dem Russischen und mit einem Nachwort von Ilma Rakusa, Frankfurt/M. 1987

Zwiener, Daniel u. Agnes: *Die Vorstellung zum Klang bewegen. Dirigieren im Instrumental- und Vokalunterricht*, in: Üben & Musizieren 1/2003, S. 62–67